LOS PUEBLOS DE LA PROVINCIA DE CIUDAD REAL EN LAS *RELACIONES GEOGRÁFICAS* DE TOMÁS LÓPEZ

F. Javier Campos y Fernández de Sevilla

LOS PUEBLOS DE LA PROVINCIA DE CIUDAD REAL EN LAS RELACIONES GEOGRÁFICAS *DE TOMÁS LÓPEZ*

BIBLIOTECA DE AUTORES MANCHEGOS
DIPUTACION DE CIUDAD REAL

Primera edición: 2025

Edita: Servicio de Cultura. Diputación Provincial
Biblioteca de Autores Manchegos (BAM)
Plaza de la Constitución, 1. 13001 Ciudad Real
Tlf.: 926292575
Web: www.dipucr.es

Cubierta: BAM. *Mapa de la provincia de la Mancha donde se comprehenden los partidos de Ciudad Real, Infantes y Alcaraz*, de Tomás López de Vargas Machuca (1765).

Coordinación editorial: Jesús Reviejo

Imprime: Producciones MIC, S.L.
ISBN: 978-84-7789-427-8
Depósito Legal: CR-756-2025

Impreso en España

ÍNDICE

INTRODUCCIÓN

En la actualidad un trabajo de estas características no tiene el anejo compromiso de tener que hablar de don Tomás López de Vargas Machuca y de su monumental obra porque afortunadamente en el ámbito de la geografía y la cartografía, así como grabador e impresor de mapas, es conocido, admirado y respetado; prueba es la aproximación bibliográfica que hemos incluido[1].

Las conocidas Relaciones de Tomás López, "Geógrafo de los Dominios de Su Majestad", según el nombramiento con el que distinguió Carlos III (20-II-1770), se inscriben en el proyecto de realizar el Mapa General de España y sus Provincias como objetivo fundamental del Gabinete de Geografía de reciente creación[2]. El proyecto se inscribía en la gran tradición histórica, geográfica, antropológica, etnográfica, etc. de "Relaciones" y "Descripciones", que desde el siglo XVI, se habían hecho tanto para el conocimiento del Nuevo Mundo, como para escribir una historia basada en datos sobre las particularidades y cosas notables de los pueblos de la corona.

Y tenemos que dejar constancia de nombres que, como el Consejo de Indias[3], Felipe II[4], cardenal Lorenzana[5], marqués de la Ensenada[6], Pascual

---

[1] LÍTER MAYAYO, C., Aproximación a la vida y obra del cartógrafo Tomás López", en *Catastro*, año III, nº 8 (1991) 21-27; FERNÁNDEZ TALAYA, Mª T., *Tomás López geógrafo de S. M. Carlos III*, Madrid, DocuMadrid, 2003, pp. 1-50; MANSO PORTO, C., "López de Vargas Machuca, Tomás", en *Diccionario Biográfico Español*, t. XXX, pp. 838-843.

[2] SEGURA GRAIÑO, C., *Tomás López, geógrafo de Carlos III*, Madrid 1988, LÍTER MAYAYO, C., y SANCHÍS BALLESTER, F., *Tomás López y sus colaboradores*, Madrid 1998; LÓPEZ GÓMEZ, A., y MANSO PORTO, C., *Cartografía del siglo XVIII. Tomás López en la Real Academia de la Historia*, Madrid 2006.

[3] LÓPEZ DE VELASCO, J., *Geografía y descripción Universal de las Indias*, Madrid 1971, Ed. de M. Jiménez de la Espada y Mª del C. González Muñoz; SOLANO, F. de (Ed.), *Cuestionarios para la formación de las Relaciones Geográficas de Indias, siglos XVI/XIX*, Madrid 1988;

[4] CAMPOS Y FERNÁNDEZ DE SEVILLA, F.J., *La mentalidad en Castilla la Nueva en el siglo XVI. Religión, Economía y Sociedad, según las «Relaciones Topográficas» de Felipe II*, San Lorenzo del Escorial 1986; IDEM, "Las Relaciones Topográficas de Felipe II: Índices, fuentes y bibliografía", en *Anuario Jurídico y Económico Escurialense* (San Lorenzo del Escorial), 36 (2003) 439-574.

[5] GRUPO AL-BALATITHA, *Los pueblos de la Provincia de Ciudad Real a través de las Descripciones del Cardenal Lorenzana*, Toledo 1985; PORRES, J.; RODRÍGUEZ, H., y SÁNCHEZ, R., *Descripciones del Cardenal Lorenzana (Archivo Diocesano de Toledo)*, Toledo 1986; CAMPOS Y FERNÁNDEZ DE SEVILLA, F.J., y MANSILLA, I., «La Provincia de Ciudad Real en las Relaciones

Madoz[7], Sebastián Miñano[8], y A. Laborde[9] para el Mediterráneo, menos ambicioso, etc. Fueron instituciones y personas que llevaron a cabo unas obras monumentales de descripción general de los territorios, a lo largo de los siglos XVI-XIX. En ese listado glorioso tiene puesto por derecho propio Tomás López. No es el momento de analizar y valorar esas obras, sus objetivos concretos y sus resultados, y compararlas con la de Tomás López.

Como hicieron los autores de las obras citadas y sus colaboradores, basaron sus Relaciones en la redacción de unos interrogatorios que enviaron, según los casos, a las autoridades civiles o eclesiásticas territoriales para que ellos los distribuyesen por sus respectivas circunscripciones y que los responsables respondieran a las preguntas que se hacían. En algunos casos se enviaba el cuestionario directamente a las personas que se les pedía el favor de contestar en una carta o instrucción donde se justificaba el objetivo, siempre importante y noble, para el que se pedía la colaboración desinteresada, explicando la forma de hacerla.

El interrogatorio de Tomás López es un cuestionario de quince preguntas cuyo contenido era de carácter general como ya se habían hecho en otros anteriores, acompañado de una carta circular impresa –hubo más de un modelo–, que envió a las autoridades eclesiásticas y civiles para obtener información cartográfica y geográfica-histórica de España[10]. Creemos que la "Nota" al final

---

del Cardenal Lorenzana. Mentalidad y datos de unas gentes y unos pueblos a finales del siglo XVIII», en *Anuario Jurídico y Económico Escurialense* (San Lorenzo del Escorial), 21 (1989) 375-460.

[6] DURÁN BOO, I., y CAMARERO BULLÓN, C. (Dirs.), *El Catastro de Ensenada. Magna averiguación fiscal para alivio de los Vasallos y mejor conocimiento de los Reinos, 1749-1756,* Madrid 2002; DOMÍNGUEZ ORTIZ, A., "El Catastro de Ensenada en su circunstancia", en *Ibid,* pp. 23-33; ARROYO ILERA, F., "El Catastro de Ensenada y el Diccionario Geográfico", en *Ibid,* pp. 389-398; FERRER, A., "La documentación del Catastro de Ensenada y su empleo en la reconstrucción cartográfica", en *Ibid,* pp. 399-417, GAITE, J., "Documentos del Catastro de Ensenada en el Archivo Histórico Nacional", en *Ibid,* pp. 419-425; CARASA SOTO, P., "Introducción", al *Censo de Ensenada, 1756,* Madrid 1993; RODRÍGUEZ ESPINOSA, E., y RODRÍGUEZ DOMENECH, Mª de los A., *El Catastro de Ensenada. Nuevos planteamientos en el proceso de elaboración del* censo de 1756. *La Mancha,* Valencia 2021.

[7] *Diccionario Geográfico-Estadístico-Histórico de España y sus posesiones de Ultramar,* Madrid 1848-1850, 16 vols.

[8] *Diccionario Geográfico-Estadístico de España y Portugal,* Madrid 1826, 2 vols.

[9] *Itinerario descriptivo de las provincias de España, y de sus islas y posesiones en el mediterráneo; con una sucinta idea de su situación geográfica, población, historia civil y natural, agricultura, comercio, industria, hombres célebres, carácter y costumbres...,* Valencia 1816. Traducción libre del que publicó en francés A. Laborde en 1809, por Mariano de Cabrerizo y Bascuas. Acompaña un Atlas de 29 mapas.

[10] LÓPEZ GÓMEZ, A., "El método cartográfico de Tomás López: el interrogatorio y los mapas de España", en *Estudios Geográficos* (Madrid) 57 / 225 (1996) 667-710. En el Ms. 7293, pp. 441-442, está la Relación del lugar de Solana de Cabañas (Cáceres), perteneciente a la Real Abadía de Cabañas del Castillo con otros tres núcleos, enclavados en la Sierra de las Villuercas, firmada el 12-XII-1785. A continuación se inserta un interrogatorio impreso de 40 preguntas, pp. 443-444v.

del interrogatorio era lo más importante puesto que Tomás López conocía los archivos donde se conservaban las respuestas originales de los anteriores proyectos españoles, dejando ahora aparte el tema de Indias. En los Archivos de la Catedral de Toledo y de Simancas se podían copiar las respuestas específicas paras las necesidades que buscaban para su proyecto, sin contar con otra información disponible a la que tenía fácil acceso por el cargo que desempeñaba.

Y en la Biblioteca Real del Escorial estaban los legajos de las Relaciones Topográficas de las que no hacía mucho se habían sacado una copia para la Real Academia de la Historia; eran unos documentos bien conocidos como el relator que describe el convento de San Buenaventura de los descalzos de Uceda (Guadalajara) –en la Relación de Budia–, le recuerda a Tomás López, además de dar testimonio de ser investigador impecable:

"Con lo demás que pregunta v. m. no puedo responder [lo hace hasta la pregunta nº 9], pues era exponer mis razones a que fuesen falsas. Pues el vulgo suele decir por tradición cosas que averiguar a fondo, se experimentan falsas, y falsedad con historia que esencialmente pide la verdad, sería un borrón, el que yo dijese a la vez mentira, y por verdad se escribiese. Y para obviar el deshonor de la historia, no digamos que v. m. puede acudir al Escorial donde hay un papel [Relaciones Topográficas] formado de varias cosas particulares que se mandó hacer por orden del rey don" [Felipe II, y así finaliza][11].

Y el mismo geógrafo de S.M. las cita cuando edita las Descripciones de la provincia de Madrid, en el prólogo, y al hablar de la villa de Alameda[12].

En esa importante "Nota" final del interrogatorio que indicábamos más arriba se pide algo específico que era el objetivo fundamental del proyecto:

"Procurarán los Señores Vicarios formar unas especies de mapas o planos de sus respectivos territorios, de dos o tres leguas en contorno de su Pueblo, donde pondrán las Ciudades, Villas, Lugares, Aldeas, Granjas, Caserías, Ermitas, Ventas, Molinos, Despoblados, Ríos, Arroyos, Sierras, Montes. Bosques, Caminos, & que aunque no esté hecho como de mano de un profesor, nos contentamos con sola una idea o borrón del terreno, porque lo arreglaremos dándole la última mano. Nos consta que muchos son aficionados a Geografía, y cada uno de estos puede demostrar muy bien lo que hay al contorno de sus Pueblos".

De la petición de ayuda que hizo Tomás López a los obispos mostramos como ejemplo dos casos. El prelado de Sigüenza le responde 6 de

---

[11] Biblioteca Nacional, Ms. 7309, p. 29; cfr. Relación de Uceda, Ms. 7300, p. 455.
[12] *Geografía histórica de España. Descripción general de ella principiando por la provincia de Madrid*, Madrid 1778, t. II, pp. VI y 5..

diciembre de 1767 diciéndole que envía la carta del geógrafo a los señores vicarios acompañada de su recomendación personal sin dudar que ejecutarán el encargo con cuidado. La segunda carta es del obispo de Osma que le responde el 29 de enero de 1768, informándole que no hay personas cualificadas en la diócesis capaces de atender su petición. Otro dato para comprender la realidad del trabajo de campo a la que se enfrentó[13].

La recogida de información de Tomás López se centra cronológicamente en dos fases: la primera en la década de 1763-1770, y la segunda en 1785-1787, ambas aproximadamente, porque habría que verificar más cartas y respuestas, como afirma la experta Carmen Manso Porto[14]. Con alguna anterioridad el arzobispo de Toledo, cardenal Lorenzana, estaba realizando unas Descripciones –proyecto bastante similar– para el territorio de su archidiócesis. Seguimos con el proyecto del cardenal.

Constatamos que el interrogatorio preparado para recoger la información de los pueblos es el mismo en ambos proyectos –una pregunta menos en el del cardenal, catorce–, y con la misma "Nota" que hemos citado; textos casi literales. Por las consultadas en las respuestas de las Descripciones de Lorenzana tenemos que la más temprana firmada que hemos visto es la Pulgar fechada por el cura don Pedro Marco, el 9 de junio de 1762[15]; se debió de producir un parón –cuyos motivos no conocemos–[16], hasta que se retomó el proyecto años más tarde; y don Bartolomé Moral, cura del Otero, remite la relación de su pueblo el 24 de mayo de 1768[17]. El año clave de respuestas llegadas a Toledo fue el 1782, aunque tenemos algunas tardías como la de La Torre de Esteban Hambrán, fechada el 28 de junio de 1789, y la de Méntrida, de 11 de julio de ese mismo año[18].

Respecto a las Descripciones de Ciudad Real –territorio del arzobispado de Toledo–, las primeras son las de Ballesteros de Calatrava, de 24 de marzo de 1782, y la de Granátula de Calatrava, del 1 de abril de ese año; la última es la de Manzanares, del 27 de mayo de 1789[19]. En el caso de las Relaciones

---

[13] Carta del obispo de Sigüenza, Biblioteca Nacional, Ms. 7300, p. 7; carta del obispo de Osma, *Ibid*, Ms. 7307, pp. 183-184.

[13] "El interrogatorio de Tomás López: nueva hipótesis sobre su finalidad, en Homenaje a D. Antonio López Gómez", en *Historia, Clima y Paisaje. Estudios Geográficos en memoria del profesor Antonio López Gómez*, Valencia 2004, p. 177.

[14] RODRÍGUEZ, H., y SÁNCHEZ, R., *Descripciones del Cardenal Lorenzana (Archivo Diocesano de Toledo)*, o.c., p. 500.

[15] Algo similar ocurrió a Felipe II con las Relaciones Topográficas y se hicieron en dos fases, con dos interrogatorios diferentes, 1575 y 1578. Para el caso de las Descripciones de Toledo, los autores del magnífico estudio introductorio aseguran que: "Hubo demasiadas reticencias en contestar a este interrogatorio y la prueba más fehaciente está en las numerosas cartas conminatorias que se escriben desde la Secretaría de Cámara a los visitadores de los partidos", RODRÍGUEZ, H., y SÁNCHEZ, R., *Descripciones del Cardenal Lorenzana (Archivo Diocesano de Toledo)*, o.c., 10.

[16] *Ibid*, p. 444.

[17] *Ibid*, pp. 602 y 374, resp.

[18] GRUPO AL-BALATITHA, *Los pueblos de la Provincia de Ciudad Real*, o.c., pp., 128-130, 157-159, y 172-180, resp.

localizadas de la primera fase de Tomás López, es probablemente la de Mérida, de 27 de septiembre de 1763, y de la segunda fase, hacia 1785[20], casi dos años después la carta que escribió al cardenal Lorenzana pidiéndole ayuda.

Todos los investigadores coinciden en que el trabajo de Tomás López era geográfico y cartográfico; eso significa que para ese proyecto lo más valioso del Interrogatorio era la "Nota" final ya citada. De todas formas, las respuestas del cuestionario eran importantes para los otros proyectos del "Diccionario Geográfico de España" y la posible "Geografía histórica de España"[21]. En el cuestionario se hacían preguntas generales de carácter geográfico e histórico, con alguna propia de la época como era lo relacionado al tipo de industria artesanal, si tenían, y de qué tipo.

Sin duda el geógrafo de S.M. recibió en Madrid un ingente material, literario y gráfico de diversa categoría –20 inmensos vols. cuando fueron encuadernados y hasta hace poco así se han mantenido–, titulados como "Diccionario Geográfico", que era la documentación prevista para esa otra obra que no llegó a realizarse, quizás por la notable diferencia de calidad y variedad del material reunido[22].

No obstante, con los apuntes y dibujos de mapas y planos "López dibujaba sus propios croquis con topónimos, ríos, caminos, sierras, etc. Muchas noticias y dibujos fueron empleados como complemento para mejorar las citadas ediciones de los mapas de reinos y provincias"[23].

Tomás López conoció el proyecto de Lorenzana y debió comprender que era el tipo de información que necesitaba para el suyo, copió el interrogatorio que imprimió con unas cartas propias explicando su objetivo y su deseo. También volvía a contar en buena medida con los mismos agentes de que se sirvió el cardenal, fundamentalmente los curas párrocos. Ignoramos por qué no utilizó las respuestas de los pueblos de la archidiócesis de Toledo conservadas en el Archivo diocesano, ya que el 6 de marzo de 1786 escribía al arzobispo la siguiente carta citada más arriba:

---

[20] MANSO PORTO, C., "El interrogatorio de Tomás López: nueva hipótesis…", o.c., pp. 177, 178 y 180.

[21] *Ibid*, pp. 180-184.

[21] "Se ve la falta de unidad y de simultaneidad del Diccionario soñado por nuestro geógrafo (…) llamando a todas las puertas recoge noticias de muy diversa procedencia, y por tanto de un valor muy desigual, y se contentaba con acumularlas sin crítica", MARCEL, G., "El geógrafo Tomás López y sus obras. Ensayo de biografía y cartografía", en *Boletín de la Real Sociedad Geográfica"* (Madrid), L (1908) 428-429. Y esa misma idea recoge del gran cartógrafo francés Teniente Coronel Prudent que había estudiado los mapas del Atlas de T. López, *Ibid*, p. 401. A modo de ejemplo, podemos ver en el cuerpo de esta obra nuestra las Relaciones de Alhambra, Almodóvar del Campo y Chillón, o las de Montiel, Pedro Muñoz y Villarta de San Juan. TORRES FAUS, F., "Introducción" a CASTAÑEDA Y ALCOVER, V., *Relaciones geográficas, topográficas e históricas del Reino de Valencia, hechas en el siglo XVIII a ruego de Tomás López*, Valencia 1998, t. I, p. XVI.

[23] MANSO PORTO, C., "El interrogatorio de Tomás López: nueva hipótesis…", o.c., pp. 177.

"Excmo. Señor

Señor: V. Ex. me tiene prometido remitirme los borradores de los mapas que algunos Señores Curas han enviado, y también las cartas que faltan que son bastantes; por uno y otro está el mapa sin principiar y según va necesitamos algunos años. Me hace hablar con estos términos el deseo que haya de ver concluida una obra, que puede en su línea perpetuar la memoria de V. Ex. espero de la bondad de V. Ex. mande enbiar lo que haya recibido y apretar a los Curas que faltan para que evaquen prontamente este encargo, y yo, salir de él.

Dios guarde la importante vida de V. Ex. m⁵. a⁵. Madrid y Marzo 6 de 1786.

Exmo. Sr. B. l. M. de V. Ex. su m⁵. rendido serv⁵. Tomas Lopez

Excmo. S.ᵒʳ Dⁿ Francisco Lorenzana"[24].

Poco tiempo después debió de enviar cartas directas a los pueblos de la archidiócesis de Toledo; tal vez las respuestas no fueron abundantes, o las que esperaba, y tenemos que el 20 de febrero de 1787 reclamaba al cura de Totanes la respuesta, basado en el respaldo del arzobispo, porque ellas "se dirigen a formar el mapa y descripción de este arzobispado de Toledo, de lo cual estoy encargado por dicho Señor Excmo. Hace ya falta la respuesta de v. m. para finalizar esta obra…"[25]. Don Manuel Quintana respondía el 2 de marzo aclarando la situación: "Estoy enteramente ignorante del interrogatorio impreso con 14 preguntas [–el de Lorenzana–], por consiguiente no puedo dar un paso sobre el asunto"[26].

Por otra parte tenemos el caso de que algunos párrocos debieron recibir las cartas y los interrogatorios de ambos proyectos en fechas muy próximas y decidieron enviar idéntica repuesta a ambos solicitantes, puesto que el cuestionario era el mismo. Ese es el caso del cura de Retuerta del Bullaque y su anexo Navas de Estena; en este pueblo la conclusión donde explica el plano –figura– es nuevo en la relación de Tomás López, en la que también data y firma: Ángel Lorenzo Fernández, Retuerta, 12 de marzo de 1787[27]. También es nuevo el texto de la carta de envío de la relación de Retuerta

---

[24] PORRES, J.; RODRÍGUEZ, H., y SÁNCHEZ, R., *Descripciones del Cardenal Lorenzana (Archivo Diocesano de Toledo)*, o.c., p. 55. No sabemos la respuesta que dio el prelado y si envió el material solicitado por el geógrafo, pero en líneas generales son mejores los textos de las Descripciones de Lorenzana, y más abundantes los mapas/planos de los pueblos de la provincia de Toledo, que los conservados en la Relaciones de Tomás López de la Biblioteca Nacional.

[25] Biblioteca Nacional, Ms. 7309, p. 479.

[26] *Ibid.*

[27] Dejamos testimonio de admiración de este clérigo en un pueblo de 68 vecinos, y su anejo de 5, que respondió a las peticiones hechas por el Vicario de Toledo y por el Geógrafo de S.M.

del Bullaque, así como un texto añadido de otra mano al final de la relación. En el caso de las respuestas de Piedrabuena, aunque no es copia textual, una de otra, la relación de Lorenzana tiene frases y párrafos que se repiten exactamente en la de Tomás López; en las de Alcázar de San Juan es casi literal la copia que se reproduce de la primera en la segunda. Por motivos extraños el texto de la relación de Picón de Tomás López reproduce de forma muy literal párrafos completos de la de Lorenzana hasta el número ocho, y acaba unas pocas líneas después sin finalizar el cuestionario. Y en las de La Solana tenemos la prueba de que el texto de Tomás López es muy similar al de Lorenzana, porque el autor de ambos dejó firmada ambas relaciones, que fue el párroco don José Antonio de la Puente y Morales.

Desde el punto de vista del material recibido para ambos proyectos tenemos el dato curioso de que algunas respuestas son más amplias, y los mapas/planos de más calidad, en las Relaciones de Tomás López que en las Descripciones de Lorenzana, y que en algunos casos no llegaron o no se conservan en las del cardenal. Para el caso de los textos, puede valer el ejemplo de las descripciones de La Puebla de Montalbán y Quintanar de la Orden, que no existen/no se conservan en Toledo, y son buenos textos en la Relaciones de Tomás López de la Biblioteca Nacional. En cambio, en Turleque, en las descripciones responde el párroco detenidamente por el cuestionario mientras que en las relaciones es un breve e incompleto apunte. Lo mismo sucede en las respuestas de Villafranca de los Caballeros, que es bastante escueto el texto en las relaciones mientras que en las descripciones incluye plano con detalles de tipo topográfico, y el texto es más amplio y con un comentario interesante sobre su trabajo:

> "Es cuanto puedo informar a Vuestra Excelencia, teniendo presente el Ynterrogatorio, pues si ay algunos sucesos notables o hombres ilustres la desidia de los tiempos y poca custodia de los papeles los han puesto en olvido, siendo la principal causa el que los dos alcaldes, uno por el estado noble y otro por el general, que anualmente nombra Su Alteza como Gran Prior, es gente rústica, que por lo general solo cuidan de sus haziendas y propios intereses"[28].

También sorprende el caso del mapa de Sayatón, hoy pequeña localidad de la provincia de Guadalajara y entonces pueblo de la archidiócesis de Toledo. En la cartela –página doble y bien enmarcado–, tiene un texto que consideramos significativo porque el documento está en el material de Tomás López y no en la Descripción de Lorenzana, y en ninguna de las dos colecciones hemos localizado la respuesta:

---

[28] PORRES, J.; RODRÍGUEZ, H., y SÁNCHEZ, R., *Descripciones del Cardenal Lorenzana (Archivo Diocesano de Toledo)*, o.c., p. 641.

"Formado este borrador [por] Don Antonio de Toledo su cura actual a petición de Su Excelencia el Sr. Don Francisco Antonio de Lorenzana, su dignísimo arzobispo el que va formado sin atender a las reglas de la Geografía (porque las ignoro), y va solo calculado por la Geografía natural, y afición a la pintura, movido a ello no por juzgar servir al intento de Su Excelencia, sí por obedecer a sus insinuados preceptos, por lo que espero sean disimuladas sus faltas que regulo muchas. Mayo, 5 de 1782"[29].

Respecto a villas y ciudades de la provincia de Ciudad Real, entonces también pueblos de la archidiócesis de Toledo, encontramos más textos de Relaciones (T. López) que de Descripciones (Lorenzana), aunque son más amplios, generalmente, los de las segundas, que los de las primeras; por ejemplo, Argamasilla de Calatrava, Horcajo de los Montes y Puertollano. También hay párrafos de respuestas de pueblos en las Descripciones que se repiten en las Relaciones de Tomás López, como sucede en Miguelturra, cuyo interrogatorio respondió don José Victoriano Nieto para Toledo y lo finalizó el 2 de abril de 1785[30].

En esta provincia existe la peculiaridad de que las respuestas de algunas circunscripciones las hicieron en bloque sus respectivas autoridades, sin ceñirse al interrogatorio y recabando información de personas conocedoras de las cosas de los pueblos, por lo que resultan textos más breves y se distinguen de las que algunos de esos pueblos enviaron posteriormente cuando el párroco recibió carta personal de Tomás López, como en Alhambra, La Solana, Torrenueva y Valdepeñas, por ejemplo.

Algunas de las respuestas globales de territorios que formaban una unidad jurisdiccional están firmadas por la autoridad que las hizo o coordinó, como don José Cano en la vicaría de Alcázar de San Juan. En el caso del partido y suelo del Campo de Montiel respondió don Fernando de Cañas, caballero de la Orden de Santiago, teniente coronel, gobernador militar y político, justicia mayor de Villanueva de los Infantes y del partido que integraba a veinte y tres villas[31]. En 1772, el mismo año del territorio anterior, el alcalde mayor del partido de Almodóvar del Campo recibió carta de don Juan Francisco Lastiri, secretario del Real Consejo, en la que reclamaba las respuestas del formulario enviado para que las autoridades mayores se ocupasen de que las inferiores lo ejecutasen; adjuntaba de nuevo la instrucción y un cuestionario abreviado y ordenaba que:

"Había que con toda brevedad su merced remitiere por mano de dicho señor gobernador Juan Francisco Lastiri la descripción de esta villa y

---

[29] "Mapa de la villa de Sayatón, su terreno y contornos", Biblioteca Nacional, Ms. 7309, p. 448.
[30] GRUPO AL-BALATITHA, *Los pueblos de la Provincia de Ciudad Real*, o.c., pp. 181-190.
[31] VILLAR ESPARZA, C., "La descripción de los pueblos del Campo de Montiel en 1773", en *Revistas de Estudios del Campo de Montiel* (Villanueva de los Infantes), 2 (2011) 173-208; CAMPOS Y FERNÁNDEZ DE SEVILLA, F.J., "La descripción del Partido, Suelo y Campo de Montiel para el Mapa y las Relaciones Geográficas de D. Tomás López", en *Ibid*, 3 (2013) 171-199.

pueblos de su partido arreglado a la instrucción que remito por despacho el gobernador de Almagro y que se participaría a su merced para su puntual cumplimiento. Y vista por Su Majestad mandó se cumpla y guarde dicha orden y que el presente señor escribano una a ella el despacho que halla del señor gobernador de Almagro y las diligencias en su virtud practicadas para providenciar en su vista lo demás que corresponda al exacto cumplimiento de dicha orden, y por éste así lo proveyó y firmó su merced, doy fe"[32].

Así se cumplió y las respuestas llevan el formato de Auto y visado del escribano.

Hemos apuntados muchas variantes que se dieron en este territorio lo cual indica también la complejidad del proyecto y su ejecución en la fase del trabajo de campo. Todas estas variables admiten y merecen un estudio mayor del espacio que aquí hemos dedicado en el que solo se han recogido algunos aspectos.

Por todo lo dicho hasta ahora creemos que hay suficientes argumentos para demostrar la coincidencia en ambos proyectos –de Tomás López y Francisco Antonio Lorenzana–, llevando la iniciativa temporal el arzobispo de Toledo, tanto en la redacción del Interrogatorio como en la realización de la mayoría de las Relaciones en los pueblos de su jurisdicción para la elaboración de un mapa de la archidiócesis. También se puede comprobar cómo sacerdotes de algunos pueblos aprovecharon las respuestas dadas al interrogatorio enviado por Lorenzana para luego repetirla o basarse en la primera cuando recibieron la segunda invitación; esto explica también que el clero mantenía actividad de despacho y de lectura.

Nuestro plan personal de transcribir las respuestas de los pueblos de la provincia de Ciudad Real comenzó hace bastantes años; hemos tenido que pasar por la fase de fotocopias –reducidas y no siempre claras–, luego por la digitalización de las repuestas tal como estaban encuadernadas –muchas hojas con las dos caras invertidas y comida algunas veces la primera/última línea–, por lo que la tarea no ha sido fácil ni cómoda. Toda esta peripecia explica un poco los fallos que tendrá, pero sin duda se avanza en rescatar el conocimiento de los pueblos, aunque las respuestas de algunos hayan sido sencillas.

Dentro de un gran proyecto en el que se trabaja actualmente la Biblioteca Nacional ha decidido desencuadernar los volúmenes de las Relaciones de Tomás López y archivar los pueblos en carpetas individuales o circunscripciones territoriales, manteniendo la paginación que se les dio al hacer la encuadernación para respetar los trabajos de investigación donde se hayan citado; personalmente creemos que ha sido un criterio acertado.

---

[32] Biblioteca Nacional, Ms. 7309, p. 250.

✠

350

Muy Señor mio: hallándome executando un Mapa y descripcion de esa Diocesis, y deseando publicarle con el acierto posible, me pareció indispensable suplicar á V. se sirva responder á los puntos que le comprehenda del interrogatorio adjunto.

Es muy propio en todas las clases de personas concurrir con estos auxilios á la ilustracion pública, y mucho mas en las graduadas por su saber y circunstancias como V. y como otros lo executaron en otros Obispados.

Por este medio discurro desterrar de los Mapas extrangeros, de las descripciones y Geografías de España, muchos errores que nos ponen: unos cautelosamente, otros ocultando nuestras producciones y ventajas, para mantenernos en la ignorancia, con aprovechamiento suyo; y por un fin de cosas que V. sabe, y no es asunto de esta carta.

Si V. lo permite daré cuenta de su nombre y circunstancias en el prólogo de la obra, como concurrente con su mediacion y trabajo, sin olvidar todos los sugetos que ayuden á V. en el encargo. Se servirá V. poner la cubierta al Geógrafo de los Dominios de S. M. que firma abaxo.

Dios guarde la vida de V. muchos años. Madrid y Abril 29 de 1795

B. L. M. de V. su
mas atento servidor

Tomas Lopez

Cura Parroco de Villanueva de los Infantes

INTERROGATORIO.

1º **S**I es Lugar, Villa ó Ciudad, á qué Vicaría pertenece; si es Realengo, de Señorío ó mixto, y el número de vecinos.

2º Si es cabeza de Vicaría ó Partido, Parroquia, Anexo y de qué Parroquia, y si tiene Convento decir de qué Orden y sexo, como tambien si dentro de la poblacion ó extramuros hay algun Santuario é Imagen célebre, declarar su nombre y distancia: asimismo el nombre antiguo y moderno del Pueblo, la advocacion de la Parroquial, y el Patron del Pueblo.

3º Se pondrá quantas leguas dista de la principal ó Metrópoli, quánto de la cabeza de la Vicaría, quánto de la cabeza de Partido, y quántos quartos de legua de los Lugares confinantes, expresando en este último particular los que están al Norte, al Mediodia, Levante ó Poniente, respecto del Lugar que responde, y quántas leguas ocupa su jurisdiccion.

4º Dirá si está á orilla de algun rio, arroyo ó laguna, si á la derecha ó la izquierda de él baxando agua abajo: dónde nacen estas aguas, en dónde y con quién se juntan, y cómo se llaman. Si tienen puentes de piedra, de madera ó barcas, con sus nombres, y por qué Lugares pasan.

5º Expresarán los nombres de las sierras, donde empiezan á subir, dónde á baxar, con un juicio razonable del tiempo para pasarlas, ó de su magnitud: declarando los nombres de sus puertos, y en donde se ligan y pierden ó conservan sus nombres estas cordilleras con otras.

6º Qué bosques, montes y florestas tiene el Lugar; de qué matas poblado, cómo se llaman, á qué ayre caen y quánto se estiende.

7º Quándo y por quién se fundó el Lugar, qué armas tiene y con qué motivo, los sucesos notables de su historia, hombres ilustres que ha tenido, y los edificios ó castillos memorables que aun conserva.

8º Quáles son los frutos mas singulares de su terreno, los que carece: quál la cantidad á que ascienden cada año.

9º Manufacturas y Fábricas que tiene, de qué especies, y por quién establecidas: qué cantidades elaboran cada año: qué artifices sobresalientes en ellas: qué inventos, instrumentos ó máquinas ha encontrado la industria para facilitar los trabajos.

Quá-

10º   Quáles son las Ferias ó Mercados, y los días en que se celebran : qué generos se comercian, extraen y reciben en cambio, de dónde y para dónde, sus pesos y medidas, compañías y casas de cambio.

11º   Si tiene estudios generales, ó particulares, sus fundaciones, método y tiempo en que se abren : qué facultades enseñan, y quáles con mas adelantamiento, y los que en ellas se han distinguido.

12º   Quál es su Gobierno político y económico : si tiene privilegios, y si erigió en favor de la enseñanza pública algun Seminario, Colegio, Hospital, Casa de recoleccion y piedad.

13º   Las enfermedades que comunmente se padecen, y cómo se curan : número de muertos y nacidos, para poder hacer juicio de la salubridad del Pueblo.

14º   Si tiene aguas minerales, medicinales, ó de algun beneficio para las fábricas, salinas de piedra ó agua, canteras, piedras preciosas, minas, de qué metales, arboles y hierbas extraordinarias.

15º   Si hai alguna inscripcion sepulcral, ú otras, en qualquier idioma que sea.

Finalmente todo quanto pueda conducir á ilustrar el Pueblo, aunque no esté prevenido en este interrogatorio.

NOTA. Procurarán los Señores   formar unas especies de mapas ó planos de sus respectivos territorios, de dos ó tres leguas en contorno de su Pueblo, donde pondrán las Ciudades, Villas, Lugares, Aldeas, Granjas, Caserias, Ermitas, Ventas, Molinos, Despoblados, Rios, Arroyos, Sierras, Montes, Bosques, Caminos, &c. que aunque no esté hecho como de mano de un profesor, nos contentámos con sola una idea ó borron del terreno, porque lo arreglarémos dándole la última mano. Nos consta que muchos son aficionados á Geografía, y cada uno de estos puede demostrar muy bien lo que hay al contorno de sus Pueblos.

Esta obra nuestra está pensada y destinada, principalmente, a estudiantes y lectores manchegos interesados en conocer la situación de los pueblos y sus comarcas de la provincia de Ciudad Real en la segunda mitad del siglo XVIII. Hemos hecho una transcripción completa y fiel del texto, actualizándolo, para que resulte amena la lectura de las descripciones. Hemos unificado la grafía que no siempre coincide y el nombre de diferentes términos geográficos. Se ha corregido la ortografía, los errores gramaticales, sintácticos y de puntuación detectados, que los diferentes relatores o redactores pusieron al responder a la Instrucción impresa enviada por don Tomás López.

Utilizamos los paréntesis para esclarecer algunos términos, y los corchetes para añadir alguna palabra que completa el texto; cuando el pasaje tiene originalmente paréntesis se entiende en la lectura y no se presta a confusión con los utilizados en nuestra intervención. Se incluyen pueblos que perteneciendo en la actualidad a otras provincias limítrofes cuando se hicieron las Relaciones estaban vinculados a ciudades de Ciudad Real que entonces eran cabeceras territoriales de la administración civil o eclesiástica.

Ponemos el nombre oficial de los pueblos, añadiendo entre corchetes la parte que no se puso en las respuestas, especialmente los que son compuestos y llevan el topónimo territorial de la jurisdicción a la que pertenecían. En los títulos de los apartados mantenemos los nombres de los manuscritos con leves ajustes; en aquellos pueblos donde respondieron con un texto redactado de forma seguida e ininterrumpida se han formado párrafos independientes para dar más agilidad a la lectura y cierta estética a la visión impresa de las páginas. Hemos respetado los subrayados de los originales. Salvo muy pocas excepciones estamos ante escritos que se han pasado a limpio y de ahí que tengan muy pocas correcciones.

Como valoración general creemos que los textos que ofrecemos se unen a las Relaciones de Felipe II, a las Descripciones del cardenal Lorenzana y las Respuestas Generales del Catastro de Ensenada, que luego con el Diccionario de Madoz en el XIX, completan una buena información de los pueblos actuales de la provincia de Ciudad Real, convirtiéndose en unas fuentes muy importantes de la Edad Moderna para este territorio. Luego se citarán en muchas Webs municipales y particulares con los nombres genéricos de estos documentos, olvidando el de los investigadores que con su trabajo hicieron posible la comodidad de tener acceso a esa información.

No es nueva esa actuación. Ya en la Alta Edad Media un monje copista en el *scriptorium* de su monasterio, al terminar su trabajo un día cualquiera, consciente del sacrificio que estaba haciendo, se decidió a poner una nota marginal en el códice que copiaba para que en el futuro los lectores conociesen esa ocupación:

"Quien quiera que te acerques a leer, acuérdate de mi, el escritor y pecador Florencio; tal vez así desaparezcan mis delitos y pueda presentarme tranquilo ante el Redentor de los Hombres (...) El trabajo del que escribe es alimento del que lee. Él se debilita en el cuerpo, el otro aprovecha en el alma. Por tanto, aquellos que sacáis provecho no os olvidéis de la fatiga del trabajador (...) El que no sabe escribir cree que no hay tanto trabajo en ello; más para que tú lo sepas quiero especificarte las molestias que se sufren al escribir: trae la oscuridad a los ojos, encorva la espalda, hace mal al vientre y a las costillas, deja doloridos los riñones y trae magullado todo el cuerpo. Por tanto, lector, pasa lentamente las hojas, ten los dedos lejos de las letras; pues como el granizo quita la fecundidad de la tierra, así el lector descuidado destroza la escritura y el libro. Escucha una confidencia: lo mismo que es grato al navegante el último puerto, así es suave para el escritor el verso postrero"[33].

Respecto a la distribución del texto mantenemos la organización de los manuscritos. Adoptamos el orden alfabético del nombre de la circunscripción territorial, civil o eclesiástica, a la que pertenecían los pueblos –no en el orden interno de colocación que respondieron dentro de ellas–, que es como figuran en la doscumentación; en ese orden incluimos aquellos pueblos que respondieron también de manera individual, y que ahora mostramos en el siguiente listado. En todos los casos se indica la referencia del/los manuscritos/s donde hay información de ellos.

En el índice general final se señalan todos los pueblos por estricto orden alfabético para su fácil localización, teniendo en cuenta, que, en algunos casos, hay pueblos que están integrados en la cabecera del Partido o Vicaría que incluyen villas y pueblos de esa circunscripción, más luego en respuesta particular, señalamos en cada caso las páginas en las que hay información de ellos.

Relación de pueblos y ciudades que respondieron al interrogatorio de Tomás López

I. ALCÁZAR DE SAN JUAN, Vicaría, Ms. 7293, ff. 6-38v

Incluye los siguientes pueblos:

- Alcázar de San Juan, ff. 6-23
- Villafranca de los Caballeros (Toledo), ff. 23-26
- Villarta de San Juan, ff. 26-27v
- Argamasilla de Alba, ff. 28-30
- Turleque (Toledo), ff. 30-30v y 32-32v

---

[33] PÉREZ DE URBEL, J., *Historia del Condado de Castilla,* Madrid 1970, t. II, p. 309.

- Argamasilla de Calatrava, ff. 32v-33
- Aldea del Rey, ff. 33-34
- Belvís de la Jara (Toledo), f. 34-34v
- Calzada de Calatrava, ff. 34v-35
- Granátula de Calatrava, ff. 35-35v
- Moral de Calatrava, ff. 36-37
- Viso del Marqués, ff. 37-37v
- Santa Cruz de Mudela, ff. 37v-38
- Valdepeñas, ff. 38-38v
- Almadén, f. 38v

II. ALCOBA, Ms. 7308, ff, 288-290

III. ALHAMBRA, Ms. 7293, ff. 229-234; 340-348v; Ms. 20263/74, 1 f.

IV. ALMAGRO, Ms. 7301, ff. 384-385

V. ALMAGRO, Partido de, Ms. 7293, ff. 235 y 236-245v; Ms. 20263/2 (h. 3)

Incluye los siguientes pueblos:

- Almadén, f. 235
- Almagro, ff. 236-237v
- Bolaños de Calatrava, ff. 237v-238
- Manzanares, ff. 238-238v
- Daimiel, ff. 238v-239v
- Villarrubia de los Ojos, ff. 239v-241
- Fuente el Fresno, ff. 241-241v
- Malagón, ff. 241v-242v
- Torralba de Calatrava, ff. 242v-243
- Carrión de Calatrava, ff. 243-243v
- Fernán Caballero, f. 243v
- Porzuna, ff. 243v-244
- Picón, ff. 244-244v
- Miguelturra, f. 244v
- Pozuelo de Calatrava, ff. 244v-245
- Valenzuela de Calatrava, f. 245v
- Ballesteros de Calatrava, f. 245v

VI. ALMODÓVAR DEL CAMPO, Partido de, Ms. 7293, ff. 246-263

Incluye los siguientes pueblos:

- Partido de Almodóvar del Campo, ff. 246-259v
- Cañada de Calatrava / Cañada del Moral, ff. 259v-263

VII. ANCHURAS, Ms. 7308, ff. 395-398

VIII. ARROBA DE LOS MONTES, Ms. 7308, ff. 284-288

IX. CAMPO DE CRIPTANA, Ms. 7293, f. 324; Ms. 7309, ff. 369v-375

X. CHILLÓN, Ms. 7293, ff. 326-334[34]; Ms. 7294, ff. 222, 230 y 311

XI. CIUDAD REAL, Vicaría de, Ms. 7293, ff. 266-322

Incluye los siguientes pueblos:

- Casas, Las, ff. 266-266v
- Picón, ff. 266v-268v
- Ballesteros de Calatrava, ff. 268v-270
- Fernán Caballero, ff. 270-272
- Aldea del Rey, ff. 272v-274
- Granátula de Calatrava, ff. 274-276
- Santa Cruz de Mudela, ff. 276-280
- Almodóvar del Campo, ff. 280v-285
- Pozuelo de Calatrava, ff. 285-288[35]
- Carrión de Calatrava, ff. 292-294
- Fuente el Fresno, ff. 294-295v
- Torralba de Calatrava, ff. 295v-297
- Almuradiel, Concepción de, ff. 297-299v
- Valverde, ff. 299v-300v
- Miguelturra, ff. 300v-307v[36]
- Piedrabuena, ff. 308-310v
- Porzuna, ff. 310v-311v
- Viso del Marqués, ff. 311v-314v
- Argamasilla de Calatrava, ff. 314v-318
- Puertollano, ff. 318-320v
- Calzada de Calatrava, ff. 320v-322v[37]

XII. FONTANAREJO, Ms. 7308, ff. 282-284

XIII. HERENCIA, Ms. 7293, ff. 335-337v

XIV. HORCAJO DE LOS MONTES, Ms. 7308, ff. 278-280

XV. MEMBRILLA, Ms. 7293, ff. 363-368 y 398-399

XVI. MONTIEL, Ms. 7293, ff. 361-362v

---

[34] El número 326 se repite en dos folios.

[35] Del fol. 288 salta la numeración al 292.

[36] Hay un folio sin paginar entre los fols. 306 y 307. Aunque dejamos constancia del error, nosotros respetamos la numeración actual del manuscrito. En este pueblo se incluye también bastante información de Peralvillo, su aldea.

[37] En el fol. 322v hay una nota que dice: Sigue al pliego 31.

XXV. TOMELLOSO, Ms. 7293, ff. 459-469v; Ms. 7309, ff. 375v-376

XXVI. TORRENUEVA, Ms. 7293, ff. 470-477

XXVII. VALDEPEÑAS, Ms. 7293, ff. 478-479; Ms. 18700/46, 7 ff.

XXVIII. VILLANUEVA DE LOS INFANTES, Partido de, Ms. 7293, ff. 338-352, 353-355v, 356-357v, 359-360v; Ms. 7298, ff. 799-800 y Ms. 20263/60, 4 ff.

XXIX. VILLARTA DE SAN JUAN, Ms. 7293, ff. 480-483

Listado de ilustraciones de mapas / planos

Nº	Título	Autor	Signatura
1	Provincia de Ciudad Real	Tomás López	MSS/7309(H.196R.)
2	Provincia de Ciudad Real (Este)	Tomás López	MSS/7309(H.197R.)
3	Almadén y sus alrededores	Tomás López	MSS/20263/2(H.3R.)
4	Campo de Criptana y sus alrededores	---	MSS/7293(H.324R.)
5	Chillón y sus alrededores (I)	Tomás López	MSS/7294(H.230R.)
6	Chillón y sus alrededores (II)	Manuel Gómez Astorga	MSS/7294(H.311R.)
7	Membrilla y sus alrededores	Juan García Rosón	MSS/7293(H.365R.)
8	Montiel y sus alrededores	---	MSS/7293(H.368R.)
9	Retuerta del Bullaque y sus alrededores	Ángel Lorenzo Fernández	MSS/7293(H.424R.)
10	La Solana y sus alrededores	---	MSS/7293(H.458R.)
11	Tomelloso y sus alrededores (I)	Francisco Tomás García	MSS/7293(H.468R.)
12	Tomelloso y sus alrededores (II)	Francisco Tomás García	MSS/7293(H.469R.)
13	Torrenueva (pueblo)	José Serrano Román	MSS/7293(H.476R.)
14	Torrenueva (escudo)	Tomás López	MSS/7293(H.477R.)
15	Torrenueva y sus alrededores	Tomás López	MSS/7293(H.477V.)
16	Valdepeñas y sus alrededores	Antonio Messía de la Puerta	MSS/18700/46(H.7R.)
17	Vva. de los Infantes y sus alrededores (I)	F. Herrera y Navarro [et. al.]	MSS/7293(H.358R.)
18	Vva. de los Infantes y sus alrededores (II)	Tomás López	MSS/7309(H.197R.)
19	Villarta de San Juan y sus alrededores	Antonio Folgar y Torres	MSS/7293(H.483R.)

BIBLIOGRAFÍA

Paso obligatorio para este trabajo ha sido la consulta en la Biblioteca Nacional de los manuscritos. Dejamos constancia de sincero agradecimiento a Dª Cristina Guillén Bermejo y todo el personal de la Sala Cervantes por las ayuda y facilidades prestadas.

Fuentes:

La colección de Relaciones Geográficas de Tomás López se conserva en la Biblioteca Nacional. La catalogación general es la siguiente:

Manuscritos completos:

Ms. 7293: Albacete y Ciudad Real
Ms. 7294: Almería, Cádiz y Córdoba
Ms. 7295: Asturias
Ms. 7296: Burgos
Ms. 7297: Coruña y Lugo
Ms. 7298: Cuenca
Ms. 7299: Extremadura
Ms. 7300: Guadalajara y Madrid
Ms. 7301: Huelva y Jaén
Ms. 7302: Logroño
Ms. 7303: Málaga y Granada
Ms. 7304: Orense y Pontevedra
Ms. 7305: Palencia y León
Ms. 7306: Sevilla
Ms. 7307: Soria y Segovia
Ms. 7308: Toledo, I
Ms. 7309: Toledo, II
Ms. 7310: Valladolid
Ms. 7311: País Vasco
Ms. 7312: Zamora

Manuscritos que contienen papeles sueltos de pueblos relacionados con la obra de Tomás López:

Mss. 12478 - 12978 - 18700 - 19384 - 19540 - 20241 – 20263

La colección está digitalizada con la encuadernación antigua y accesible, en: http://bdh.bne.es/bnesearch/Search.do?language=&pageSize=30&tipomaterial1 =Manuscrito&numfields=3&advanced=true&field3Op=AND&field2Op=AND &field1Op=AND&textH=&completeText=off&fechaHsearchtype=0lengua=& field1=todos&field3val=&showYearItems=&field1val=Relaciones+de+tom%c3 %a1s+l%c3%b3pez&field2val=&fechaHhasta=&fechaHen= &exact=on&text= &field3=todos&fechaHdesde=&field2=todos

Dentro del proyecto actual existente sobre esa importante fuente documental, se han colocado en carpetas individuales por pueblos, pero la digitalización todavía no está disponible al público. Se puede conocer las nuevas signaturas, en:

Biblioteca Nacional

- Catálogo:
- Búsqueda avanzada:
Autor: López, Tomás
Tipo de documento: Manuscrito y archivos personales

Al no estar finalizado el proyecto la consulta de esa referencia electrónicas es solo provisional, y arroja un abundantísimo listado de registros bibliográficos que el investigador tendrá que ir repasando hasta encontrar lo que busca de las Relaciones de Tomás López; actualmente ese listado solo tiene la ficha catalográfica sin acceso al texto.

Para un primer contacto sobre las relaciones conservadas de los pueblos y ciudades, y su ubicación en los manuscritos:

OLARÁN MÚGICA, C., *Índice de las Relaciones Geográficas enviadas a Tomás López que se conservan en el Gabinete de Manuscritos de la Biblioteca Nacional*, Madrid 1987 y 2004.

ARCHIVO HISTÓRICO NACIONAL: *"Descripción de las Veinte y Tres Villas de este Partido Suelo y Campo de Montiel ejecutada en virtud de Orden de S. Majestad y Señores de su Real Consejo de las Militares de 17 de noviembre del año pasado de 1772, por D. Fernando de Cañas Caballero del Orden de Santiago Teniente Coronel de los Reales Ejércitos, actual Gobernador militar y político Justicia Mayor de esta dicha villa y Partido por S. Majestad Subdelegado de todas Rentas Reales de su Tesorería, arreglado a los informes que se me han remitido a mi solicitud por las Justicias de ellas y verídicas noticias que he tomado a personas ancianas de todo conocimiento y en particular por lo que respecta a esta de algunos documentos que he visto, en cuya expresión aunque por encima me dilataré en varios particulares y lo practico en esta forma..."*, Sec. Consejo de Órdenes, leg. 5366.

* * *

Obras de Tomás López de Vargas Machuca relacionadas con nuestro trabajo:

Atlas Geográphico del Reyno de España e Islas Adjacentes con una breve descripción de sus provincias, Dispuesto para la utilidad pública, París 1757, Madrid ^{2}1757; y otras. Eds. facs., Madrid 1991.

Atlas geográfico de España, Madrid 1804 1810,1830.

Descripción de la provincia de Madrid, Madrid, por Joachín Ibarra, 1763; eds. facsímiles Madrid 1988, y San Fernando de Henares 2000.

Catálogo de las obras geográficas y mapas hechos por don Thomás López, Geógrafo de los dominios de S. M. y por D. Juan su hijo, Pensionista del Rey, 1785 y reimpresiones.

Geografía histórica de España. Descripción general de ella. Principiando por la Provincia de Madrid, Madrid, Viuda de Ibarra, Hijos y Compañía, 1788, 2 ts.

Mapa de la Provincia de La Mancha, Donde se comprehenden los Partidos de Ciudad Real, Infantes, y Alcaraz..., Tomás López e Hijos, Madrid 1765. Instituto Geográfico Nacional, Cartoteca, Sig., 912-305(HOJ05)

Mapa de la Provincia de La Mancha (1765), en Real Academia de la Historia, C/Atlas E, Ia, 7, y C/Atlas E, Ib, 6.

Mapa del Partido de Villanueva de los Infantes (1783), en Centro Geográfico del Ejército: Ar. E-T. 8C. 4-218.

"Material enviado a ____, para la confección del Mapa y del Diccionario relativo al Partido del Campo de Montiel", en Archivo Histórico Nacional, Órdenes Militares, leg. 5366.

Relaciones Geográficas. Con diferentes nombres se han publicado los pueblos y ciudades de diversas provincias:

Álava, ed. de E. Ruiz Urrestarazu, y R. Galdós, Vitoria 2000.

Albacete , ed. de F. Rodríguez de la Torre y J. Cano Valero, Albacete 1987.

Andalucía (Diccionario Geográfico de Andalucía), 6 vols. ed. de C. Graíño, J. Mª Sánchez, J.C. de Miguel, J.E. Ruiz González, 1985...

Asturias, ed. de Mª J. Merinero y G. Barrientos, Oviedo 1992.

Bierzo, El, ed. de M. G. García González, Ponferrada 1998.

Extremadura, ed. de G. Barrientos Alfageme. Madrid 1991.

León, ed. de A.T. Reguera Rodríguez, Mª del P. Durany Castrillo, y P. García Gutiérrez, León 2012.

Segovia (Algunas poblaciones), ed. de R. Hernández Ruiz de Villa, Segovia 1965.

Soria, ed. de F. Zamora Lucas, Soria 1960.

Valencia, ed. de V. Castañeda y Alcover, Valencia 1998, 2 vols. (ed. facsímil).

* * *

Estudios:

Es abundantísima la bibliografía sobre la obra de Tomás López; solo recogemos las referencias generales vinculadas a las Relaciones Geográficas.

ALDEA, Q., "El geógrafo Tomás López en la Real Academia de la Historia", en *de la Real Academia de la Historia*, CCIV (2007) 129-133.

ALTARRIBA, A., y URIBARREN, P. (Coord.), *Doscientos años de geografía en Álava. Del cuestionario de Tomás López a la actualidad*, Transcripción de documentos y comentario histórico, Vitoria 2000. Transcripción y comentario histórico por O. Babesa, E. Ruiz Urrestarezu y R. Galdós,

AMIGOS DE LA CARTOGRAFÍA DE MADRID, *II Centenario de Tomás López Geógrafo de S. M. Carlos III. 1802-2002,* Madrid 2004: APARISI LAPORTA, L.M., "Algunas precisiones religiosas en la provincia de Madrid, desde las Relaciones Topográficas de Tomás López"; CAMARERO BULLÓN, C., "Necesidades y carencias cartográficas a mediados del siglo XVIII: La cartografía en el Catastro de Ensenada"; FERNÁNDEZ TALAYA, Mª T, "Tomás López, geógrafo de S. M. Carlos III"; LÍTER MAYAYO, C., "La obra de Tomás López. Imagen cartográfica del siglo XVIII"; MANSO PORTO, C., "Tomás López en la Real Academia de la Historia"; MORA PALAZÓN, A., "El Madrid que se fue, de Tomás López a nuestros días"; SANZ HERMIDA, J. Mª, "Tomás López y el quehacer cartográfico".

ANDÚJAR CASTILLO, F., "El interrogatorio y el mapa de Almería de Tomás López (siglo XVIII). Una lectura histórica", en *Nimbus: revista de climatología, meteorología y paisaje* (Almería), nº 29-30 (2012) 47-60.

ARROYO ILERA, F., "El diccionario geográfico de la Real Academia de la Historia: una obra frustrada de la Ilustración española", *Estudios Geográficos* (Madrid), 253 (2003) 539-578.

BARRIENTOS ALFAGEME, G., *Extremadura por López, año de 1798. La Provincia de Extremadura al final del Siglo XVIII,* Mérida 1991.

BECKER, J., *Los estudios geográficos en España. (Ensayo de una historia de la geografía),* Establecimiento tipográfico Jaime Ratés, Madrid 1917, caps. XV y XX.

BLÁZQUEZ GARBAJOSA, A., "Las relaciones topográficas de D. Tomás López. Pueblos de la provincia de Guadalajara (1760-1795)", en *Wad-Al-Hayara. Revista de Estudios de Guadalajara,* nº 11 (1984) 97-132.

BUSCHINGS, A. F., "Genauere-Beschreibung der Lopezischen Charten von Spanien", en *Bochentliche Nachrichten von neuen Landcharten, Geographischen Buchern und Sachen,* Berlín, 4º apéndice, 37ª parte, (9-IX-1976) 298-391.

CAMPOS Y FERNÁNDEZ DE SEVILLA, F.J., "La provincia de Ciudad Real en las Relaciones del Cardenal Lorenzana. Mentalidad y datos de unas gentes y unos pueblos a finales del siglo XVIII", en *Anuario Jurídico y Económico Escurialense* (San Lorenzo del Escorial), 21 (1989) 375-460.

CAMPOS Y FERNÁNDEZ DE SEVILLA, F.J., "La descripción del Partido, Suelo y Campo de Montiel para el Mapa y las Relaciones Geográficas de D. Tomás López", en *Revista de Estudios del Campo de Montiel* (Villanueva de los Infantes), 3 (2013) 171-199.

CAMPOS Y FERNÁNDEZ DE SEVILLA, F.J., "Las Descripciones del arzobispado de Toledo. Un proyecto ilustrado del cardenal Lorenzana", en *Boletín de la Real Academia de la Historia* (Madrid), 220/1 (2023) 63-84.

CAPEL, H., "Los diccionarios geográficos de la Ilustración española", en *Geocrítica*, 31 (Enero 1981), 51 pp.

CAPEL, H., *Geografía y matemáticas en la España del siglo XVIII*, Oikos-Tau, Barcelona 1982, cap. VI.

CASTAÑEDA Y ALCOVER, V., "Relaciones geográficas, topográficas e históricas del Reino de Valencia, hechas en el siglo XVIII a ruego de Tomás López", en *Revista de Archivos, Bibliotecas y Museos* (Madrid), 35 (1616) 352-383; 36 (1917) 43-59, 224-248; 37 (1917) 56-74, 270-323; 38 (1918) 324-351, 392-410; 39 (1918) 68-88, 325-353; 40 (1919) 281-302; 41 (1919) 89-118, 275-293, 394-416, 574-592; 42 (1920) 85-110, 247-275, 445-467, 641-665; 43 (1922) 118-133, 281-296, 434-452; 44 (1923) 99-131, 265-272, 363-388; 45 (1924) 244-267, 336-351. Madrid 1919-1921. Valencia 1998, 2 vols., ed. facsímil e introducción, T. Torres Faus.

CORRALIZA, J. V., "De geografía extremeña: Don Tomás López de Vargas Mahuca", en *Revista de Estudios Extremeños*, (Badajoz), 3 (1935) 1-8.

DOMÍNGUEZ ORTIZ, A., "El reino de Sevilla a finales del siglo XVIII según las relaciones enviadas a Don Tomás López", en *Archivo Hispalense* (Sevilla), 3 / 7 (1944) 229-259.

FEO PARRONDO, F., "Tineo a finales del siglo XVIII según el Diccionario Geográfico de Tomás López", en *Heraldo de Tineo*, nº 16 (1984) 13.

FEO PARRONDO, F., "Cangas a finales del siglo XVIII según el Diccionario de Tomás López", en *La Maniega*, (Julio Agosto 1993) 10-12.

FERNÁNDEZ DE NAVARRETE, M., *Biblioteca Marítima Española*, Imp. de la Viuda de Calero, Madrid 1851, vol. II, pp. 727-729.

FERNÁNDEZ TALAYA, Mª T., *Tomás López geógrafo de S. M. Carlos III*, Madrid, DocuMadrid, 2003, pp. 1-50.

GARCÍA-LISÓN, M., y ZARAGOZA CATALÁN, A., "Comentarios al mapa que del Maestrazgo Viejo de Montesa grabó Don Tomás López en 1786", en *Boletín del Centro de Estudios del Maestrazgo*, nº 15 (Julio-Septiembre 1986) 31-37.

HAMER FLÓRES, A., "Las Nuevas Poblaciones de Andalucía a finales del siglo XVIII según el Diccionario Geográfico-Histórico de Tomás López", en *Ámbitos. Revista de Estudios de Ciencias Sociales y Humanidades* (Montilla, Córdoba), 14 (2005) 89-102.

HERNÁNDEZ RUIZ DE VILLA, R., "Geografía e Historia de algunos pueblos de la provincia de Segovia al finalizar el siglo XVIII", en *Publicaciones del Instituto Andrés Laguna*, n° (1965).

HERNANDO, A., *El Atlas geográfico de España (1804) producido por Tomás López*, Madrid 2005.

HERRERA GARCÍA, A. "Una descripción de Priego a fines del S. XVIII", en *Revista Cuenca*, n° 17 (1980) 51-53.

INTERROGATORIOS formados por la comisión creada por Real decreto de 7 de julio de 1887 para estudiar la crisis por que atraviesa la agricultura y la ganadería, Sucesores de Rivadenyra, Madrid 1887.

LARA RÓDENAS, M. J. de, *La ilustración en las sacristías: el Vicario de Huelva y las respuestas a Tomás López. Estudio y edición crítica*, Huelva 1998.

LÍTER MAYAYO, C., "Aproximación a la vida y obra del cartógrafo Tomás López", en *Catastro. Revista del Centro de Gestión Catastral y Cooperación Tributaria*, Año III, n° 8 (Abril 1991) 21-27.

LÍTER MAYAYO, C., y SANCHÍS BALLESTER, F., *Tomás López y sus colaboradores* (Índices), Madrid 1998.

LÍTER MAYAYO, C., y SANCHÍS BALLESTER, F., *La obra de Tomás López. Imagen cartográfica del siglo XVIII*, Madrid 2002.

LÓPEZ GÓMEZ, A., "El mapamundi y los sistemas astronómicos en la obra de Tomás López a finales del S. XVIII", en *Homenaje al Dr. D. Juan Reglá Campistol*, Valencia 1975, vol. II, pp. 179-190.

LÓPEZ GÓMEZ, A., "El método cartográfico de Tomás López: el interrogatorio y los mapas de España", en *Estudios Geográficos* (Madrid), 57 / 225 (1996) 667-710.

LÓPEZ GÓMEZ, A., "Los croquis y mapas del reino de Valencia de López y Cavanilles: dos geógrafos y dos métodos opuestos", en *Cuadernos de Geografía de la Universidad de Valencia*, n° 62 (1997) 537-586.

LÓPEZ GÓMEZ, A., "Ediciones de los mapas de Vizcaya y de Navarra de Tomás López", en *Estudios Geográficos* (Madrid), n° 226 (1997) 119-123.

LÓPEZ GÓMEZ, A., "El método de Tomás López. El interrogatorio y los mapas de Extremadura", en *Historia, clima y paisaje. Estudios geográficos en memoria del profesor Antonio López Gómez*, Valencia 2004, pp. 59-74.

LÓPEZ GÓMEZ, A., "Los domicilios en Madrid y el éxito de Tomás López", en *Estudios Geográficos* (Madrid), n° 197 (2000) 377-392.

LÓPEZ GÓMEZ, A., "El método cartográfico de Tomás López. El interrogatorio de Albacete", en *Cuadernos de Geografía de la Universidad de Valencia*, n° 71 (2002) 1-10.

LÓPEZ GÓMEZ, A., "El interrogatorio y los mapas de Extremadura de Tomás López", en *Historia, Clima y Paisaje. Estudios Geográficos en memoria del profesor Antonio López Gómez*, Valencia 2004, pp. 59-74.

LÓPEZ GÓMEZ, A., Los atlas de Tomás López de la Real Academia de la Historia, en López Gómez, Antonio y Manso Porto, Carmen, Cartografía del Siglo XVIII. Tomás López en la Real Academia de la Historia, Madrid 2006, pp. 19-98.

LÓPEZ GÓMEZ, A., y MANSO PORTO, C., *Cartografía histórica del siglo XVIII: Tomás López en la Real Academia de la Historia*, Real Academia de la Historia, Madrid 2006.

LÓPEZ SÁNCHEZ, A., "La geografía y los geógrafos españoles en el primer tercio del XIX", en *Boletín de la Real Sociedad Geográfica de Madrid*, LXVI (1926) 154-160.

MANSO PORTO, C., "La colección de mapas y planos manuscritos de España y los atlas de Tomás López en la Real Academia de la Historia", en *Boletín de la Real Academia de la Historia,* 199 (2002) 105-116;

MANSO PORTO, C., "El interrogatorio de Tomás López: nueva hipótesis sobre su finalidad, en *Historia, Clima y Paisaje. Estudios Geográficos en memoria del profesor Antonio López Gómez*, Valencia 2004, pp. 175-186.

MANSO PORTO, C., "Correspondencia y cartografía de Tomás López", en *ACADEMVUS* (Madrid), VI / 9 (2005) 99-117. Aniversario de la Academia Hispánica de Filatelia.

MANSO PORTO, C., "El Diccionario geográfico-histórico de España de la Real Academia de la Historia", en *Iura Vasconiae. Revista de Derecho Histórico y Autonómico de Vasconia* (Donostia-San Sebastián), n° 2 (2005) 283-332.

MANSO PORTO, C., "López de Vargas Machuca, Tomás", en *Diccionario Biográfico Español*. Real Academia de la Historia, t. XXX, pp. 838-843.

MANSO PORTO, C., "Cartografía madrileña de Tomás López durante el reinado de Carlos III", en ARANDA HUETE, A. Mª (coord.), *III Centenario del nacimiento de Carlos III*, Madrid 2017, pp. 121-168.

MANZANO LEDESMA, F., "*Ex ungue leonem*: la descripción de Benavente y su entorno en el Diccionario Geográfico de Tomás López", en *Brigecio: revista de estudios de Benavente y sus tierras* (Benavente), 16 (2006) 67-76.

MARCEL, G., "Le géografe Thomas López et son oeuvre. Essai de biographie et de cartographie", en *Revue Hispanique* (Paris), XVI (1907) 137-243. Ed. española: "El geógrafo Tomás López y sus obras. Ensayo de biografía y cartografía", en *Boletín de la Real Sociedad Geográfica"* (Madrid), L (1908) 460-543, y en el *Boletín de la Real Academia de la Historia* (Madrid), LIII (1908) 126-243. Nueva ed., en *Atlas geographico del Reyno de España e islas adyacentes... Thomas Lopez*, Centro de Gestión Catastral y Cooperación Tributaria, Madrid 1992, vol. I, pp. 33-145.

MARÍN PERELLÓN, F.J., "Plano Geométrico de Madrid, de 1785. Tomás López, geógrafo de gabinete, y su plano guía", en *Ilustración de Madrid*, nº 6 (2007) 91-96.

MARTÍNEZ GARCÍA, J.; MANZANO-AUGLIARIO, F., Y SAN-ANTONIO GÓMEZ, C., "El Atlas Geográfico de España de Tomás López: Análisis mediante SIG de las poblaciones del «Reyno de Jaén» (1787)", en *CT/ Catastro*, n. 74 (2016) 111-138.

MERINERO, Mª J., y BARRIENTOS, G., *Asturias. Asturias según los asturianos del último setecientos. (Respuestas al interrogatorio de Tomás López)*, Oviedo 1992.

MORA PALAZÓN, A., "Del Madrid de Carlos III al Siglo XXI. El plano de Madrid de Tomás López de 1785", en ARANDA HUETE, A. Mª (coord.), *III Centenario del nacimiento de Carlos III*, Madrid 2017, pp. 25-53.

MORENO GALLEGO, V., "Corona y Cartografía. La Colección de la Real Biblioteca", en *Reales Sitios* (Madrid), 187 (2011) 4-29.

NÚÑEZ DE LAS CUEVAS, R., "Estudio introductorio del Atlas de la Península Ibérica y de las Posesiones Españolas de Ultramar. Colección de Mapas de distintos tamaños y escalas de Thomás López", en la *Edición facsímil del Atlas...*, Secretaría General del Senado, Madrid 1998.

OLARÁN MÚGICA, C., "Contestaciones del País Vasco al cuestionario enviado por Tomás López en el siglo XVIII: análisis de la documentación conservada en el Gabinete de Manuscritos de la Biblioteca Nacional: índice de lugares", en *Ernaroa*. Revista de historia de Euskal Herria / dependiente de la Cátedra de Historia Moderna y Contemporánea del País Vasco, en la Universidad de Deusto, nº 5 (Septiembre 1988) 259 278.

OLARÁN MÚGICA, C., *La comarca vizcaína de Las Encartaciones en las Relaciones Geográficas de Tomás López de Vargas Machuca*, Madrid 2021.

PATIER TORRES, F., *La biblioteca de Tomás López: Seguida de la relación de los mapas impresos, con sus cobres y de los libros del caudal de venta que quedaron a su fallecimiento en Madrid en 1802*, Madrid 1992.

POZO BLANCO, P., "Guadalupe", en *La Provincia de Extremadura al final del siglo XVIII. Descripciones recogidas por Tomás López*. Mérida 1991.

RAMOS FAJARDO, C., "El grabador y geógrafo Tomás López: anotaciones biográficas y transcripción normalizada de uno de sus mapas", en *Cuadernos de arte de la Universidad de Granada*, nº 23 (1992) 317 328.

REDER GADOW, M., "Visión de Málaga según las respuestas particulares al ilustrado Tomás López", en FERRER BENIMELLI, J.A. (Dir.), y SARASA, E. y SERRANO, E. (Coords.), *El conde de Aranda y su tiempo*, Zaragoza 2000, pp. 109-134.

REDER GADOW, M., "La demografía del reino de Córdoba" según las Relaciones enviadas a Don Tomás López, geógrafo de Su Majestad (1785)", en *Anuario de Investigaciones*, Alcalá la Real (Jaén), VIII (2001) 381-396.

REGUERA RODRÍGUEZ, A.T., "Cartografía y política. El proyecto de mapa de España desde su fundación (mediados del siglo XVIII) hasta el comienzo de los trabajos (mediados del siglo XIX", en *Estudios Geográficos* (Madrid), nº 218 (1995) 99-129.

REPARAZ, G., "Historia de la geografía en España", en GAVIRA, J. (dir), *España. La Tierra, el Hombre, el Arte*, Ed. Alberto Martín, Madrid 1943, t. I, pp. 109-114

ROSSELLÓ VERGER, V. M., "El mapa del Maestrazgo Nuevo de Tomás López (1786)", en *Historia, clima y paisaje: estudios geográficos en memoria del profesor Antonio López Gómez*, Servicio de Publicaciones de la Universidad de Valencia, Valencia 2004.

RUIZ DE AEL, M. J., *La ilustración artística en el País Vasco: La Real Sociedad Bascongada de Amigos del País y las Artes*, Diputación Foral de Álava, Vitoria-Gasteiz 1993.

RUIZ URRESTARAZU, E., GALDÓS, R., y Otros, *Doscientos años de geografía en Álava. Del cuestionario de Tomás López a la actualidad*, Caja Vital, Vitoria-Gasteiz 2000.

SÁEZ GARCÍA, J. A., *Guipúzcoa en el siglo XVIII a la luz de la obra de Tomás López*, Donostia-San Sebastián 2004.

SAN ANTONIO GÓMEZ, C. de; MANZANO AGUGLIARO, F., y LEÓN CASAS, M.A., "Tomás López, un cartógrafo de gabinete del siglo XVIII: fuentes y método de trabajo", en *XVII Congreso Internacional INGEGRAFADM.*, Sevilla 2005, pp. 1-10.

SAN ANTONIO GÓMEZ, C.; FERNÁNDEZ SÁNCHEZ, J. S., y MANZANO-AGUGLIARO, F., "Arquitectura, urbanismo y obras públicas civiles y militares en el Atlas Geográfico de España de Tomás López de 1804", en *Informes de la Construcción* CSIC, Madrid), Vol. 68, nº 542 (2016).

SANZ HERMIDA, J. Mª, "Estudio cartográfico del Atlas Geographico de España, e Islas adyacentes de Thomás López", en *Edición facsímil del Atlas de Tomás López*, Europa ediciones de Arte, S.L., Salamanca 1992.

SANZ HERMIDA, J. M., "Tres mapas inéditos de la batalla de los Arapiles. Cartografía derivada de la de Tomás López en la British Library", en *Salamanca, Revista de Estudios*, 35-36 (1995)149-174.

SANZ HERMIDA, J. Mª, *Tomás López y el quehacer cartográfico*, Docu-Madrid, Madrid 2003.

SEGURA GRAÍÑO, C., *Tomás López, geógrafo de Carlos III*, Artes Gráficas Municipales, Madrid 1988 (conferencia).

TRAVER DE JUAN, Mª, *El cartógrafo Tomás López y su obra en el archivo municipal de Castellón*, Sociedad Castellonense de Cultura, Castellón de la Plana 1998.

VARIOS, *Madrid. Tres siglos de Cartografía. Ciudad y Comunidad en la Biblioteca Regional*. Catálogo de la Exposición en la Biblioteca Nacional. Comisario, Javier Ortega Vidal, Madrid 2020.

VAYSSIERE, B.-H., "Cartes minimales. Des Cartes en Espagne", en *Cartes et figures de la Terre*, Centre G. Pompidou, Paris 1980, pp. 167-177.

VÁZQUEZ MAURE, F., "Jorge Juan y la cartografía española del siglo XVIII", en *Técnica topográfica. Revista del Ilustre Colegio Oficial de Ingenieros Topográficos*, II/4 (1974).

VENTURA RIUS, A., "Un mapa y una descripción inéditos de La Plana de Castellón de 1775, utilizados por Tomás López para abrir su mapa del reino de Valencia de 1788", en *Estudis Castellonencs*, nº 10 (2003-2005) 87-142.

VILLAR ESPARZA, C., "La descripción de los pueblos del Campo de Montiel en 1773", en *Revistas de Estudios del Campo de Montiel* (Villanueva de los Infantes), 2 (2011) 173-208.

ZAMORA LUCAS, F., "Dos relaciones geográficas en la provincia de Soria enviadas a Tomás López: Portelrubio y Deza", en *Celtiberia* (Soria), X (1960) 107-115.

F. Javier Campos y Fernández de Sevilla
7 de octubre de 2021 en San Lorenzo de El Escorial.
450 aniversario de la victoria naval de Lepanto
por la armada de la "Liga Santa".

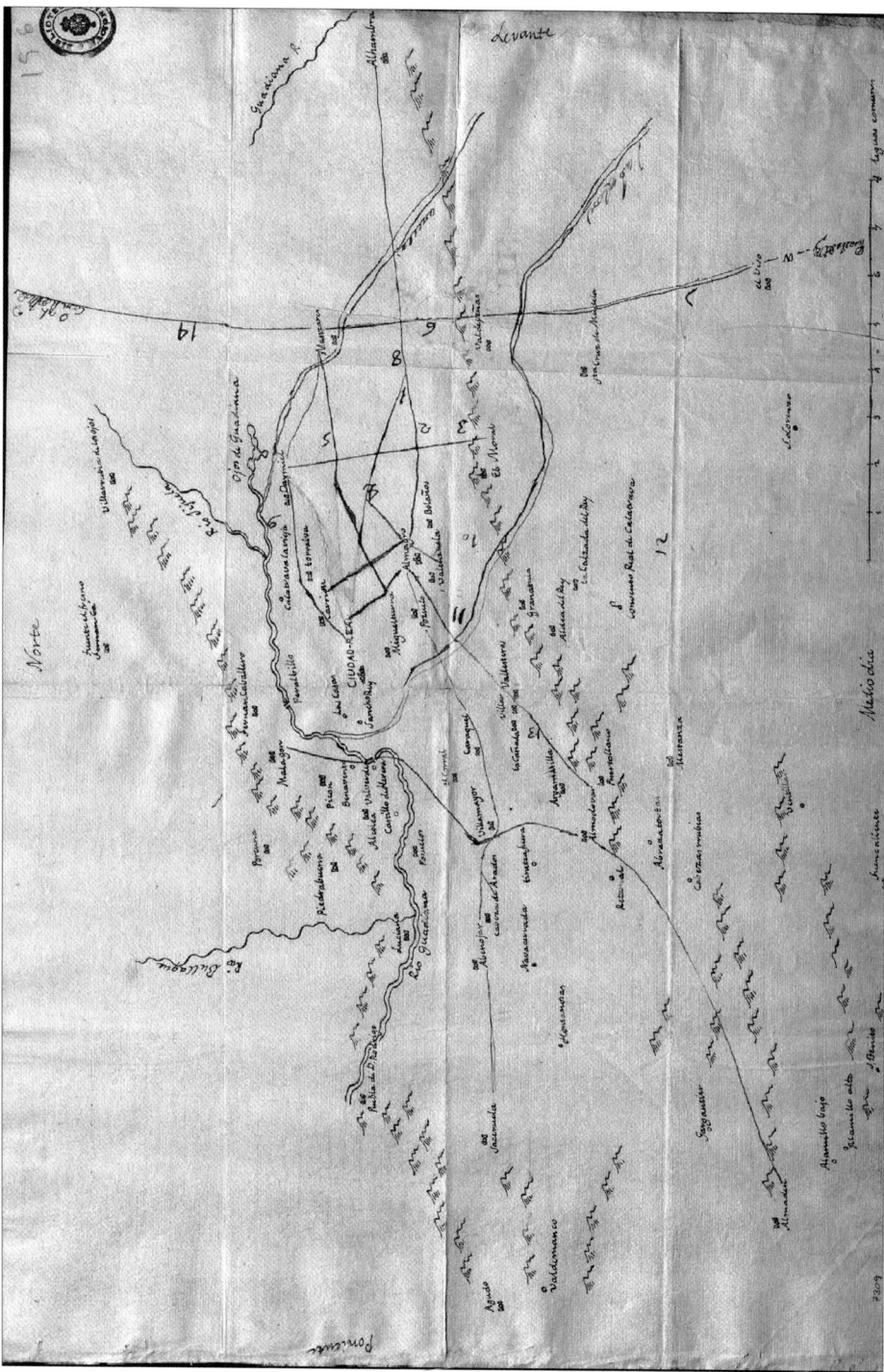

Tomás López. Provincia de Ciudad Real.

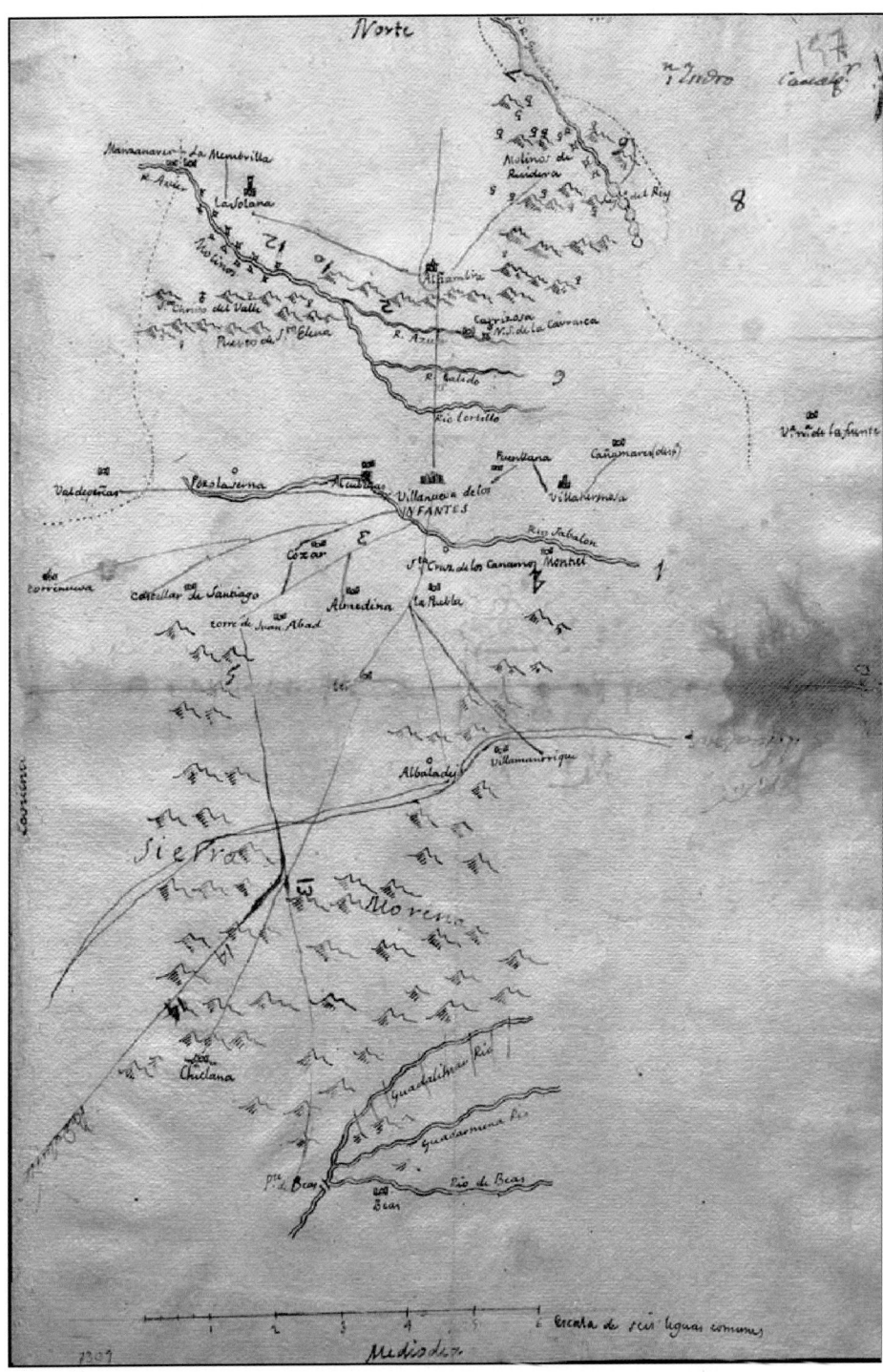

Tomás López. Provincia de Ciudad Real (Este).

I
ALCÁZAR DE SAN JUAN, Vicaría de

ALCÁZAR DE SAN JUAN, Vicaría de, Ms. 7293, ff. 6-38v
ALCÁZAR [DE SAN JUAN], Ms. 7293, ff. 6-23

Esta ilustre villa es cabeza de partido y del priorato de San Juan de Castilla y León; pertenece al serenísimo señor infante don Gabriel, como gran señor de la Religión de San Juan, quien es señor de lo temporal como anejo a la dignidad de gran prior de la dicha religión, y prontamente ejerce parte de jurisdicción espiritual, porque aunque por los grandes priores de dicha religión se ha solicitado la omnímoda jurisdicción espiritual siempre se ha resistido la dignidad arzobispal, de modo que fueron grandes algún tiempo las controversias y disputas de jurisdicción diocesana entre las dos dignidades, arzobispal y prioral, hasta que entre ambas se celebró cierta concordia con veintiséis capítulos, en la que se expresan los derechos privativos de cada uno, confirmados por Inocencio XI, por el año de mil seiscientos noventa y ocho, y otro para cuya observancia, una y otra dignidad tiene exigido su tribunal, la prioral en la villa de Consuegra, y la arzobispal en ésta de Alcázar [de San Juan] de quien fue su primer juez don Marcos Cabrejas y Molina. Desde cuya concordia cada dignidad se esfuerza en mantener armonía con la otra, lográndose en el día la más agradable para entre las dos dignidades y sus respectivos ministros.

El número de vecinos que tiene esta villa es de dos mil y doscientos; su jurisdicción ha más de las catorce villas del priorato, comprendiendo la de Manzaneque y parte de Yébenes.

Tiene dos parroquias, la de Santa María y Santa Quiteria, y cuatro conventos, dos de religiosos observantes y trinitarios descalzos, y otros dos de religiosas franciscas observantes.

Dista esta villa de la imperial Toledo diez y seis leguas, entre norte y poniente, aunque más caído a éste tiene algunas villas inmediatas, como son hacia oriente el Campo de Criptana una legua, al norte Quero, dos; Villafranca [de los Caballeros] al poniente, dos; Herencia algo más bajo, otras dos, y hacia el mediodía, Villarta [de San Juan], cuatro.

La mayor extensión de esta jurisdicción de norte, a medio día, son nueve leguas, y once de oriente a poniente.

Es algo árido el terreno pero muy sano; sus habitantes, robustos y de particulares ingenios pues aún sus más comunes gentes son de una comprensión y perspicacia singular, hábiles para el comercio y prontos para todo.

Aunque no está situada este villa [a] orillas de ningún río, baña su término Guadiana, que nace en el Campo de Montiel, de la última laguna de las de Ruidera que llaman Mirabetes, corre hacia el norte hasta que baña las primeras matas del monte, y mueve las cuatro máquinas de los molinos de la pólvora, [a] dos leguas de esta villa, después gira hacia poniente ocultándose en el verano en este término, [a] dos leguas y media de esta villa, y corre cinco por debajo de tierra hasta que resulta en los Ojos de Guadiana inmediatos a Villarrubia [de los Ojos] desde donde yendo de la Mancha entra junto a Yelbes en Portugal, y desagua en Ayamonte, y el río Záncara que pierde su nombre en el término de Alcázar [de San Juan], nace en las sierras de Cuenca, y entra en [el] Guadiana [a] legua y media de este pueblo hacia su mediodía, lo vadea, y pasa por puentes de madera. Giguela [Cigüela, Gigüela, Sigüela, Jigüela o Xigüela], otro río que nace en las sierras de Cuenca, que también baña al término de Alcázar [de San Juan] por su parte septentrional y después de pasar entre Villacañas y Quero, entra en [el] Guadiana [a] una legua del pueblo, a su parte meridional, se vadea y pasa por puentes de madera, tiene ocho molinos harineros de los cuales pertenecen cuatro a esta villa.

Toda la extensión del término es terreno muy llano y no se hallan cuestas, laderas ni arboledas por lo árido de él, lo que es causa también para los excesivos calores que hace en el verano, particularmente cuando corre levante, que es muy frecuente, y llaman solano.

Fuera del término y junto a Herencia hay sierras que levantándose poco a poco, y corriendo hacia su parte de poniente, se ligan e incorporan con los montes de Toledo; hasta este caso adquieren los nombres de los lugares porque pasan y en todo tiempo son transitables.

Al mediodía de Alcázar [de San Juan], y [a] dos leguas y media de él, está el monte cuyas primeras matas baña [el] Guadiana; su extensión de norte a mediodía es de legua y media, y dos y media de oriente a poniente. Todo él está muy poblado de mata parda, y tanto, que sacándole leña incesantemente el Campo de Criptana, Quero, Herencia, Villafranca [de los Caballeros] y otros pueblos, parece que nada lo cercena; si se impidiese con rigor la corta, y entrada de este monte se criaría horroroso y habría más caza de lobos, conejos, liebres y zorros.

La popular tradición de las antigüedades de Alcázar tiene aún preocupados a sus vecinos creyéndola fundada sobre las ruinas de la célebre ciudad del Muro que antes dicen se llamó Alternia y también Erotón, fundación griega, sin que para probar su antiguo blasón acumulan más pruebas que la de tres o cuatro voluntarios manuscritos que ellos mismos comprueban su falsedad.

Pero no es tan extraño el cúmulo de errores amontonado en ellos como que apoye Rodrigo Méndez de Silva en su Población de España ser ésta la propia situación de la ciudad del Muro; si este autor hubiera escrito con alguna crítica tendría más aceptación su trabajo, y podrían lisonjearnos sus noticias, pero como su obra no tiene ninguna, hace poca fuerza su opinión, en este caso mientras no alegue otras pruebas más correspondientes.

El P. Maestro Flórez en su España Sagrada la coloca entre Manzanares y Villarta, sin hacer mención de Alcázar, y en el celebrado Itinerario de Antonino Pío, le corresponde esta misma situación, con que no hay necesidad de otra prueba, aunque lo sería bastante sobre estas el no hallarse ruinas ni vestigios de las antiguas poblaciones que le atribuyen para creer voluntaria la noticia del citado Silva y como no puede esta villa gloriarse de haber sido ni la ciudad de Muro, de Méndez, por lo expuesto, ni la de Alternia, fundada por Tago como aseguran los manuscritos por contradecirlo el Padre Mariana en capítulo expreso de su Historia de España, incluyendo en los reyes fabulosos a Tago, y no ser la griega Erotón como dicen los mismos y desmienten los literarios Padres Mohedanos. Resta solo averiguar por qué tiempo se hizo la población de Alcázar, y a quién debemos su creación, asunto [que] verdaderamente es, no difícil, sino imposible, comprobar con instrumentos reales su primera población, y como es incierta la antigüedad que le atribuyen, ya por los griegos españoles y romanos, y no puede blasonar de población goda, ni de fábrica bárbara por no hacer mención de ella ningún autor con el nombre que conserva, ni con otro, ni hallarse vestigios que estimulen, se debe señalar su principio a últimos del siglo doce.

Esta es la verdadera época que se puede creer principio de esta población pues varias diligencias y reconocimiento de su archivo no han podido satisfacer la curiosidad de alguno que ha procurado averiguar su principio y sólo ha encontrado su repoblación en la era mil doscientos sesenta y nueve, año del Señor de mil doscientos treinta y uno en que siendo gran prior de Castilla y León don Fernando Rodríguez, don Rodrigo Pérez, comendador de Consuegra dispuso que trescientas y treinta vecinos de su bailía poblasen la aldea de Alcázar, que con este motivo se llamó de Consuegra, señalándole los mismos términos que antes tuvo, pero como no se halla su primera población, es preciso recurrir a alguna conjetura fundada.

A fines del siglo once se tomaron por los cristianos las villas y lugares de Guadalajara, Mora, Consuegra, Madrid, y otras, cuyos terrenos yermos y desamparados por haber los sarracenos demolido los pueblos de donde los echaban para que no tuviesen asilo en que ocultarse ni guarecerse se fueron repartiendo a las Órdenes Militares, para que los adelantasen, defendiesen y poblasen. Esto no se verificó hasta después de la batalla de las Navas en que postrado el orgullo de los sarracenos quedó esta provincia libre de su opresión hasta sierra Morena, pero antes de este tiempo era ya Alcázar población.

Es constante. Debe su principio a la militar orden de San Juan; esta religión conocida en España solo por su fama y gloriosas acciones, aunque Honorio segundo la instituyó en orden, [en el] año de mil ciento veinte y cuatro, e Inocencio segundo en mil ciento y treinta la señaló estandarte para la guerra que contra los turcos hacían en Asia, no se tubo noticia de ella en España hasta el año de mil ciento treinta y cinco en que su primer maestre Raimundo de Podis vino en solicitud del derecho que don Alonso primero de Aragón señalaba en su testamento a los caballeros jerosolimitanos. El beato maestre adelantó muy poco en esta pretensión y sólo consiguió que los caballeros jerosolimitanos en Zaragoza, Huesca, Calatayud, Barbastro y Daroca, con los demás pueblos que se tomasen de los moros tuviesen por vasallos tres vecinos, uno cristiano, uno moro y uno judío, cuyo acuerdo se aprobó por Guillermo, patriarca de Jerusalén y lo confirmó el papa Adriano cuarto. Con esta esperanza y el deseo de cumplir con su instituto de hacer guerra a los infieles la continuaban estos caballeros ayudando a los castellanos cuyo celo y actividad halló premio en los reyes de Castilla, y primero en Aragón, en el año de mil ciento ochenta y tres.

Don Alfonso octavo, o nono de Castilla, hizo donación del castillo de Consuegra a don Pedro Areis gran comendador del Hospital de San Juan en España con la condición de que poblase su terreno entonces desierto cuyo privilegio está confirmado por el papa Lucio tercero. El P. Francisco de la Caballería y Portillo en su Historia de Villarrobledo, en el año de mil doscientos treinta y seis, pone la población de la comarca de Consuegra, pero es constante que cinco años antes se repobló esta villa como acredita el ya citado instrumento desde el privilegio dado por don Alfonso, año de mil ciento ochenta y tres, como se ha dicho, hasta el de su repoblación de mil doscientos treinta y uno ya citado, mediaron cuarenta y ocho años; en este tiempo estuvo poblada, y aunque no se puede señalar precisamente el año ni quién fueron sus pobladores, es verosímil que la religión de San Juan y sus celosos priores, tanto por resguardar este terreno como por regentar su señorío, no se descuidarían en erigir Castillos para conservar y defender, como en otras partes, lo conquistado y adquirido, hacer ermitas o iglesias para consuelo de sus guarniciones usando del privilegio que Inocencio segundo concedió a los hospitalarios en mil ciento treinta y siete, y en hacer alguna población así para su mayor resguardo y defensa como para ejercer la hospitalidad.

Con efecto el principio de esta villa sería un fuerte construido para defender el terreno o como atalaya para examinar los movimientos de los vecinos moavitas, e interrumpir sus correrías y su guarnición convidada del terreno por su conveniencia y anchura fabricaría chozas en la circunferencia, y haría plantíos, con qué, o sus privilegios atraerían [a] los vecinos inmediatos, o estos inmediatos no creyéndose sujetos de otro modo de las continuas irrupciones de los bárbaros, se acogerían a esta fortaleza para estar con alguna seguridad menos expuestos sus bienes y más defendidos sus trabajos y cultivos, y de este modo aumentándose los vecinos y barracas que la confianza de su seguridad mudaría en casas poco a poco formarían una población que del castillo llamarían Alcázar.

Esta población se debe creer erigida a fines del siglo doce, esto es, año de mil ciento ochenta y nueve, o mil ciento noventa, y subsistiría en su auge hasta el año de mil doscientos catorce en que no solo el hambre, sino es la peste, acabó con muchos pueblos a pesar de las eficaces diligencias y cristianas providencias del arzobispo don Rodrigo, pues la hambre que el Padre Mariana llama excesiva particularmente en la provincia de Toledo, sería en este árido distrito más viva, y sus vecinos por huir de esta calamidad o la evitarían con su fuga o perecerían al rigor de la peste los más afectos a su interés. Otra igual desdicha se cuenta cinco años después, esto es, el de mil doscientos diez y nueve, con que una u otra, o ambas, serían el cierto motivo de su decadencia.

No queda duda en que la fundación de este pueblo sería a fines del siglo doce como se ha dicho porque aunque hasta la batalla de las Navas de Tolosa, año de mil doscientos doce, no quedó este terreno libre de los agarenos, y por consiguiente hasta este tiempo no empezaron las Órdenes Militares a poblar los terrenos que les había cabido, no parece verosímil dilatase don Pedro Areis y sus sucesores veinte y nueve años cumplir la orden de don Alfonso octavo y así se puede creer fundada inmediatamente. Comprueba esta conjetura el constar de un antiguo instrumento [que] era ya parroquial la iglesia de Santa María de Alcázar, a últimos del siglo doce, y apoya este mismo el que no pudo hacerse población después de la batalla referida, respecto a que los años siguientes fueron calamitosos y los caballeros hospitalarios ponían su principal cuidado y estaban precisamente ocupados en la defensa de la Tierra Santa, oprimida entonces del poder mahometano y en lanzar la morisma de España. Causas porque no fabricaron pueblos o poblaciones las demás Órdenes Militares hasta bien entrado el siglo trece.

Despoblada como se infiere por las causas citadas, subsistió hasta la venida de los nuevos colonos del siglo trece, en que como se ha dicho, la apellidaron de su patria, y se llamó Alcázar de Consuegra, pero el año de mi, doscientos noventa y dos, don Fernando Pérez gran comendador del Hospital de San Juan en España, logró en Burgos del señor rey don Sancho el cuarto, el treinta y uno de enero, privilegio para hacer villa con seña, sello y mercado, un día en la semana a la aldea de Alcázar de Consuegra.

Desde este tiempo perdió el renombre de su metrópoli y adquirió el de la sagrada religión que aún conserva, y son las únicas ciertas noticias que de esta villa se pueden dar.

Sus armas son un caballero con su lanza en ristre en ademán de acometer un castillo atropellando con su caballo a un hombre en traje morisco; se ignora el motivo de su blasón pues el privilegio de don Sancho ya citado no lo expresa.

Aunque hay y haya habido familias ilustres por su antigüedad, conveniencias y blasones, o no ha llegado su memoria a estos tiempos por negligencia de los antepasados en orden a conservarla, o no han salido del país, prefiriendo el gobierno manejo y vista de sus posesiones a la gloria de adquirir por su virtud, literatura, valor y estado el renombre de héroes, pero no obstante no han faltado varones dignos de memoria que no se expresan porque la desidia de los antepasados hacen ineficaces las diligencias practicadas en su comprobación.

Algunos naturales de este pueblo por afecto a su patria quieren atribuirle la gloria del nacimiento del famoso Miguel de Cervantes y Saavedra, pero cuantas diligencias a este efecto se practiquen se hallarán y hallan frívolas por más que se presenten lo antiguo de sus apellidos la partida de bautismo que se lee el año de mil quinientos cincuenta y ocho, en Santa María de esta villa, porque habiéndose hallado dicho Miguel de Cervantes en la batalla de Lepanto, el año de mil quinientos setenta y uno, y mediar desde el cincuenta y ocho hasta éste solo trece años, edad nada apta ni proporcionada para tomar las armas, se deja conocer no fue éste el celebrado Miguel de Cervantes autor de la famosa historia de don Quijote.

La parroquia de Santa María situada al mediodía, casi fuera del pueblo, cuya fundación no se halla por su antigüedad y abandono de los antepasados dedicados más a conquistar y defender que a conservar escritos, consta de un instrumento antiguo era ya parroquia el siglo doce; es iglesia chica de sola una nave, aunque muy bien dispuesta. Llena esta parroquia una hermnosísima imagen de Nuestra Señora del Rosario, que llaman del Naval por ser común tradición se apareció esta Señora en la batalla de Lepanto, y aun dicen que este fue el motivo de retirarse don Juan de Austria a esta villa donde residió algún tiempo en el que llaman palacio, inmediato a dicha iglesia, donde está el castillo, fábrica indigna de hospedar tan glorioso príncipe.

El convento de San Francisco, uno de los más suntuosos edificios de esta villa, se halla situado a la salida del pueblo, a su parte oriental; es hermosa fábrica, su estilo artístico tiene una sola nave, pero muy capaz. A su derecha está la habitación de sus religiosos en la que con comodidad viven sesenta; esta fábrica se concluyó como acredita una inscripción romana que se lee sobre la puerta, el día dos de marzo, año de mil quinientos treinta y dos, ayudando a ella don Diego de Toledo, prior de Castilla, siendo papa Clemente séptimo, y rey de España Carlos primero.

La Trinidad, casa religiosa donde viven treinta individuos, está situada hacia el norte. El convento es como previene su instituto, pero la fábrica no es del mayor gusto como lo son ordinariamente las de principio de este siglo en que se hacía este edificio.

Santa Quiteria, parroquia, tiene una sola nave; su obra, admirable, aunque con poca luz, orden dórico suntuoso; es bastante capaz y cómoda; se acabó el año de mil seiscientos cuatro.

El convento de religiosas franciscas de Santa Clara, que llaman de arriba, situado fuera del pueblo, hacia el norte, era una ermita de Nuestra Señora de la Concepción, hasta que soror Francisca de la Cruz, natural de esta villa, y religiosa de San Juan de la Penitencia de la ciudad de Toledo, movida de su devoción, pidió licencia para fundar un convento en aquel sitio, y lograda, hizo aumentar la ermita consagrándola en iglesia que se construyó año de mil quinientos setenta y cuatro, en cuya clausura hay al presente quince religiosas.

El [convento] de monjas franciscas de San José, que llaman de abajo, situado en el centro del pueblo, le fundó María Díaz Pedroche, de la misma vecindad, en el sitio que ocupaba la casa propia en que habitaba, para cuyo fin la cedió, y luego se consagró; acompañaron a la fundadora tres religiosas del convento de arriba, que establecieron el orden en este nuevo, en el cual hay diez y siete religiosas.

El castillo, que llaman, situado hacia el ocaso del pueblo, es fábrica cuadrada de dos cuerpos, y en su fachada de oriente del primero hay una inscripción monacal que en sus respectivos caracteres dice como don Fernando Pérez, gran comendador del Hospital de San Juan la hizo, era mil trescientos veinte y cinco, o año del Señor de mil doscientos ochenta y siete, y otra inscripción al norte, de letra romana, dice como siendo rey de España el Señor don Felipe tercero, a los trece años del pontificado de Paulo quinto, siendo prior de San Juan el Príncipe Emmanuel Filiberto de Saboya, sobrino de Su Majestad, y gobernador y justicia mayor de estos prioratos por Su Alteza, el licenciado don Leandro Alonso de Herreros y García, se añadió la torre que tiene ventanas acomodadas para pedreros.

El ayuntamiento obra hermosísima (por lo respectivo a su primer cuerpo) de sillería, cuadrado con dos galerías en sus dos y bellos arcos, lo compró la villa, año de mil quinientos veinte y nueve a Mari Díaz, vecina de Almodóvar del Campo, y se llamaba la torre. No se sabe su fundación, pero si que el año de mil setecientos veinte y cuatro se le añadió la torre, y en el siguiente de setecientos veinte y cinco, se levantó otras seis varas, y se colocó el reloj; estas obras se hicieron siendo gran prior en Castilla, el Infante don Fernando de Borbón, y gobernador y superintendente de todas rentas en estos prioratos el comendador de Burgos don Vicente Ayala Ladrón de Guevara, como consta de dos inscripciones de alabastro que adornan su fachada de la plaza.

Los frutos más singulares de su terreno son de granos, trigo, cebada [y] centeno; también produce aceite [y] vino, y de cuarenta años a esta parte, se siembra salicor y barrilla, pero es de poca consideración esta industria. La cosecha de trigo regulada por un quinquenio subirá a treinta mil fanegas, pero necesita otro tanto más para la manutención de su vecindario; la de cebada en igual cómputo, llegará de quince a veinte mil fanegas, tampoco lo es correspondiente a la subsistencia [continúa en la pág. 31 de otra mano] de las caballerías, y así se compran otras tantas o algunas más; la de centeno ascenderá a 10 Q (= 10.000) fanegas. Esto lo incorporan con el trigo para hacer el pan y algunas veces lo cargan de modo que parece él el mezclado. El de vino ascenderá por el mismo quinquenio a 15 Q (= 15.000) arrobas [150.000 @ se indican en las Descripciones de Lorenzasna] que no bastan para el consumo de sus vecinos, y la de aceite a dos mil @ [arrobas], lo cual se fabrica en el pueblo, y es suficiente para su consumo. El salicor y barrilla ascenderá a 6 Q (6000) quintales; éstos géneros se llevan a las fábricas de jabón y la última especie también a las de cristales; de una y otra calidad se abarcan muchos quintales, cuyos precios reglan los años.

[Vuelve a la pág. 18] La fábrica de salitre de esta villa es la más útil y mejor que hay en el reino; su establecimiento es muy antiguo y por morosidad y desidia de los antepasados no se tiene noticia de su origen, pero una inscripción que se halla en la torre de su edificio manifiesta el evidente principio de sus progresos; dice [que] se hacía aquella fábrica [en el] año de mil quinientos diez y ocho, siendo proveedor general de la pólvora de España y administrador general de Alcázar, Miguel Francisco Aldecoa; siempre ha sido fábrica y ha estado en poder de asentistas hasta que tomándola por sí la Real Hacienda la encargó a sujetos celosos que han procurado sus aumentos. Las calderas colocadas en estas fábricas son doce; el salitre que anualmente producen es cinco mil arrobas de afinado o algo más según el temporal. Este material se lleva a las cuatro máquinas hidráulicas de los molinos de pólvora que mueve [el] Guadiana en el sitio llamado Cervera, dos leguas de esta villa, donde mezclado respectivamente con el azufre y carbón correspondiente se trabaja de nuevo e incorpora en setenta y dos horas hasta que hecho pasta se granea separando las especies de munición y fina, y ya formado el grano se las olea en banquetas a propósito; luego se empapela la fina y aquintala la de munición que así se colocan en el almacén lasta que la superioridad dispone sus destinos. En el día se van a trasladar esta máquinas a Ruidera, nueve leguas de esta villa, donde el serenísimo señor infante don Gabriel las ha hecho con sus respectivas oficinas para los empleados en esta labor en trueque de las máquinas estadas de Cervera de que será dueño verificada la traslación.

Esta villa conserva un privilegio en pergamino con tres sellos que existe en su archivo dado por don Sancho el cuarto en Burgos, año de mil doscientos noventa y uno, a petición del prior don frey Pedro de Obias para un mercado los jueves de cada semana, pero se ignora el motivo de no usar de él ni de el de dos ferias en cada un año, de quince días, que el citado instrumento le concede, y solo hay una de tres días, el ocho de septiembre en que se surten sus vecinos de maderas, esparto, telas de lienzo, lana y seda, que son los únicos géneros que traen varios mercaderes de Madrid y Toledo, y alguna plata labrada los cordobeses.

Los pesos y medidas son [los] de Castilla; no hay casas de cambio y sólo una compañía de gascones que se surten de lienzos, paños, sedas y cintas en la feria de Valdemoro, y revenden estos géneros en su casa.

En el convento de Padres observantes [franciscanos] se enseña públicamente teología y artes, asistiendo a estos actos literarios algunos jóvenes hijos de este pueblo sin que se encuentre otro estudio general, seminario, colegio alguno, ni estudio particular más que un preceptor de gramáticos, que sin salario alguno se mantiene solo a expensas de lo que contribuyen los estudiantes, por lo que se considera poco apetecible.

El gobierno político de esta villa es confuso en sus principios, pero regularmente se encargaría a un caballero de la orden a quien llamaban comendador, y nombraría el gran comendador o prior del Hospital de San Juan en España que aprobaría el gran maestre de Malta; es verosímil se fiase a estos caballeros el gobierno de las villas de la sagrada religión por impedir el cuidado y gobierno de ellos a el gran comendador, su indispensable asistencia a el lado de los reyes. Esta grande dignidad recaía ordinariamente en los comendadores de más mérito y distinción que fue la causa de adquirir tantos lauros la sagrada religión hasta merecer ser coherederos del reino de Aragón.

En el año de mil seiscientos veinte y seis logró el realce que únicamente la faltaba por haber el papa Urbano tercero confirmado la bula del gran maestre Antonio de Paola y del gran consejo, en que se concedía solo al rey de España el nombramiento por una vez para el priorato de Castilla y de León de la persona de sangre real que mejor le pareciese. Desde este tiempo tiene el glorioso blasón este priorato de un augusto protector que cual caudaloso río esparce sus abundantes corrientes por todo su distrito continuando en la elección de gobernadores cuya residencia en los puestos remediase más fácilmente las necesidades de ellos pero desde este tiempo se suprimió a los comendadores el gobierno que en cada villa tenía y se elegía un solo gobernador que por todas mirase; éste era caballero de la orden, y lo fue hasta que en el año de mil seiscientos cuarenta y seis, las villas de Alcázar de San Juan y la de Consuegra, fundadas en el título 5º de los asistentes y gobernadores, libro tercero de la Nueva Recopilación, ley catorce, ganaron ejecutoria para que no tuviesen gobierno ni alcaldía mayor en las villas del priorato los caballeros de la orden, siendo gran prior el señor don frey Manuel de Angubos se observó esta ejecutoria hasta el año de mil seiscientos noventa y nueve en que se nombró para este empleo a don frey Fernando Mier y Salinas, y por su sucesor, a don frey Martín Francisco Bereterra, pero habiéndose secuestrado a éste último la jurisdicción temporal, sucedieron en virtud de providencias del Consejo, el doctor don Francisco Blázquez, alcalde de casa y corte, y don Juan Antonio de Almarza, hasta el año de mil setecientos veinte y uno en que recayó la dignidad prioral en el serenísimo señor infante don Fernando, y aunque don Plácido Fernández Mejorada había cumplido sus tres años de gobierno, por decreto de S. M. lo continuaba.

En este tiempo se unieron las jurisdicciones de rentas, superintendencia y conservaduría de fábricas, pero logró el señor infante se concediese este empleo, en mil setecientos veinte y cuatro, a el comendador frey don Vicente de Ayala Ladrón de Guevara, en mil setecientos veinte y seis. Esta villa y la de Consuegra pidieron se cumpliese la mencionada ejecutoria, y visto su derecho mandó S.M. en tres de septiembre de este año, cesase luego Ayala en su gobierno, y nunca jamás la dignidad prioral nombrare por gobernador de su distrito a caballero de la orden. Desde este tiempo se empezó a gobernar por un juez que lo fue, año de mil setecientos veinte y siete, don Juan Suárez Dávila, acompañado de dos alcaldes, uno del estado llano y otro noble; todos los años se mudaban estos jueces excepto el gobernador que servía este empleo por tres años, y en el de mil setecientos setenta y dos, S. M. se sirvió mandar suprimir los alcaldes.

Hay tres hospitales en esta villa, dos para el cuidado y asistencia de los enfermos, destinado el uno para mujeres y el otro para hombres, y el último para recoger los pobres pasajeros dos solos días, cuyo término concluido les hacen abandonar este asilo; sus rentas son cortísimas y están los pobres con mucha incomodidad y escasa asistencia.

Las enfermedades que en esta villa se padecen comúnmente son tercianas de todas clases y de muy mala especie, las que se contraen en los molinos de pólvora, calenturas malignas, en que predomina un principio inflamatorio por cuyo motivo en la epidemia del año de [mil] setecientos ochenta y uno causó buenos efectos la sangría. Los epipásticos [epispásticos] y la quina probaron también que aunque murieron algunos no fue a correspondencia ni de los enfermos ni de la pobreza; en ésta fue donde con más viveza insinuó su tiranía empezándose a levantar una especie de peste. También se padecen dolores artríticos, reumáticos, iliacos, pasiones celiacas, diarreas humorales y dolores nefríticos; de éstos se padecen con mucha frecuencia y se terminan con la expulsión de piedras de disforma magnitud, dignas de toda atención por su figura, peso y mole; igualmente se padece henoptisis que por sus grados viene a parar phthysis [tisis], y éstos no ceden ni aun a los más decantados remedios.

En esta población hay algunos telares de estameñas, cintas y ligas, a que se dedican personas de uno y otro sexo, aunque en corto número.

VILLAFRANCA DE LOS CABALLEROS (Toledo), Ms. 7293, ff. 23-26

Esta villa es una de las catorce que corresponden al Gran Priorato de San Juan. Está fundada en lo último del cerro de Cabeza Gorda, cuya subida a poniente es de cinco cuartos de legua; se compone de seiscientos y cincuenta vecinos, y de dos mil y cuatrocientas personas de todas edades; tiene una parroquia con la advocación de Santa María, y una ermita con tres naves, toda de piedra, y el pórtico de orden gótico y compuesto.

Dista de la ciudad de Toledo catorce leguas a poniente, dos a oriente de Alcázar de San Juan, su vicaría, y las demás que la circundan son Herencia, una legua, por la parte de mediodía; dos de Camuñas, a poniente; tres de Madridejos al mismo aire; cuatro de Villacañas, al norte, y entre éste y oriente, dos la de Quero: Entendiéndose su jurisdicción a dos leguas en circuito.

Por este territorio pasan dos ríos que corren solo en el invierno: el Guijuela, que sigue de norte a mediodía; divide los términos de ésta de los de Quero y Alcázar, a distancia de una legua, y a media se halla el puente del Doctor que toma su nombre de un molino harinero llamado así; su fábrica es de piedra, pero tan destruida, que sin conocido riesgo no pueden pasar carruajes. Como a una legua mirando al norte se une el río Riansares con el anterior y sigue su corriente, como a novecientos pasos de este pueblo, con mucho daño de las siembras cuando se llena su madre, o caz, pues se extiende por las eras de labor dejándolas infructíferas para muchos años por las sales marinas que las comunica, como se ha experimentado en este año de ochenta y cuatro, que según labradores inteligentes ha quitado como diez mil fanegas de cosecha de todos granos. Los antiguos tenían todos los preparativos necesarios de cazos y céspedes para detener y dar corriente a las aguas, pero hoy la desidia ha dado lugar a que todo falte. El otro río que llaman Valdespino tiene su corriente de poniente a oriente, sus aguas son dulces y entran en término de la villa de Herencia.

En lo interior del pueblo, y en su circuito, hay más de trescientas huertas y proporción para más de mil con abundancia de aguas a corta profundidad. En el invierno la siembran de cebada y trigo; de esta última especie lo regular que produce cada fanega son cincuenta o sesenta, y de la otra, más de cien. En el verano, las cultivan de salicor, barrilla, papas de tierra, legumbres y hortalizas; todo en abundancia, pero el fruto mayor y más útil es el de las zanahorias, pues con ellas mantienen en los inviernos sus ganados de lana y cerda, y el sobrante hay años que les vale veinte mil reales.

En muchas huertas hay álamos negros, grandes, de madera firme, y si las cercasen de moreras y de árboles frutales serían muy frondosas por ser la tierra muy a propósito para ello. En las casas tienen membrillos y perales de fruta grande, sana y sabrosa. Y es tan a propósito la tierra para esta fruta que en el año de setenta y cuatro, habiendo tenido el cura el cuidado de pesar el fruto de un peral que hay en un jardinito propio de las casas de su beneficio, ascendió a ciento cincuenta y tres arrobas.

Las viñas de este terreno son de buena calidad, y el vino muy balsámico; entre las vides hay algunas olivas, y aunque no son corpulentas estás sanas y dan bastante fruto, manifestando las pocas que hay ser tierra a propósito para ellas.

A un cuarto de legua de esta villa, entre norte y oriente, hay dos lagunas que solo las divide una cespedera con algunas bocas por donde se comunica el agua de una a otra, las que crían mucho carrizo y pesca, aventajándose a otras de otros sitios en lo sabroso. En los tres meses de junio, julio y agosto, concurren muchas gentes de todo el país a tomar baño, y se experimentan ser útiles para todo efecto cutáneo, dolores artríticos y algunos venéreos, siempre que no hayan pasado a segundo grado.

Inmediata a estas dos lagunas hay otra por cuenta de la Real Hacienda que goza de abundante sal marina, pero sin uso para condimentos ni ganados por ser perniciosa a todos. En los cerros que cercan estas lagunas se encuentran en todas partes canteras de piedra moledera de la mejor calidad, y se sacan de mucha magnitud que sirven para columnas, pilones, brocales de pozos y demás que se ofrezca.

Por los vecinos de este pueblo se fabrican anualmente más de doce mil varas de estameña, de la anchura de tres cuartas, buena calidad, la que conducen a la Andalucía, y de las tramillas sacan luego el tejido de pañete o cordellate, que sirve para el vestuario exterior de la gente trabajadora, de una vara de ancho, cuyo número ascenderá en cada un año a más de cinco mil varas, para cuyas fábricas se conducen a esta villa de la Real de Guadalajara doscientas arrobas de lana entrefina que se peina e hila por estos vecinos.

Las enfermedades que comúnmente se padecen en esta villa son tabardillos, dolor de costado, úlceras anginosas y carbuncos, por lo que en el último quinquenio han fallecido ciento y setenta y cinco cuerpos grandes, y doscientos y quince chicos, y han nacido quinientos y seis.

Todo el terreno de esta villa es de labor y pasto para ganados lanares por cuyo motivo las carnes que se comen y el queso que se fabrica es sumamente sabroso.

VILLARTA [DE SAN JUAN], Ms. 7293, ff. 26-27v

Esta villa es una de las que comprende el gran priorato de San Juan y se compone de doscientas cuarenta vecinos; tiene iglesia parroquial con la advocación de San Juan Bautista, y dentro de sus muros [tiene el pueblo] una ermita de Nuestra Señora de la Paz, especial devoción de su pueblo a quien tiene por patrona.

Dista quince leguas de la metrópoli de Toledo, cinco de Consuegra y cuatro de Alcázar, sus vicarías. Confina hacia el norte y parte de levante con la villa de Herencia, a dos leguas; por el mediodía con Manzanares, a cinco, y entre mediodía y poniente, con Arenas, a distancia de una lengua. Su jurisdicción ocupa dos leguas de largo y ancho por las más partes.

A ciento y cincuenta pasos de esta villa, mirando a el norte, corre hacia Arenas el río Záncara que nace de las sierras de Cuenca, y se le incorporan algunas aguas de Cigüela y Guadiana; su corriente es bastante lagunosa y para evitar el mal paso a las gentes, carruajes y caballerías, tiene un puente con su calzada todo de piedra de cincuenta y cuatro ojos aquél, y tres esta, con mil y ochocientas varas de largo.

Hay en esta jurisdicción una quebrada de sierras que miran a los pueblos de Herencia y Villarrubia [de los Ojos], y como a media legua de la cumbre de dichas sierras se halla la dehesa de Guadalerza, propia del Colegio de Doncellas Nobles de Toledo.

Se coge en este término trigo, centeno, cebada, avena, vino [y] aceite, y se cría ganado lanar. La vega y lo pantanoso del río que se extiende bastante por ella abunda de pastos para ganado mular y vacuno; produce bien cualquiera legumbre que en ella se cultiva y melones, patatas, panizo, lino, cáñamo, barrilla y salicor; también cría de su naturaleza rico malvavisco, guinea y saldado, especie de barrilla que se emplea en los mismos usos; la cosecha de granos ascienda a diez y siete mil fanegas.

No hay fábrica ni industria alguna, y sería muy útil que muchas mujeres pobres se dedicasen a hilar lana.

Las enfermedades más comunes que se experimentan son las tercianas procedentes de lo pantanoso del río y vega cuya corrupción en tiempos de calores infesta mucho la atmósfera percibiéndose cierta especie de fetidez; el número de muertos por un quinquenio es en cada un año de doce personas mayores y veinte y cinco párvulos, y el de nacidos, de cuarenta y cuatro.

Las aguas de este pueblo son de pozos salobres y crudas, y se advierte que es carrera general de la corte para los cuatro reinos de Andalucía. Hay maestro de postas y administrador de correos y un hospital muy infeliz para recoger los pobres transeúntes.

ARGAMASILLA DE ALBA, Ms. 7293, ff. 28-30

Esta villa es una de las comprende el gran priorato de San Juan y pertenece a las dos vicarías de Alcázar y Consuegra. Se compone de trescientos vecinos; tiene una parroquia con advocación de San Juan Bautista, y a legua y media de distancia, en el castillo de Peña-Roca [Peñarroya], hay una ermita de Nuestra Señora de la Encarnación, a la que profesan particular devoción diferentes pueblos. A la parte del norte y contiguo a las casas de esta villa hay un convento de religiosos mercedarios descalzos.

Dista esta villa de la ciudad de Toledo veinte leguas, cinco de Alcázar y diez de Consuegra; confina con la villa del Campo de Criptana por [el] norte a distancia de cinco leguas; con la de Manzanares por [el] poniente a cuatro leguas largas; por mediodía con la de Alhambra, a cuatro leguas, y por oriente con el Tomelloso a una legua.

Por medio de esta villa pasa el río de Guadiana que tiene su nacimiento en las lagunas del Real Sitio de Ruidera, cedido nuevamente por el rey nuestro señor a la dignidad prioral de San Juan; tiene tres puentes en esta villa, casi inútiles, y sus aguas corren de mediodía a norte.

A una legua de distancia de esta villa por la parte de oriente a poniente, hay diferentes sierras sin nombre alguno, las cuales siguiendo por el Real Sitio de Ruidera se juntan con las del Bonillo y éstas con las de la ciudad de Alcaraz. Todas ellas tienen montes poblados en diferentes sitios de carrascas, chaparra, maraña, enebros y romero, los cuales se extienden en esta jurisdicción dos leguas y media de oriente a poniente, y poco más de mediodía a el norte.

Se fundó esta villa en el sitio donde hoy se halla por los años de mil quinientos treinta y cinco por don Diego de Toledo, gran prior de San Juan, y como unos diez y seis años antes fue fundada en el sitio de la Moraleja, distante más de tres leguas, poco después se trasladó a el sitio de Santa María que se halla [a] una legua, y por las enfermedades del uno y otro se mudó a el que hoy ocupa, denominándose de Alba por haber sido de esta Casa su fundador.

Los frutos comunes de este terreno son candela, centeno, cebada y avena, cuyos productos ascenderán anualmente a cincuenta mil fanegas, y en los años que hay agua para regar se siembra cáñamo y patatas.

Las enfermedades más comunes en este pueblo son calenturas ardientes, algunas hidropesías, y en habiendo aguas detenidas, muchas tercianas y cuartanas. El número de muertos en cada un año ascienden a unos diez o doce cuerpos grandes y veinte o veintidós párvulos, y el de nacidos, a setenta poco más o menos.

Hay en este término canteras de mármol y piedra de sillería para fabricas comunes, y en el río hay tres batanes para limpiar las ropas de lana, y cinco molinos de harina con once piedras, y asimismo pueden servir las aguas para diferentes fábricas que en esta población se podrán establecer.

En el Real Sitio de Ruidera, distante de la mojonera de esta término, como un cuarto de legua, actualmente edifica Su Alteza el gran prior, cuatro molinos de pólvora de diez y seis morteros cada uno, con casa suntuosa para el administrador y cómodas habitaciones para los fabricantes.

TURLEQUE (Toledo), Ms. 7293, ff. 30-30v y 32-32v

Esta villa es otra de las comprendidas en el Gran Priorato de San Juan; pertenece a la vicaría diocesana de Alcázar, y a la de Consuegra por lo respectivo a la jurisdicción del Gran Priorato. Tiene una parroquia con la advocación de

Nuestra Señora de la Asunción que se está edificando a expensas de Su Alteza Real, contribuyendo el pueblo con una limosna, la que va magnífica y suntuosa.

Dista ocho leguas de la metrópoli de Toledo, siete de la villa de Alcázar [de San Juan], su vicaría, dos de Tembleque; confina con Madridejos al oriente, y a mediodía, a dos leguas, con Consuegra, y a cuatro leguas al poniente se halla la villa de Yébenes; su jurisdicción ocupa una legua. Cerca del pueblo pasa el...

Sigue al pliego 15 que empieza: río de Algodor, hacia el norte, etc. (En el ms. no existe ese pliego)

[Fol. 19, ant., 32 moderno, seguido de lo anterior, pero parece que corresponde a otro pueblo; por el mapa se ve que podría ser Villamayor de Calatrava].

... a oriente, a seis leguas de distancia, está la villa de Almagro; al norte, la villa de Corral [de Calatrava], a legua y media; a poniente, Cabezarados, dos leguas, y al sur, la villa de Almodóvar, una legua de distancia.

Una fuente con el nombre de Perava, al norte de dicha villa, una legua de distancia; Otra nombrada la fuente del Collado, dos leguas a poniente, sirve de límite el término de Cabezarados. Un monte encimar llamado el Quartillo, media legua hacia poniente de dicha villa, que le cruza el camino que va de ella a la de Cabezarados.

Otro monte pardo tiene de longitud tres leguas, y media de ancho, desde oriente a poniente; le cruza el camino que de esta villa va a Cabezarados y al Corral de Caracuel. Inmediato al collado de su fuente está una casa de campo del señor don José Conoch, gobernador de la villa de Almagro.

ARGAMASILLA DE CALATRAVA, Ms. 7293, ff. 32v-33.

Esta villa de Argamasilla, mirando desde ella hacia oriente, se halla distante cinco leguas de la de Almagro; al sur está la de Puertollano otros tres cuartos de legua; a poniente Almodóvar del Campo una legua; al norte, Villamayor [de Calatrava], a una legua.

Una laguna llamada laguna blanca, al norte, un cuarto de legua contigua a los caminos que de Argamasilla van a Puertollano y Ciudad Real. Otro con el nombre de Carboneras, a levante, en el sitio de las lagunas, legua y media del pueblo. Otra laguna contigua a la antecedente llamada del Moharrón y linda [con el] camino que de Argamasilla va a Granátula [de Calatrava] a la parte de oriente y sur.

Una fuente nominada de la Zarza, como legua y media, entre oriente y sur, inmediato al camino que de Argamasilla va a la de Aldea del Rey. Otra fuente que llaman del Álamo, en el sitio de Torruchel, distante una legua entre sur y oriente, linda con el camino de Granátula. Otra fuente llamada de los Juncares en la misma situación del Torruchel, más inmediata a dicha villa que la antecedente, linde el mismo camino. Otra fuente llamada del Juncar, en medio de un prado, un cuarto de legua a poniente, la cruza el camino real que de Puertollano va a Ciudad Real.

ALDEA DEL REY, Ms. 7293, ff. 33-34

Esta villa de Aldea del rey tiene a la parte de oriente a la distancia de legua y media la villa de Granátula; al norte, la del Pozuelo [de Calatrava], tres leguas; a poniente, Argamasilla, tres leguas, y Belvís también tres leguas a la parte del sur.

El río Jabalón corre al norte [a] una legua; tiene en el término la Puente de Mansilla hacia oriente, camino de Granátula [de Calatrava]. Otra fuente llamada la Yguerra [Higuera] medio cuarto de legua hacia poniente. Otra llamada la Huerta de la Casa un cuarto de legua a poniente. Otra fuente que titulan de los Corrales a poniente un cuarto de legua de la villa. Otra fuente llamada de Arnando al sur, medio cuarto de legua. Otra llamada del Zurrero al sur a medio cuarto de legua. Otra a la misma distancia y al sur llamada los Morales. Al sur, media legua de la villa, hay un jaral y matorral de tres cuartos de legua de largo [en el] camino que va a Mestanza.

BELVÍS [DE LA JARA] (Toledo), Ms. 7293, ff. 34-34v

Tiene a poniente, a distancia de tres leguas, la villa de Puertollano; al sur la aldea de San Lorenzo, a tres leguas; a oriente la villa del Viso, a cuatro leguas, y al norte la Aldea del Rey, a dos leguas. El río de avenida llamado Fresnedas [Fresneda] corre de oriente a sur, dista una legua de la villa, nace en las Fresnedas, desagua en el río de Montoro que lleva su curso a Guadalquivir. Otro río también de avenida, llamado Puertollano, nace en el Puerto de Brazatortas, corre por el término de Belvís a distancia de un cuarto de legua desde poniente a sur, desagua en las Fresnedas dentro de la jurisdicción de la Calzada [de Calatrava].

Una fuente nombrada la Naba, a levante, medio cuarto de legua; otra fuente que llaman la Peña Horadada, al sur, distante de la villa legua y media; otra llamada la Huerta de Mota, a poniente, dista de la villa legua y media; otra nombrada la fuente del Prado de la Alameda, inmediata a Nuestra Señora del Triunfo, hacia oriente, inmediata a otra villa. Otra fuente llamada el Gallinero dista medio cuarto de legua a levante, camino de Mestanza.

CALZADA [DE CALATRAVA], Ms. 7293, ff. 34v-35

Mirando desde esta villa a oriente y a distancia de tres leguas se halla la del Moral [de Calatrava], al norte de Granátula [de Calatrava], legua y media; a poniente, Aldea del Rey, una legua; al sur el Viso [del Marqués], cuatro leguas.

El río Jabalón cruza su término por la parte del norte, una legua. Una fuente nombrada la Vieja, a distancia de un cuarto de legua hacia poniente. El río nombrado las Fresnas [Fresneda], al sur, a legua y media, es acogida; nace en el Viso y corre hasta entrar en sierra Morena.

Un despoblado titulado las Huertas de Sierra Morena, a cuatro leguas de la villa, de longitud, y latitud tiene un cuarto de legua por cada parte, y hay tres casas dispersas al sur de la villa. No está en camino real.

Un monte con ochocientas encinas al sur, un cuarto de legua de la villa, le atraviesan los caminos de Santa Cruz [de Mudela] y el Viso [del Marqués].

GRANÁTULA [DE CALATRAVA], Ms. 7293, ff. 35-35v

Desde esta villa de Granátula mirando a el norte, a legua y media se halla la de Almagro; a oriente y a distancia de dos leguas, está la villa del Moral; a la parte del sur, la Calzada, legua y media. Entre poniente y sur, la de la Aldea, a la misma distancia de legua y media.

El río Jabalón cruza el término de esta villa por la banda del sur, y a la media legua de distancia corre de oriente a poniente; tiene a legua y media de distancia, hacia dicho rumbo, la puente que llaman la Rambla sobre dicho río Jabalón. Otra puente sobre dicho río, y a otra banda, contra el molino llamado Burraca, una legua de distancia de esta villa. Otra puente llamada Azuqueca, media legua distante sobre dicho río. Otra puente sobre dicho río llamada de Santa Colimba.

MORAL [DE CALATRAVA], Ms. 7293, ff. 36-37

Mirando desde esta villa del Moral entre norte y poniente, a dos leguas de distancia, se halla la villa de Almagro; la de Bolaños [de Calatrava] mirando a el norte, a dos leguas de distancia; Manzanares cuatro leguas a oriente; mirando al sur a las tres leguas de distancia Santa Cruz de Mudela.

El río Jabalón pasa por la parte del sur a la media legua de distancia tiene cuatro puentes en el término, y a dicha banda, con los nombres siguientes: la que llaman Puente Rota, hacia oriente, el molino harinero de don Pedro Nieto; otra nombrada de Santiago, en el vado de dicho molino, la cual no está concluida; otra titulada del molino Nuevo, contigua a dicho molino, que es de Josefa María García Herreros, vecina del Moral. Y otra en bajo del río, contigua al molino del Paso, propio de don Juan Francisco Gauna; corre dicho río de oriente a poniente.

La Rambla, río de avenida, una legua al sur de esta villa, entra en le término de Santa Cruz, desagua en dicho río Jabalón por la dehesa del Hito. La dicha Rambla nace en el término del Viso, distante tres leguas al sur, tiene una puente contra una casería llamada Montanchuela, una legua de esta dicha villa, propia del conde [de] Valdeparaíso. Una laguna con el nombre de Calderón, de forma un cuarto de legua de la villa hacia el sur lindando con la vereda real; tiene trescientas varas de ámbito.

Un monte encinar nuevo de tres cuartos de legua de largo y media legua de ancho, a la banda del sur, distante de esta villa un cuarto de legua le atraviesa el camino que va a Valdepeñas y a Torrenueva.

VISO [DEL MARQUÉS], Ms. 7293, ff. 37-37v

Esta villa del Viso está situada a la falda de sierra Morena, en su umbría, y es la última que comprende el gobierno de la villa de Almagro por lo tocante a la comunicación de órdenes superiores, pues en cuanto a jurisdicción pertenece al excelentísimo señor marqués de Santa Cruz.

Mirando a oriente está la villa de Castellar [de Santiago], cuatro leguas de distancia, la cual es del partido de Santiago ab sisa están las nuevas poblaciones de sierra Morena, y la primera nombrada Magaña dista del Viso legua y media; a poniente, la villa de la Calzada [de Calatrava] distante cuatro leguas; al norte la villa de Santa Cruz, dos leguas de distancia. Dicha villa del Viso está de la de Almagro siete leguas, y a las cinco yendo para ella se encuentra una casa quintería que llaman de Montanchuelos en la que hay una puente que pasar, que es la Rambla, y siguiendo el camino, a la legua, se encuentran las caserías que llaman la Caridad desde las cuales hay otra legua hasta dicha villa de Almagro.

Un río llamado Fresnedas [Fresneda], hacia poniente, media legua de esta villa, desagua en Guadalquivir, media legua al sur de la ciudad de Andujar. Está poblado todo el término de esta villa de monte bajo.

SANTA CRUZ DE MUDELA, Ms. 7293, ff. 37v-38

Esta villa de Santa Cruz dista de la de Almagro su capital cinco leguas a poniente; a dos leguas a la parte del sur se halla la de el Viso; a oriente la de Torrenueva, a dos leguas de distancia, y al norte, otras dos leguas,

Valdepeñas. A cuarto de legua distante de dicha villa y a la parte del norte, se encuentra el río Jabalón que tiene su nacimiento en el término de la villa de Montiel, y desagua en Guadiana, en el término de la villa de Ballesteros.

Una legua a la parte del sur se encuentra una venta llamada la del Judío y está junto al camino real que se lleva a Andalucía, a la mano derecha.

VALDEPEÑAS, Ms. 7293, ff. 38-38v

La villa de Valdepeñas se halla mirando desde ella para poniente a cinco leguas de distancia de la de Almagro su capital; al sur a las dos leguas, la de Santa Cruz de Mudela; al oriente a cuatro leguas, la villa de Alcubillas del partido de Villanueva de los Infantes, y al norte la de Manzanares, distante cuatro leguas.

A la parte del sur y a la media legua corre el río Jabalón que tiene su nacimiento junto a la villa de Montiel, y desagua en el de Guadiana, dentro del término de la de Ballesteros.

Dos leguas de distancia entre norte y oriente está una ermita de Nuestra Señora de la Consolación, con diferentes casas y una plaza para corridas de toros que está dentro de su término.

ALMADÉN, Ms. 7293, f. 38v

Es el pueblo último de este partido a la parte oriental confinante con la provincia de Extremadura cuya X^a sin embargo de los recursos o instancias practicarán a fin de que cambiase puntual razón de la consistencia de su recinto término territorial, no lo ha ejecutado. Se anota así para los efectos conducentes y hacer la bemesa [remesa] de este documento al Consejo, por lo que estrechan sus órdenes.

Almagro, 22 de marzo de 1773

José Cano

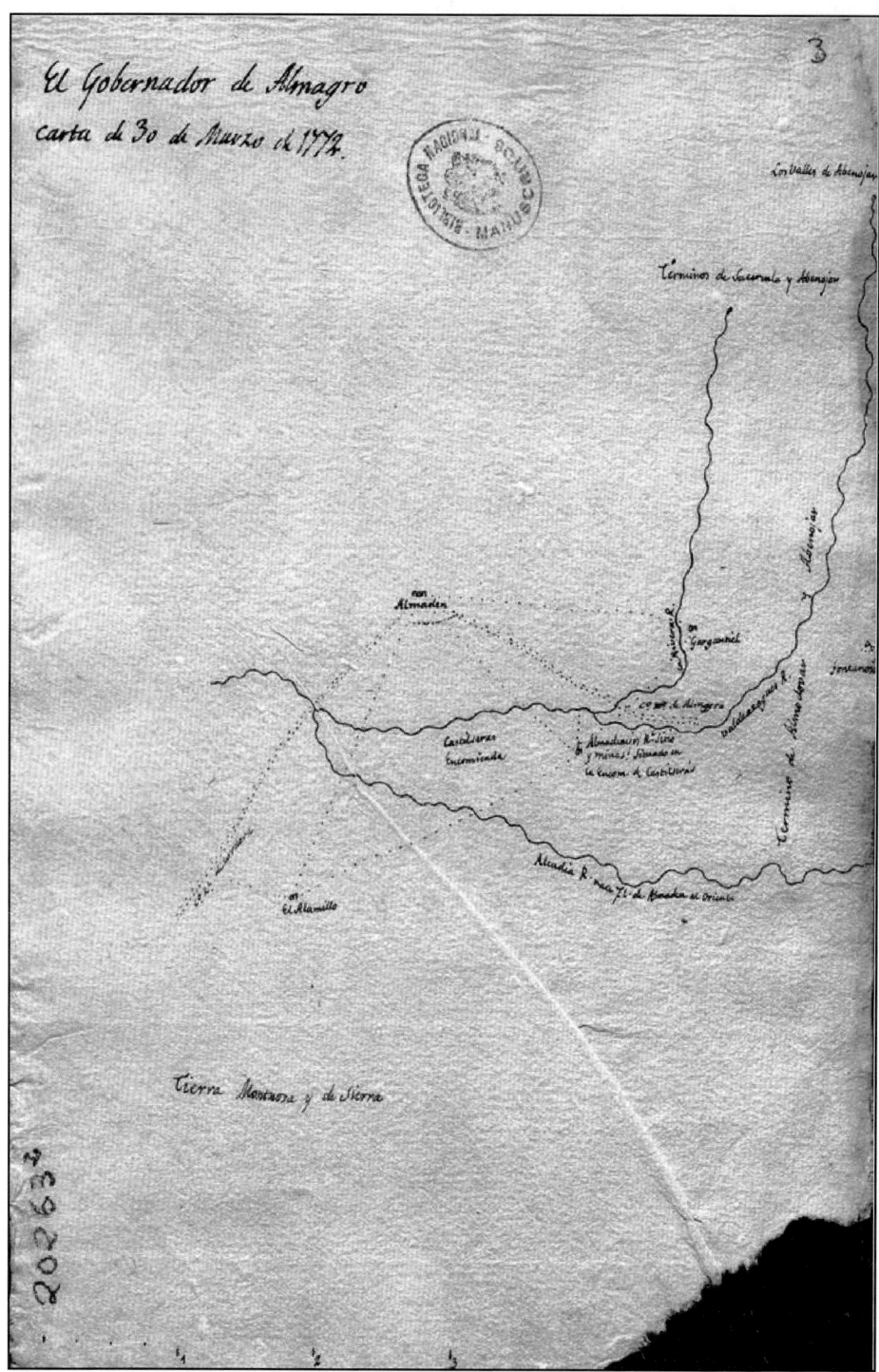

Tomás López. Almadén y sus alrededores.

II
ALCOBA DE LOS MONTES

ALCOBA [DE LOS MONTES], Ms. 7308, ff. 288-290

Este lugar pertenece a la jurisdicción del ilustrísimo ayuntamiento de la ciudad de Toledo, y se compone de cuarenta y cinco vecinos. Tiene una parroquia con la advocación de Nuestra Señora de la Consolación, que está aneja a la del lugar de Arroba [de los Montes].

Dista de la ciudad de Toledo diez y seis leguas. Confina por el oriente con la Porzuna, a distancia de seis leguas; al mediodía con Fontanarejo, a una legua; por el poniente con Navalpino, a dos leguas de distancia. Comprende este término de longitud cuatro leguas y media, y tres de latitud.

Está situado este pueblo al pie de una sierra llamada el Puerto de Alcoba; principia esta sierra en término del lugar de Arroba [de los Montes], como a tres leguas de éste, viene circulando por el término de dicho lugar, y por el de Fontanarejo, pasa por Navalpino, y acaba junto a Guadiana, en el sitio de la Hoz de Valdehornos.

Mirando al norte tiene este lugar otra sierra que principia en la dehesa del Rostro, y tiene un puerto llamado Miraflores; finaliza esta sierra en el lugar de Horcajo [de los Montes].

Todo el término de esta jurisdicción está poblado de monte común puesto de chaparro, jaras romero, abulagas, quejigo y roble.

La cosecha de este pueblo ascenderá anualmente a mil y cien fanegas de trigo, a ciento y ochenta de cebada, y a ciento de centeno.

Se crían chivos, miel y cera, de cuyos frutos no se puede formar una regulación cierta por consistir todo en los temporales. Carece este pueblo de los demás frutos.

Las enfermedades que más comúnmente padecen son tercianas y cuartanas, y por lo regular es igual el número de los que nacen que el de los que mueren.

III
ALHAMBRA

ALHAMBRA, Ms. 7293, ff. 229-234

Jesús, María y José. Antiquísima villa de Alhambra.

1º. Es esta antigua villa de la orden del señor Santiago; corresponde a la vicaría general de Villanueva de los Infantes en donde reside su vicario, profeso de la misma orden titulándose vicario general del Campo y Suelo de Montiel. Esta población se halla situada sobre la eminencia de un escarpado cerro en forma obicular, gozando en su cumbre de una planicie que hace su situación tan afable y capaz para contener en él mucho mayor número de casas que las subsistentes cuanto para explayar y recrear la vista. Se reduce su vecindario actual al número de 170.

2º. Hay sola una parroquia cuyo patrón es el glorioso san Bartolomé apóstol; en la misma se venera de inmemorial tiempo en una hermosa capilla una efigie de la Santísima Cruz de cuya protección reciben estos naturales de la mano poderosa singulares beneficios que se extienden a los vecinos de fuera parte que la imploran muy frecuente, tanto, que su cordial devoción tiene creada de tiempo inmemorial una festividad anual que celebra en el día de su exaltación. Para lo cual hay erigida una respetable cofradía con cura y constituciones aprobadas por el ordinario del lugar. Se adorna [con] una lucidísima compañía compuesta de un mayordomo, un capitán, un alférez, cuatro sargentos y cuatro cabos, siguiéndose a estos en clase de soldados las quinientas y seiscientas personas, presidiéndolas los dos cabildos, eclesiástico y secular, quienes asistiendo a la magnífica función de iglesia cual es dable y permite este país les contribuyen a todos los antes dichos once oficiales en obsequio a que concurren a esta festividad con treinta y tres punados [puñados] de colación y vino a cada una de dichas personas cuyo hecho manifiesta no en pequeño rasgo su antigüedad. El nombre de esta población [en] varios escritos antiguos le dan el de Alfambra, hoy corrompido. Tiene extramuros y sobre el mismo planicie una sola ermita con advocación a Santa Catalina virgen y mártir.

3º. La capital diocesana es la ciudad de Toledo, que dista de esta, al norte y al este, veintitrés leguas; a poniente, a distancia [de] nueve leguas, lo está la capital de esta provincia de la Mancha, que lo es la ciudad de Ciudad Real donde reside la Intendencia general de ella; al norte y a las tres leguas está Villanueva de los Infantes en donde reside dicha vicaría y el gobierno militar y político de este partido, nominado Campo y Suelo de Montiel. Confinan, además con Alhambra, por levante y este [roto], Villarrobledo, que dista nueve leguas; la Ossa de Montiel, cinco leguas, y Socuéllamos, ocho leguas. Por el sur y este las villas de Carrizosa que dista una legua, y Alcubillas, dos y media. Por poniente y este, con las de Valdepeñas, que está seis leguas; Membrilla, cuatro; Manzanares, cinco; La Solana, tres. Y por el norte, con las villas de Argamasilla de Alba que dista cuatro leguas, y las del Tomelloso, cinco. Tiene de longitud su término y jurisdicción, de poniente a levante, once leguas y media, y de latitud de norte a sur seis y media, y por partes menos según los óvalos de entradas.

4º. Al norte de la población tiene su corriente un arroyo que su nacimiento es a saliente, a distancia de un cuarto de legua, sitio de la lagunilla que comúnmente denominan royo de Alhambra; corre por su vega hasta introducirse con el de Vallehermoso a las dos leguas, y sigue bañando a Manzanares en donde ya se hace alguna consideración por incorporarse a él, y dentro de este término [hay] otros riachuelos dentro del puerto de Vallehermoso, por manera que formando una buena corriente tolera sobre ella y además de diversos riegos para huertas particulares con la cual las alimentan quince molinos harineros en cada subidera con dos piedras cada uno.

5º. A poniente y este da principio una eminente sierra; su nombre es la de Alhambra, dista de ella un cuarto de legua, se corta a la una y media en su puerto de Valle Hermoso antes citado; desde éste sigue con la misma o más eminencia por otra legua y media de donde se vuelve a contar y hace otro puerto que en tal planicie está situada la célebre ermita del Santísimo Cristo del Valle de Santa Elena que hoy por estar bastante poblado se ha dignado S. M. C. de hacerle la gracia de lugar con el nombre de San Carlos, desde cuyo puerto sigue la sierra en disminución otras dos leguas hasta finar en Huertas del Peral donde concluye el término jurisdiccional siendo lo mejor un admirable pozo de agua agria muy medicinal, tal que se ha erigido un baño del cual se están experimentando prodigiosos efectos, señaladamente a personas baldadas y contagiosas de lepra sarnosa. Cuyas sierras están pobladas de chaparros, marañas, romeros, jaras, y otras fustas, como también de maravillosas yerbas medicinales.

6º. Todo el terreno que ocupa su término jurisdiccional por constitución de la naturaleza está poblado una buena parte de monte alto de encina, y todo lo demás de chaparros, sabina, romero y enebro de cuyas raíces se elabora el simple de la nicra en tres hornos propios de este concejo, tan útil como salutífera a todo viviente, y todo goza la esfera de todos aires.

7º. Se ignora la época de su fundación pero no que lo es la más antigua de este país [como] lo califica muchos monumentos e instrumentos cuales son.

Imperando en el siglo 3º con todo el mundo Diocleciano y Maximiliano, por nombramiento de éstos gobernaba esta península bajo el nombre limilitano [laminitano] en la clase de pretor de ella Licinio 2º, a quien y a su prehecesor [predecesor] le erigieron para perpetua memoria [roto] piedra mármol que actualmente se conservan por adorno en las puertas de esta parroquial sin cabezas (las que sin saber su causa se conservan en la iglesia catedral de la ciudad de Jaén) las que se sostenían sobre dos poderosísimos pedestales de la misa piedra mármol, los que con otros que igualmente subsisten y se conservan con tesón en esta villa, se grabaron las inscripciones siguientes:

1ª LICINIO II
GAL MAXIMO
PRAE ECTO.
COHORTIS. II
GALLORVM
EO[Q]VITA E IN
DACIA TRIBVNO
MILITVM LEG. VII

2ª ALLIAE M
CANDIDAE
CVRANTE
LICINIA
MACEDONI
C? MATRI
COLTC
ANINSEM
CLINIEAM
LIBERTI
DON. DOS.

3ª L MACEDONICAE
G. L. S. FILIAE
FLAMINI CAE P.
C. L. HEDY.
MELES

4ª PATRONAE
OPTIMAE
S. P. P. L. D. D. O.

5ª C. CORTELIVS CARIIO. L. HEIVS LABEO. T T. VIR AQVAS EX D. D. REFICIENDAS. CVRARVNT. T. Q. P.

Sus armas [de la villa] son las del señor Santiago de la Espada, pues aunque gozan de otras, luego que este pueblo con todo el Campo Laminitano pasó donado a la expresada orden observa la suyas desde cuyo tiempo se nomina Campo y Suelo de Montiel. Por lo antiguo de este pueblo y su término [roto] de los sucesos memorables que a la verdad ocurrían suntuosos y los patentiza los privilegios que se la concedieron, señaladamente la donación que la hizo el señor don Enrique 1º, hijo del señor don Alonso el octavo, al conde don Álvaro Núñez para el menester de Alhambra y su castillo y para los hombres que en él morasen, en remuneración y premio de haber poblado en la frontera de los moros de Montiel que defendieron padeciendo muchos trabajos con derramamiento de mucha sangre, y que los gozasen para siempre jamás con anatemas a los que quisiesen disminuir esta merced y que lo fuese a pagar con Judas el traidor.

Consta literal de la real donación y privilegio despachado cerca de Maqueda, en la era de 1255, que corresponde al de 1216, el cual subsiste con varias posteriores reales confirmaciones. Hoy, aunque arruinado, existe un castillo fortaleza sobre una colina en saliente que domina la eminencia de esta población, distante de ésta un tiro de piedra, cuyo frente de dicho castillo y extramuros de esta población está un plano espacioso que mira a dicha fortaleza. Se reconoce éste que era la plaza de armas de su defensa que lo apoya la muralla a[l] terraplén que se registra y claramente es por sus trozos y fragmentos (?) que actualmente se miran; sobre cuyo castillo y su inmediación se creó una encomienda titulada la de Alhambra y Solana, que goza el serenísimo señor Infante de España don Fernando María Luis, duque de Parma.

8º. Lo [roto] que abunda son los productivos de la labor como son trigo sijones (?) de superior calidad, candeal, cebada, centeno y alguno, aunque cortos, de los pertenecientes a minucias, algún aceite y vino. Este vecindario y corta labor. Recolectará anualmente regulado por un ingenio diez a doce mil fanegas de toda especie de granos, único universal comercio a excepción de algunos hatos o rebaños de ganado lanar y cabrío.

9º. Carece este pueblo de fábricas excepto de unos diez y ocho telares en los que elaboran otras tantas mujeres lienzo de cáñamo basto, lino y lana, que consumirán al año unas ciento cincuenta arrobas de todo especie.

10º. No hay feria ni mercado ni otra fiesta de recordación particular que la apuntada en el capítulo segundo.

11º. Tampoco hay estudio de materia alguna, y sin embargo de que sus naturales no son inclinados a las letras no les faltan éstas para sostener pleitos y discordias sin reservar en los méritos y temores que debía contener entre padres, hijos, hermanos y parientes, cuales vivamente resultaría por noticia que podría tomarse de los tribunales superiores [en] caso de necesidad.

12º. Su gobierno político y económico es la regencia entre dos personas, cada una en su estado, de la real jurisdicción ordenada a virtud de insaculación que de cinco en cinco años por el señor gobernador del partido se ejecuta conociendo en todas materias y causas en primera instancia a consecuencia de especiales privilegios [roto] concedido unos resultantes de la real donación dada, y otros por eminentes y crecidas cantidades de maravedíes con que este vecindario en varios apuros y necesidades de la corona lo ha servido como consta por dos reales providencias, uno escrito en 1563, y otro de 1591.

13º. Las enfermedades con que ordinariamente es invadido este vecindario son las tercianas; las mismas que algún otro año haciéndose epidémicas se inveteran complicándose, ya en subintrantes, ya en aed^{tes}., o ya atabardilladas de las que aunque perece alguna u otra persona como de cualquiera otra poderosa enfermedad supra; mucho más los que nacen anualmente excepto aquellos años epidémicos de viruelas, de manera que es indubitable la salubridad que goza, no teniéndola ser la causa que por la situación del pueblo tan ventilesa [ventilado] se goza una purificación de aires que la hace feliz.

14º. Tiene en todo su lato término muchas y abundantes fuentes de agua excelente, tanto que registrado el fontanario general de España se encuentra en él de las primeras por célebre la de llamada Balserrana. Hay una cantera de piedra de amolar moleña fina que es única en todo el reino, tanto que ésta surte a todas las fábricas de armamentos reales del reino, y aun se apilan por muchos comerciantes y se extraen para fueros de él. Igualmente en todo el ámbito de su término se crían muchas y exquisitas yerbas medicinales [roto] se surten muchos químicos con abundancia.

NOTA

Para la más exacta comprensión de la antigüedad de la población de Alhambra, además de lo expuesto lo corrobora una cadena de hierro que existe en la cárcel pública de la misma; su construcción [es] mahometana, por lo cual es muy verosímil se encontrase en el castillo y fortaleza de esta población; admirable por su hechura, magnitud y peso, por manera que parece por su pulidez y lisura de los eslabones y argolla ser inimitable por los artífices del día.

Para la acogida de las labores que cultivan los espaciosos y muchos terrenos que comprenden este término. Se cuentan en él 130 caserías o cortijos, muchos de ellos famosas y en ellas para que sus labradores tengan el beneficio de oír el santo sacrificio de la misa existen los oratorios con sus advocaciones siguientes. En la dehesa de la vega de los Palacios, encomienda que goza el antedicho serenísimo señor duque de Parma, un oratorio erigido por su patrono el glorioso san Juan Bautista; en el sitio del Pozo de la Serna, distante de ésta a poniente y este 4 leguas, otro; su advocación el señor San Andrés, a cargo de otra encomienda que poseyó el serenísimo señor infante de España don (roto) ....ca encomienda, hoy por su defunción, vacante. Sitio de Santa María de Piores. Al igual aire y distancia otro erigido a Nuestra Santa de Flores. En la Casa de la Campana a poniente y distancia de 2 leguas; otro erigido [a] un santo Lignum Crucis en un relicario; otro al norte en el sitio del Pozo de las Navas, su advocación a la Santísima Trinidad; otro a igual aire y distancia de una legua en el sitio de las Casas de la Calera, su advocación al gloriosísimo patriarca San Antonio Abad. Y otro en el sitio del Allozo al norte y distancia de 2 leguas y media, su advocación de señor San Joaquín

Corren y transitan por este término y por las inmediaciones del pueblo vatios caminos siendo los más principales el de la Cabaña Real de Carreteros para la conducción de sal a Extremadura y otro para que la misma cabaña conduzca plomo, munición y arcol [alcohol] a la Corte de Madrid.

También sostiene una Vereda Real para el tránsito de la Cabaña Real trashumante de ganado fino que desde Soria, Aragón y Cuenca pasan a invernar a los cuatro reinos de Andalucía.

Cuyas noticias explanadas y referencia de documentos son ciertas, fieles y legales como entre verdad. Como alcalde ordinario que soy por S.M. que Dios guarde, lo afirmo y firmo.

Alhambra y agosto, 2 de 1796

Juan Francisco León [rúbrica]

* * * * *

Alhambra, 5 de agosto de 1796

Señor don Tomás López

Muy señor mío de mi más estimación. Sin reflejar el fondo de su encargo, y sólo por complacer le brindo la tibieza de estas gentes el que menos con más pericia que yo asistiéndome lo útil que podría cualquier experto serle a este pueblo su solicitud, me prometí a darle las noticias que por su interrogatorio pedía, a la que habiendo dado principio me ocurrieron dos casos que me han impedido para que días hace se las haya remesado; el uno fue perder el interrogatorio, y el otro darme un porrazo un caballo que ha tenido casi impedido de movimiento y aún permanezco con un dolor vehemente en el músculo izquierdo por lo que y confesada mi inaptitud [ineptitud] motivó la adjunta sin más pulimento que el que produce una ingenuidad propicias a coadyuvar a toda la buena. Bien creo que acaso podrá cualquiera [roto] de ella más espero de su prudencia disimule mi arrogancia [roto] y cortedad como el que mande a su seguro servidor que su mano besa,

Juan Francisco León [roto]

ALHAMBRA, Ms. 20.263 / 74

Señor don Tomás López

Muy señor mío y de mi mayor estimación:

A la favorecida de vuestra merced del 1º de junio corriente suplicatoria a que por este ayuntamiento se le remita noticia circunstanciada e individual de esta villa, la que con tanta ansia desea, y hecho cargo de su justo deseo, aunque me contemplo nada apto para desempeñar su recomendación; en la parte que me sea posible viva seguro que desde este día me dedico a formar el plan con arreglo a su formulario, y con motivo de hallarme reciente con la Real Jurisdicción le veo ahora.

Sírvase tener un poco de paciencia creído que a la mayor brevedad lo evacuaré.

Dios guarde a vuestra merced muchos años.

Alhambra y junio, 4 de 1796

Besa la mano de usted su afectísimo servidor

Juan Francisco de León

IV
ALMAGRO

ALMAGRO, Ms. 7301, ff. 384-385

Cumpliendo con la orden del Consejo de 13 de septiembre de 1771 comunicada por carta del señor don José Conoc, gobernador de la villa de Almagro y su partido, Campo de Calatrava, su fecha 12 de febrero del presente año, por la que y por los particulares que expresa la Instrucción que lo acompaña, ha sido forzoso para evacuarlos con la exactitud que se debe tomar noticia de algunos sujetos prácticos e inteligentes en la situación y razón que comprende la jurisdicción de este gobierno (que actualmente ejerzo por ausencia y subdelegación del señor don Diego Luis Jijón y Pacheco, del Consejo de S.M., ministro de la actual Audiencia de Contratación de Indias en la ciudad de Cádiz, gobernador de esta villa, superintendente y administrador general de sus reales minas, y principalmente de don Francisco Casado Becerras, guarda mayor de los montes consignados a ellas, y de Antonio Armas, perito de esta villa, y con presencia de éstos se pasó a evacuar los particulares que contiene la citada Instrucción que se pone por cabeza de estas diligencias (no está en el ms.) y con distinción de cada uno se declara en la forma siguiente.

1º Al primer particular se hace presente que son caminos que salen desde esta villa a fuera de su jurisdicción no se halla pueblo alguno, aldea ni caserío solo si dentro de ellas y a distancia de dos leguas de la citada villa dos aldeas llamadas Gargantiel y Alamillo que de una a otra hay la distancia de cuatro leguas en cuyo intermedio se halla el Real Sitio y minas de Almadenejos, sujeto a esta jurisdicción, situado en las encomiendas de Castilseras.

2º Al segundo se declara que la aldea de Gargantiel tiene su situación a la parte de levante y el Real Sitio de Almadenejos distante legua y media de esta villa, entre levante y mediodía, y el Alamillo a la parte de mediodía.

3º Al tercero se declara que el camino principal que desde esta villa sale para la capital de Almagro a la izquierda de él, y como a media legua, se halla el expresado lugar de Gargantiel, y a la derecha de dicho camino está al cuarto [de] legua la situación de Almadenejos y del camino real que desde esta villa sale para la de Córdoba; a una legua de él se halla el lugar del Alamillo siempre [a] mano izquierda.

4º Al número cuarto se declara haber en esta jurisdicción 2 ríos llamados la Rivera y Valdeazogues, sin que en ellos haya puente alguna.

5º Al quinto se expresa que el río de la Rivera baña por la parte de poniente como a doscientos pasos el citado lugar de Gargantiel y este río nace por encima de él por encima cuasi dos leguas, en aguas vivas dentro de los términos de las villas de Saceruela y Abenójar, y el río de Valdeazogues tiene su origen en el sitio de los valles de Abenójar, también de agua viva, y éste entra en el río de la Rivera por la parte del norte, y como a un cuarto de legua el Real Sitio de Almadenejos, y estos dos unidos cruzan el pasil que hay desde esta villa al expresado Real Sitio como a distancia de una legua de ella y traviesa la encomienda referida de Castilseras, y por medio de ella viene otro río llamado Alcudia que nace 7 leguas de distancia de esta villa a la parte de levante, los cuales dos ríos traviesan el paso que hay desde esta villa al citado lugar del Alamillo y siguen su curso hasta juntarse en el pasil y camino que desde esta villa sale a la ciudad de Córdoba a distancia de una legua, poco más o menos, y se hallan sin puente alguna.

6º Al sexto se declara que las inmediaciones de esta villa y toda su jurisdicción de montes y sierras y entre ellas la dehcsa Boyal, la de Gargantiel, Corral de Anoho, Quintillos y Saladillos, propio de ella con árboles de carrascas, en parte olivados, y los sitios de Navas y Risicomes de esta jurisdicción se hallan agregados al Real Valle de Alcudia los que tienen montes de carrasca, guiados con algunos cerros altos y bajos de monte bajo y bravío, y no se halla en esta jurisdicción laguna alguna.

7º Al 7º se declara que el término y jurisdicción de esta villa confina por la parte de levante con el término y jurisdicción de las villas de Almodóvar del Campo y Abenójar a las tres leguas, hallándose a las cuatro la venta de Fontanosas al medio día, y como al medio cuarto de legua confina con el término y jurisdicción de la villa de Castilseras que goza el marqués del [de la] Gracia Real traviesa su jurisdicción por el lado citado de medio día como legua y media y desde este extremo prosigue la jurisdicción de esta villa al lugar del Alamillo siguiendo desde dicho lugar confinando a media legua con el término y jurisdicción de Almodóvar del Campo, y del mismo modo por la parte de levante y por la de poniente desde el expresado lugar del Alamillo; como a una legua confina el término de esta villa con el de Santa Eufemia, propria del excelentisimo marqués de Ariza y con la jurisdicción de la villa de Chillón propria del excelentísimo señor duque de Medinaceli, la que sigue por poniente y norte hasta la distancia de medio cuarto de legua escaso; con esta villa y entre norte y levante confina con la villa de Saceruela como a dos leguas y media de distancia.

Que es cuanto se puede informar entre los particulares que quedan referidos en cumplimiento de la citada orden.

Almadén, 25 de marzo de 1772

José Garaoi (?) Nieto

V
ALMAGRO, Partido de

ALMAGRO, Partido de, Ms. 7293, ff. 235 y 236-245v; Ms. 20263/2 (h.3)

ALMADÉN, Ms. 7293, f. 235[38]

Almadén. V. O. Provincia de La Mancha, partido de Almagro. Gob[ernador].

[En el margen izquierdo:] E [era] 1287

En donación del señor rey don Fernando hecha en Sevilla a 16 de febrero de la Era 1287 [año 1249] a la Orden de Calatrava de la mitad del azogue de la mina de Almadén, se dice: dono itaque vovis et concedo medietatem illius mineas meae argenti vivi de Chillon quae vocatur vulgariter Almaden [Por tanto, os doy y concedo la mitad de aquella mina mía de plata viva (=mercurio) de Chillón que se llama vulgarmente Almadén)

Mern[s]. del ferr° (?) ap. pág. 506

* * * * *

PARTIDO DE ALMAGRO

Razón de las distancias y situaciones de el partido de esta villa de Almagro y suelo territorial de Calatrava, formada en virtud de orden del Consejo expedida a trece de septiembre de mil setecientos setenta y uno, e instrucción que la acompaña, y con vista de las noticias adquiridas es a saber.

ALMAGRO, Ms. 7293, ff. 236-237v

Capital de su partido, tiene a la parte oriental a la villa de Bolaños, encomienda de dicha orden de Calatrava, a distancia de media legua; la villa de Torralba por el norte a dos leguas; a poniente la de Valenzuela, que es señorío, a una legua; entre poniente y sur la de Granátula a legua y media; a igual distancia la del Moral entre sur y oriente.

---

[37] Esta breve nota figura en el folio anterior, y es de diferente mano que lo siguiente, pero como hace referencia directa al partido cuya descripción comienza a continuación creemos que aquí encaja bien.

A la parte occidental y dos leguas de distancia dentro del término está una fuente perenne nombrada la Nava, de agua agria delgada.

Al norte y una legua de distancia se registra el monte encinar nombrado Torroba que es encomienda de la dicha orden de Calatrava, que atraviesa el camino que de Almagro va a la villa de Daimiel.

En el término y jurisdicción de dicha villa de Almagro, por el oriente y a dos leguas de distancia, está una dehesa de pasto que se nombra despoblado de Moratalaz, constituida entre las villas de Daimiel, Bolaños [de Calatrava], Valdepeñas y Membrilla, comuneras en los fastos de dicho sitio.

Jabalón río entra en el término de esta villa por la parte meridional a distancia de dos leguas contiguamente al molino harinero titulado Burraca, corre hacia poniente atravesando la dehesa de Montanchuelos, encomienda de Calatrava constituida en este término, sigue por tierras baldías comuneras de pastos de Almagro y Granátula [de Calatrava], después entra en las encomiendas de Castellanos y Casarrubios y dehesa de Valdelope, perteneciente a la clavería mayor de Calatrava, se extiende después por baldíos comunes de Almagro y Granátula hasta ahora en el término de la villa de Pozuelo [de Calatrava] de este partido, la cual dista de Almagro legua y media, entre norte y poniente, más inclinada a este rumbo, y a él mismo, a tres leguas está la ciudad de Ciudad Real, cuyo camino atraviesa la dehesa de la Membrilleja, perteneciente al Colegio de Doncellas Nobles de la ciudad de Toledo, a legua y media de Almagro, y siguiendo el camino, media legua antes de llegar a Ciudad Real, está la villa de Miguelturra, una de las de este partido.

Dicho río Jabalón por inmediato a la referida fuente de la Nava, está una puente casi inútil por hallarse la mayor parte arruinada nombrada del Alguacil, camino real de Extremadura.

Al mediodía de esta villa hay otra puente sobre dicho río, nombrada el paso camino real de Andalucía, dos leguas de esta villa a la mano izquierda de dicho molino de Burraca.

BOLAÑOS [DE CALATRAVA], Ms. 7293, ff. 237v-238

Está [a] media legua de Almagro a quien tiene a poniente; por el norte [tiene], a la villa de Torralba [de Calatrava] a distancia de dos leguas; a la misma [distancia] y rumbo meridional, [está] la villa del Moral [de Calatrava]. Y por oriente la de Manzanares a cuatro leguas y media.

Tiene por oriente en Monte encinado y chaparral, nombrado la Moheda, que atraviesa el camino que va a Manzanares, en cuyo comedio y a la mano izquierda está una venta contigua llamada de Borondo; y poco más hacia Bolaños [está] una quintería titulada Casa Blanca, y a la derecha, a medio cuarto de legua de dicho camino, hay otra casa quintería nombrada del Pardillo, que fue de los regulares de la Compañía, y hoy [es] del conde de Valdeparaíso.

MANZANARES, Ms. 7293, ff. 238-238v

Tiene a la parte oriental, a una legua, a la villa de La Solana, perteneciente al Campo de Montiel, orden de Santiago, entre oriente y sur; a media legua, la de la Membrilla, también constituida en dicho Campo de Montiel. A la parte del sur, la de Valdepeñas, perteneciente al marqués de Santa Cruz, a cuatro leguas; al norte, y cinco leguas de distancia, la villa de Villarta, [de San Juan] constituida en el priorato de San Juan; y a la banda de poniente la villa de Bolaños [de Calatrava], a cuatro leguas y media.

El río Azuer atraviesa el término y corre de oriente a poniente por el lado del sur de la misma villa, y contigua a sus murallas nace en el Campo de Montiel y Alhambra, desagua en Guadiana inmediato a la villa de Daimiel; tiene una puente situada contra dicha villa de Manzanares por la parte que la baña.

El monte encinado nombró Siles perteneciente a la encomienda de la dicha villa de Manzanares, es de corta extensión; se atraviesa el camino que de dicha villa va a la de Almagro, dos leguas distante de aquella. En dicho monte, y a la mano derecha de dicho camino yendo hacia Manzanares, hay una fuente perenne de agua dulce.

La venta de Quesada, al norte de Manzanares, a dos leguas y media de distancia, camino real de la corte para Andalucía, [está] situada a la mano derecha de dicho camino, como se va a Madrid.

DAIMIEL, Ms. 7293, ff. 238v-239v

Tiene al norte a cuatro leguas de distancia la villa de la Fuente del Fresno, entre norte y poniente; la de Malagón, a la misma distancia; a la misma distancia a la banda de poniente, a Carrión a tres leguas; al sur, a otras.

A seiscientas varas de Daimiel, entre norte y poniente, corre el río Azuer; nace en las sierras de Alcaraz, su curso [va] de oriente a poniente, desagua en Guadiana, legua y media de Daimiel rumbo del norte; tiene dos puentes en el término de dicha villa, la una que va a la de Arenas [de San Juan], a ochocientas varas de Daimiel, otra a las mil y quinientas varas que va a los Molinos de Guadiana, entre levante y norte.

Guadiana nace nuevamente dos leguas de Daimiel, entre levante y norte, subdivide su término con Villarrubia [de los Ojos] hasta la dehesa de

Zacatena, junto al nacimiento del río, y en ambas márgenes hay la dehesa llamada de Guadiana con alguna encinar propio del duque de Híjar.

Una laguna media legua al norte de Daimiel, su nombre el Escopillo, cincuenta cuerdas del Marco de Ávila y como tres varas de fondo el agua; otra [laguna] llamada la Alboera, del mismo fondo, y su extensión de trescientas cuerdas a media legua de Daimiel hacia poniente; éstas dos son de cada y pesca.

VILLARRUBIA [DE LOS OJOS], Ms. 7293, ff. 239v-241

Tiene a oriente la [villa] de Herencia perteneciente al priorato de San Juan, distante cuatro leguas; al norte a la villa de Consuegra del mismo partido a cinco leguas, y a la misma distancia y rumbo, Madridejos, del propio priorato [de San Juan]. A poniente la [villa] de Fuente del Fresno a tres leguas, y entre oriente y sur la villa de Arenas [de San Juan], una legua de Villarrubia de dicho priorato de San Juan.

Los Ojos de Guadiana, que es donde nace este río, distante de la villa de Villarrubia dos leguas entre oriente y sur, cuyos ojos están dentro de la dehesa namorada Guadiana perteneciente al duque de Híjar dueño de la misma villa, la cual dehesa a la parte del norte de dichos ojos tiene un enrimado llamado Guadia-nilla, y al lado opuesto del sur, es dehesa de pasto y labor opuesto del contiguo a dicho encinar, y siguiendo la corriente de dicho río a la mano derecha caminando a poniente hay otro monte llamado el Monte Guadiana, propio del concejo de esta villa que uno y otro encinado tendrán tres cuartas de legua de longitud el dicho río Guadiana. Como va manifestado luego que nace en los citados ojos corre por el término de dicha villa de oriente a poniente hasta que llega a tocar con el término de la villa de Daimiel; en este curso no hay puente alguno de camino real, y solo si del molino harinero nombrado Juacorta propio del convento de San Juan de Jerusalén que es donde termina el término de Villarrubia y Daimiel.

El río Figuela [Cigüela] que nace en el obispado de Cuenca, entra en el término de Villarrubia por el oriental a distancia de una legua, luego que sale del término de Arenas [de San Juan] y va corriendo su curso hasta el sitio de Jacira, término de Villarrubia, distante dos leguas, donde muere en Guadiana. Tiene una puente nominada del conde, y atraviesa el camino que se lleva desde la Villarrubia a Daimiel, distante dicha puente de Villarrubia un cuarto de legua a la banda del sur.

Hay una fuente de agua dulce nominada del Caño a quinientos pasos de Villarrubia entre norte y poniente.

Otro monte llamado la Cañadilla olivado a una legua de la villa al sur y oriente, propio del concejo de ella. Otros tres montes nombrados Monte-cillos, Zarcejo y Montegrandes unidos, distantes de la villa media legua al sur, y todos tres tendrán de largo una legua, terminando en el camino que de Villarrubia va a Manzanares, lindando también con la dehesa de Zacatena por la parte de poniente.

Dos dehesas llamadas Guadiana o Zúa corta, también encinado, a dos leguas a la banda del sur, y otra llamada de Lote, también encinar y fresnos, a tres cuartos de legua al sur, propio del excelentísimo señor duque de Híjar.

Una venta llamada Guadalupe, a tres leguas hacia poniente, propia de un vecino de Fuente del Fresno.

FUENTE EL FRESNO, Ms. 7293, ff. 241-241v

Dista del Almagro seis leguas entre oriente y norte; Malagón se halla distante de esta villa de Fuente El Fresno dos leguas a poniente; la de Villarrubia [de los Ojos], tres leguas a oriente; la de Torralba [de Calatrava], cuatro leguas al sur, y la de [Los] Yébenes, al norte, seis leguas, cuya jurisdicción pertenece la mitad del reino de Toledo y la otra al territorio de San Juan.

Un monte pardo con algunas encinas llamado la Raña de la Venta, que está a la derecha del camino como se va a las ventas, carretera de Madrid; su longitud, media legua; hacia el norte corre dicho monte hasta tocar con el de Guadalerza.

MALAGÓN, Ms. 7293, ff. 241v-242v

Esta villa de Malagón se halla [a] seis leguas de la de Almagro, su capital, hacia el sur; tiene a oriente dos leguas de distancia la de la Fuente del Fresno; al sur la de Torralba [de Calatrava], cuatro leguas de distancia; a poniente Fernancaballero, distancia una legua, y al norte el lugar de las Chozas, seis leguas distante; éste es del reino de Toledo.

Inmediato a dicha villa está el río Cambrón; nace en el término de la Fuente del Fresno; tiene su corriente hacia poniente por la banda del norte; éste desagua en Guadiana, junto a la Puente de Nolaico; tiene en este término tres puentes: la una llamada la de Yuste, camino que de esta villa va a la corte, distante medio cuarto de legua; la segunda nominada la de las Calzadas, próxima a dicha villa, y la tercera titulada la del Cambrón, también muy inmediata a dicha villa. Y todas a la banda del norte.

Una fuente titulada del Membrillero, inmediata a dicha Puerta de Yuste; es de agua dulce; otra llamada fuente Testada (?) muy inmediata a la referida fuente del Cambrón, también de agua dulce.

TORRALBA [DE CALATRAVA], Ms. 7293, ff. 242v-243

La villa de Torralba tiene a oriente, y a distancia de dos leguas, la de Daimiel; al norte, a distancia de cuatro leguas, la de Fuente del Fresno; a poniente y a una legua, la villa de Carrión [de Calatrava], y al sur, a dos leguas, la villa de Almagro, capital de su partido.

El río de Guadiana, hacia el norte, a distancia de dos leguas de esta dicha villa; tiene un puente sobre dicho río inmediata al molino de Flor de Rivera, titulado dicho puente con este mismo nombre el citado molino.

El monte de la Mozalba, encinar a media legua de esta villa y hacia el rumbo del norte. Otro monte llamado el Verdugal, a oriente, un cuarto de legua de esta villa, cruza el camino que desde ella va a la de Daimiel. Otro monte nombrado los Parrales hasta parte del sur, un cuarto de legua de la villa, lo atraviesa el camino que se lleva a la de Almagro.

CARRIÓN [DE CALATRAVA], Ms. 7293, ff. 243-243v

La villa de Carrión dista de Almagro su capital tres leguas al sur; a oriente la de Torralba, una legua de distancia; Malagón tres leguas hacia el norte, y Ciudad Real dos leguas a poniente.

El río Guadiana, una legua a la banda del norte, corre de oriente a poniente, a media legua de distancia, y hacia el norte están las ruinas de Calatrava la Vieja con la ermita de los santos mártires y un molino harinero titulado Calatrava [a] una legua de distancia; cre (?, abreviatura) dicho río un molino llamado Malvecino, tiene piedras para moler trigo y batán para paños.

FERNÁN CABALLERO, Ms. 7293, f. 243v

Esta villa de Fernancaballero está una legua de Malagón mirando a oriente; al norte la Porzuna cuatro leguas; a poniente, Ciudad Real, tres leguas, y al sur, Carrión [de Calatrava], dos leguas de distancia.

PORZUNA, Ms. 7293, ff. 243v-244

La Porzuna dista de Ciudad Real cuatro leguas a la banda de poniente; a seis leguas de distancia mirando desde dicha villa a poniente se halla el lugar de Fontanarejo, reino de Toledo; al norte y a siete leguas está el lugar de Molinillo, también reino de Toledo, y al sur a las dos leguas la dicha villa de Piedrabuena.

Hay un río llamado Bullaque que dista media legua de la dicha villa al rumbo de poniente; su nacimiento lo tiene en la villa de Retuerta, reino de Toledo; [entra] en el de Guadiana en las inmediaciones de la villa de Luciana.

PICÓN, Ms. 7293, ff. 244-244v

Está a la parte del norte a distancia de cinco leguas de la villa de Almagro; Fernan caballero hacia oriente, a cuatro leguas, a la Porzuna, dos leguas hacia el norte; a poniente Piedrabuena, a legua y media, y al sur Ciudad Real, dos leguas.

El río Guadiana cruza su término por la parte del sur; a distancia de un cuarto de legua de esta villa hay una puente llamada Gaitanejo que da paso para Ciudad Real. Hay una fuente llamada la Tinajuela, medio cuarto de legua al poniente; a medio cuarto de distancia, otra, la que llaman la del Cuervo, hacia el norte; otra llamada la Huerta de Mora, medio cuarto de legua de la villa.

[Hay] un monte pardo hacia el norte y a distancia de medio cuarto de legua de esta villa que le cruza el camino que de ella va a la Porzuna; tiene media legua de latitud.

MIGUELTURRA, Ms. 7293, f. 244v

Tiene a oriente la villa del Pozuelo [de Calatrava] a una legua al norte; la de Carrión [de Calatrava], otra legua a poniente; Ciudad Real a media legua al sur; Ballesteros [de Calatrava] dos leguas y media.

[Tiene] un monte pardo llamado el Carrascal, a dos leguas y media de distancia hacia el norte; tiene cuatrocientas cuerdas de longitud.

POZUELO [DE CALATRAVA], Ms. 7293, ff. 244v-245

Esta villa del Pozuelo tiene hacia oriente la de Almagro, distante legua y media; al norte y a dos leguas de distancia, la de Carrión; a poniente la de Ballesteros, y a la propia distancia de dos leguas, y al sur la villa de Valenzuela a una legua.

El río Jabalón atraviesa el término desde el sur al poniente; dista una legua de la villa por la parte más próxima; tiene una puente nombrada de los santos a la legua de distancia, que está en el camino que va a la villa de la Calzada.

Hay una fuente llamada el Chorrillo, una legua a la parte del sur; otra fuente nominada la dc Fuensanta, dista una legua a la banda del sur, destinada para baños.

[Hay] un monte bajo y alto de la encomienda de dicha villa, distante media legua a la banda de oriente y norte; otro monte alto y bajo nombrado la dehesa del Acebuchar perteneciente al conde de Valdeparaíso, hacia el norte, lo atraviesa el camino que va de esta villa a la del Pozuelo, está media legua de distancia.

VALENZUELA [DE CALATRAVA], Ms. 7293, f. 245v

Esta villa de Valenzuela está una legua de Almagro, hacia poniente; Granátula [de Calatrava], una legua hacia el sur; el Pozuelo [de Calatrava] otra legua hacia el norte, y a poniente la de Ballesteros [de Calatrava], dos leguas de distancia.

Unas casas que sirven de caserío para labor, nombrada Valparaíso, entre poniente y sur, tres cuartos de legua de la villa.

BALLESTEROS [DE CALATRAVA], Ms. 7293, f. 245v

La villa de Valenzuela [de Calatrava] se halla de esta de Ballesteros dos leguas de distancia hacia oriente; al norte a la misma distancia, a dos leguas, Ciudad Real; a poniente, Villar del Pozo, un cuarto de legua, y al sur, la de Aldea del Rey, a dos leguas de Distancia.

Una fuente llamada Retamal, a media legua hacia el sur, le alinda el camino que de esta villa va a la de Ballesteros.

VI
ALMODÓVAR DEL CAMPO, Partido de

ALMODÓVAR DEL CAMPO, Partido de, Ms. 7293, ff. 246-263

M. P. S. [Muy Poderoso Señor]

Señor: Cumpliendo con las duplicadas órdenes de V. A., paso con mi debido respeto las diligencias de descripción a esta villa, sus aldeas y caserías que comprende en su término y jurisdicción con la estampa que manifiesta en arte geógrafo su diseño, el de su término, poblaciones de él, caminos, ríos, montes, villas y pueblos que la confinan y demás, que por menos demuestra su numeración y declaración de peritos, explicando el color pajizo, el suelo de su comprensión, el verdega[l], el que ocupa la real dehesa, y el plomado [de] sus sierras. Acompaña la descripción de la villa de Cañada [de Calatrava] una de las de este partido que únicamente ha cumplido con su encargo, no habiéndolo hecho hoy la de la Puebla de Don Rodrigo y lugar de Tíratefuera [Tirteafuera] que también lo son; y se les hizo saber, haciendo presente a Vuestra Alteza que por lo respectivo al dicho lugar se habla [de] éste bajo el término y jurisdicción de esta villa aunque en su corta población de cuarenta veces tienen ordinaria jurisdicción sus alcaldes; la de la Puebla se halla a distancia de esta su capital nueve leguas, su población se compondrá de poco más de treinta vecinos.

Está situada en la inmediación del río Guadiana, en la asperidad de sierras y montes pardos; su término es reducido sin otra población en él y confina por la parte del sur con la villa de Saceruela; por la del norte, con los montes de Toledo; por la de poniente, con la de Agudo, y por la de levante con Piedrabuena. Cuya noticia paso a la superior inteligencia de Vuestra Alteza por no retardar por más tiempo este importante encargo, y por si bastaren al fin general, y cuando no despachare persona que a costa de dichos pueblos omitidos forme sus respectivas descripciones con arreglo a [la] instrucción y órdenes de las que quedo con copia, y demás diligencias como está prevenida por Vuestra Alteza.

Dios Nuestro Señor guarde la católica y real persona de V. A. los dilatados años que puede, y la monarquía necesita.

Almodóvar del Campo y agosto, 7 de 1772

M.P.S. Señor

Besa los pies de vuestra alteza su leal vasallo Gabriel Salido

* * *

Hallándose ya en el Concejo la mayor parte de las descripciones de los pueblos de su territorio que se encargaron a sus respectivos jueces para abrirse el mapa que tiene resuelto, y no pudiendo sin embargo adelantarse nada en su ejecución por cuanto necesita el geógrafo encargado de abrirle, tomen juntas todas sin adelantar ninguna para formar la idea y composición de lugares, ha resuelto el Consejo que con toda brevedad posible remita vuestra merced a él por mi mano la descripción de esa villa y pueblos de ese partido arreglado a la instrucción que remitió por despacho el gobernador de Almagro, y lo participo a vuestra merced para su puntual cumplimiento.

Dios guarde a vuestra merced muchos años. Madrid, 4 de junio de 1772

Juan Francisco Lastiri

Señor alcalde mayor de la villa y partido de Almodóvar del Campo

* * *

En vista de lo que vuestra merced pone en la carta de 12 del corriente sobre el extravío que ha padecido el despacho del Corregidor de Almagro para practicar la descripción de ese pueblo, y de los del partido, arreglada a la instrucción que se incluía en el presente, lo que ocurría a vuestra merced al mismo gobernador pidiéndole un tanto de dicha instrucción para evacuarla con la mayor brevedad, como se le prevenía, ha acordado el Consejo se remita [a] vuestra merced, como lo hago adjunto, la instrucción de que se trata, previniéndole de nuevo espera el Consejo de su celo, que evacuará con toda prontitud la descripción y lo remitirá a el Presidente por mi mano.

Dios guarde a vuestra merced muchos años

Madrid, 19 de junio de 1772

Juan Francisco Lastiri

Sr. alcalde mayor de Almodóvar del Campo

* * *

Copia de la carta orden que acompaño a la instrucción.

No habiendo razón en el Consejo de las distancias que hay entre los pueblos de su territorio, como ni de la situación de éstos, y siendo muy necesaria especialmente para cometer diferentes negocios que suelen ofrecerse a los jueces más inmediatos a ellos, aunque no sean de nuestro partido, como también para otros fines, ha acordado se den órdenes circulares a los gobernadores y alcaldes mayores, priores, vicarios y provisores para que informen con toda exactitud sobre este y demás puntos que contiene la adjunta instrucción que ha mandado formar un mapa por las descripciones que le envíen, a cuyo efecto encarga a usted el concurso que tomándose para ello el tiempo que necesite se esmere en que venga la suya con la individualidad y perfección que se requiere, y que el recibo de ésta me de aviso para su inteligencia.

Dios guarde a vuestra merced muchos años

Madrid, 13 de septiembre de 1771

A los gobernadores, alcaldes mayores, priores, vicarios y provisores del territorio del Consejo.

Instrucción que deberán observar los gobernadores y alcaldes mayores, priores, vicarios y provisores del territorio de las Órdenes para el exacto cumplimiento de la que se les comunica por el Consejo con fecha de este día.

Los pueblos que se encuentran en los caminos desde la capital del gobierno o vara hasta el último lugar que comprende su jurisdicción, y las distancias de unos a otros incluyendo hasta la más corta aldea, caserío o despoblado.

Cuáles están al norte, mediodía, levante, poniente o entre vientos principales respecto de la capital.

Cuáles se dejan a la derecha o izquierda de los caminos y a qué distancia de ellos.

Si hay río y puente y sus nombres.

Qué lugares bañan los ríos, por qué lado, dónde nacen y con quiénes se juntan.

Si hay en sus inmediaciones algún monte o laguna, sus nombres, sitio y extensión.

Y finalmente se han de poner los pueblos de otra jurisdicción (sea real, de las Órdenes o de señorío) con que confinen los que se hallen a los extremos de la del gobierno o vara, y además se han de expresar aquellas ciudades o pueblos grandes más cercanos (aunque tampoco sean de las Órdenes) para mejor venir en conocimiento de los primeros, y dejar correspondencia, situación y proximidad que tienen con éstos.

Después de evacuadas las descripciones en esta forma las remitirán al Consejo quedándose con copia de ella.

AUTO

En la villa de Almodóvar del Campo, a 8 días del mes de junio de 1772. El señor licenciado don Gabriel Amando Salido, abogado de los Reales Consejos, gobernador, justicia mayor y capitán a guerra en esta dicha villa y demás de su partido por Su Majestad, digo:

Que por el correo ordinario de este día ha recibido su merced carta orden comunicada del Real Consejo de las Órdenes por el señor don Juan Francisco Lastiri, su secretario, con fecha de cuatro del corriente, en que se hace expresión de que hallándose el dicho Real Consejo con la menor parte de las descripciones de los pueblos de su territorio que se entregaron a sus respectivos jueces para abrir el mapa que tiene resuelto, y no pudiendo adelantar en su ejecución por necesitar del geógrafo encargado de abrirle tener juntas todas para formar la idea y composición de lugares, había que con toda brevedad su merced remitiere por mano de dicho señor gobernador Juan Francisco Lastiri la descripción de esta villa y pueblos de su partido arreglado a la instrucción que remito por despacho el gobernador de Almagro y que se participaría a su merced para su puntual cumplimiento. Y vista por Su Majestad mandó se cumpla y guarde dicha orden y que el presente señor escribano una a ella el despacho que halla del señor gobernador de Almagro y las diligencias en su virtud practicadas para providenciar en su vista lo demás que corresponda al exacto cumplimiento de dicha orden, y por éste así lo proveyó y firmó su merced, doy fe.

Licenciado don Gabriel Salido. Ante mí, José López Gijón

FEE

Doy fe que en la escribanía de cabildo de mi cargo no se halla orden alguna de la que expresar la providencia antecedente, y aún cuando se haya despachado la vereda que cita por el señor gobernador de la villa de Almagro, incluyendo en ella a ésta villa, está declarado por el Real Consejo de la Órdenes ser partido independiente y separado éste de la expresada de Almagro, y para que conste lo pongo por diligencia que firmé en Almodóvar del Campo dicho día, mes y año.

José López Gijón

AUTO

En la villa de Almodóvar del Campo, en 27 de junio de 1772, el señor gobernador en vista de la carta orden que de acuerdo del Real Consejo de las Órdenes le ha sido comunicada con la instrucción que le acompaña por el señor don Juan Francisco de Lastiri, su secretario, que antecede, de lo que para que en todo tenga su debido cumplimiento se libre con su inserción, despachó vereda a los pueblos de este partido para que sus justicias, con arreglo a dicha superior orden, cumplan y ejecuten en todo, y por todo. Y por este su auto así lo proveyó, mandó y firmó su merced, de que doy fe.

Licenciado Salido. Ante mí, José López Gijón

Fee de aberse librado la vereda

Doy fe, se libró el despacho vereda que se manda en el auto antecedente, y lo firmo, López.

AUTO

En la villa de Almodóvar del Campo, a seis días de julio de 1772, el señor licenciado Gabriel Amando Salido, abogado de los Reales Consejos, gobernador, justicia mayor y capitán a guerra en ella, y las demás de su partido por S. M. Habiendo visto las dos cartas órdenes que de acuerdo del Real Consejo de las Órdenes que de acuerdo le han sido a su merced dirigidas por el señor gobernador Juan Francisco Lastiri, su secretario, con fecha de cuatro, y diez y nueve del pasado, e instrucción que acompañó a la última, por las que se previene a su merced, que con la posible verdad remita descripción de este pueblo, su término y las de su partido, con compresión de las distancias que hay de unos a otros, sus caminos, montes, ríos y puentes; providencias y demás diligencias a su continuación de que tendría [que] haberse librado despacho vereda a los pueblos de este partido con inserción de dichas órdenes para su puntual cumplimiento a efectos de que en esta villa, por lo que a ella toca, y sus aldeas, tengan la más puntual observación . Debía mandar, y mando, que Manuel Costales, Antonio Domínguez y Alfonso Sendarrubias, vecinos de esta villa, y el primero agrimensor en ella, personas las más prácticas e instruidas en su término, sus aldeas, casas de campo, montes, ríos, y caminos, se les reciba declaración en razón de todo ello con arreglo a lo mandado a la expresada Instrucción, y que hecha, se traiga para reconocerla y tomase los informes convenientes.

Y por este su auto así lo proveyó y firmó su merced, de que doy fe.

Ante mí, José Gijón. M. Licenciado Salido

Declaración del agrimensor y peritos

En la villa de Almodóvar del Campo, a trece días del mes de julio de mil setecientos setenta y dos años, ante el señor gobernador y de mi escribano comparecieron Manuel Cortés, maestro agrimensor en esta dicha villa, Antonio Domínguez y Alfonso Sendarrubisas, de esta vecindad, a quienes para hacer e instruir la declaración que les está pedida y mandada se recibió juramento por ante mí el señor escribano y los referidos, lo hicieron por Dios Nuestro

Señor, y una señal de cruz como se dispone por dicho bajo de[l] cual ofrecieron hacer bien y fielmente según su saber y entender y con arreglo a la instrucción y capítulos que contiene, y así dijeron que esta muy leal y antigua villa de Almodóvar del Campo, [es] una de las comprendidas en la provincia de La Mancha, territorio de la orden y caballería de Calatrava.

Se halla situada al pie de sierra Morena y a la falda de una montaña que está mirando al mediodía, llamada la sierra de Santa Brígida, su altura un cuarto de legua poco menos, y a distancia de trescientos pasos de esta población, cuya montaña y demás que van circundando hasta poniente y parte del norte hasta las montañas que dividen los términos de esta villa, son montes de todas clases, aunque la mayor parte es de montes pardos que no pueden talar, ni travesar, y en la comprensión de dichos montes se hallan algunas dehesas de monte hueco que sirven para ganados como también algunos rasos o entreclaros que sirven a los habitadores de las aldeas y casas de campo para sus labores, cuyos montes y montañas van demostrados en el plan de que hacen presentación la mojonera que ocupa su término tiradas las líneas de levante a poniente que es el camino de Ventillas, vía recta por el río de Tablillas que divide la jurisdicción de esta villa de la de Puerto llano [Puertollano] y Argamasilla [de Calatrava], y desde allí a la Huerta del Toledano , que está a poniente y divide esta jurisdicción a distancia de siete leguas de esta villa, y volviendo a correr la línea desde el septentrión desde la Mojonera de Villamayor y la de Cabeza de Arados [Cabezarados], y por los sitios llamados el Valle de Quílez, que dista de esta villa seis leguas, y siguiendo al río de Guada el Mes [Guadalmez], que cae al mediodía y divide esta jurisdicción de la de las villas de los Pedroches, reinado de Córdoba, y el sitio llamado Charquitos, que está nueve leguas de esta villa, su circunferencia viene a tener treinta leguas y se necesita para andarlas por lo agrio del camino, cuarenta y cinco horas de camino.

Linda dicha villa por el oriente con los términos de Argamasilla y Puerto llano [Puertollano] a distancia de media legua de esta villa y Fuencaliente, y Andujar a la distancia de nueve a diez leguas, y por el sur con la de la villa de Montoro, y de las siete villas de los Pedroches, reinado de Córdoba, y a la misma instancia de nueve a diez leguas de esta villa, y a poniente con la del Guijo, Torrefranca, Santa Eufemia y de la villa de Almadén a distancia de siete a ocho leguas, y por el norte con la de Abenójar, Cabeza de Arados [Cabezarados] y Villamayor [de Calatrava], y dichas villas de Abenójar y Cabeza de Arados [Cebezarados] distan de esta villa de Almodóvar de dos a tres leguas, y en diferentes sitios de los que comprende dicho término tienen comunidad de pastos las villas siguientes como son el lugar de Tíratefuera [Tirteafuera] en todo el término, la villa de Villamayor [de Calatrava] en los sitios de Carritón y Barruncos, la de Argamasilla [de Calatrava] en los Almeros [de] Doña Elena y Quejigares, y la de Abenójar en los sitios de los Valles.

La capital de Ciudad Real a distancia de tres leguas de este pueblo mirando al norte y en el intermedio de dicha ciudad y Almodóvar a distancia de seis leguas de ésta se halla el lugar de Caracuel [de Calatrava], y a las cuatro leguas se halla una aldea llamada de la Torrecilla en el río Jabalón, y Puente Morena, y dicho río tiene su nacimiento por cima de la villa de la villa Montiel y desagua en el río de Guadiana, una legua de Puente Morena, entre dos molinos harineros llamado el uno el molino Nuevo, y el otro el de Telores, que habrá de distancia de un molino a otro doscientos pasos. Y dicho río corre de oriente a poniente, y a las cinco leguas hay otra aldea llamada Poblete, y a las seis leguas la referida ciudad, y dichas aldeas y ciudad se hallan [en] el camino real que va de Madrid a Sevilla y a distancia de tres leguas de esta dicha ciudad mirando desde ella a levante está la villa de Almagro distante de la de Almodóvar seis leguas, y mirándole de ésta cae entre norte y levante su camino, por la de Argamasilla [de Calatrava].

Se hallan en dicho término y su jurisdicción las aldeas, jurisdicción, caserías, casas de campo y ventas, las siguientes: el lugar de Tírate fuera [Tirteafuera] a distancia de cinco cuartos de legua de esta villa mirando a poniente y a la derecha del camino real que viene de la Corte a Sevilla, y a la distancia de doscientos cincuenta pasos se halla el camino real; la aldea de Retamar a distancia de una legua corta de esta villa pasa por su inmediación un río que nace en el Valle Veredas, a distancia de tres leguas de esta villa, y pasa cerca de la villa de Puerto llano [Puertollano], Aldea del Arroyo, de la cerca de la villa de Puerto Llano de la Higuera [Puertollano], y remata en el río de Mestanza, y corre de poniente a oriente y dicha aldea mira al mediodía. Otra aldea a distancia de dos leguas llamada Brazatortas también mirando de dos leguas tras otras seis aldeas llamadas la primera Veredas a distancia de tres leguas, la segunda llamada Viñuela a la misma distancia, la tercera llamada Ortezuela y a la misma distancia la tercera, y a la misma distancia otra llamada Sendamula a distancia de cuatro leguas; otras dos llamadas los Valdeazogues de la misma distancia referida, y estas seis aldeas caen entre mediodía y poniente. Otras casa llamadas de Minguillán a distancia de tres leguas y media, y otra llamada Casa de Cabrera a distancia de cuatro leguas otra llamada Fontanosas distante de esta villa seis leguas; estas tres miran a[l] poniente, y ala distancia de doscientos pasos de la aldea de Fontanosas mirando a oriente pasa un río llamado Peña Cabrones, y éste corre travesal [transversal] pues tiene su nacimiento en el sitio de los Valles, entre poniente y norte, y desagua en el río de Gargantiel, jurisdicción de Almadén, entre mediodía y poniente. Otra aldea llamada Navacerrada mirando a poniente y a distancia de tres leguas de esta villa otra casa de campo en el sitio [de] Huerta el Naranjo a distancia de dos leguas y media de esta villa y mira a poniente. Otra casa de campo en el sitio de los Sauzes y a distancia de dos leguas mirando a poniente otra cosa [casa] quintería de (sic) [a] dos leguas, entre mediodía en el sitio Gallino a distancia de dos leguas, entre mediodía y poniente.

Otra casa huerta Catramuros (?) de esta villa distante trescientos pasos mirando al mediodía; otra aldea llamada Ventillas distante seis leguas mirando al mediodía, y en el camino real que de esta villa va a Montoro pasa por medio un río que nace en las sierras de San Juan y desembarca en el río de Fresneras, término de Mestanza, otra aldea en el sitio de la Garganta mirando al mediodía y a distancia de siete leguas. Otra aldea llamada San Benito entre mediodía y poniente que dista de esta villa ocho leguas. Otra en el sitio de Rivera de Castillas dista seis leguas de esta población mirando entre el mediodía y poniente, de donde nace un río llamado Mulas con el que muelen ocho molinos de cubo, harineros, y tres batanes, y desembarca dicho río en el río sitio de Guada el Mes [Guadalmez]. Otra casa de campo en el sitio de Valde Hernando dista diez leguas y linda con el río de Guada el Mes [Guadalmez] mirando al mediodía. Otra en el sitio de la Parrilla mirando al corateral [colateral] entre sur y poniente, dista seis leguas. Otra en el sitio de San Juan distante seis leguas y media al mismo corateral [colateral] referido. Casa quintería en el sitio del Mínguez mirando a poniente dista de esta villa una legua. Otra casa en el río que llaman la Vega mirando entre norte y poniente dista de esta población media legua larga, y dicho río nace en el término de Argamasilla y sitio del Curuchel y pasa arrimado a dicha villa, y a la distancia de media legua entra en el término de Almodóvar por los sitios de la Dehesa Boyal y Casas de Ribera adonde se halla un molino harinero con dos piedras y dicho río también pasa por el lugar de Tíratefuera [Tirteafuera] y desagua en Guadiana en el sitio llamado Tabla Caldera, y dista dicho molino de Almodóvar dos leguas y media mirando a poniente.

Y [una venta] a la derecha del camino real que va de Madrid a Sevilla, dista dos leguas; otra llamada [La] Bienvenida, mirando a poniente, y a la derecha del camino real está dicha venta una legua, y dista de esta villa cinco leguas. Otra venta llamada el Zarzoso mirando a poniente, y en el camino a el mediodía y poniente, dista cinco leguas. Otra venta mirando (sic). Otra en el camino de la Cotofia mirando entre el mediodía y poniente, dista cinco leguas de esta villa y linda con el camino real que va de Madrid a Sevilla. Y otra venta queda a la derecha del camino; otra casa venta en el sitio del Cerro Verde, mirando al mediodía, y a la izquierda de dicho camino real, y dista cinco leguas. Casas que sirven de ropería para la cabaña real en el Valle de Alcudia, una en el Quinto del Ranal mirando a poniente, y está distante de esta villa cinco leguas; otra casa ropería en el sitio del Quinto Correras mirando al mediodía, su distancia cinco leguas y media del camino real. Otra del ropería en el Quinto de Pedraza mirando a poniente, dista cinco leguas y media. Otra de ropería que se halla en el Quinto en el Atto mirando al mediodía, su distancia tres leguas y media legua al camino del camino real que de esta villa va a la de Montoro, y está a la derecha de dicho camino. Otra casa ropería en el Quinto del Garbanzal mirando al mediodía; otra casa de ropería en el sitio del Toril de la Barba mirando entre poniente y mediodía, su distancia seis leguas. Otra casa ropería en el Quinto llamado también del Atto, mirando al mediodía, dista de esta cuatro leguas. Otras casas en el sitio de Miro mirando a poniente en las que se hallan dos molinos harineros que muelen de invierno con el agua del arroyo del Castaño, su distancia cinco leguas y media. Otra también en el sitio de la Cotofia mirando al mediodía, su distancia cinco leguas. Otra en Mina Rica mirando al mediodía con la misma distancia referida. Otra llamada del Maestre mirando al mediodía, su distancia cinco leguas y media. Otra casa ropería llamada la dehesa de Chiguero mira a poniente y dista cinco leguas de esta villa.

En el referido Real Valle de Alcudia se hallan dos ríos; el uno que nace en el Ejido del Campo y distante de esta villa cinco leguas, y desemboca en ella ribera de Gargantiel y corre de oriente a poniente. Y el otro nace en la Cotofia, su distancia cinco leguas, y desemboca en el río llamado Guada el Mes [Guadalmez], distante de esta villa nueve leguas y divide este término y el de las siete villas de los Pedroches, y dicho río nace [en] este término de Montoro y en el sitio llamado Torrubias y corre a poniente y desemboca en el río de Gargantiel, tiene diferentes molinos de ribera los que se hallan en el término de las siete villas mirando del mediodía. También se hallan dos lagunas en el dicho término; la una su distancia media legua de esta villa mirando al norte y en el camino real a mano derecha como se viene de Ciudad Real a esta villa cuya laguna es infructífera y su extensión asciende a ciento y veinte cuerdas del marco de esta provincia que es quinientos estadales de cuatro varas en cuadro según expresa dicho costales; y la otra se halla a distancia de quinientos pasos de esta villa mirando a oriente, cuya laguna es infructífera, su extensión es según el dicho agrimensor de él treinta y seis cuerdas del mismo marco. Otras casas en el Real Valle de Alcudia y sitio de Fuente del Cantro mirando entre mediodía y poniente, distante de esta villa cinco leguas y media. En el sitio llamado de Minguillán distante cuatro leguas nace un río llamado Valdeazogues mirando entre mediodía y poniente, no pasa por poblado alguno y desagua a cinco leguas poco más o menos en el río llamado Peña Cabrones. Otra casa y molino harinero en el Valle de Alcudia y sitio llamado Tablillas mirando al sur y a las cinco leguas de esta población y linda con el camino real que de esta villa va a la de Montoro, lo demuestra el número nº 51.

Se hallan en dicho término sus vadíos, hoy sierras ásperas, a beneficio de los ganados de cabrío y vacuno de vecinos de esta villa, y también sitio para leñar doscientas sesenta y dos mil trescientas y diez y seis cuerdas del marco de esta provincia. La mojonera que divide este término de el de las demás que la circundan va demostrado en la letra H también para mayor inteligencia expuesta aquí de cual territorio son, a saber: La villa de Fuencaliente, Puerto llano [Puertollano], Maestranza [Mestanza], Argamasilla [de Calatrava], Villamayor [de Calatrava], Cabezarados, Abenójar y Almadén. Estas ocho villas son de la provincia de La Mancha, territorio de las Órdenes de Calatrava. Las de Guijo y Santa Eufemia son del señor marqués de Ariza;

su capital es Córdoba. La de Torre Campo pertenece a las siete villas de los Pedroches, reinado de Córdoba. La de Montoro es término de Andalucía, su capital es Córdoba. Andujar es también territorio de las Andalucías, obispado de Jaén. También debe advertir que el mojón que está en el sitio llamado Torrubias, que es donde nace el río Guada el Mes [Guadalmez] divide los cuatro términos que son el de esta villa de la de Montoro, el de la de Fuencaliente y el de la ciudad de Andujar por lindar todos cuatro con referido mojón.

Y para venir más presto en conocimiento de todos los sitios demostrados en el plan lo pondré por graduación de números comenzando por el número uno, a saber[39]:

Letra A: División de los términos

Letra B: El lugar de Tirateafuera [Tirteafuera]

Nº 1: Aldea del Retamar
Nº 2: Aldea de Brazatortas
Nº 3: Aldea de Veredas
Nº 4: Aldea de Viñuela
Nº 5: Aldea de los Hortezuelos
Nº 6: Aldea de la Sendamula
Nº 7: Aldea de Nava de Vacas
Nº 8: Los Valdeazogues
Nº 9: Minguillán
Nº 10: Casas de Cabreras
Nº 11: Aldea de Fontanosas
Nº 12: Aldea de Navacerrada
Nº 13: La casa llamada Huerta del Naranjo
Nº 14: La casa de los Sauces llamada Conq.[ro] (?)
Nº 15: La casa quintería llamada Gallino (?)
Nº 16: Casa de huerta para hortaliza
Nº 17: Aldea de Ventillas
Nº 18: Aldea de la Garganta
Nº 19: Aldea de San Benito
Nº 20: Rivera de Casillas, molinos y batanes
Nº 21: Casa de campo de Valdehernando
Nº 22: Casa de campo en la Parrilla
Nº 23: Casa en el Sitio de San Juan
Nº 24: Casa quintería en el Casar
Nº 25: Otra casa en el Sitio

---

[39] Algunos nombres varían entre la forma en que aparecen en el texto anterior y en la relación que sigue a continuación. Creemos que lo correcto es el texto de la relación; siguiendo esa descripción identificamos los del listado, poniendo (?) en los que no se ajustan.

Nº 26: Otra casa en el río de la Villa
Nº 27: Casa y molino en Rivera
Nº 28: Venta de Carnerero
Nº 29: Venta de [La] Bienvenida
Nº 30: Venta del Zarzoso
Nº 31: Venta de la Cotofia llamada de Baltasar
Nº 32: Venta en el Sitio de Cerro Verde
Nº 33: Casa ropería en el Sitio del Rat^l.
Nº 34: Casa ropería en el Sitio de Chor^a.
Nº 35: Casa ropería en el Sitio de Pedraza
Nº 36: Casa ropería del Ato Hato Nuevo
Nº 37: Casa ropería Sitio del Galvaneal?
Nº 38: Casa ropería Sitio del Toril de la B^{da}.
Nº 39: Casa ropería en el 5º del Hato
Nº 40: Casas molinos en el Sitio de Moro
Nº 41: Casas en el Sitio de la Cotofia
Nº 42: Casa en el Sitio de Mina Rica
Nº 43: Casa en el Sitio del Maestro
Nº 44: Otra casa ropera en Chiquiero
Nº 45: Dos ríos en el Real Valle de Alcudia
Nº 46: Otro río Gada el Mes [Guadalmez]
Nº 47: Una laguna que llaman V^a. M^{or}.
Nº 48: Otra en el huerto del Castillo
Nº 49: Casa en el Sitio Fuente del Canto.
Nº 50: Un río llamado de Minguillán
Nº 51: Casa y molino de Tablillas
Nº 52: El río de Ventillas
Nº 53: El río de la Rivera de Casillas
Nº 54: El río Peña Cabrones
Nº 55: El río de la Vega

Y según queda expresado y manifestado anteriormente y por el plan que acompañamos, es y se debe entender la situación de esta expresada villa y sus aldeas, caserías, término, villas y pueblos que la circundan, y lo que podemos decir y exponer según nuestro saber y entender, y con arreglo a este encargo y a la instrucción que se nos ha exhibido, y bajo el juramento que tenemos prestado en que nos afirmamos y ratificamos, siendo de edad el expresado Alfonso Sendarrubias de sesenta años, y el dicho Antonio Domínguez de cincuenta y seis, y Manuel Costales de cuarenta y cuatro, y firmó el que supo con su merced, de que yo el escribano doy fe.

Licenciado Salido. Ante mí, José López Guijón, Manuel Costales, Alfonso Sendarrubias

AUTO

Habiendo visto y reconocido con el cuidado que requiere que la declaración que precede, mapa que le acompaña y órdenes, y habiendo asimismo, toda de mandato, se remita original a Sili y señores de dicho Real Consejo de las Órdenes por mano de don Juan Francisco Lapiri su secretario, con inclusión de la descripción única que a su merced se le ha recibido por la villa del Cañada del Moral [Cañada de Calatrava] poniendo de ello la correspondiente diligencia en la mencionada copia. Y por este su auto así lo proveyó y firmó el señor licenciado don Gabriel Salido, abogado de los Reales Consejos, gobernador, justicia mayor [y] capitán de guerra en esta villa de Almodóvar del Campo; en ella, a veintiséis días del mes de julio de mil setecientos setenta y dos.

Licenciado don, don (sic) Gabriel Salido. Ante mí, José López Guijón

CAÑADA DEL MORAL [CAÑADA DE CALATRAVA], ff. 259v-263

Tomás Sánchez de Molina, escribano del rey Nuestro Señor, público del número y juzgado de la villa de Argamasilla y del ayuntamiento de ésta de la Cañada del Moral [Cañada de Calatrava], certifico, doy fe y testimonio verdadero a los señores que el presente vieren como en virtud de cierto auto proveído por los señores Bernardo Cortés y Fernando de Mata, alcaldes ordinarios por S. M. en esta villa de la Cañada [de Calatrava], en el día trece del que rige, se hizo cierta información, la cual con dicho auto va sacada a la letra su tenor, de uno y otro, dice así:

AUTO

En 13 del mes de julio de mil setecientos setenta y dos, los señores Bernardo Cortés y Fernando de Mata, alcaldes ordinarios por S. M. en ella, dijeron cómo esta dicha villa ha sido requerida con despacho vereda del señor alcalde mayor de la villa de Almodóvar del Campo, cabeza de partido de ésta de la Cañada [de Calatrava], por el cual dicho despacho se manda a sus mercedes se envíe a dicha villa de Almodóvar y ante del señor alcalde mayor persona o personas, y en su efecto información de testigos por la cual conste el número de vecinos que esta villa tiene, comprensión de su camino, con quién confina o linda por los cuatro vientos de levante, poniente, norte y sur; ríos, puentes, caminos reales, de dónde nacen dichos ríos y en cuáles entran, y la distancia que lo uno y otro están de esta villa. Y para que tenga cumplido efecto lo mandado por dicho señor alcalde mayor dijeron se pase a recibir sumaria información de testigos inteligentes y que tenga conocimiento y sean noticios de lo que aquí va expresado, y sean preguntados por el tenor de este auto, precediendo juramento en forma. Y fina dicha [in]formación será que testimonio a la letra de ella y de este auto y se remita a dichos señor alcalde mayor para los efectos que convenga, y lo firmaron sus mercedes. Doy fe.

Bernardo Cortés, Fernando Mata. Ante mí, Tomás Sánchez Molina

Información. testigo Juan Belmontes el Mayor

En la villa de la Cañada [de Calatrava], en trece días del mes de julio de mil setecientos y setenta y dos años. Los señores Bernardo Cortés y Fernando Mata, alcaldes ordinarios por Su Majestad en ella para la información que se manda hacer en el auto antecedente, mandaron comparecer a Juan Belmonte el Mayor, vecino de esta villa, de quienes sus mercedes recibieron juramento por Dios Nuestro Señor y a una señal de la cruz en forma de derecho, y lo hizo según se requiere, prometió decir verdad y siendo verdad, preguntado por el tenor del auto que antecede dijo: Sabe y le causa que esta dicha villa se compone de cuarenta y dos vecinos útiles, y que el término de ella en que tienen una misma jurisdicción con ésta las villas del Corral [de Calatrava] y Caracuel [de Calatrava], linda por la parte de levante y norte con el término de la ciudad de Ciudad Real instante a la parte de dicho levante como un cuarto de legua, y a la del norte como dos, y al sur linda con término y jurisdicción de la villa de Argamasilla [de Calatrava] tres cuartos de legua de esta de la Cañada [de Calatrava], y al poniente linda con la laguna que llaman de la Perdiguera, término y jurisdicción de la villa de Cabeza Arados [Cabezarados], dos leguas de distancia de esta villa de la Cañada [de Calatrava]. Y en la comprensión de dicho término hay una Puente Morena construida sobre el río Jabalón distante de esta villa media legua de corta [de] diferencia, cuyo río según tiene noticia nace por cima de la villa de Montiel y entra en el río Guadiana distante de esta villa como una legua. Y asimismo cruza por el dicho término y media legua de esta villa el camino real de Córdoba derecho a la citada villa de Caracuel [de Calatrava] tres cuartos de legua de esta villa, y en el hueco del anunciado término hay un sitio que llaman las sierras de la Cañada [de Calatrava] cubiertas de monte bajo un cuarto de legua de esta villa que es cuanto sabe puede decir y declarar, y la verdad bajo juramento que deja dicho, y que es de edad de sesenta y dos años, poco más o menos. No firmó por no saber; lo hicieron sus mercedes. Doy fe, Cortés Mata. Ante mí, Tomás Sánchez Molina.

Testigo Manuel Romero el Mayor

En dicha villa, dicho día, mes y año, dichos señores alcaldes continuando en esta información mandaron comparecer ante si a Manuel Romero el Mayor, vecino de esta villa, de quien sus mercedes recibieron sus mercedes juramento por Dios Nuestro Señor y a una señal de cruz en forma de derecho lo hizo como se requiere y ofreció decir de verdad siendo preguntado por el contexto del auto que hace cabeza en la expresada villa de Cañada [de Calatrava] tres leguas, y en la comprensión de este dicho término perte[ne]ciente a nominadas tres villas hay una puente que llaman Puente Morena fabricado sobre el río Jabalón, que [dista] de esta villa media legua, y nace dicho río según tiene entendido por el media legua de la villa de Montiel, y entra en el río Guadiana como una legua de esta villa a corta diferencia, por cuyo término y jurisdicción cruza el camino real de Córdoba en derechura para la villa de Caracuel [de Calatrava] de distancia tres cuartos de legua de esta villa, y que en dicho término se comprende el sitio que llaman de las sierras de la Cañada, cubiertas del monte bajo que solo sirve para los ganados, y están distantes de esta citada villa de la Cañada [de Calatrava] como un cuarto de legua. Que es cuanto sabe, puede decir y declarar, y la verdad bajo del juramento que deja hecho y que es de edad de sesenta y cuatro años, poco más o menos. No firmó porque dijo no saber; firmaron sus mercedes. Doy fe. Cortés, Mata. Ante mí, Tomás Sánchez de Molina.

<u>Testigo Diego de Herreros</u>

En la villa dicha, día, mes y año, dichos señores alcaldes para esta información mandaron comparecer ante sí a Diego de Herreros, vecino de esta villa, de quien sus mercedes recibieron juramento por Dios Nuestro Señor, y una señal de cruz en forma de derecho lo hizo como se requiere y prometió decir verdad, y siendo preguntado por el tenor del auto que hace cabeza dijo que esta villa se compone de cuarenta y dos a cuarenta y cuatro vecinos útiles, y que con el motivo de haber sido algunos años alguacil mayor en esta villa sabe y tiene jurisdicción de la Ciudad Real, y que por la parte de dicho levante fue edificada el Puente Morena sobre el río de Jabalón, que está en esta villa media legua y nace según han llegado a entender por cima de la villa de Montiel, en la Mancha está. Y como una legua de esta villa entra en el río Guadiana, y por dicho término pasa el camino real de Córdoba en derechura para la nominada villa de Caracuel [de Calatrava] distante tres cuartos de legua de esta villa. Y que en dicho término se comprende un sitio que se llama las sierras de la Cañada, cubiertas de monte bajo que solamente sirve para los ganados, y están distantes de esta referida villa de la Cañada [de Calatrava] puedo [puede] como un cuarto de legua. Que es cuanto sabe, puede saber y declarar, y la verdad, bajo el juramento que deja hecho y que es de hecho; es de edad de cuarenta años poco más o menos. No firmó por no saber; lo firmaron sus mercedes. Doy fe. Cortés. Ante mí, Tomás Sánchez de Molina.

El auto e información que aquí van insertos concuerdan con sus originales [que] quedan por ahora con los demás papeles del ayuntamiento de esta villa a que me refiero en casonsienario (?) Y para que conste y de mandato de dichos señores alcaldes doy el presente que signo y firmo en esta villa de la Cañada [de Calatrava], a 13 de julio de 1772.

En testimonio de verdad, Tomás Sánchez Molina

VII
ANCHURAS

ANCHURAS, Ms. 7308, ff. 395-398

Este pueblo es alquería sujeta al lugar de Sevilleja [de la Jara], y se compone de cincuenta y seis vecinos. Tiene una iglesia parroquial con la advocación de Nuestra Señora de la Asunción, erigida a expensas del excelentísimo señor Aragón, de cuya orden se colocó en dicha parroquial Nuestra Señora del Gamonal, imagen muy antigua, que se veneraba en una ermita, distante del pueblo un cuarto de legua, desde el tiempo de los reyes godos. Tiene por anejos esta parroquial su alquería de Navalasenjambres [Enjambre], distante una legua; la alquería de Encinacaída, distante un cuarto de legua; la Labranza de Valdeazores, distante tres leguas, y la Labranza de las Casillas, distante dos. Navalasenjambres tiene diez y ocho vecinos; Encinacaída, doce, Vadeazores, dos, y Las Casillas, tres.

Dista esta población de la ciudad de Toledo diez y ocho leguas, y de su vicaría Talavera [de la Reina], doce; confina con el lugar de Sevilleja por el poniente, a tres leguas de distancia; con la Helechosa por el mediodía, a igual distancia, y con Piedraescrita por el norte, a dos leguas. Ocupa su jurisdicción otras dos leguas.

Está situado este pueblo a la orilla de un arroyo, a su derecha, que tiene su nacimiento en las sierras de Piedraescrita y Sevilleja; se junta con otro llamado Estenilla, éste con Estena, y esta agua se unen con Guadiana.

Los frutos de este terreno son los regulares de trigo, centeno y cebada, y su cantidad es de seis mil fanegas cada año. También se cría lino, cuyo fruto asciende anualmente a cuarenta arrobas.

Las enfermedades que se padecen son las comunes de tercianas y calenturas ardientes pútridas. El número de muertos en cada un año es de ocho, y el de nacidos, de quince.

Hay dos fuentes de aguas minerales, las que según se ha experimentado tienen virtud para destruir toda obstrucción.

VIII
ARROBA DE LOS MONTES

ARROBA [DE LOS MONTES], Ms. 7308, ff. 284-288

Este lugar pertenece a la jurisdicción del ilustrísimo ayuntamiento de la ciudad de Toledo, y se compone de ciento y diez y ocho vecinos muy pobres. Tiene una parroquial con la advocación de Nuestra Señora de la Asunción, que es la cabeza de tres anejos: Navalpino, Fontanarejo y Alcoba. A distancia de un tiro de bala del pueblo hay una ermita de San Sebastián.

Consta de una escritura de venta, de veinte de abril de mil doscientos ochenta y uno, que este lugar y otros eran del arzobispo don Rodrigo, y que este prelado, juntamente con el señor rey don Fernando, cambiaron el campo de Arroba, Alcoba y otros lugares, con Baza y sus castillos, en el año de mil doscientos ochenta y uno. En el de mil doscientos ochenta y cuatro consta que dicho rey don Fernando [III el Santo], con otorgamiento de la señora reina doña Berenguela su madre, vendió al Concejo de Toledo todos aquellos términos que el arzobispo don Rodrigo tenía, y los que vendió a dicho señor rey don Fernando.

Dista este pueblo diez y ocho leguas de la ciudad de Toledo; confina con Navalpino a distancia de dos leguas a el norte; al mediodía con el término de la Puebla de Don Rodrigo, distante dos leguas malas; a levante con Fontanarejo, a una legua, y con Alcoba, por la misma parte, a dos leguas muy largas. Y todos son anejos de este lugar.

A distancia de media legua a la parte del oriente pasa río de San Marcos, y a mano izquierda del pueblo corre un arroyo que tiene su origen de una fuente que está al norte. Se junta con otro que llaman de La Chorrera, y nace de un Puerto de este nombre, con cuyo arroyo se junta uno que dicen Portijuelo, que trae su origen del mismo puerto, y todos entran en el río de San Marcos a media legua de distancia.

Por el camino que va a Valle y Báñez y a la Puebla de Don Rodrigo hay una sierra llamada de la Fuente, que se tardará en subir y bajar, tres horas de reloj, por lo agrio de ella, de modo que arrieros y naturales dicen que en toda Castilla y sierra Morena, no hay camino tan malo.

Este término tiene varios montes de chaparro y encinas y algunos huertos con álamos, castaños y nogales de poco fruto.

Los frutos más singulares de este terreno son miel, cera y algún ganado de pelo, que todo puede ascender anualmente a sesenta mil reales. De granos solo se cogen los precisos para la manutención de los naturales, y carece de todo lo demás.

Si quisieran estos vecinos dedicarse al cultivo de los campos tienen la proporción de que en estos montes, en quemando un pago, y dejando encima por algún tiempo el rozo, queda la tierra fértil y abundante para la siembra, aunque el derecho que pagan de dozavo de todos los granos y ganado que produce este terreno, a la ciudad de Toledo, les retrae y atrasa mucho.

Las enfermedades regulares en este pueblo son dolores de costado; hay muchos tullidos, aun de corta edad, que se curan fácilmente con tortas de sacar cera.

Hay en esta parroquia dos clérigos, el uno ciego, y los dos muy pobres.

IX
CAMPO DE CRIPTANA

CAMPO DE CRIPTANA, Ms. 7309, ff. 369v-375

Muy señor mío de todo mi respeto y mayor veneración:

Evacuando el informe y descripción mandado hacer por S. M. (que Dios guarde), y señores de su Real Consejo de las Órdenes, según la Instrucción expedida que comunicó a vuestra señoría, inserta en su despacho vereda, de veinte de septiembre pasado de este año, que recibí en el siete del corriente, debo decir en cuanto a su primer capítulo,

Que esta villa es una de las que comprender el Priorato de Santiago de Uclés, y su provisión de vara, residencias y demás de su gobierno depende de dicho Real Consejo de la Órdenes.

Hallándose apegada para el pago de reales contribuciones a la tesorería de Villanueva de los Infantes, distante doce leguas, a la parte del mediodía con corta diferencia, como en otros tiempos lo estuvo dependiente para el mismo fin de esa de Ocaña, que dista de esta villa once leguas, entre el aire regañón o toledano, y el cierzo o norte. Que bajo de su jurisdicción y gobierno solo tiene una corta aldea llamada las Casas del Altillo, compuesta de treinta y seis vecinos, la que dista de esta población cuatro leguas regulares, y cae a la parte del mediodía, con alguna inclinación hacia el saliente; que en su camino que se lleva a ella desde esta dicha villa no hay otra alguna, solo si a la primera legua que se pasa el río Záncara, sobre la puente que tiene llamada de San Benito, está situada a la margen y parte de saliente, la ermita donde se venera este santuario.

A la segunda legua, y lindera al mismo camino hacia dicha parte de saliente, se halla una casa quintería para labor propia de don Vicente Quirós Pedrero, presbítero de esta vecindad y a la tercera y donde principia la cuarta y última legua, otra igual quintería de labor de vecinos de la villa del Tomelloso, a la parte de adentro del camino, y apartada de él, a la parte de saliente, como quinientos pasos, llamada la Casa Alta; y al llegar a dicha aldea del altillo se encuentra con referida villa del Tomelloso, pero no se toca en ella, aunque solo media entre una y otra población, para división de sus jurisdicciones, el mismo camino que hace y sirve de calle, expirando la de esta villa y Encomienda del Tomelloso, al medio cuarto de legua pasada dicha aldea, hacia dicha parte del mediodía, donde se halla el mojón llamado el canto grande, donde termina el amojonamiento, y se hace la separación del término del Priorato de Santiago de Uclés, con el de San Juan, y jurisdicción de la villa de Argamasilla de Alba, una de las que comprende este, que la de esta referida del Campo [de Criptana] se extiende hasta las villas de Miguel Esteban, Toboso, Pedro Muñoz, Socuéllamos y la expresada del Tomelloso, todas del mismo Priorato de Uclés.

Por la parte del norte, saliente y mediodía; y por la de dicho norte, poniente y sur, viene ciñéndose con el amojonamiento y división que hay de uno y otro priorato, que según la ejecutada en siete de mayo de mil doscientos setenta y cinco, por don frey Arnalt de Montebrun, Comendador mayor de los cinco reinos de España, y don Juan Sánchez, Prior de Castilla y de León, en quienes se convinieron y comprometieron para ello una y otra orden en tiempo que reinaban los señores don Fernando [III el Santo] con su madre la reina doña Berenguela, viene dicho amojonamiento desde el cerro de San Antón de Lillo (sirviendo dicho cerro de mojón), en derechura al final de la sierra de esta dicha villa, donde hoy se llama el Pico de la Solana, un cuarto de legua de ella, hacia la parte de poniente, y desde dicha sierra caminando derechamente hacia Santa María de Guadiana, hasta el mojón medianero, que hoy conserva este nombre, distante tres leguas a la parte del mediodía de esta dicha villa.

Y desde dicho mojón a el expresado llamado el Canto Grande como manifiesta la copia que de dicha división de territorios se halla en el archivo de este ayuntamiento, sacada del original que paraba en la villa de Mora, a instancia y en fuerza de pedimento, que presentó este concejo en cuatro de febrero de mil quinientos diez, ante Diego López Dávalos, Comendador de dicha villa de Mora, trece y gobernador de la provincia de Castilla de la Orden de Santiago en el partido de Ocaña, ribera de Tajo, Uclés y su común, bien que no se ha conseguido su renovación y aclaramiento de mojonera como debía, aunque se ha solicitado, mediante la oposición que siempre se ha hecho por la justicia de la villa de Alcázar de San Juan, por mantenerse, como hoy sucede, no obstante del referido privilegio de división y amojonamiento, en su idea de que solo sigue este derechamente desde dicha sierra de Criptana, o pico que hace llamado el de la Solana, hasta el enunciado río Záncara, y vado llamado de la Calzadilla, y desde allí al expresado Mojón Medianero sin guardar la dicha derechura advertida por dicho privilegio, haciendo a su arbitrio las vueltas y revueltas que les parece, en que es considerable el perjuicio que se causa a la Orden de Santiago y su dezmería, por cuyo motivo la parte de la Mesa Maestral de este partido del Quintanar solicitó se hiciese el referido amojonamiento, y aunque se verificó por alguno de los mojones que se descubrió muy antiquísimo, manifestado por el transcurso del tiempo y la labor, como media legua a la parte del mediodía del vado de la Calzadilla que sigue dicha mojonera en derechura, como advierte referida división, y no con las vueltas y re revueltas que quieren los de Alcázar, con todo no pudo conseguir la parte de la Mesa Maestral la conclusión de dicho amojonamiento, y parece tiene formado recurso sobre el asunto.

Que la expresada villa de Miguel Esteban cae de esta cuasi en la línea del norte, algo inclinada a la parte de saliente, y dista dos leguas regulares; la villa del Toboso con la misma distancia, cae en la línea que media entre el norte y saliente, algo más inclinada [a] aquella que a esta. La villa de Pedro Muñoz a igual distancia de las dos leguas viene a estar de ésta expresada del Campo [de Criptana] algo caída de la línea de saliente hacia la del mediodía; la villa de Socuéllamos se halla distante cuatro leguas largas hacia la parte que media entre saliente o aire de levante, y el que intermedia entre este y el de mediodía o sur, algo inclinada hacia [el] este. Y la expresada del Tomelloso dista otras cuatro leguas regulares, cayendo a la parte del mediodía, inclinada de la línea que lo hace como una hora a la parte de saliente.

Que guardando la jurisdicción de esta villa con el referido amojonamiento o división de término de Santiago con el de San Juan, como queda expresado, expira con la villa de Quero, que se halla distante dos leguas entre el aire del norte y el toledano o regañón, con el de la mencionada villa de Alcázar de San Juan, que dista su población de ésta una legua y poco caída de la línea de poniente hacia la parte del sur, y con la citada villa de Argamasilla de Alba, que se halla distante cinco leguas cortas de ésta del Campo[de Criptana], cayendo al mediodía de ella con corta inclinación de la línea que lo hace hacia el saliente, por cuya razón solo dista dicha villa de Argamasilla [de Alba] de la expresada aldea del Altillo, una legua, cayendo aquella de ésta a la parte de poniente con alguna inclinación al mediodía.

Que caminando de esta dicha villa del Campo [de Criptana] a la referida aldea de las Casas del Altillo, hacia la parte del mediodía donde cae, se dejan de consiguiente por lo explicado en el Campo [de Criptana] anterior, a la izquierda de las villas de Pedro Muñoz, Socuéllamos y Tomelloso, a las distancias que quedan advertidas en él, y a la villa de Alcázar, a la mano derecha distante una legua. Que solo hay yendo a dicha aldea del Altillo desde esta villa el citado río Záncara que se pasa por la enumerada puente de San Pedro.

Que el dicho Záncara que nace en las sierras de Cuenca junto a Villaverde, según el mapa general de España, pasa entre las dichas villas de Socuéllamos y Pedro Muñoz, una legua distante poco más o menos de una y otra, y a otra igual distancia de esta dicha villa como queda dicho, el cual sigue hasta la línea que con respecto a esta villa media entre el sur y el poniente con corta diferencia por jurisdicción de Alcázar donde están las puentes entendidas con solo este nombre, y se cruzan como que es el camino real que se lleva para la villa de Manzanares, distantes esta dicha villa dos leguas y media por las que en la corta distancia de un tiro de bala pasan dicho río Záncara y el de Ruidera o Guadiana, aunque cada uno por su puente formadas ambas bajo de una calzada y a corta distancia es donde se dice se pierde didho río Guadiana hasta los Ojos de Villarrubia, y prosigue el expresado de Záncara caminando a poniente y a la villa de Villarta [de San Juan] en donde ya ha unido con el llamado Figuela [Cigüela] que baja por entre las villas de las Pueblas de Almuradiel y Don Fadrique, media legua de Quero al norte, otra a la Villafranca a saliente, y otra a Herencia a la misma parte y a dicha unión la hacen a una legua larga de distancia de ella, y como a la parte del mediodía, algo más inclinado a saliente con respecto a la dicha villa de Herencia, y a poniente de las enunciadas puentes otra legua larga.

Que esta dicha villa tiene suyas propias cuatro montes ratezos de mata parda, el uno llamado el Viejo, tres cuartas de legua distante de ella en la línea que intermedia entre oriente y mediodía; su extensión de mil y doscientas fanegas de tierra. El otro llamado la Dehesa del Navazo consiguiente al dicho monte tirando a el mediodía del que sólo los divide el citado río Záncara, que pasa entre uno y otro, que tiene de travesío del norte al mediodía como media legua, y de saliente a poniente como tres cuartas de legua. El otro llamado la Herreruela distante de la villa cinco cuartos de legua, a la parte de saliente con alguna inclinación al mediodía, de quinientas fanegas de tierra, y el otro nombrado el Accebrón, distante una legua a la parte del norte, con cortísima inclinación al poniente de poco más de un mil fanegas de tierra sin haber en el término otro alguno ni laguna alguna.

Y que las villas que circundan esta, así de la Orden de Santiago, como la de San Juan, son las que quedan expresadas en los capítulos segundo y tercero, y las de mayor población que hay en su redores, lo son la expresada de Villanueva de los Infantes, que está a la parte del mediodía de esta villa, doce leguas de distancia de ella; la de Almagro, que cae en la línea que intermedia entre la del sur y poniente, que dista doce leguas; la ciudad de Ciudad Real, que está catorce leguas hacia la misma parte que Infantes, con alguna inclinación al poniente; la villa de Alcázar, que dista una legua, a la parte de poniente como queda dicho; la de Toledo, que está en la línea que intermedia entre la del norte y poniente; dista diez y siete leguas; la de Huete, que cae en la línea que intermedia entre norte y saliente, algo inclinada a aquella, distante trece leguas; y la villa de San Clemente de la Mancha, dista nueve leguas a la parte de saliente. Con alguna inclinación a la del mediodía.

Que es cuanto según los informes que [he] tomado, y noticias que he adquirido de personas inteligentes, y que tienen especial conocimiento en estas inmediaciones, puedo informar a vuestra señoría en observancia de dicha Real Orden, y lo preceptuado por la suya, y por si pudiese conducir a la mayor instrucción e inteligencia de cuanto dejo expresado, incluyo adjunto el borrón delineado por el que me he regido para ello. Y quedo como siempre a la obediencia de vuestra señoría, con vivos deseos de servirle, y ruego a Dios le dilate su vida los muchos años que pueda.

Campo de Criptana, 29 de noviembre de [17]71.

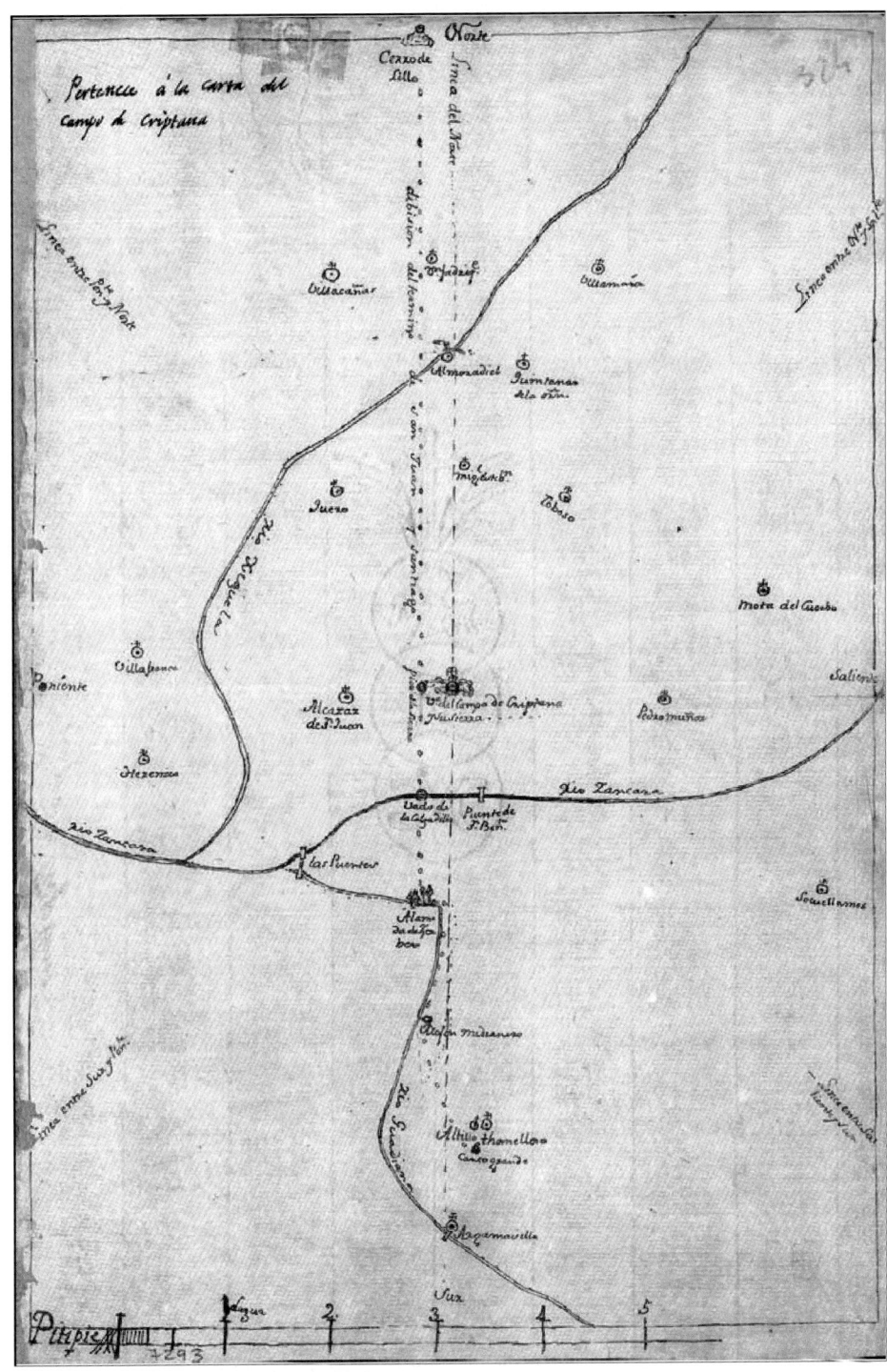

Campo de Criptana y sus alrededores.

X
CHILLÓN

CHILLÓN, Ms. 7294, ff. 222, 230 y 311

Muy señor mío:

No tengo en olvido la descripción de este pueblo, pero las ocupaciones de mi ministerio y oficio, junto con las noticias radicales que he procurado tomar por su antigüedad, no me han permitido finalizarla aún todavía, pero no pasará mucho tiempo sin remitírsela a usted porque lo ejecutaré con la brevedad posible para que no detenga su obra.

Dios guarde a usted muchos años.

Chillón y mayo, 28 de 1793

Besa la mano de vuestra merced su más seguro servidor y capellán,

Manuel Gómez Astorga [rúbrica]

Señor don Tomás López

CHILLÓN, Ms. 7293, ff. 326-334

Muy señor mío: Remito a Vd. la descripción geográfica de esta villa que he formado con no poco trabajo. Como por ella verá y así mismo el mapa, aunque tosco, de ella y su término, con lo que me parece queda satisfecha su solicitud, y puede que Vd. mandar otra cosa a este su afecto servidor y capellán, que su mano besa

Chillón y julio 2 de 1793

Manuel Gómez Astorga

PD: Luego que se verifique la impresión se servirá darme aviso y de su costo para traer la obra. Afectísimo [rubrica]

Sr. D. Tomás López

Descripción geográfica de la Villa de Chillón

Es memorable la villa de Chillón por su antigüedad, la misma desolación que padece lo acredita pues no ha podido la inmemorial serie de años vencidos acabar con los vestigios y ruinas de sus edificios que en sus ejidos convencen todavía la extensión que tenía en los antiguos tiempos.

Más célebre se hace la villa de Chillón por haber en lo antiguo sido feliz madre de las ricas minas de cinabrio de Almadén, y por haber conocido y gozado por término suyo todo el que comprenden dichas actuales minas, pues aunque puede juzgarse llorosa por habérsele quitado un tan famoso hijo, nunca se le despojará del honor de haber sido su dichosa madre, y de haberle administrado como suyo propio hasta el año de 1168 en que el señor rey don Alfonso VIII, por su real cédula, hecha en Toledo, en 6 ante las kalendas de abril dio a la militar orden de Calatrava y al conde Nuño la dicha y su Almadén a fin de que se dividiesen entre ambos, de modo que la misma mitad fuese de la referida militar orden y la otra del conde, con cuya donación entró por amistoso convenio la villa al señorío del conde, hoy su Almadén a la orden de Calatrava.

No se dude si este Almadén era o no propio de la villa de Chillón por haber podido ser alhaja separada, pues después de las varias revoluciones consiguientes alas diferentes irrupciones de los sarracenos, consta que el santo rey don Fernando dio a la orden de Calatrava siendo su gran maestre don Fernando Ordoño por real cédula fina en Sevilla, en 16 de febrero de la era 1287 [año 1249], la mitad de la mina de argento vivo de Chillón, a la cual se llama vulgarmente Almadén.

Eleva a mayor grandeza a la villa de Chillón, tanto por su antigüedad cuanto por la admirable producción de su cinabrio el haber sido ella la famosa opulenta Sisapone, pueblo que dio su nombre a la región de sisaponense, región justamente celebrada entre los romanos por haber ella sido la que le surtía del exquisito cinabrio que excedía en bondad a cuantos conocían los pintores de Roma. Plinio da la noticia de remitirse a Roma desde esta región el excelente cinabrio bajo de una bien celosa custodia. Y aunque esta región sisaponense supone ciertamente un sustantivo que la hiciese denominar de ese modo, cual solo pudo ser Sísapo, Súsapon, o Sisapone, no hay curioso que no haya deseado saber el sitio donde estuvo esta ruidosa población, de lo que resulta la disforme variedad de modos de pensar en el asunto, aún entre los mismos autores antiguos que trataron de ella, siendo lo peor el no haber fijado idea cierta quizá por no haber tenido los monumentos que nosotros para haber podido tomar seguro puerto.

Lo cierto es que Plinio coloca la región sisaponense en Andalucía y en el convento cordobés; lo es también que Claudio Ptolomeo, astrónomo alejandrino, pone otra Susapón los oretanos y también Mariana; es igualmente cierto que Plinio llamó oretanos a los de Montiel, igualmente distante de Oreto que la región sisaponense de que se llevaba el minio a Roma; lo es también que Oreto fue populosísima ciudad como aún lo indican sus prolongados vestigios y que es verosímil haber tenido extensa jurisdicción, ya por su silla episcopal, o ya por judicatura en pueblos de esta distancia que será de catorce a diez y seis leguas, es así que en este territorio no hay ni ha habido otros minerales de esta clase ni vestigios que los de esta región, y que Justiniano entiende por Sisapone oretanorum la villa de Chillón, luego es más arriesgado que otros el juicio de haber sido esta villa de Chillón en lo antiguo la solicitada Sísapon, Sísapo, Sisapone, o Sisapona Miniaria.

No podrá decirse por lo referido que el cinabrio llevado de esta región a Roma fuese precisamente de estas actuales minas, sino del territorio, pues está todo el feto de este mineral. Las cuevas Grajeras, Guadaperal, Almadenejos y Valdeazogues, pudieran haber surtido aquella capital cuando actualmente lo manifiesta, y quizá aquel tan exquisito que recuerda Plinio fuese de las cuevas, pues en nuestro tiempo se ha sacado de ellas sumamente perfecto, y las ramificaciones de estas descubiertas matices, son capaces de fecundar inmenso terreno. Es verdad que monsieur Jusieio [Bernard de Jussieu] presentó en 1719 una Memoria a la Academia de Ciencias de París en que refiere que en 1717 visitó personalmente estas minas y sus minerales y que juzgó ser idénticas, las mismas de donde dice Plinio que se llevaba de la región sisaponense a Roma su decantado cinabrio pero ni Jusieu se entretuvo largo tiempo en estas minas especulándolas, ni tuvo por entonces profesor alguno ni autor hábil que le instruyese ni las pruebas de aquella identidad son suficiente a adjerir [adherir] a su opinión.

Es todavía más antiguo Chillón que todo esto. Dice Plinio de autoridad de Teofrastro que el cinabrio fue descubierto de Callias ateniense en su continuo ejercicio de minar la tierra, pero que ya cuando Callias les halló en Atenas lo había en España, duro y en arenas. Teofastro, según Moréri, vivió antes de Cristo N. R. 322 años; el mismo Luis Moréri refiere que la aventura de Callias con el cinabrio fue por el tiempo de la guerra pérsica de la Marathona, 490 años antes de la venida de Jesucristo, y por esta cuenta, hoy, en 1793, hay 2284 años que tenemos en España el cinabrio duro en arenas; en 1774 se descubrieron las formadas y disfrutadas minas de las Cuevas entre cuyos légamos se hallaron muchísimos granos de finísimo cinabrio y con especialidad en los barrancos de la Zarzadilla, arroyo inmediato a dichas minas en el que desagua el Perfecto antiquísimo socavón de ellas, de cuyos barrancos se recogió medio costal de expresada especial arenas. Las cueva son un sitio comprendido en el término de minas de argento vivo de Chillón llamado vulgarmente Almadén que se desmembró y se amojonó después de la donación de la villa y su Almadén, en 1168, y por consiguiente sitio construido en la región sisaponense y propio de la Sisapone antigua, resultando de esta historia cierta tener la villa de Chillón de cuenta positiva aquella edad de 2284 años, y los demás que tuviese cuando Callias se encontró con el minio en Atenas. Ni puede decirse que tal vez aquel cinabrio duro y en arenas estuviese en otro sitio de España, pues no hay noticia antigua de otra región que se produjese tan puro sino de la susaponense.

La corrección que hizo Zurita de Sisalone poniendo en nuevo lugar Sisapone en el Itinerario de Antonino sobre el camino desde Mérida a Zaragoza convence ser Chillón aquella Sísapon, pues por Chillón es el camino recto y no por Valdeazogue como pretendió el reverendísimo Flórez.

Antonio de Nebrija en su Diccionario citando a Plinio dice que la región sisaponense cae en la Bética y que de ella se saca el minio.

Debe notarse que el Almadén que suena en la región referida de 1168 no fue población alguna sino un monte de Chillón en el que se trabajaban pozos para beneficiar el mineral de azogue, o por mejor decir, para arrancarlo, y a estos trabajos llamaban los árabes Almadén, o Alma-aden, o Almadenes, voz con que se quedó la población que después de dicho año fundaron los maestres de Calatrava. Por esto es error en los diccionarios que a la villa de Almadén dan por nombre Zetobria o Zetóbrica; esta Zetobria fue una población del convento hispalense de que hace mención Ptolomeo, y que fuese Almadén de la Plata, porque a éste Almadén del Azogue no hay otro nombre latino que acomodarle que Almadenum; además, que cuando el dicho Ptolomeo escribió su Geografía no había pensádose en fundar a ésta pues se pasaron casi mil años, según el tiempo en que éste nació, y en el que se hizo la donación referida de este Almadén de Chillón a la orden de Calatrava, y aún después de ella tardó mucho tiempo en tornarse pueblo, y mucho más en arreglarle, por haberse ido erigiendo poco a poco con los trabajadores que concurrían a las minas de azogue, y el principal aumento de su población ha sido en estos últimos tiempos en los que con motivo de otra boca mina se ha erigido también el de Almadenejos.

También es célebre Chillón demostrándose al mismo tiempo su antigüedad por la fábrica de paños que tuvo en tiempo del señor don Enrique por los años de [1]406, quien en una pragmática que hizo tasando algunos géneros del reino, tasó la vara de paño de Chillón a sesenta maravedíes, igualándole con el de Gante, y excediéndole a el de Bruselas y Lombái [Llombái] que tasó a cincuenta maravedís, según Alonso de Herrera en su Agricultura, impresión de Madrid, año de 1645.

Aunque en la antigüedad fue Chillón lo que queda demostrado, al presente es villa en el obispado de Córdoba, provincia de Andalucía, que aunque fue del señorío de la Cava, del excelentísimo señor duque de Medinaceli, hoy es realenga por haberla incorporado al real patrimonio el señor rey don Carlos tercero, y tomado posesión de ella la corona en el año de 1789. La habitan 500 vecinos además otros 50 que moran en una aldea sujeta a su jurisdicción, distante dos leguas al mediodía que se denomina los Palacios de Guadalmes.

Tiene vicaría foránea con dos parroquias: la una en la villa, y la otra en la aldea; un convento de padres franciscos observantes de la reforma del venerable P. Fr. Juan de la Puebla, distante de la villa un corto cuarto de legua a la parte de levante, y el otro de monjas dominicas que se trasladaron a la villa de Almagro, provincia de La Mancha, en el año de 1770. Se halla el dicho edificio arruinado dentro de la población, y la devotísima imagen de Nuestra Señora de Gracia, que de [tiempo] inmemorial de veneraba en su ermita que pasó a iglesia conventual con el título del Rosario, y que fue su titular; se halla en la parroquia interim se le reedifica iglesia con la reserva que tiene a los bienes de su donación. Asimismo tiene otro santuario distante de la villa un cuarto de legua al mediodía, célebre no sólo por su antigüedad y sierra elevada y pedregosa en que está edificado en su cima, en el centro de un castillo, son su hospedería de bastante extensión, más también por la muy devota imagen de Nuestra Señora con título del Castillo que según la tradición fue aparecida y hoy visitada con frecuencia no sólo de sus vecinos sino de los pueblos inmediatos.

También tiene otra ermita a la salida del pueblo por el poniente dedicada a San Sebastián de mucha antigüedad en la que también se venera otra imagen de Nuestra Señora con título de los Remedios de mucha devoción, y otras tres dedicadas a Santa Lucía y Santa Catalina, al oriente, y Santa Brígida entre este y el mediodía; otra en el centro de la población dedicada a un devotísimo Crucifijo con el título de la caridad, y los vestigios de otras muchas alrededor que se hallan caídas en los sitios del Valle de San Juan, Vega de San Ildefonso, ejido de Puerto Mellado, Santo Domingo de Silos, que en lo antiguo fue parroquia, Santa Marta en las Alisedas, y en la Nava, camino de la aldea, Santiago, cuya imagen es de piedra, que se halla al presente en la referida aldea, y otras imágenes en esta villa. El nombre antiguo de este pueblo como dicho va fue Sísapo, Sisapón o Sisapona, al presente Chillón; la avocación de su iglesia parroquia es San Juan Bautista, su título principal, y por segundo, Santo Domingo de Silos que le acompaña en el altar mayor, de suerte que tiene dos titulares cuya imagen de este último es la que como va expresado estaba en la parroquia del edificio de Puerto Mellado.

Tiene por su patrono el pueblo al glorioso san Roque cuya milagrosa imagen se venera en la parroquia en su propio altar con la mayor devoción, obteniendo el patronato desde el año dc 1582 en que padeció una furiosa peste que derrotó la población en más de la mitad que por haberse quedado desiertas las casas se arruinaron y se hallan cercados de sembradura, permaneciendo los empiedros de calles y las señales de las portadas de las casas. La causa de la elección en patrono fue que luego que entró la santa imagen procesionalmente dentro de la población cesó enteramente el contagio, constando así en los libros capitulares de aquel año por certificación de los médicos asistentes por cuyo prodigio junto el clero secular, la comunidad de padres franciscos y la villa, lo eligieron por tal patrono, y votaron su fiesta solemne en el día 16 de agosto y obteniendo la aprobación episcopal se celebra con la mayor solemnidad. Desde aquél entonces siempre que ha sobrevenido alguna epidemia de enfermedades se ha experimentado la divina misericordia pues luego que se ha sacado en procesión el santo se ha mitigado; y entre ellas es digna de memoria la que se padeció en el año de 1733, de catarros tan malignos por el mes de abril, en que hubo día de administrar el sagrado viático 28 veces y seis la extremaunción. La parroquia de los Palacios de Guadalmez es su advocación San Sebastián y tiene una ermita a la salida a esta villa dedicada a Nuestra Señora con el título de los Remedios.

Dista esta villa 18 leguas de la ciudad de Córdoba que es la ciudad o metrópoli en la que se halla la vicaría general eclesiástica ordinaria para todo el obispado sin reconocer otra cabeza de partido. Confina al mediodía con la villa de Santa Eufemia, de la misma provincia, a distancia de tres leguas; con la de Almadén al oriente, distante un cuarto de legua; entre levante y norte con la de Saceruela distante cuatro leguas; al norte con la de Agudo de cinco leguas, éstos de la provincia de la Mancha. Entre norte y poniente la aldea de el Baterno de cuatro leguas; al poniente la villa de Garlitos a las tres leguas, y entre poniente y mediodía la villa de Capilla está tres leguas, de la provincia de Extremadura éstas tres. Y toda su jurisdicción es una legua y medio cuarto de levante a poniente, y del norte al sur tres leguas y media, y por su circunferencia 10 leguas y media.

Está situado el pueblo en una loma y por mediodía y norte le bañan dos arroyuelos que desaguan en otro más principal que corre del norte al mediodía por la parte de oriente en los que hay dos puentes para el paso, de piedra basta y ladrillo, y todas esta agua vienen a parar en un río distante una legua al mediodía que se llama de Gargantiel y está en el término de esta jurisdicción; se junta con otro llamado Guadalmez a las dos leguas, de quien toma el nombre la aldea por llevar su corriente junto a ella por la parte del mediodía, y últimamente entra en Guadiana; y el norte tiene una laguna con abundancia de carpas y otros peces.

La población está cercada de tierras bastante ásperas y de mucha elevación de suerte que para andar cada legua se necesita dos horas de tiempo, y como son tantas ligan demás con otras de suerte que por el norte se puede contar con los Montes de Toledo, y por el mediodía con los de sierra Morena o montes Marianos, teniendo varios collados por todas partes por donde se dirigen los caminos para su tránsito. Dentro del término jurisdiccional las sierras más elevadas y demás nombre son la de el Castillo en que se halla el santuario ya referido, y la de Aznarón, con otro castillo arruinado al mediodía, y al norte otra que llaman del Castillejo por vestigios de otro también arruinado, los cuales castillos, con otro dentro de la población, en el que se halla la iglesia parroquial, servían para la defensa de las minas de argento vivo.

La mayor parte del terreno es de montes pardos y chaparra y así tiene cuatro dehesas o encinares: la de la Pared, hoy del Campo, propio de la villa;

otra de la Aldea, y la otra llamada de la Vega de San Ildefonso, de señorío particular, siendo de notar que en terreno tan fragoso y montuoso se halle con algunos sitios muy apacibles y rasos, y en particular los ejidos que tiene todo alrededor de la población siguiendo un valle al poniente, una legua, poblado de minas además de las muchas que se hallan perdidas en todo él, pues en lo antiguo se han hallado guías en sus archivos que acreditan abastecía de vino hasta las ciudades de Montilla, en la provincia, y Ciudad Real en la Mancha; también tiene cincuenta huertas distribuidas por su término con fuentes muy abundantes para su riego que crían muchas y sabrosas (frutas), digo hortalizas con algunos frutales.

Este pueblo es tan antiguo, como dicho va, por lo que no hay noticia alguna de su fundador; tenía por armas las del excelentísimo señor duque de Medinaceli con el motivo de ser de su señorío, y al presente se le han puesto las reales que tiene en su plaza Mayor, en las Casas de su ayuntamiento.

Entre los hombres ilustres que ha tenido que no son fáciles de averiguar por la falta de papeles y máxime habiendo intervenido el contagio de peste, ha sido uno el ilustre don Fr. Diego Abel de Montemayor, general de la Merced, obispo de Guadix, Solsona y Segorbe, que dejó a esta iglesia en que había recibido el santo bautismo, seis candeleros grandes de plata que tenía de su uso; el ilustre don Fr. Diego Serrano, obispo de Guadix, y el ilustre Barco, religioso francisco que renunció la mitra para que le había electo S. M. en Indias; y el ilustre Fr. Lucas Ramírez, religioso observante en la provincia de los Ángeles, descendiente de este pueblo por su madre, calificador de la Suprema, provincial, obispo gobernador de Cartagena y Murcia, y después en propiedad de Chiapas, arzobispo de Santa Fe, y murió en el de Tuy. Otro el ilustrísimo R. P. Fr. Andrés de la Ascensión que por su literatura y demás partes fue general del Carmen descalzo; otro el M. R. P. Fr. Alonso Montes, prior provincial en su convento de San Jerónimo de Córdoba y definidor general de su orden; otro, frey don Alonso Torralba, de la orden de Calatrava, en el Consejo de las Órdenes, el que por su ciencia y experiencia fue enviado a Roma por S. M. sobre la causa de beatificación de doña Sancha, Infanta de España; Frey don Matías Torralba, de la misma orden, gran prior de su convento, capellán de honor de S. M.; el R. P. Fr. Pedro de la Epifanía, carmelita descalzo, célebre escritor de Derecho Canónico, y Fr. Luis Vicente Guirab de la misma orden, rector del colegio del Ángel en Sevilla, provincial definidor general y procurador de la curia romana. Y por lo secular, don Juan Alfonso de Bustamante, gobernador de Arequipa, reino de Quito en la América; don Pedro de las Bastida, oidor en la Real Audiencia de México y después del Consejo de Hacienda, y don Alonso de las Bastida, oidor de la Real Chancillería de Granada.

Y por lo militar, el capitán Cosme de Céspedes, capitán en Indias que dio de limosna a Nuestra Señora del Castillo una grande lámpara de plata; y don Lorenzo Murillo, guarda de corps, teniente de caballería del regimiento del Brabante, sirvió con esplendor en todas las guerras de la Italia, hallándose en diferentes batallas y, entre ellas, la de Cogni y Plasencia, y ya cargado de años se retiró de capitán con el suelo correspondiente, a esta villa donde murió. No siendo quien menos la ha ilustrado, no sólo por su heroicidad, cuanto por su sexo, Isabel Sánchez, natural y vecina de ella, que a los últimos del siglo quince, recién fundado el santo tribunal de la Inquisición por los Reyes Católicos don Fernando y doña Isabel, arrebatada del celo de la religión, pasó a la ciudad de Córdoba y dio noticia al santo tribunal de lo que había observado e indagado de varias personas del pueblo, y de otros de su comarca, en que había muchos judíos y conversos maculados del crimen de la herejía, y a su instancia vino un inquisidor apostólico de dicha ciudad y con su ayuda prendió a muchos que fueron castigados ejemplarmente dejando expurgado el pueblo de cizaña, por cuyo hecho, y por haber seguido después en hacer inquisición por si resultaba algún otro fue honrada por el santo tribunal y todos los de este pueblo y la comarca con el renombre de inquisidora, lo que así consta de papeles auténticos que conserva su familia, permaneciendo en el día en las casas que habitó que son en la plaza Mayor una imagen suya frente a la misma puerta principal grabada en jaspe blanco con una cruz en la mano derecha y un rosario en la izquierda teniendo a su lado derecho un castillo con dos palmas a los lados y un león al pié, y al izquierdo cinco cipreses, y en lo alto, haciendo círculo a su cabeza, este rótulo: <u>Absit gloriari nisi in cruce Domini Iesu Christi</u>. Y en estos tiempos se han acabado de consumir unos lienzos que había puestos en las paredes de la parroquia de orden del tribunal desde entonces en que se hallaban grabados muchísimos nombres de los sujetos que fueron castigados, unos con pena de muerte, otros con otras penas, y otros penitenciados.

Los frutos más singulares que produce este terreno en toda su extensión en que se comprenden 23.840 fanegas y diez celemines de tierra; las 44 y diez celemines de regadío; 507 de viñas, fuera de otras 93 fanegas de parronales; de pasto bajo y matorral, 4515; de encinar, 900 fanegas en dehesas, y de encinas dispersas fuera de dehesas, 2099 fanegas. En sus ejidos, junto al mismo pueblo, 100 fanegas de tierra; cercadas alrededor del pueblo, 495 fanegas y seis celemines; con cuatro hojas para sembrar trigo y cebada el cuarto año de barbecho, 5587 fanegas y 9499 [fanegas] y 6 celemines de tierra montuosa. Son trigo, cebada, centeno, vino, miel y cera, bellotas, pastos, hortaliza con algunos higos, nueces, aceitunas y otras frutas; siendo la cosecha de trigo anual que se coge por sus vecinos y moradores de la aldea de Guadalmes, 12.000 fanegas; la de cebada, 6000 fanegas; de centeno, 1000 fanegas; de vino, 4000 arrobas. Las hortalizas y frutas ascienden a la cantidad de 10.000 reales; el de miel, a 200 arrobas de media que hacen de peso 300; de cera, 35 arrobas. También tiene este pueblo cría de ganados: vacuno, lanar, cabrío y cerdos, y ésta se regula en cada año: del vacuno en

100 cabezas, de borregos otros 100, de cabrío 120, y de cerdos 200 cabezas. Produciendo asimismo 400 arrobas de lana y 100 arrobas de queso.

En la antigüedad como ya va expresado fue de mucha consideración la fábrica de paños que hubo en este pueblo, pero en el día, después de las labores del campo no tienen otra ocupación los hombres que el trabajo para beneficio de las principales minas de argento vivo de Almadén en que se ocupan la mayor parte de sus vecinos para la extracción de su piedra, corriendo enteramente a su cuidado todas las maniobras de fundición en los buitrones, y las mujeres se industrian con la hilaza de lino y su tejido, siendo ésta hoy la única manufactura en la que se elaboran anualmente 250 arrobas sin máquina ni instrumento particular para ello.

No hay feria ni mercado alguno.

No se da otra enseñanza pública que la de escuela de primeras letras, fundada a principios de este siglo por el capitán don Francisco García Aljarafo, y la cátedra de gramática latina por el bachiller Juan Arias Caballero a últimos del siglo diez y seis, los que las dotaron de sus propios caudales con suficientes rentas para los maestros y algunas maestras para la educación de niñas.

El gobierno político y económico del pueblo ha sido y es un alcalde mayor cuyo empleo desde su incorporación al real patrimonio por reales órdenes de S. M. se ejerce por el superintendente de las reales minas de azogue; gobernador de la villa de Almadén, teniendo aquí persona que en sus ausencias la ejerce con el título de regente; cuatro regidores, dos jurados, dos diputados, su procurador síndico y personero, con escribanía de ayuntamiento y dos públicas, habiéndose suprimido desde la citada incorporación los empleos de alcaide del castillo de Aznarón y alférez mayor que de inmemorial tenía.

Tiene privilegios reales muy antiguos que eximen a sus vecinos de todo servicio militar por razón del que hacen a S. M. en sus reales minas de cinabrio, los cuales, habiéndosele cargado un soldado para las guerras de Portugal por el señor don Felipe 4º porque se le confirmasen y se le librase al tal soldado sirvieron en aquella guerra con 300 carretas aperadas, y en virtud de este servicio lograron su efectiva confirmación como consta de ellos mismos que se custodian en el archivo de su ayuntamiento. Tiene tres hospitales con dotación de rentas: el uno para recogimiento de los pobres transeúntes, por Juan Bernal; otro en forma de colegio con nueve casas para recogimiento de pobres viudas desamparadas por doña Gadea, y el otro para curación de pobres enfermos por el canónigo don Alonso Moreno. También tiene una casa de misericordia por el jurado Pedro García Mohedano, con muchas tierras que le producen anualmente 100 fanegas de trigo para socorro de los pobres necesitados de este pueblo por amor de Dios.

Las enfermedades endémicas propias de este país son las fiebres intermitentes y se curan a beneficio del cuarango y éstas regularmente atacan a estos habitantes en las estaciones de primavera, estío y otoño, y de las resultas de ellas son invadidos de algunas enfermedades crónicas incurables, como hidropesía, céticas calenturas y asmas. Haciendo discurso acerca del pronóstico de la causa próxima a producir dichas enfermedades dice el actual facultativo que la estancación de una gran porción de agua en una laguna inmediata al pueblo, encenagada, está hoy corrompida exhalando de si miasmas pútridos, allegando a esta causa los muchos arroyos y pozos abundantísimos, manantiales, pues apenas hay casa que no tenga uno y alguna, dos. Que todos estos puntos con la laguna y arroyos producen en este solar copiosa humedad que con los grandes calores que en dichas tres estaciones se padecen, y la ninguna ventilación a causa de los elevados cerros que circundan este pueblo producen en el círculo vital inmediata fermentación a lo que no está lejos la corrupción.

Hay otras enfermedades dichas hidropatías, aunque adquiridas porque los habitantes operando en las minas mercuriales o de azogue que están en el Almadén, con dichas operaciones o trabajos, se les reabsorbe una porción del mercurio o azogue a la masa sanguinaria, y produciendo en ella disolución vuelve su parte blanca, ocre, y cayendo ésta a la boca, produce infinitas úlceras; dichas articulaciones, convulsiones, o tremor. En fin, donde quiera que cae, produce enfermedades que toman el nombre de la entraña que padece, pero es más común y frecuente el padecer el escorbuto; padeciendo estos enfermos general caquexia que, a beneficio de las leches y la tintura de quina con ellas mezcladas, se curan. Y lo que es la cura indispensable es dejarse del trabajo de las minas.

Para la vehiculación o licuación de la digestión, quilificación y purificación de la sangre, tenemos aguas naturales abundantísimas, tanto en fuentes cuanto en algunos pozos, pues en éstas y aquellos son las aguas trasparentes y claras, sin olor, color ni sabor; además hay otras tres que en su color y sabor las dos manifiestan herrumbre sin duda porque su manantial tiene origen de mineral, y se verifica porque su color es pelúcido, su sabor algo astringente, y a más en el color en el tiempo del hielo se manifiesta a la orilla del agua del manantial una lapa blanca; de éstas la una que es la que entendemos con la voz de fuente Terrumbrosa, sita a corta distancia del pueblo es de la que tenemos alguna experiencia de ser una agua tan aperitiva y marcial que los habitantes enfermos de él concurren a ella a usar de este antídoto, y con efecto se verifica alivio pues en las más obstrucciones del vientre, hidropesías y opilaciones, se observan evacuaciones copiosas diuréticas. La otra de las dos que su sitio es en el Puerto que va a las Alisedas, un cuarto de legua distante de la población; de ésta no se ha observado el uso que de la otra. La tercera llamada del Puerco, en el Peralejo, a distancia de una legua de la población, que no es mineral, se observa en ella en la superficie una lapa oscura en la vertiente. La vista de haber en ella su trasparencia, su peso es ligero, su sabor ácido como el de la caparrosa; ésta en algunos enfermos se manifiesta purgante pues se verifica con su uso algunas excreciones estercorosas. La fuente común de que usan los vecinos del pueblo es muy dulce e incorruptible por mucho tiempo que esté depositada.

No hay salina alguna de piedra ni de agua, pero si muchas canteras de piedra de grano o mármol para molinos, pero en particular una en el sitio de Puerto Mellado es finísima de la que se hallan construidas diferentes frontispicios en las puertas de algunas casas, y es tradición que las columnas y enlaces de la bóveda a lo mosaico de la capilla mayor y colaterales de la parroquial son se esta cantera, y la confirma su color y demás cualidades. En cuanto a minas, además de las muchas de argento vivo que hay en su término antiguo de que fue privada con la división que, como dicho va, se hizo del Almadén, aún al presente tiene una boca mina del expresado metal a la vista de la población que se abrió a mitad del este siglo y fue necesario pararla por la mucha abundancia de agua, y en toda la extensión de su jurisdicción en diversos parajes aparecen piedras cinabriosas y aún dentro de la población en algunas de las muchas cuevas o cavidades subterráneas se destila el argento vivo, claro, en perlas de entre las colecciones de sus pizarras.

En la sierra de la dehesa de la Pared, llamada el Escorial, se descubre otro mineral de una piedra muy pesada que hace espejuelo de color, por algunas partes negro y por otras algo rubio, muy compactica y elástica que en este país está reputada por alcohol; en el sitio en que se halla, no se cría hierba ni monte alguno, y se registran algunas señales de haberse hecho de cocción de la dicha piedra y algunos pedazos pequeños de plomo. Produce asimismo muchas yerbas medicinales como son, la grana, kermés, peonía, cardo santo, graciola, escordio, celedonia, agrimonia, centurira menor, becagunga, corsicaribas, bardana, rosa rubia y común, semipurgante con mucha abundancia y otras que por ser comunes a varios países no se ponen.

Solo se halla en este territorio en una huerta del sitio de las Alisedas una losa de piedra de cantería, que según su figura denota ser sepulcral, con una inscripción de caracteres antiguos a el parecer romanos que no se entienden.

Con el motivo de los muchos montes hay abundancia de caza, conejos, perdices, venados, jabalíes y corzos, y toda ella de muy sabroso gusto.

Esta descripción geográfica de la villa de Chillón, formada por mi, don Manuel Gómez Astorga, comisario del Santo Oficio de la Inquisición de Córdoba, vicario de sus iglesias y cura de su parroquial, está arreglada a los documentos que existen en los archivos eclesiástico y seglar de ella y otros que paran en poder de algunas familias particulares, además de las noticias históricas que se citan, e informes de personas ancianas e instruidas del pueblo.

Chillón y junio, 20 de 1793

Manuel Gómez Astorga [rubrica]

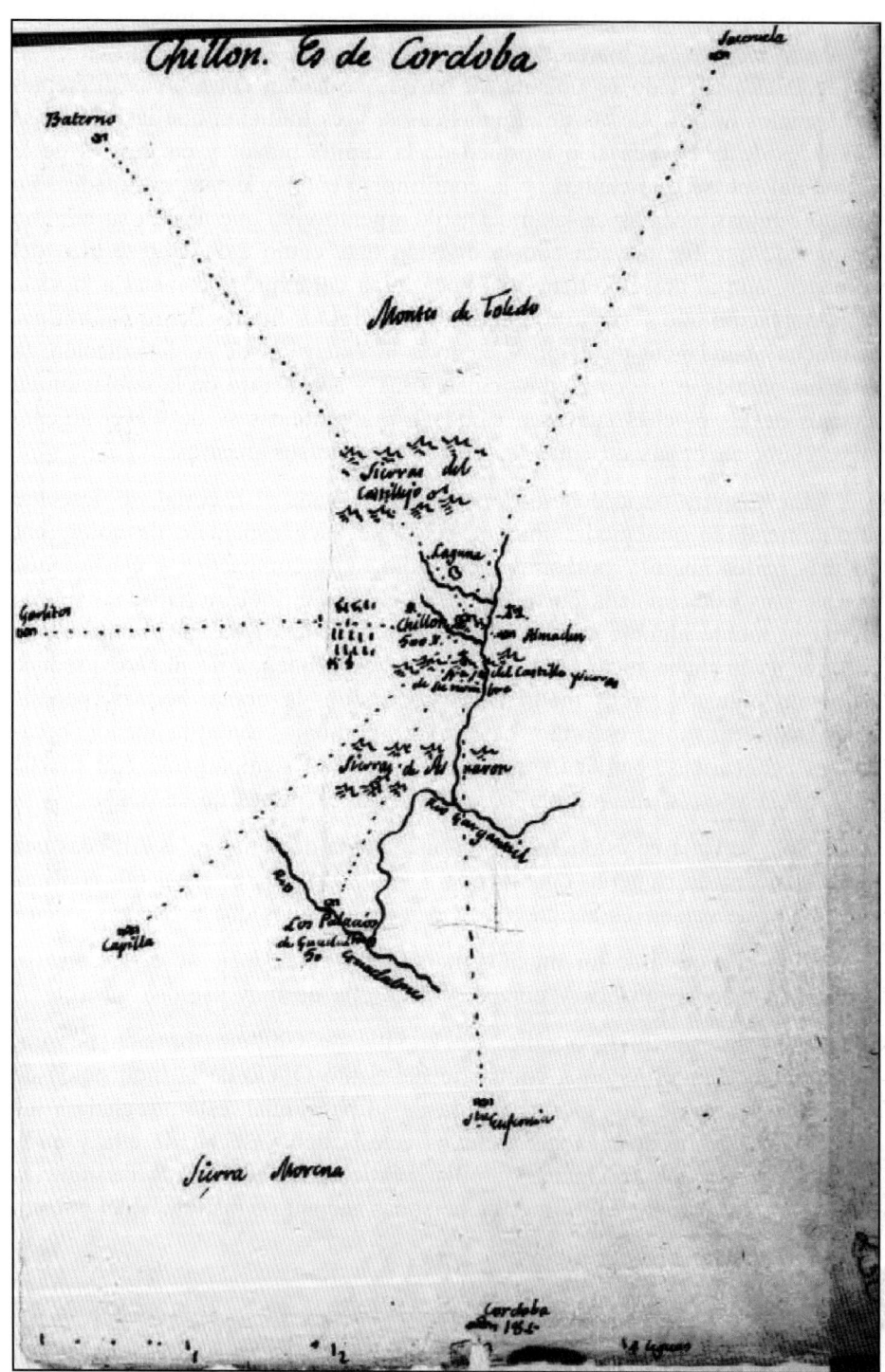

Chillón y sus alrededores (I).

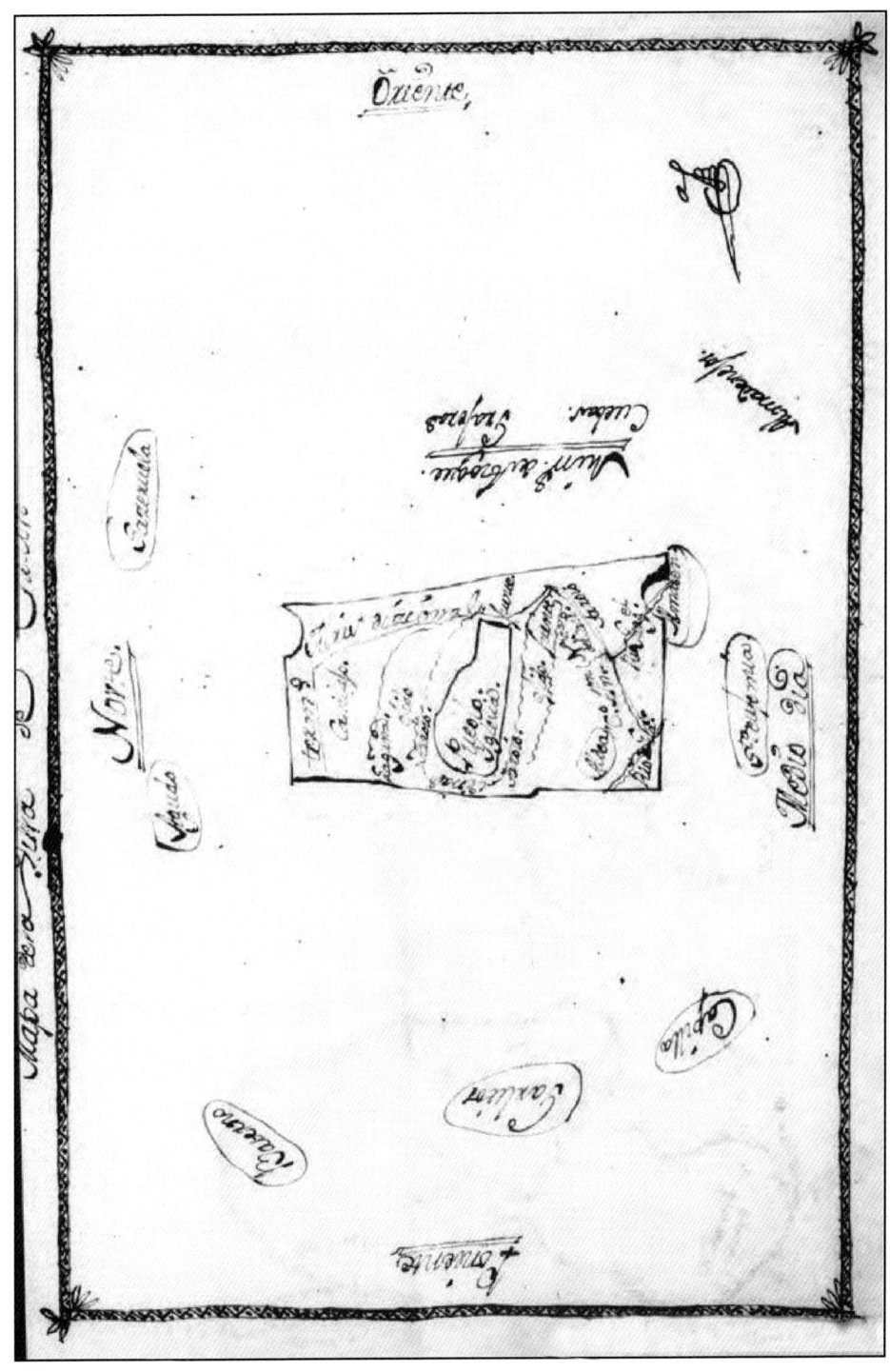

Chillón y sus alrededores (II).

XI
CIUDAD REAL, Vicaría de

CIUDAD REAL, Vicaría de, Ms. 7293, ff. 266-322v

CASAS, LAS, ff. 266-266v

Este lugar pertenece a la jurisdicción de Ciudad Real y se compone de sesenta y cinco vecinos. Tiene una parroquia con la advocación de Santa Catalina, virgen y mártir, que está aneja a la de Sancho Rey, cuyo pueblo está sin vecinos y a distancia de media legua.

Dista este lugar de la ciudad de Toledo diez y ocho leguas, y una de su vicaría Ciudad Real. Confina con la villa de Picón a una legua y no tiene jurisdicción propia.

Por la parte del norte pasa el río Guadiana a distancia de un cuarto de legua, y a la misma distancia hay dos dehesas grandes, una al poniente y otra al norte

Los frutos más abundantes de este terreno son trigo, cebada, centeno, pitos y garbanzos, cuyas especies se aumentan y disminuyen según las cualidades del año.

Este temperamento es muy saludable pues rara vez se ven tercianas y cuando más mueren dos o tres entre chicos y grandes, y naces de ocho a diez.

PICÓN, ff. 266v-268v

Esta villa es de señorío perteneciente a los herederos de don Luis Alfonso de Estrada, vecino que fue de Ciudad Real a quien fue vendida en el reinado del señor don Felipe segundo segregándola del ramo de la encomienda de Alcolea; fue vendida por veinte y siete vecinos y medio (sic), pero al presente consta de ciento veinte y cinco. Tiene una parroquia con la advocación del Salvador del Mundo en cuyo sagrario se conserva de tiempo inmemorial una santa cruz pequeña con engaste de plata de la que se dice por tradición antiquísima que se apareció en la torre resplandeciendo en medio de la oscuridad de una noche tempestuosa, y se experimenta que jamás han ocasionado las tempestades desgracia notable en estos términos.

Dista esta villa de la metrópoli de Toledo diez y ocho leguas, y de su vicaría Ciudad Real dos. Confina con las villas de Alcolea y Piedrabuena; aquélla al mediodía y ésta al poniente, a distancia de legua y media, y con la villa de Porzuna, entre poniente y norte a dos leguas. Su jurisdicción ocupa como una legua en circuito comprendiendo las dehesas del Sedano, propia del hospital de Niños Expósitos de la ciudad de Toledo; la del Prado Redondo, Campo de Calatrava y ramo de la Encomienda de Alcolea, y la de Santa María de Guadiana.

A menos de media legua de este pueblo corre por parte de su término el río Guadiana, girando derechamente cuasi desde oriente a mediodía.

Desde el mediodía al norte y desde este aire al oriente, divide este término con la de Alcolea, Piedrabuena y Porzuna una cordillera de sierras medianamente elevadas y montuosas, que girando casi con igual elevación como tres leguas, y con los nombres de sierras de la Camacha, el Tesoro y Siempre Llora, van a enlazarse con las que llaman los Pinos, término de la villa de Fernán Caballero, cuyas sierras tienen tres puertos nombrados el de la Camacha, el de Piedrabuena y el de Porzuna, y son fáciles de pasar cada uno, como en media hora.

Todo este término (a excepción del que ocupa la labor de un espacioso prado que hay contiguo al pueblo de un encinar que sirven de dehesa boyal para los ganados) está poblado de monte pardo sobresaliendo saliendo la jara, el romero y la labiérnaga, abundando también el cantueso, tomillo y mejorana.

Los frutos más singulares de este terreno son trigo, cebada y garbanzos, que por lo común producen bien, siendo la calidad del trigo que llaman rubión, y la de los garbanzos, las mejores del país, como también la miel de que hay poca por falta de colmenas. La cosecha de trigo asciende cada año a cuatro mil fanegas, y la de garbanzos como a mil. Cabezas de ganado lanar y cabrío, como asimismo vacuno [hay] para conservar y aumentar la labor. Carece de vino y aceite por no haber viñas ni olivos, de lo que hay experiencia; produciría bien y con seguridad si se la concediese a esta villa facultad de plantación (sin cercado) en el mucho terreno que tiene contiguo a ella, y cuasi inútil (en comparación de lo demás) para la labor y pastos; éste es el que llaman los Arroyuelos, los Redondales y los Quiñones de las viñas viejas en cuyo sitio hay un cercado de viñas y olivos que no lo han penetrado los hielos de estos años como penetraron los más olivares de los pueblos circunvecinos, y por consiguiente apenas ha faltado el fruto del aceite en este pequeño cercado en más de treinta años que hace se plantó, y en el pasado de setenta y uno que fue muy escaso en el contorno fue la cosecha de éste con exceso.

Las enfermedades que se padecen son las comunes de tercianas y algún dolor pleurítico o calenturas; han nacido en el último quinquenio ciento y seis, y fallecido setenta y dos, los cuatro párvulos.

A distancia de tres cuartos de legua mirando al norte hay una fuente que llaman <u>del Ciervo</u> tan copiosa que sirve de abrevadero para los ganados, con agua muy dulce y delgada, y se tiene por medicinal desde la cual principia un arroyo que pasa por este pueblo y suele entrar en Guadiana.

BALLESTEROS DE CALATRAVA, ff. 268v-270

Esta villa es realenga y una de las comprendidas en el Campo de Calatrava; se compone de cien vecinos. Tiene una parroquia con la advocación de Nuestra Señora de la Consolación, y dos ermitas, la una del señor San Bartolomé, distante menos de un tiro de bala, y la otra de Nuestra Señora de la Paz, de mucha devoción que se halla en la sacristía de esta iglesia a causa de hallarse dicha ermita bastante arruinada, y está a media legua de distancia.

Dista de la metrópoli de Toledo diez y nueve leguas, y dos y media de su vicaria Ciudad Real. Confina con la villa de Valenzuela que cae al oriente a dos leguas de distancia; con la de Pozuelo, que está a la siniestra de la anterior, a otras dos; con la de Miguelturra, que está casi al norte, a dos leguas y cuarto, y con la del Villar del Pozo, Campo de San Juan, que cae entre poniente y norte, a medio cuarto de legua. Ocupa esta jurisdicción una legua de largo y media de ancho.

Cuando llueve mucho corre un arroyo que llaman de Roldín por nacer de las aguas que se acogen de los cerros que circundan la dehesa del mismo nombre, y desagua en el río Jabalón que se halla a distancia de una legua.

No hay sierras ni montes, sólo si algunos cerros de mediana magnitud que caen entre mediodía y poniente.

De la legua de longitud que ocupa este terreno, los tres cuartos de ella que caen entre poniente y mediodía están poblados de monte bajo, de retamas, labiérnagos, jarales, romeros y algunos chaparros.

No tiene esta villa otros frutos que los que produce la agricultura en tierras de secano, como son trigo, cebada, centeno y algunas legumbres de cuyas cantidades no se puede decir cosa cierta aunque estos próximos años han sido bastante escasos.

En este pueblo reina todo género de enfermedades, pero las más frecuentes son tercianas, cuartanas, tabardillos y dolores de costado. Desde primero de enero de mil setecientos ochenta y uno hasta veinte y uno de marzo de mil setecientos ochenta y dos, han muerto entre párvulos y adultos, treinta y uno, y nacido veinte y tres.

A distancia de un tiro de piedra de este pueblo hay un copioso número de nacimientos de agua perenne, los cuales si se recogiesen tendrían suficiente fondo para producir muchas utilidades a este pueblo pues están situados en bastante eminencia para poder regar cincuenta o sesenta fanegas de tierra en que se podían sembrar buenas porciones de linos y cáñamos con que podría trabajar la gente pobre, aunque dicha tierra es tan particular de fuera del pueblo.

FERNÁN CABALLERO, ff. 270-272v

Esta villa es de señorío del excelentísimo señor duque de Santi-Esteban [Santisteban del Puerto] y se compone de ciento y cincuenta vecinos. Tiene su iglesia parroquial con la advocación de Santa María de Gracia.

Dista de la metrópoli de Toledo quince leguas, y tres de su vicaría Ciudad Real. Confina con Torralba a levante a distancia de tres leguas, con la villa de Carrión, al este sudeste, a dos leguas; con Peralvillo, al mediodía, a una legua, y con Malagón, al nordeste a otra legua. Ocupa su jurisdicción desde el este sudeste al occidente que es lo más largo, cuatro leguas, y del mediodía al norte legua y media.

Está situada esta villa a la izquierda del arroyo llamado el Bañuelo, el cual pasa a dos tiros de bala de la población; nace en los Montes de Toledo, en el valle que llaman Pedro la Fuente, término de Fuente el Fresno, y cruzando el término de Malagón entra en el de esta villa donde llaman las Peñuelas, y siguiendo su curso entra en Guadiana. Al paso por el término de esta villa se le junta al citado arroyo otro que llaman el Abeceda, como a la media legua por bajo de la población, y a poco más de un cuarto de legua de cómo se juntan, tropiezan con el lago llamado del Congosto, de tanta profundidad, que jamás se ha podido averiguar su fondo, con cuyo motivo se deja ver en él alguna pesca de un tamaño irregular pues se ha visto barbos del peso de media arroba; y al margen de este lago está la fuente del Álamo, de unas aguas tan gustosas y saludables que se surten los vecinos de esta villa y pueblos inmediatos.

Hay en este término las sierras nombradas: la de la Víbora, la de Navarredonda, la del Tamaral, la de los Pinos, la de Valdelobos, la del Medio y la de la Pililla, las cuales corren como al nor noroeste del pueblo, y la que más ocupará como ocho cuartos de legua de largo y dos cuartos de travesía. Y por los intermedios de ellas corren dos arroyos nombrados el de Nava el Rosal y el de los Pinos; el primero nace de la fuente de la Zarza, y de la laguna de Nava del Rosal, que están entre dichas sierras, y como a la media legua de su nacimiento se junta con el Abaceda; el segundo nace en Valdecabarejos y se junta con el Bañuelo. Están pobladas estas sierras de chaparros, enebros, jaras, lentiscos y otros de este género; y asimismo hay varias encinas, álamos y algunos membrillos en la dehesa boyal con abundancia de parras y flores, que todo hace armonía y causa delectación.

Esta villa hasta el año de mil quinientos setenta y ocho era del orden de Calatrava, y fue vendida por el señor don Felipe segundo a doña Guiomar Pardo Tavera, y posteriormente la misma villa compró al señor don Felipe cuarto las regalías de elegir por si justicia.

Los frutos principales de este terreno son trigo, cebada, centeno y lentejas cuya cosecha ascenderá en cada un año a siete u ocho mil fanegas. También se coge vino y aceite, aunque no mucho por los hielos que han padecido las plantas, y se crían corderos, cabritos, becerros, lechones, borricos, algunos potros y mulas, sin que se carezca de hortalizas ordinarias y algun poca miel.

Algunas mujeres se ocupan en beneficiar el lino con el que fabrican algunas telas.

Las enfermedades más comunes en este pueblo son algunas calenturas y dolores de costado. En el último quinquenio han muerto ciento treinta y dos, y nacido ciento setenta y cinco.

ALDEA DEL REY, ff. 272v-274

Este pueblo es villa de la encomienda de la clavería de Calatrava cuyo actual poseedor es el serenísimo señor infante don Luis, y se compone de trescientos vecinos. Tiene una iglesia parroquial con la advocación de San Jorge que está aneja a la de la villa de la Calzada, y extramuros hay un santuario con el título de Nuestra Señora del Valle de Valdepadilla, cuya imagen consta por tradición haber sido donada por el gran maestre don García de Padilla; dentro del término y a una legua de distancia está el célebre monasterio del real y militar orden de Calatrava.

Dista esta villa de la ciudad de Toledo veinte y dos leguas, y cinco de su vicaría Ciudad Real. Confina a mediodía con dicho monasterio de Calatrava; por poniente con la villa de Argamasilla, a tres leguas; por levante con las villas de Granátula y la Calzada, la primera a legua y media, y la otra a una; por el norte confina con la villa de Almagro, distante tres leguas. Su jurisdicción se extiende por unas partes una legua, y por otras legua y media.

A media legua pasa el río Jabalón que nace por encima de la villa de Valdepeñas y tiene en estas inmediaciones cuatro puentes de piedra.

Abunda este término de algunos montes de jara, enebros, romero, chaparros y lentiscos para pasto de ganados.

Los frutos de este terreno son trigo, cebada, centeno y garbanzos; careciendo de todos los demás aunque pudiera abundar de ellos, pues los muchos arroyos que hay en su inmediación podrían facilitar cualquier producto. La cantidad de granos que se cogen ascenderán a unas ocho mil fanegas.

Un individuo del pueblo ha compuesto un instrumento o máquina para extraer agua de estanques, lagunas y ríos, que, colocado a la orilla de algunos de éstos, puede sacar una gran porción de agua elevándola por medio de unas bombas de que se compone a una superior altura, dando la misma agua el movimiento a modo de zúa, sin que sea de mucha costa, pero no obstante no ha dado al público esta invención por falta de medios.

Las enfermedades más comunes en este pueblo son tercianas y cuartanas; mueren entre párvulos y adultos como unos treinta en cada año, y nacen de sesenta a setenta.

En la altura de un cerro que llaman de la Higuera hay una mina que consta por experiencia ser de plata, y en su extremidad se halla una fuente medicinal y otra de agua agria en el sitio del Yezgo, también medicinal.

GRANÁTULA [DE CALATRAVA], ff. 274-276

Esta villa es realenga y de las comprendidas en el Campo de Calatrava; se compone de quinientos y cincuenta vecinos. Tiene una iglesia parroquial con la advocación de Santa Ana.

Como a media legua del pueblo hay un santuario en que se venera a Nuestra Señora con el título de Zuqueca de mucha veneración de todos los fieles de la comarca; este santuario es tan antiguo que en otros tiempos fue catedral, la que mereció tener por obispos a san Blas (que está enterrado en Cifuentes), a san Espiridrón y a san Venusto. En este sitio estuvo la ciudad de Oreto, situada a la orilla del río Jabalón para cuyo paso construyeron los romanos un famoso puente que posteriormente mandó reedificar el emperador Constantino, como todo consta de un cuadro que hay en dicha ermita. Ambrosio de Morales conviene en que esta ciudad de Oreto estuvo situada entre el convento de Calatrava y un lugarcito llamado Granátula, y aún hoy día se conservan los vestigios de dicha ciudad, con un castillo que fabricaron los moros, al presente muy arruinado, y se hallan algunas monedas y alhajas desconocidas.

Dista esta villa de la ciudad de Toledo diez y nueve leguas y media y cuatro de su vicaría Ciudad Real. Confina con Almagro, a legua y media, hacia el norte; por oriente con la villa del Moral de Calatrava, distante dos leguas; al mediodía con la villa de la Calzada [de Calatrava], a legua y media, y por oriente con Aldea del Rey, a una legua. Su jurisdicción ocupa una legua por todas partes.

Hacia el norte hay unas sierras inmediatas que no tienen más que piedras y se extienden por el oriente hasta siete leguas de esta villa.

El río Jabalón pasa a media legua de esta villa y tiene un puente por el que se pasa al santuario referido de Nuestra Señora de Zuqueca, pero tan arruinado que cuando llueve mucho no se puede pasar, y queda esa Señora sin asistencia.

Los frutos de este terreno ascienden a nueve mil fanegas de trigo, a quince mil de cebada, a diez mil de vino y a once mil de aceituna, aunque este fruto es muy inconstante; se cogen también nabos, patatas, legumbres y pimientos de los más exquisitos.

Algunas mujeres se emplean en hacer encajes de hilo fino que les suministran los comerciantes de Almagro.

Hay un estudio de latinidad y retórica cuyo instituto se debe a un natural de esta villa que se dedicó a este piadoso ejercicio habrá once años y ha dado copiosos frutos.

Las enfermedades más comunes en este pueblo son tercianas; mueren en cada un año de veinte a treinta, y nacen de sesenta a ochenta.

Tiene este pueblo un pozo con una agua muy saludable de la que se mantiene todo el pueblo; este poco goza de dos manantiales admirables, uno muy dulce, y otro muy agrio, de cuya mixtura resulta una agua agridulce, muy grato al paladar, y sumamente saludable, de modo que si este pueblo tuviera facultades para encañarla sería cosa digna de atención. También hay canteras de donde se sacan muchas y superiores piedras para molinos.

SANTA CRUZ DE MUDELA, ff. 276-280

Esta villa es de señorío del excelentísimo señor marqués de Santa Cruz, y se compone de mil y doscientos vecinos, poco más o menos. Tiene una iglesia parroquial con la advocación de Nuestra Señora de la Asunción. Dentro de la población hay un convento de clérigos seglares ministros de los enfermos del orden de San Camilo, y varias ermitas de santuarios. Y fuera de ella, a distancia de una legua, está el santuario de Nuestra Señora de las Virtudes, cuya imagen es muy célebre, a quien en todas sus necesidades acuden con frecuencia estos naturales.

Dista esta villa de la metrópoli de Toledo veinte y seis leguas, y ocho de su vicaría Ciudad Real. Confina con la villa de Valdepeñas por la parte del norte, a ocho cuartos de legua con la del Viso del Marqués, al mediodía; a la misma distancia con Torrenueva por el saliente, a cuatro cuartos de legua, y con la Calzada de Calatrava, por el poniente, a diez y seis cuartos de legua. Ocupa su jurisdicción una legua y menos por algunas partes.

A distancia de media legua de esta villa, y a su derecha, bajando agua abajo, pasa el río Jabalón, el cual nace en término de la villa de Montiel; se le juntan algunos arroyos en tiempos de lluvias, y en años secos no alcanza el agua a estos parajes por ser su nacimiento escaso y porque en su tránsito hasta este pueblo que es de nueve leguas y media tiene muchos derramaderos para riegos y otros estorbos que impiden su curso aunque en su inmediación mueve un molino harinero continuamente. Tiene este río un puente construido por real orden para el tránsito de Andalucía a la Corte, y pasa por dentro del camino real que se ha compuesto en estos últimos años.

Goza este pueblo de una dehesa concejil con algunas encinas y fustas que sirve para el pasto de ganados de extensión de quinientas setenta y tres fanegas de cuerda.

En cuanto a la fundación de esta villa se sabe que en el año de mil doscientos y doce había en el terreno que ocupa esta población unos cortijos o caserías donde habitaban algunos labradores que cultivaban su vega, e inmediato a ellas, un pozo que nominaron <u>Pozo Bueno</u>, y se llamaba este sitio la Fresnedilla.

Es tradición constantemente recibida que en dicho año pasaron por este sitio de Fresnedilla los reyes de Aragón y de Navarra, auxiliares de don Alfonso octavo, rey de Castilla, a la expedición de las Navas de Tolosa, y se dice que estando dando agua a sus caballos en dicho Pozo Bueno, dos capitanes del ejército que se hallaban enemistados sacaron las espadas para matarse, y que es este tiempo se apareció una cruz que se puso en medio de los combatientes, los que al punto se arrodillaron y [la] adoraron, desistiendo de su intento. Por este prodigioso suceso se colocó en dicho sitio una columna de piedra con una cruz de hierro en su remate. Comprueban este hecho unos cuadros pintados muy antiguos que representan dicha aparición, los que al presente existen en las casas de don Pedro Recena, y por la misma tradición se dice que esta Santa Cruz fue la misma que se apareció en las Navas de Tolosa y que hoy se conserva en la iglesia de la nueva población de sierra Morena llamada Santa Elena, que se fabricó por aquel tiempo.

Concluida aquella expedición regresaron los citados reyes de Aragón, Navarra y Castilla, acompañados con el gran maestre de Calatrava, e hicieron mansión algún tiempo en este sitio de Fresnedilla, a causa de haber enfermado y muerto en él uno de los Infantes, y el citado gran maestre, en memoria de la aparición de la Santa Cruz, y en consideración de lo fértil de esta vega, fundó esta villa, trayendo para su población ochenta familias de Navarra y Extremadura, y aunque quedó agregada al orden de Calatrava, el señor don Carlos quinto, en virtud de bula apostólica, la vendió a don Álvaro de Bazán, por veinte y seis millones doscientos ocho mil seiscientos veinte y seis maravedís.

El término de esta villa es bastante fértil aunque de poca extensión para su vecindario; produce trigo, cebada, aceite y vino, la suficiente para la subsistencia de sus habitantes; y solo hay escasez de aguas que en años secos les falta aun la precisa para el uso común; no se puede echar el cómputo fijo de lo que asciende la cosecha por ser muchos los partícipes de diezmos.

Se aplican estos vecinos a laborear lanas de las que tejen paños, albornoces, jerguetas, barraganes, estambrado y ligas de todos [los] colores; se trabajarán anualmente de dos a tres mil arrobas de lana, y quinientas de lino y cáñamo en lienzos, siendo bastante las mujeres aplicadas aún de distinción, a este género de trabajo.

Mucha parte de lo referido lo llevan estos naturales a la Extremadura, y en cambio traen cera en rama, la que purifican en lagares que hay para este efecto, llevando mucha de ella a Madrid y la restante laborean en sus casas tres o cuatro profesores que hay y conducen a dicha villa de Madrid, Toledo y otras muchas partes.

Hay dos o tres maestros de primeras letras, uno de ellos es de cuenta del excelentísimo señor marqués de Santa Cruz, con señalamiento de niños, quien para más estimularlos a su adelantamiento, los convocan anualmente en la sacristía de esta parroquial, el segundo día de Pascua de Resurrección, y a presencia del párroco y otros eclesiásticos se examinan, y a tres de los más adelantados en doctrina cristiana, leer y escribir, les concede dicho excelentísimo señor, un premio para un vestido. Y asimismo hay una maestra de niñas que también paga el mismo excelentísimo señor.

Tiene este pueblo una casa de recolección y caridad para curar [a] los pobres enfermos que a ella se acogen, la cual se erigió en el año de mil setecientos setenta y dos con facultad del Real y Supremo Consejo de Castilla, y de acuerdo del excelentísimo señor arzobispo y justicia real de esta villa.

Las enfermedades que comúnmente se padecen son dolores de costado, pulmonías y otras internas inflamaciones. El número de muertos por un quinquenio ha sido de cuatrocientas treinta y tres personas mayores, y han nacido en tres quinquenios dos mil novecientas veinte y dos, y comprendiendo el total de muertos en estos mismos tres quinquenios resulta haber fallecido mil ciento setenta y tres cuerpos mayores y mil párvulos.

En término de esta villa, a un cuarto de legua de ella, en una finca de una capellanía, se saca una especie de metal parecido al alcohol que llaman antimonio, y el agua de su pozo es un poco agria; se usa comúnmente para obstrucciones.

Hay también varias canteras de piedra de buena calidad, pero la más especial es una de mármol basto que bien bruñido es muy apreciable como se advierte en varios tabernáculos que se han hecho de ella.

Esta población no llega a su mayor aumento, lo primero, por estar agobiada con quinientos ochenta y seis mil maravedís de capitales de censo, dotación de cuarenta capellanías y memorias fundadas en esta parroquial, y lo segundo, por lo reducido del término y ser los más jornaleros a causa de no tener haciendas propias con cuyo motivo siendo cuasi todos arrendadores sólo cuidan de sus utilidades.

ALMODÓVAR DEL CAMPO, ff. 280v-285

Esta villa es una de las más antiguas que comprende el maestrazgo de Calatrava, y de su fundación sólo se sabe por tradición que su nombre primitivo fue el de Almuradiel que permaneció hasta la entrada de los moros que la intitularon, según su lengua, Almodóvar, cuyo nombre en nuestro idioma quiere decir sitio redondo, por estar fundado según demuestra su nombre, y aunque los edificios y calles que en el día se reconocen dan a entender haber sido crecido el vecindario, y solo se compone de ochocientos vecinos. Tiene una iglesia parroquial con la advocación de Santa María de los Mochuelos, imagen antiquísima que fue en los siglos pasados patrona del convento que tuvieron en el sitio llamado de los Mochuelos los templarios, distante seis leguas, y se le da al prior de esta parroquial el título de prior formado de Santa María de los Mochuelos.

Además de este priorato, hay fundada en esta villa una encomienda llamada de Almodóvar, y en ella goza su comendador el título de alférez mayor.

Extramuros hay un convento de carmelitas descalzos, el cuarto que se fundó después de la reforma, y en el que se celebró el primer capítulo de ella, asistiendo personalmente a él san Juan de la Cruz, en cuyo convento hay una imagen de Nuestra Señora del Carmen que trajo el mismo santo de la ciudad de Granada, y tiene la particularidad de no coger nunca polvo como en otras se observa.

En la parroquial de esta villa hay fundada una cofradía de clérigos seculares bajo la advocación del Santísimo Sacramento con varios aniversarios y misas diarias. Goza dicha parroquia del singular privilegio concedido por el papa Clemente octavo de celebrar dos veces en cada un año la festividad de [las] Cuarenta Horas con Su Majestad manifiesto, y el de sacar a este mismo Señor Sacramentado procesionalmente por las calles la mañana de Pascua de Resurrección, todo lo cual se hace con bastante solemnidad.

Alrededor de la villa hay siete ermitas de fábrica antigua y bastante buenas.

Dista de su metrópoli Toledo veinte y cuatro leguas y seis de su vicaría Ciudad Real.

A la izquierda por la parte de oriente hay una laguna esférica de mil pasos de ámbito que es depósito de las aguas que bajan de las sierras, y se nota que siendo esta agua dulces se convierten en saladas luego que entran en ella.

Conserva esta villa un antiguo y fuerte castillo que para su defensa fabricaron los moros en lo superior de un cerro pelado y arenoso. Tiene de longitud sesenta y ocho pasos, y cincuenta y siete de latitud; sus murallas tienen de altura diez varas, y dos de grueso, y le circundan dos fortísimos fosos de ocho pasos de ancho y cuatro de hondo. Este castillo, juntamente con el pueblo, se ganó a los moros por el señor frey don Martín Pérez de

Siones, tercero maestre de Calatrava por los años de mil ciento setenta y uno, habiendo muerto doscientos moros.

Los pueblos que se hallan confinantes a esta villa son, por oriente, la villa de Argamasilla [de Calatrava]; por el mediodía, la villa de Fuencaliente, distante siete leguas; al poniente la villa del Almadén, distante nueve, y al norte, Villamor, distante una legua.

En la circunferencia y término privativo de esta villa hay once aldeas y el lugar de Tirteafuera, y son sus nombres: el Retamal, Brazatortas, Veredas, Ventillas, la Garganta, San Benito, Viñuela, Valdeazogues, Sendalamula, Fontanosas y Navacerrada.

En término de esta dicha villa hacia el mediodía se halla el famosos Real Valle de Alcudia, célebre por sus espaciosas dehesas, encinares y pastos, en donde tienen sus invernadero gran cantidad de ganados trashumantes, en cuyo valle se halla la ermita e imagen de Nuestra Señora de la Bienvenida, la que mantiene un capellán y hay sacramento todo el año para el beneficio espiritual de los ganaderos y habitantes del dicho valle.

Esta jurisdicción está toda llena de sierras que no tienen nombre especial, y se unen con las de sierra Morena; comprenden en los caminos que van de esta jurisdicción a Andalucía los Puertos de la Plata, de Viñuela, de las Veredas, del Horcajo, del Retamal y el de Ventillas, el que más, distante tres leguas. Y no son dificultosos de pasar. Todas estas sierras están pobladas de robles, encinas, fresnos y otros árboles, manteniéndose gran cantidad de abejas con la variedad de flores que producen los valles por lo que hay muy buena cosecha de miel y cera; y también con el fruto de bellota se mantiene gran número de ganado de cerda, aprovechándose lo demás del terreno para el pasto de ganado vacuno, cabrío y lanar, de que abunda este país.

Rodean a estos montes diferentes gargantas de agua dulce, que juntándose en los valles, forman crecidos arroyos en los que se crían barbos y anguilas.

La cosecha de este terreno, incluyendo las aldeas, se puede regular en cada un año en más de sesenta mil fanegas de todos granos; la de vino ascenderá según el mismo cómputo a diez mil arrobas, y al de aceite a trescientas; se coge también todo género de legumbres, alguna fruta y bastante lana basta, y se crían algunos toros famosos.

Tiene privilegio esta villa, concedido por el rey don Enrique de celebrar dos ferias en cada un año, pero en el día no hay más que una en el día veinte y cinco de marzo en la que se venden caballos y yeguas con algunas mercaderías.

También se concedió a esta villa privilegio, confirmado por varios reyes, de que permaneciese en ella la Santa Hermandad, que de tiempos antiguos se hallaba establecida en los campos de Calatrava para perseguir a los malhechores, cuyo privilegio no está en uso.

Han ilustrado a esta villa en santidad y letras los varones siguientes: El venerable maestro Juan de Ávila, sacerdote secular; el venerable padre fray Juan Bautista de la Concepción, primer reformador de los trinitarios; el venerable padre fray Alonso Lobo, observante; el venerable licenciado Juan Fernández, sacerdote y maestro de los nuevamente convertidos en el reino de Granada; el venerable padre Martín Gutiérrez y Antonio Criptana, de la Compañía de Jesús; el venerable padre; el venerable padre fray Alonso de San Jerónimo, trinitario descalzo; el venerable Juan Díaz, sacerdote, deudo y compañero del venerable Ávila, y fundador del hospital en la parroquia de San Martín de Madrid; el venerable padre fray Felipe de Santiago, trinitario descalzo; el venerable padre fray Sebastián de la Madre de Dios, carmelita descalzo; el venerable doctor Pedro de Almagro, catedrático en la Universidad de Baeza; el venerable, muy ilustre señor don Juan Fernández de Heredia, presidente de la Real Audiencia de Lima, y los ilustrísimos señores don Juan Fernández Portillo y don Juan Pareja Rosillo, obispo de Veracruz y Verapaz, en las Indias.

Se hallan en esta villa muchos monumentos antiguos que demuestran haberse cultivado varias minas y hecho fundiciones de metales, sin que se sepa de qué especies fueron; también hay algunas canteras acomodadas para portadas y armas.

El temperamento de esta villa es bastante saludable y no se nota enfermedad que particularmente reine; el número de muertos se puede regular en ciento y treinta cada año, y el de nacidos, en ciento y cincuenta.

POZUELO DE CALATRAVA, ff. 285-288

Esta villa está comprendida en el Campo de Calatrava y su vecindario se compone de cuatrocientos cincuenta y dos vecinos comprendiendo los inútiles o que no contribuyen. Tiene una iglesia parroquial con la advocación de San Juan Bautista de muy buena fábrica con su nave, crucero y media naranja; tiene de longitud cincuenta y cinco varas, y diez y ocho de latitud, con su coro alto y bajo. Esta obra se debe a don Jerónimo Delgado, natural que fue de esta villa, quien se ausentó de ella diciendo que iba a las Indias a hacer fortuna para fabricar esta iglesia, y con efecto, habiéndose colocado en la Puebla de los Ángeles dejó ocho mil pesos en su testamento con los que se hizo esta obra.

En un alto inmediato a la villa está la iglesia antigua que es de tres naves y de mayor magnitud que la moderna; hoy sirve de ermita, y extramuros hay tres santuarios, siendo de más devoción el de Nuestra Señora que se halla a dos leguas en la eminencia de un cerro; su templo es de bastante magnitud, y tiene una cofradía bastante antigua que celebra su solemnidad el día ocho de septiembre teniendo en aquellos días una comida muy suntuosa.

Dista esta villa de la ciudad de Toledo diez y ocho leguas, y legua y media de su vicaría Ciudad Real. Confina a levante con la villa de Almagro a legua y media; al sur con la de Aldea de Talavera, a tres leguas, al norte; al norte con Carrión, distante dos leguas, y entre norte y levante con Torralba y Daimiel, la primera a dos leguas, y la segunda, a cuatro. Ocupa esta jurisdicción por la parte que más dos leguas y cuatro.

Inmediato al pueblo nace un arroyuelo muy corto al que van a parar todas las aguas de lluvias entrándose una laguna que está a trescientos pasos del pueblo, y tiene medio cuarto de legua de extensión; a la parte del sur hay otra con la mitad de la antecedente, que se compone igualmente de aguas de lluvias consumiéndose las dos por el gasto.

Rodean a estas lagunas unos prados abundantes de yerba para ganado, hallándose la segunda en medio de la dehesa boyal que también es copiosa en yerbas y comprende medio cuarto de legua.

A una legua de esta villa pasa el río Jabalón que tiene en su término a la parte del sur un puente como de vara y media de ancho, y de sesenta varas de longitud; por ser tan angosto río pueden pasar carruajes, y suele padecer tantas avenidas que sobrepujan varias veces las aguas a su altura. Hacia el sur y poniente hay otro puente que volaron los moros al tiempo de su expulsión, y hace suma falta para los pasajeros que van de Toledo y de Madrid a Andalucía.

En este término hay ocho fuentes, la más próxima dista más de media legua, y la mayor parte de ellas se componen de aguas agrias muy medicinales. Asimismo hay en esta jurisdicción varias sierras aunque de poca altura, y no producen monte alguno a excepción de dos que crían cantueso y en las llanuras hay algunas encinas. Hacia el aire ábrego se crían muchos olivos y viñas.

Los frutos de este terreno son muy singulares y sabrosos, especialmente los de aceite y vino, cuya cosecha está regulada en cinco mil arrobas la de aceite, y en treinta mil la de vino, y la de trigo, cebada y centeno en quince mil fanegas de espccial calidad.

Igualmente hay en este pueblo un preceptor de Gramática y maestro de primeras letras, y un hospital para los pobres transeúntes.

Las enfermedades que se padecen son leves calenturas y tercianas; hecha la regulación por un quinquenio nacen en esta villa cada un año setenta personas, y mueren cincuenta y ocho.

Goza este pueblo de tres canteras de piedras que solo son buenas para fabricar casas, templos y pilas, y de una fábrica de yeso de tierra que está corriente.

En el número de las ocho fuentes que quedan citadas está inclusa la que se llama Fuente Santa, cuya agua tiene muchas virtudes que anualmente se experimentan en muchas personas que de considerables distancias vienen con sus dolencias a bañarse con dicha agua en un baño que hay contiguo cuadrado como de cuatro varas con cuatro graderías de piedra labrada que tiene dentro de él para entrar, sentarse y estar con comodidad. Este baño o fuente tiene su origen desde que en la ciudad de Toledo tuvo un rey moro cuya hija se ausentó y vino a colocarse a este sitio que en aquel tiempo estaba montuoso: Se ha verificado tener esta fuente minerales de mercurio, caparrosa, vitriolo y hierro, y finalmente son inexplicables los efectos que ella produce.

CARRIÓN DE CALATRAVA, ff. 292-294

Esta villa es realenga y una de las comprendidas en el maestrazgo de la orden de Calatrava. Tiene una iglesia parroquial con la advocación de Santiago apóstol, y en la jurisdicción de esta villa, a una legua de distancia, se halla dentro de los límites de la dehesa de Calatrava, se halla la célebre ermita de Nuestra Señora de la Encarnación, patrona del pueblo, que antiguamente se nombraba María Santísima de los Mártires de Calatrava la Vieja; a su santa imagen la llevan anualmente en procesión a la parroquial de esta villa en el día de Pascua de Resurrección en la que existe hasta el día de la Ascensión y el tiempo que permanece en dicha parroquia se celebran sus cultos a la santa imagen a expensas de nuestro católico monarca y de estos naturales. En la propia dehesa de Calatrava la vieja y en el convento que fue la primera fundación de Calatrava (por lo que hoy se intitula su situación la Torre de Calatrava, ganado este sitio por san Raimundo) se halla otra ermita nominada Nuestra Señora de la Blanca, aparecida en él. Asimismo hay dentro de esta población un convento de religiosos francisco observantes.

Dista de la metrópoli de Toledo diez y seis leguas a norte, y de la de Ciudad Real dos leguas a poniente. Confina con Miguelturra a legua y media; con la Villa de Almagro, al sur, a tres leguas; con la de Torralba, a levante, a una, y con la de Malagón, al norte, a tres leguas; su jurisdicción comprende legua y media de largo y una de ancho, y el vecindario se compone de trescientos vecinos poco más o menos.

En el término de esta villa se hallan los molinos y casas de campo nombrados Flor de Rivera al norte, y los de Mal Vecinos y Calatrava la Vieja, los cuales tenían sus puentes de piedra y quites, pero con el motivo de las continuas corrientes de sus respectivos ríos y arroyo en el año de mil setecientos ochenta y cuatro, y aún en cl presente se han arruinado bastante.

A una legua de distancia de esta población pasa el río Guadiana, por la parte del norte, y en él y término de esta villa se incorpora el río Jabalón y los arroyos de los Cambrones, Morillas y Pellejero, fundamentalmente con el río Guijuela, y siguiendo su corriente camina al mar de poniente.

Desde el año de mil setecientos treinta y cuatro hasta el presente han construido los vecinos labradores de esta villa más de cuatrocientos pozos de anoria para regar sus Quiñónez de tierras usando de este remedio solamente en años escasos por lo costoso que les está dicho riego, y en los meses de verano también suelen sembrar panizo.

Los frutos que ordinariamente produce el término de esta villa son diez mil fanegas de trigo, veinte mil de cebada, dos mil de centeno, quince mil arrobas de vino y diez mil de aceite, advirtiéndose que cerca de la mitad de sus vecinos son panaderos a Ciudad Real, Almagro, Moral de Calatrava y otros pueblos.

Las enfermedades que se padecen en esta villa son las comunes, y por su clima y término sumamente sano no se experimenta epidemia alguna; el número de muertos por un quinquenio se regula en cuarenta y cinco, y el de nacidos en noventa y tres.

Las aguas que produce el término de esta villa, todas ellas son salobres, y si sus naturales las quieren beber dulces las traen de la villa de Torralba [de Calatrava], distante una legua; y a media de aquella hay una fuente manantial, que aunque también es salobre, tiene mineral y siempre está hirviendo a borbollones, cuya agua es específica para quitar obstrucciones.

FUENTE EL FRESNO, ff. 294-295v

Esta villa es del señorío de la Casa de Santisteban que hoy posee el excelentísimo señor marqués de Cogolludo, en representación de la excelentísima señora su esposa. Tiene una iglesia parroquial con la advocación de Santa Quiteria, virgen y mártir, y se compone de cuatrocientos vecinos, inclusos pobre sy viudas.

Dista de la metrópoli de Toledo doce leguas, y seis de Ciudad Real su vicaría. Confina entre poniente y mediodía con la villa de Malagón, a una legua; por oriente y norte con Villarrubia de los Ojos de Guadiana a dos. Su jurisdicción ocupa como cinco leguas y es sumamente pedregosa y poco fructífera para granos.

Esta villa está situada en un valle cercado de sierras de bastante elevación, pobladas de chaparros, labiérnago, coscoja, quejigo, madroña y retama; y en su término hay dos arroyos, el uno llamado Cambrón inmediato a la población, y el otro Bañuelo, distante dos leguas de ella, que solo corren con abundancia en tiempo de lluvias, y en este caso son muy peligrosos. También tiene dos fuentes de agua excelente; la una llamada del Regajo, distante de esta villa un cuarto de legua, y la otra nombrada del Robledillo, cuatro leguas.

Entre la población de esta villa y las vegas de Yébenes y Marjaliza está la famosa dehesa de Guadalerza, propia del Colegio de Doncellas Nobles de la imperial Toledo, cuya extensión es dilatada pues por parajes pasa de ocho leguas, la cual además de lo abundante que es para pasto, está poblada de encina, roble, chaparro y otras varias plantas, y dentro de ella hay tres ventas a dos leguas de distancia una de otra, llamadas la de Juan de Dios, la del Medio y la de la Zarzuela, cuyos venteros están solo sujetos al alcaide del Castillo que está inmediato a la primera con quien reside jurisdicción real con privilegio de horca y demás facultades que pueda tener una capital.

Esta villa antiguamente la llamaban Casillas de Fuente el Fresno por su corto vecindario y estar sujeta a la de Malagón, la cual fundaron Fernando González, Bernardo González, Francisco Sánchez de León y otros aldeanos que entonces eran vecinos de ella, quienes viéndose oprimidos, vejados y molestados continuamente de las justicias de Malagón, a quienes estaban sujetos determinaron eximirla de esta esclavitud y hacerla villa realenga, y por carecer de medios para estos gastos impusieron sobre sus bienes un censo de noventa mil ducados de capital a favor de las capellanías que en la villa de Valdemoro fundó don José Aguado Correa, y sus réditos que son dos mil y setecientos reales anuales se pagan en virtud de orden superior de los ramos públicos con cuyo capital no solo han logrado hacer la villa realenga sino que han sostenido otros distintos pleitos que se siguen hasta ponerse en posesión de tal, que fue en el día trece de enero del año pasado de mil setecientos cincuenta y uno, con virtud de Real Cédula del señor don Fernando el sexto de quien fue sucesor en el reinado nuestro actual católico monarca.

La encomienda llamada de Malagón antiguamente era de la corona, y con motivo de los gastos ocurridos en el año de mil quinientos y tantos con la guerra que el señor rey Carlos quinto, de feliz memoria, tuvo con la Alemania, se enajenó de ella, vendiéndola al señor Arias pardo de Saavedra, de quien trae causa y descendencia la Casa de Santisteban actual poseedora de dicha Encomienda.

De los cuatrocientos vecinos que comprende esta villa, los doscientos y cuarenta son pobres jornaleros, y los restantes, labradores de corta labor, y la que cultivan es bastante infructífera por la multitud de piedras y lo quebrado de la tierra de manera, que si se plantara de viñas y olivas este término sin duda fuera abundante de sus respectivos frutos por ser la tierra muy a propósito para este efecto cuyo progreso no se les oculta a estos naturales, pero se hallan imposibilitados de medios para su planificación.

Los frutos que comúnmente produce el término de esta villa son corta porción de trigo, cebada, aceite y vino.

TORRALBA [DE CALATRAVA], ff. 295v-297

Esta villa es una de las comprendidas en la orden de Calatrava, y se compone de setecientos vecinos. Tiene una iglesia parroquial con la advocación de la Santísima Trinidad; extramuros de esta villa está la célebre ermita del Santísimo Cristo de Consolación a cuya santa imagen se hace fiesta concurriendo a ella no sólo sus vecinos sino muchas gentes de los pueblos inmediatos.

Dista de la imperial ciudad de Toledo diez y seis leguas, y tres de Ciudad Real su vicaría. Confina por el mediodía con la villa de Almagro a dos leguas; con Daimiel, por oriente, a otras dos; con Carrión, a poniente, una, y con Villarrubia y Fuente el Fresno, entre norte y poniente, a cuatro. Su jurisdicción por la parte más larga se extiende dos leguas y media.

Circunda a esta población el arroyo llamado Pellejero que sólo en años muy abundantes de aguas toma corriente, y en este caso pone intransitables la entrada y salida de esta villa por la parte de mediodía y poniente, por cuyos aires pasa, a cuatrocientos pasos de distancia; tiene su nacimiento en las sierras llamadas de Siles, y se incorpora con Guadiana dos leguas de esta villa.

Goza de tres montes: uno que llaman la Mozalba, al norte, poblado de encinas y monte pardo del cual hay dos lagunas sin corriente; tiene de diámetro como una legua; otro llamado el Verdugal, a levante, de poca extensión, y otro llamado los Parrales, al mediodía, aún más chico que los antecesores con varias matas de monte bajo y carrascas.

Tiene esta villa real privilegio para no poderse desmembrar de la orden de Calatrava, ni enajenarse de ella, [de] los Reyes Católicos, según lo pueden hacer de otros pueblos y fortalezas, que la fue concedida por la majestad real [del] señor don Felipe segundo en el día 15 de abril de 1578, en premio de servicio voluntario que le hicieron estos vecinos de 12 Q [12.000] ducados para ayuda de sostener las guerras que en aquel tiempo tenía la cristiandad con los turcos y herejes, cuyo privilegio fue en virtud del que S. M. obtuvo para enajenar de la corona los lugares de la orden de Calatrava de nuestro santísimo padre Clemente séptimo, por su bula expedida en Roma, en 20 de septiembre del año de 1529.

Goza el ayuntamiento de esta villa del privilegio y facultad de nombrar anualmente cura teniente de su iglesia parroquial para las ausencias y enfermedades de su párroco, pagándole el correspondiente situado de los caudales de la iglesia.

El terreno de esta villa es medianamente fértil; se coge una regular cosecha de trigo de buena calidad, de cebada, centeno y panizo; y en los años estériles se aumenta la siembra de esta última semilla en tierras de regadío a causa de lo mucho que produce, pues de cada fanega que se extiende en la tierra se cogen regularmente trescientas, por lo que en tales años está el pueblo bastantemente surtido para no perecer. Produce igualmente este término una de las mejores cosechas de aceite de toda la provincia, más que mediana de vino de buena calidad; se fabrica mucho aceite que se conduce a Madrid, Toledo y otras partes, y se crían muchas y buenas legumbres y hortalizas, y algunas mulas de igual fama que las demás de la provincia.

Las enfermedades que se experimentan en esta villa son tercianas; el número de muertos se regula por un quinquenio, a no verificarse alguna epidemia, en treinta y cinco, y el de nacidos en ciento, poco más o menos.

CONCEPCIÓN DE ALMURADIEL, ff. 297-299v

Este lugar es realengo y al presente se compone de treinta y nueve vecinos y se están construyendo casas para 67 familias. Tiene una iglesia parroquial con la advocación de Nuestra Señora de la Concepción.

Dista de la metrópoli de Toledo veinte y seis leguas, y diez de Ciudad Real su vicaría. Confina por poniente, a tres cuartos de legua, con la villa del Viso del Marqués; a dos leguas por el norte con Santa Cruz de Mudela; a otras dos con la Venta de Cárdenas y principio de la subida al monte o sierra de Despeñaperros, por el mediodía; y a tres, por oriente, con el Castellar de la Mata; su jurisdicción ocupa dos leguas de monte de norte a sur, y algo más de este a oeste.

A la parte del mediodía, y a distancia de una legua está el arroyo de Cabeza de Malos, a cinco cuartos de legua, el de Rama Canta Caminos (?), a dos leguas el río de Magaña con su puente de piedra en cada uno, y a legua y media el arroyo de Navarredonda que tiene su nacimiento en los barrancos de Juan Rodríguez, la Tinaja, el Marañoso, el de fray Nicolás, la Navazuela y otros.

Por medio de estas nuevas poblaciones atraviesa el camino nuevo de Andalucía y por su término las veredas que van del Viso a Navarredonda y el Castellar, las cuales están en los montes de Juan Rodríguez, Aldeaquemada y el Tolono.

Circunda esta feligresía el Cerro Gordo, monte de Juan Sánchez, cerro de la Balonguilla , la cuesta del Lobo, Cerro de Valdeladrones, el Ricas Berzas, el del Rey, el del Muladar, puerto y camino antiguo de Granada, y el de la Umbría de la Hocecilla, el del Maroñoso, el de la Loma de Juan Rodríguez, de donde se descubre mucha parte de los reinos de Andalucía y Murcia. Todos los cuales se hallan bastante poblados de chaparros, jaras, iniesta, lentiscos, marañas, cornicabras, y otras matas semejantes que sirven para leña.

El terreno y término de este pueblo nuevamente construido era de una de las Encomiendas de la orden de Calatrava; se hallaba despoblado y a instancia de Nuestro Católico monarca (a cuyas expensas se construyó el camino nuevo) en el día tres de octubre de 1780, por la santidad de nuestro santo padre Pío sexto, se expidió breve a favor de S. M. para que pudiese, libre y lícitamente, tomar posesión de dicho sitio, poblándole para amparo y utilidad de los caminantes por el citado nuevo camino, con tal que se pagase a la orden de Calatrava anualmente la renta que por un quinquenio produjese, con algún aumento más, si la M. lo tuviese por conveniente. Cuyo breve se cometió por su santidad al M. R. nuncio en estos reinos; y en virtud se despachó de éste con interposición del de su emisión y del que se libró por el excelentísimo señor conde de Floridablanca, del Consejo de Estado, y primer Secretario, en el día 6 de abril de 1781. Tomó la posesión de dicho sitio de la Concepción en nombre de S. M. (Dios le guarde) don Joaquín Canet, de su Consejo, alcalde honorario de su Real Casa y Corte, quien con arreglo a órdenes superiores, fundó en los tres años primeros siguientes al de la posesión este lugar, distribuyéndole en cinco barrios, y en cada uno, cinco o seis casas a las orillas e inmediaciones del referido camino nuevo; y al presente se está construyendo a expensas del real erario una magnífica posada en esta población que se abrirá para recoger pasajeros dentro de pocos días.

Con motivo de que este pueblo, como va dicho, hace pocos días se fundó, se repartió y distribuyó todo el terreno de su jurisdicción en suertes entre los pobladores, quienes en el año antecedente han criado 1450 cabezas de ganado lanar y cabrío que han producido 1190 libras de queso, y 226 arrobas de lana.

La cosecha de trigo candela, cebada, centeno y garbanzos, ascendió a 12.648 fanegas.

Acaba de fijarse en esta población un edicto firmado de dicho comisionado don Juan Canet, por el que hace saber a todos sus moradores que por real orden de S. M., de cuatro de marzo de 1785, se ha dignado concederles el privilegio de libertarles por diez años del derecho de alcabala, servicio ordinario y extraordinario, y de cargas concejiles, en consideración a que a sus expensas han construido las casas, costeado lo demás necesario para su establecimiento y empezado desde luego a pagar los diezmos.

Esta población se gobierna por el citado comisionado don Joaquín Canet, un letrado que hace de subdelegado y los demás ministros necesarios para la administración de justicia y recaudación de los reales intereses.

La enseñanza de los niños de esta población corre hoy a cargo y obligación del sacristán de su parroquial.

Este sitio es sumamente sano por los buenos aires y aguas que goza, de forma que en los tres años que hace que está poblado han muerto solo tres párvulos de los catorce que nacieron.

A media legua de esta población, en el cerro de la Nazarena y Solana de Navarredonda se ha descubierto por el citado comisionado una mina de antimonio de las de mejor calidad que hay en Europa.

Se ha estipulado entre S. M. (que Dios guarde) y los moradores de esta población que éstos a sus expensas de las tierras que se les repartió hayan de plantar cada uno dos fanegas de tierra de arboleda, luego que esto se verifique y estén los árboles frondosos y las huertas que se proyectan surtidas de verduras y semillas, estará este sitio hecho una delicia.

VALVERDE, ff. 299v-300v

Este lugar es de la jurisdicción de la ciudad de Ciudad Real y se compone de ochenta y cinco vecinos. Tiene su iglesia parroquial con la advocación de San Pedro apóstol; tiene en su término cinco aldeas o casas de labor: la una llamada Galiana, a medio cuarto de legua de distancia, junto a cuya casa hay un edificio o torre de bastante elevación, que tiene cuatro suelos o altos; la aldea de Benavente que antiguamente fue pueblo grande con parroquia matriz, con la advocación de San Juan Bautista, y a cien pasos de ella se descubren los vestigios de un castillo que allí hubo; y las otras tres [aldeas] nombradas, Fontalba, Fuente Guillén y Santa María de Guadiana.

Dista de la metrópoli Toledo diez y ocho leguas, y dos de Ciudad Real su vicaría. Confina por oriente a legua y media con el lugar de las Casas; por el mediodía, a una, con Poblete; por poniente, otra, con la villa de Alcolea, y por el norte a legua y cuarto con la de Picos. Su jurisdicción se extiende entre oriente y mediodía media legua; por poniente tres cuartos de legua, y por el norte legua y media.

A distancia de media legua por oriente y mediodía circunda a este pueblo el río Guadiana y al mediodía tiene un puente de sillería con nueve ojos llamado el puente de Alarcos junto al cual hay un molino harinero de cuatro ruedas o paradas.

En el Cerro de los Girones comprendido en este término, distante medio cuarto de legua, el pueblo finaliza una de las Cordilleras de los Montes de Toledo en el que se echa de ver un Castillo o fortaleza que indica haber sido plaza de armas; su subida es bastante penosa.

Dentro de este término hay dos lagunas de gran profundidad, la una llamada la Colada, de mil pasos en circunferencia, de largo y ancho, y la otra de ochocientos; están cercadas de unas sierras de bastante elevación.

Los frutos que produce este término se reducen a trigo, cebada y centeno, cuyas especies por un quinquenio ascenderán anualmente a veinte mil fanegas, y a doscientas los garbanzos, los mejores que se cogen en la Mancha.

Dentro de este término hay un sitio que llaman de la Mina en el que se demuestran vestigios de tales minas y algunos son de sentir que estas minas fueron de plata ignorándose el motivo de haberlas cerrado.

La situación de este pueblo es muy enferma por lo que se produce todo género de enfermedades; el número de muertos suele ser de diez a doce, y elde nacidos, de quince a veinte, experimentándose que estos naturales por lo general mueren bastante menos.

MIGUELTURRA, ff. 300v-307v[40]

Esta villa es una de las comprendidas en la orden de Calatrava; se compone de unos mil vecinos. Tiene una iglesia parroquial con la advocación de Nuestra Señora de la Asunción, y a la orilla del pueblo, entre levante y sur, hay un convento de religiosas mercedarias descalzas.

Dista de la metrópoli Toledo diez y ocho leguas, y una de Ciudad Real su vicaría. Confina con la villa de Carrión de Calatrava a levante, a una legua; con la del Pozuelo, al sur, a otra, y al norte con dicha Ciudad Real y sus aldeas de la Poblazuela, Ciruela y la Puebla. Su jurisdicción tiene de diámetro tres cuartos de legua.

Este pueblo logró el privilegio de villa en virtud del que concedió el maestre y orden de Calatrava en su definitorio celebrado en La Torre de don Gimeno [Torredonjimeno], en 6 de agosto de la era del Señor de 1406, dado por el maestre frey Pedro Muñiz, y confirmado por los demás señores maestres hasta el rey don Felipe segundo. Por él se dan y conceden a los pobladores que entonces eran de este pueblo, y a los que lo fueren en adelante, todos los términos, tierras, dehesas y montes para que fuesen suyos, los labrasen y aprovechasen, según que hasta entonces lo habían poseído y tenido los comendadores que habían sido de dicho lugar de Miguelturra, de lo que se infiere que en esta era ya era pueblo.

El convento de mercedarias de esta villa se fundó en el año 1684 con la expresa condición de que le sirviese de iglesia la ermita antigua de Nuestra Señora de la Estrella, patrona de esta villa, como así se ejecutó haciendo el convento a continuación de las tapias de la ermita, [y] dejando ilesos los derechos parroquiales y los que pudieran corresponder a Su Majestad como gran maestre de la orden de Calatrava. Esta santa imagen es tradición que fue aparecida en dicho sitio y que ha obrado Dios por su intercesión muchos milagros. En frente de este convento hay una casa hospedería en que habitan dos religiosos de dicha orden de mercenarios a la que están sujetas las monjas.

A las extremidades de la villa, al lado del mediodía, hay una ermita de Nuestra Señora de la Soledad, y otra al norte en la que se venera a san Sebastián.

En el centro de la población, inmediata a las Casas consistoriales, se está construyendo una suntuosa capilla, rotunda [redonda], para el culto y

---

[40] Habla mucho específicamente de Peralvillo, su aldea.

veneración del Santísimo Cristo de la Misericordia que retratado en el testero de la sala alta de dichas Casas consistoriales se ostentó prodigioso y admirable en la noche del 31 de diciembre el año 1764 con un copioso sudor en ocasión de estar el ayuntamiento y gran número de gentes celebrando el remate de rentas de abastos y ramos arrendables según costumbre. Estos sudores se repitieron en el día de los Santos Reyes y en el 1º del año 1768, según consta de los autos que se hicieron en virtud de comisión del señor vicario de dicha ciudad de Ciudad Real, y el cuaderno de acuerdos y cuentas que tiene esta villa de sus limosnas, con las que se hace dicha obra a expensas de la devoción de estos fieles vecinos y de los que concurren de largas distancias con frecuencia a adorar dicha imagen. De modo que hasta el estado hay hoy se halla van expendidos más de quinientos mil reales de dichas limosnas. Está ya constituida la mayor parte de la capilla hasta las cornisas de cantería.

En la aldea de Peralvillo, de la jurisdicción de esta villa, en la que hay como veinte casas quinterías con las de Peralvillo Bajo, cuyos tres barrios divide el río Bañuelo, hay una ermita en que se venera la imagen de Nuestra Señora la Blanca, y la del señor san Marcos apóstol y evangelista a quien hace anualmente esta villa por voto una solemne fiesta a expensas de los caudales de sus propios, y en los domingos y fiestas se celebra en dicha ermita misa, en los tiempos de sementera y agosto, para que concurran a este sacrificio los ocupados en estas labores, costeándola ellos mismos por estar este sitio más de dos leguas distante de esta villa y ser muy copiosas las cosechas que cogen y los ganados que se crían en él. Los diezmos de estas labores pertenecen las dos terceras partes a la Mesa Maestral de Calatrava, y la otra al señor arcediano, por lo que sería muy conforme al servicio de Dios y al alivio de estos pobres labradores que por estos partícipes se dotara un capellán para celebrar todo el año en dicha ermita por no faltar en ningún tiempo del año gente en las aldeas y pasar por ellas el camino real para los reinos de Andalucía.

En esta villa [Miguelturra] los años que continúan las lluvias, como el pasado y el presente, se forman en su corro tres lagunas que se nombran las del Rodeo, Terrero y la Cava; hay papeles auténticos por los que consta que en los de 1601, 1685 y 1708 se juntaron todas tres de forma que todo el pueblo vino a hacerse una sola, arruinándose muchas casas, y hubo que sacar al Señor Sacramentado en barcos y colocarle en la ermita que queda citada de Nuestra Señora de la Estrella que hoy es la iglesia, y sirvió de parroquia desde el mes de marzo hasta fin de octubre del citado año 1708. Causó esta avenida un notable destrozo de casas para cuya reedificación se dieron varias providencias, y una de ellas fue representarlo al rey Nuestro Señor, quien enterado del asunto, se dignó contribuir para dicho fin con 6000 ducados.

Con estas experiencias y la continuación de lluvias de estos próximos años pasados estando ya dichas lagunas o charcas ocupando algunas casas de su inmediación y esparcidas por el pueblo se están dando por el ayuntamiento providencias para su remedio, y habiendo sabido que antiguamente tenían alcantarillas o minas por las que se desaguaban las calles y seguían a incorporarse con el río Jabalón; en este invierno se ha empezado a abrir zanjas, pozos y minas, contribuyendo para ello el común de vecinos con sus peones a proporción de sus fuerzas, precedida orden superior para ello, y para sacar algunos caudales de los propios y arbitrios de este ayuntamiento, quien está propiciando todos los medios posibles para su consecución, y piensa representar a S. M. (Dios la guarde), para obtener su real licencia a fin de sacar de dichos efectos u otros lo necesario para finalizar esta empresa, pues de lo contrario se irá despoblando esta villa como ya se ha experimentado. Igualmente tiene tratado este ayuntamiento poner en noticia de los señores partícipes con diezmos para que así por su piedad como por su propio interés contribuyan con la parte que tengan conveniente para los gastos de dicha obra.

Todo el término de esta villa está cultivado y plantado de viñas y olivos sin estar cosa alguna holgando por su mucho vecindario y cortedad de aquél.

Por medio de las aldeas [de] Peralvillo, Alto y Bajo, pasa el río Bañuelo cuyas aguas nacen en las sierras de Villarrubia de los Ojos de Guadiana y Malagón, y se juntan con Guadiana por bajo el Puente Nolaya el cual es de nueve arcos, todo de piedra de cantería y fábrica de mampostería tan espacioso, que pasan por él coches, carruajes, cabañas etc. de ganado trashumante y otros cualesquiera ganados por ser paso y camino real para los reinos de Andalucía.

El citado río Guadiana baña el término y sitio de Peralvillo por la parte del sur [y] de levante aproximadamente; hay en él diferentes puentes para el uso de los molinos harineros.

Luego que se entra en este sitio de Peralvillo por dicho Puente Nolaya o por la del Molino del Emperador, al lado izquierdo del camino real, hay un cerro que llaman del Barquete, y en su cumbre está una arca de piedra sillería donde se depositan los huesos de los ajusticiados, y a un lado de esta arca, mirando a levante, hay colocada una cruz grande de hierro con un Santísimo Cristo de bronce, y en frente de este Señor hay dos piedras fijas donde se pone la horca para los reos sentenciados por el tribunal de la Hermandad Vieja de Ciudad Real cuyos pacientes quedan pendientes en ella hasta que se caen a pedazos. Lo que se ejecuta así para escarmiento de los que lo ven, y oyen, para lo lóbrego y peligroso de estos parajes, y precaver los robos que se hacían en este camino.

Como a un cuarto de legua de Peralvillo, a la izquierda del Camino Real, se encuentra el cerro que llaman las Asperillas, sigue la cordillera de levante a poniente con el monte o sierra que llaman Mari García, Puerto de Gigante, Valdeinfierno, Peñalcón y Peñas Blancas; en éste hay vestigios de un castillo, y concluye la mojonera de este término en lo alto del cerro de Cabezagorda; la solana de estas sierras es del término de esta villa, y la umbría del de la de Fernancaballero, cuyas cumbres sirven para el pasto de los ganados, y se tardan en subir como una hora.

Aunque estas aldeas de Peralvillo, Alto y Bajo, están sujetas en un todo a esta villa [Miguelturra], se diferencian sus términos y gozan estos vecinos en el de dichas aldeas, una dehesa boyal nombrada el Carrascal, la cual se abrió y empezó a labrar en el año de 1770, en virtud de real facultad, desde cuyo tiempo se han plantado olivos y criado hasta hoy más de 15.000 pies de encinar cosa que será muy útil a este común de vecinos; su extensión es como de quinientas cuerdas.

A la ribera del río Guadiana con el sitio de las Navas de Uconda hay una alameda que se plantó a expensas de los vecinos de esta villa en cumplimiento de real orden de S. M. y señores de la Junta de Reales Obras y Bosques, en el año pasado del [1]750, lo cual se compone la mayor parte de álamos blancos y como de unos trescientos pies [de] frutales.

Se tiene noticia de un libro antiguo que trata con bastante particularidad de la fundación de esta villa en el que se expresa que cuando los morosa se apoderaron de este país los resistieron los vecinos de este pueblo refugiándose sus mujeres y niños al castillo y fortaleza de Calatrava, que hoy se nombra Calatrava la Vieja; y estando haciendo los mayores esfuerzos, conociendo que les era imposible estorbarles la entrada al poder mahometano por su multitud, determinaron refugiarse al castillo donde estaban sus mujeres, dejando esta villa desamparada.

Las armas o escudo que esta villa usa hoy se hallan sobre las puertas de sus Casas consistoriales, en la parroquial y ermitas; son las de Calatrava.

Existe en esta población la fortaleza o palacio en que antiguamente lo visitaban los comendadores de Calatrava, y hoy sirve de tercia de vino, cuyo diezmo y el del aceite es ramo de la Encomienda de la clavería mayor de Calatrava que posee el serenísimo señor infante don Luis Antonio Jaime.

Los frutos más singulares que produce el término de esta villa [Miguelturra] y el de sus aldeas de Peralvillo, son trigo, cebada, centeno, avena, pitos, lantejas, garbanzos, y en años escasos, panizo; hay igualmente en las inmediaciones de esta población algunas huertas para hortaliza de poca consideración. Un buen plantío de olivas que producen aceite para el gasto y aún algo para vender, pero el que más sobresale es el vino, pues toda la circunferencia del pueblo está plantada de viñas en las tierras calares por la experiencia que hay de que éstas son estériles para granos y frondosísimas para vinos, cuyo diezmo en algunos años asciende a catorce mil arrobas de singular calidad, manteniéndose así hasta los meses mayores, pues en llegando éstos se caldea en las bodegas y no puede conservarse por la falta de cuevas.

Hay en esta villa muchas fábricas de aguardiente que conducen los arrieros de ella y otros forasteros a Madrid, Extremadura y Montes de Toledo, en cuya fábrica y conducción tienen crecidas utilidades como cambien en lo del vino para las obligaciones de algunos pueblos.

Se crían en término de esta villa ganado vacuno, yeguares, mulares, lanares y e cabrío, y en los citados ríos Guadiana y Bañuelo se cogen barbos, lampreas, truchas, anguilas y muchas sanguijuelas.

No hay en este pueblo fábrica alguna establecida y solo algunos se aplican a comprar las diez, veinte o treinta arrobas de lana, según cada uno puede; lo dan a cardar a los que en esta villa se emplean en esto, lo hilan las mujeres con tornos, y los cuatro tejedores convecinos lo tejen, llevan al batán y sacan albornoces, picotes, rajas y mezclas que venden con estimación por ser una ropa apetecible para labradores y gente del campo, dejando a los operarios una ganancia considerable. Las mujeres se ejercitan en hacer medias de lana de todos colores de punto de aguja, de modo que vienen muchos compradores y las sacan a cargas, y algunos del pueblo se ejercitan en lo mismo a los que llaman calceteros; el número de las medias que hacen cada un día no se sabe a punto fijo pero bien se puede regular de a mil pares un día con otro atendiendo a las operaciones que se dedican a este ejercicio, y aunque las lanas, tinte y otras expensas se lleva la mayor parte, les queda una considerable utilidad, por lo que todas las madres procuran dedicar a sus hijas a esta labor dejándolas el producto, deducidos gastos, para su decencia y adquirir el dote para que se case, lo que así se verifica pues cuando llega este caso todas le tienen ya adquirido con el útil de las medias, y aunque sean ricas les sucede lo mismo por no adquirir el concepto de poco aplicadas.

Hay en esta villa un maestro de primeras letras y un preceptor de Gramática a los que contribuyen los discípulos en su cuota mensual, porque aunque don José Díaz Peco, capitán de coro que fue de la santa iglesia de Toledo, fundó una cuantiosa memoria para pagar a los dichos maestros; sólo gozan de este beneficio las familias llamadas en la fundación. Hay también un hospital muy infeliz sin más rentas que las costas que producen los réditos de unos cortos censos que a su favor tiene, en el cual se recogen los pobres pasajeros y peregrinos.

En el privilegio por el que se hizo este pueblo villa se previene que desde entonces en adelante fuesen libres sus vecinos de poner en ella comendador que sea de la Cámara del gran maestre, quedando exentos de todo derecho y pecho (excepto el de diezmo); se previene igualmente vayan a las huestes los moradores cuando sean llamados y que no se pague [la] mitad del valor de las yerbas a la Mesa Maestral, ni los servicios que dicen manto del maestre, pedido y yantar, como lo pagan otros pueblos del territorio.

Tiene igualmente privilegio para que sus ganados vayan y vendan sin incurrir en pena alguna por los términos de Ciudad Real, Carrión y su aldea de Peralvillo.

Las enfermedades que comúnmente se padecen en esta villa son tercianas y tabardillos dimanado de los vapores de las lagunas que, en años lloviosos se forman en las calles, como así lo testificaron varios médicos en expediente formado en virtud del señor provisor del consejo en el año pasado de 1768 en que se experimentó una mortandad que a lo último hubo que enterrar los cadáveres en la lonja y pórtico al descubierto por no haber ya dentro de la iglesia, cuyo contagio se teme mucho en el presente por lo mucho que ha abundado de aguas, de forma que si se verificara el sumir el agua como está proyectado sería uno de los pueblos más sanos y felices de la Mancha.

En las corrientes de dicho río Guadiana, dentro de la jurisdicción de esta villa, hay dos batanes y tres molinos, todos arruinados, cosa que hace a estos naturales suma falta para batanar las telas que labran y hacer harina, causándoles la de tener que valerse de los de Ciudad Real y otros pueblos cuyos vecinos son primeros experimentando los de esta villa una detención grande cuando van a moler.

En el sitio que llaman las Canteras Viejas hay una fuente de agua agria y muy delgada, útil para los que padecen obstrucciones y facilitar la digestión para cuyo fin la recetan los médicos en ciertas horas; arroja de si un tufo que priva los sentidos lo que así se experimenta en las aves porque se hallan muchas muertas de estas en la fuente, y algunas personas que ignorando estos perniciosos efectos se han puesto a beber de bruces en ella se las han encontrado igualmente muertas.

Hay en el término de esta villa una cantera de piedra sillería y mampostería de la que se saca lo necesario para la suntuosa ermita que se está haciendo en esta villa al Santísimo Cristo de la Misericordia, saliendo piedras capaces para pilar, columnas y otras piedras grandes.

PIEDRABUENA, ff. 308-310v

Esta villa, en el año de 1574, en virtud de bulas pontificias la separó de la orden de Calatrava la Majestad del señor don Felipe segundo, vendiéndola a don Alfonso de Mesa, conquistador del Cuzco, y en el concurso de acreedores que éste hizo se adjudicó el señorío de ella al conde de Lences en parte de pago del crédito que era contra dicho Mesa, por lo que actualmente es señor de ella el excelentísimo señor marqués Mortara como conde de Lences; se compone esta villa de quinientos vecinos. Tiene una iglesia parroquial con la advocación de la Asunción de Nuestra Scñora.

Dentro de esta villa está la ermita en que se venera la milagrosa imagen de Jesucristo crucificado con título de la Antigua, y extramuros están las ermitas de San Sebastián, a distancia de un tiro de fusil, la de San Bartolomé, a medio cuarto de legua, y la de San Antonio Abad, a una legua.

Dista de la metrópoli de Toledo diez y ocho leguas, y cuatro de Ciudad Real su vicaría. Confina con la villa de Picón a dos leguas por oriente; entre este y mediodía con la villa de Alcolea, a una legua; por poniente con la villa de Luciana, a dos leguas; entre poniente y norte con la de Puebla de Don Rodrigo y los montes de Toledo, nueve leguas; al norte con la villa de la Porzuna a dos leguas; entre norte y oriente con la villa de Fernancaballero, a cinco leguas. Su jurisdicción desde oriente a poniente se entiende diez y seis leguas; las diez primitivas y las seis de mancomún con la villa de la Puebla de Don Rodrigo, y desde norte a mediodía tiene seis leguas.

A media legua de distancia de esta villa, a la parte de poniente, pasa un río llamado Bullaque, de agua muy delgada y dulce, en el que se crían con abundancia barbos y carpas de gusto muy sabroso y delicado; también produce galápagos, anguilas y algunas lampreas. Este río tiene su origen en los Montes de Toledo, media legua del lugar de la Retuerta y nueve de esta villa; dirige su curso por La Torre de Ambrán [La Torre de Esteban Hambrán], Venta del Torno, término de la villa de Malagón y de la Porzuna por el que entra en el de ésta a dos leguas de distancia, y siguiendo cuatro por él, llega al de Luciana, entre mediodía y poniente, donde se incorpora con el río Guadiana perdiendo el nombre de Bullaque.

Todo el término de esta villa está llano de sierras por lo que no es fácil explicar su longitud y nombres, pero las más visibles son las del Silleruelo, no solo por tener más de una legua de largo y mucha altura, sino por el temple de su terreno, porque todo el año no faltan en ella espárragos; estas sierras están pobladas de encinas, quejigos, alcornoques, enebros, jara, lentisco, romero, madroño, coscoja, brezo, pino, labiérnago, iniesta, retama, torvisco, espinos, zarzas, acebuches, arzollas, fresnos, sauces, laurel y otras muchas matas y árboles.

No hay razón a cerca de cuándo ni por quién se fundó esta villa, y sólo se sabe que cuando se dio la batalla de las Navas de Tolosa, en la relación que se dio al rey de la tierra ganada, comprendía a esta villa con sus castillos, los cuales hoy permanecen el uno con el nombre de Miraflores, distante media legua, entre norte y poniente, cuya fábrica unos dicen es de romanos, y otros de moros; el otro con el del Palacio, situado en las inmediaciones de esta villa, frente del antecedente, el cual está habitable por haberse reedificado a expensas del excelentísimo señor marqués de Mortara, padre del actual, como señor de ella, y en lo eminente de la sierras se advierten varios vestigios que denotan ser de castillos o atalayas.

El término de esta villa es de los más fértiles y abundantes de aguas que puede haber en España, de modo que si estos naturales se dedicasen a plantar viñas, olivos, frutales y moreras, que es de lo que carece, sin duda se podrían tener por muy felices. La cosecha de trigo, cebada, centeno y garbanzos es muy abundante y de singular calidad; se cría mucho ganado vacuno, yeguar, asnal, lanar, cabrío y de cerda, [y] colmenas con abundancia, produciendo el lanar como setecientas arrobas que se venden en un mes a forasteros

La cosecha de lino es cuantiosa y de buena calidad; la benefician estos naturales en sus respectivas casas entre los cuales hay corrientes actualmente noventa telares y en ellos se fabrican anualmente como unas 15.000 varas de lienzo.

En esta villa hay maestro de primeras letras y preceptor de Gramática sin más dotación que el estipendio manual con que contribuyen los discípulos que concurren; hay asimismo un hospital donde se recogen los pobres mendicantes y otros peregrinos.

Esta villa se gobierna por dos alcaldes y cuatro regidores nombrados por el señor de ella, los cuales son patronos de esta parroquial y demás santuarios, y tienen privilegio para nombrar sacristán y santeros; son los administradores de estos caudales, despachan libramientos y toman las cuentas sin que el párroco tenga intervención en nada, y en asuntos concernientes a regalía de villa están inhibidos de los Consejos, Chancillerías y de otros tribunales superiores, y sólo sujetos al Real Consejo de Hacienda.

La situación de este pueblo es sumamente saludable sin que se haya experimentado enfermedad particular con frecuencia y sólo se padecen aquellas comunes a todo viviente.

Entre mediodía y poniente de esta villa, a medio cuarto de legua hay una fuente de agua agria y muy delgada, útil para obstrucciones, flatos, males de vientre y de estómago, y en su dilatado término, muchas y abundantes de las más dulces y delgadas que pueda haber.

Dentro de este término hay vestigios visibles de dos minas, la una distante de esta villa legua y media, a la parte del norte, en el sitio que llaman del Cañal que, según las experiencias que se han hecho, indican haber sido de hierro y esmeril, y la otra que está a poniente, distante cinco leguas, en el sitio que nombran Santa María, por las propias experiencias se advierte era de plomo; una y otra, según inteligentes manifiestan, son muy abundantes.

En el referido sitio de Santa María hay un vestigio de piedra y cal que demuestra haber sido en lo antiguo, baño, por hallarse en cómoda proporción para este uso y estar el agua que siempre conserva dentro, caliente, sin intermisión de tiempo, por cuya razón en el año próximo pasado de 1784 algunos vecinos de esta villa repararon aquello más preciso para que se pudiese usar, y en efecto concurrieron varios achacosos y accidentados a bañarse, y sin embargo de ser ya una estación incómoda para este fin, como lo era el otoño, lograron alguna perfecta salud, y otros, un conocido alivio de sus dolencias, por lo que tienen ánimo de continuar este remedio en el próximo verano.

Abunda este término de multitud de yerbas y raíces medicinales de todas clases, según los inteligentes, entre las cuales se señalan con más particularidad las llamadas filipéndulas, el escordio, mechoacán y aristoriaca.

PORZUNA, ff. 310v-311v

Esta villa es del secretario del excelentísimo señor duque de Santisteban como marqués de Malagón, y se compone de ciento y ochenta vecinos. Tiene una iglesia parroquial con la advocación de San Sebastián, y a sus extramuros está la ermita de San Cristóbal.

Dista de la metrópoli Toledo diez y seis leguas, y cuatro de Ciudad Real su vicaría. Confina por oriente con la villa de Malagón, a cuatro leguas; con Piedrabuena a dos, al mediodía; al poniente con Arroba de los Montes de Toledo a seis, y a siete con el Molinillo, al norte. Su jurisdicción tiene de travesía por todas partes como tres leguas y media.

A mano izquierda de esta villa, y a una legua de distancia de ella, pasa el río Bullaque que tiene su nacimiento en las inmediaciones del lugar de la Retuerta, Montes de Toledo: no tiene puente ni barcas hasta la villa de Luciana donde se junta con Guadiana.

Demás de este término hay distintas sierras para pasar los montes de Toledo; por cordilleras o puertos se pueden pasar en tres cuartos de hora; todas se hallan pobladas de montes pardo, jaras, lentiscos, chaparros y encinas.

Se ignora cuándo y por quién se fundó esta villa en la que no hay noticias de más hombres ilustres naturales de ella que de los RR. PP. Fr. Juan de Espinosa, dos veces prior de Guadalupe e inquisidor mayor de Llerena, y Fr. Julián de Villegas, que fue prior en el Escorial ocho años continuos hasta su fallecimiento, y don Francisco Villegas su primo, relator del Consejo de Indias y gobernador del Almadén, quien puso sus reales minas de azogue en el estado tan floreciente que hoy se hallan.

Esta población hace una sola aldea sujeta a otra jurisdicción, y en el año pasado de 1769 se hizo villa realenga. Los frutos más singulares que produce el término de esta villa son una razonable cría de ganados vacunos, lanares y cabrío, y unas cinco mil y quinientas fanegas de trigo, cebada, centeno y algunos garbanzos, careciendo de todo lo demás.

Las enfermedades que se experimentan en esta villa son tercianas, algunas cuartanas, tabardillos; el número de muertos en cada un año es de treinta, y el de nacidos es de treinta y dos.

VISO DEL MARQUÉS, ff. 311v-314v

Esta villa, en el reinado del señor Carlos quinto, se separó de la orden de Calatrava y se vendió a don Álvaro [de] Bazán, primer marqués de Santa Cruz, y por lo mismo es actualmente del señorío de esta casa, y se compone de mil vecinos. Tiene una iglesia parroquial con la advocación de Nuestra Señora del Valle, cuya santa imagen fue aparecida según la tradición.

Dista de la metrópoli Toledo veinte y ocho leguas, y diez de Ciudad Real su vicaría. Confina con la Encomienda y nueva población de Almuradiel y con la Real Carolina y villa de Baños, al sur; a poniente, a cuatro leguas, con la Calzada de Calatrava, y el convento de este nombre; al norte, a dos leguas, con Santa Cruz de Mudela. Su jurisdicción se extiende de oriente a poniente más de tres leguas, y cuatro de norte a sur.

La fábrica de esta iglesia es gótica, de una sola nave, pero con motivo de haber amenazando ruina la torre de resultas del terremoto del año pasado de 1755, se derribó para lo que fue necesario arruinar parte de la bóveda de la iglesia y coro, y para su reedificación y ampliar la iglesia por no caber en ella la muchedumbre de feligreses se recurrió al Real Consejo de las Órdenes por corresponder los diezmos de este templo a la Encomienda de su mismo nombre, y sin embargo de los esfuerzos y eficaces solicitudes del párroco no se la podía conseguir a pretexto de no tener la fábrica caudales suficientes para la obra.

Dentro de esta población hay un convento de religiosas franciscas observantes con corto número de individuas sin embargo de tener buenas fincas propias; se venera en él la célebre imagen de Santa María de Jesús , y a sus extramuros, como a veinte pasos, hay otro de religiosos de la misma orden, en el que solo hay cuatro religiosos presbíteros; en su iglesia se conservan cuerpos enteros de santos y otras reliquias colocadas en los colaterales del altar mayor en donde tienen los marqueses de Santa Cruz su panteón.

A corta distancia de esta población se hallan las ermitas de San Sebastián y Santiago; la primera a mediodía, y la segunda a poniente y a dos leguas al mismo poniente. Dentro de sierra Morena está otra ermita en que se venera el apóstol san Andrés cuya santa imagen, en tiempos de necesidades, se trae en procesión a la parroquia de esta villa.

Distante media legua de esta villa pasa el río Fresnedas que solo corre en el invierno; tiene su nacimiento en la cumbre de sierra Morena y sitio de las fresnedas. Por su ribera hay algunos molinos de corta consideración por la escasez dc agua; este río se junta con el llamado Montoro, y ambos con Guadalquivir donde pierden sus nombres.

Comprende esta jurisdicción dentro de sierra Morena tres puertos que son el del Robledo, el de Muradal y el del Rey; en la cumbre de éste se halla un Humilladero que demarca los límites de las diócesis de Toledo y los de Jaén. Por el puerto del Muradal pasó el ejército del rey don Alfonso octavo de la victoria tanta vida como celebrada.

Toda la sierra Morena está poblada de monte y bosques inaccesibles, y en lo más intrincado de ella se hallan unos molinos harineros donde van a moler estos dichos en tiempos que no corren los de la Rivera del río Fresnedas. Por donde quiera que se transite se encuentran robles, alcornoques y otros arbustos que hermosean la sierra utilizándose [por] estos vecinos no solo de leña y demás arreos de madera para labor, sino de la porción de corchos que cogen y mucha caza mayor y menor que alguna otra vez les sirve para el sustento.

Dentro de este pueblo hay un magnífico palacio propio del señor de él; su fábrica es excelente y entro de él hay pinturas exquisitas, así de genealogía de la Casa de Santa Cruz como de historia sagrada y profana. También se dejan ver varias armaduras de acero y hierro que en otros tiempos se usaban para pelear con los enemigos.

Los frutos que produce este terreno son una razonable cosecha de todos granos y abundancia de frutas que se cogen en las huertas que hay a la falda de sierra Morena, careciendo de todo lo demás y con particularidad de vino y aceite; sin embargo, de haber proporción para plantar de estos géneros más de dos fanegas de tierra la cual cultivarían estos naturales si tuviesen proporción para ello por lo aplicados que son a la agricultura como se ha verificado en la nueva población que hicieron en el señorío de la dehesa de Almuradiel, pero se hallan imposibilitados en el día.

No hay en esta villa fábrica de particular consideración más que aquellas que las mujeres tienen en sus respectivas casas de forma que por si mismas hacen ligas de estambre primorosas fajas de lo mismo, alfombras y cobertores. También fabrican estas mujeres unas telas que llaman barraganes tiñéndolas de todos colores, las que venden con bastante estimación porque de las negras se visten los eclesiásticos con bastante decencia.

En esta villa hay dos escuelas de primeras letras dotadas por el señor marqués de ella; también hay maestra de niñas para enseñar a éstas sus labores de tejidos consumiéndose anualmente por el párroco de esta villa con intervención del P. Guardián de San Francisco y de un alcalde de ella los progresos de dichas escuelas aplicándose ciertos premios a aquellos y aquellas más beneméritos por su aplicación y adelantamientos.

Esta villa se gobierna por dos alcaldes ordinarios que elige el señor marqués en la proposición de personas duplicadas que hace su asejuntamiento anualmente, y además tiene aquel la regalía de nombrar uno con el nombre de alcalde mayor y debe ser de letras, pero regularmente reside fuera del Viso, y actualmente en Valdepeñas como gobernador de aquella villa, nombrando un teniente tan lego y falto de luces como los demás alcaldes, reduciéndose el gobierno de ésta a la disposición de sus escribanos, que por lo común nunca suele ser buena, y como en este pueblo no hay personas prudentes ni distinguidas carece de quien pueda sacar la cara para que el alcalde mayor residiera en él, y el gobierno fuera arreglado a la mente del soberano.

Las enfermedades que comúnmente se padecen en esta villa son tabardillos, dolores de costado, asmas, tisis, e hidropesías. El número de muertos inclusos los párvulos se regula por un quinquenio en cada un año en ciento y cincuenta, y el de nacidos, en doscientos.

Entre el término de esta villa y el de la Calzada de Calatrava hay una fuente de agua muy agria y medicinal que llaman de las Chicotas, y en lo más de él se descubre tierra blanca muy propia para la real fábrica ce china y para quitar todo género de manchas.

En el presente año vino a esta villa un comisionado por S. M. (Dios le guarde) el cual cogió en su camino y condujo a la corte cierto género de piedras que escogió; eran de la mayor estimación.

En lo alto del Puerto del Rey se halla con abundancia cierto género de cristal de nova que entre los artífices de Madrid se ha destinado para anillos por ser su brillo muy parecido al de los diamantes. Por toda la montaña se encuentran bancos de piedra mármol y algunas piedras con unas betas que labradas serían de singular gusto; también hay de toda clase de yerbas medicinales sobre las que está dada la competente instrucción a los directores del Jardín Botánico.

A consecuencia de las órdenes de los ilustrísimos arzobispo de esta diócesis y obispo de Jaén, se va a labrar el pirámide que ha de servir a oriente en dicha sierra Morena para dividir y desmarcar los límites de ambas jurisdicciones por el lado de Despeñaperros donde cruza el camino nuevo real que pasa a los reinos de Andalucía.

ARGAMASILLA DE CALATRAVA, ff. 314v-318

Esta villa es una de las comprendidas en el Campo y señorío de la orden de Calatrava, de la que es gran maestre nuestro católico monarca en virtud de bulas pontificias. Se compone de setecientos y cincuenta vecinos; tiene una iglesia parroquial con la advocación de Nuestra Señora de la Visitación; sin embargo que en todos los contornos de Calatrava se llama esta parroquia Santa María la Mayor. Tiene por anejo la parroquia de Villamayor donde este párroco pone un teniente.

Dista de la metrópoli Toledo veinte y dos leguas, y cinco de la ciudad de Ciudad Real su vicaría.

A legua y media de distancia de esta villa, cerca de los términos de Almagro y Aldea del Rey, hay tres lagunas situadas entre unos cerros las cuales solo tienen agua en inviernos lluviosos y sus circunferencias se arriendan por el concejo de esta villa en clase de arbitrios a los dueños del ganado trashumante.

En el término de esta villa hay distintas sierras, unas más grandes que otras, a un cuarto de legua de la población las más cercanas, las cuales corren desde poniente a levante, principian en Puertollano y ermita de Santa Ana, siguen su cordillera por cerca de este pueblo hasta el sitio de la Presa, que recoge el agua de las sierras inmediatas, formando un depósito de ellas por su elevación. La fábrica de esta presa, al parecer, es de moros, la cual es verosímil se hiciese para algún molino de cubo; sin embargo de que en el día no hay ninguno. Desde esta presa sigue otra sierra derecha al poniente que llaman la Umbría de las Zorritas, y a medio cuarto de legua se eleva un cerro mucho más eminente que sigue la misma ruta, llaman del fontanar por nacer en él una fuente de agua dulce que, encañada, viene a esta villa, y de ella surte lo más de su vecindario, al de este cerro se abre otro puerto que llega hasta la ermita y sierra de Nuestra Señora de la Esperanza; aquí se abre en un llano bastante grande que llaman Trangil, en donde hay otra fuente muy caudalosa, sigue después la sierra a poniente y se une con la umbría de Turruchel. Al pié o falda de ésta hay dos huertas pobladas de árboles frutales que se riegan con las aguas de una fuente muy caudalosa que nace inmediata del Sobrante, sigue su corriente que baña los prados nombrados Turruchel donde acaba esta sierra hasta que vuelve a subir en la umbría de la Zarza donde igualmente tiene otra huerta de regadíos con las corrientes de la famosa fuente de este nombre.

Dentro del término de esta villa hay dos dehesas, la una solamente para el pasto del ganado caballar, y otra para el boyar; de ésta suele guardar pasto sobrante y en este caso la arrienda a los ganaderos del lanar para invernadero, cuyo importe entra en los caudales del propios en virtud de tal facultad siendo una de las principales fincas de estos efectos, junta con otra que llaman la Dehesilla, distante un tiro de bala de la población.

Las sierras y dehesas que van citadas eran pobladas de chaparro, lentisco jara, madroño, labiérnago, acebuches, enebros y otras matas y yerbas medicinales. Abundan asimismo de todo género de caza, como perdices, conejos, liebres, ciervos, jabalíes, corzos, tejones, gatos monteses, lobos, zorras, víboras, alacranes, de una, y abundancia de tarántulas cuya picadura se curan tocando al son de su nombre como se ha experimentado.

Inmediatas a la población de esta villa y a sus extramuros hay tres ermitas: una a la parte de oriente donde se veneran los Santos mártires Quirico y Julita, cuyas reliquias existen en esta parroquial y a quienes se hace solemne función con voto de oír misa y no trabajar el día 16 de junio a consecuencia de haberse libertado estos vecinos por intercesión de estos santos mártires de un contagio de peste que sobrevino en tiempos antiguos; otra al norte de San Juan Bautista, y otra al sur, inmediata al arroyo que baña a esta villa, donde se venera la antiquísima imagen de Nuestra Señora de la Rosada que se apareció según la tradición antigua a un labrador entre las astas de la vaca que traía en su yunta llamada Rosada; en esta dicha ermita se venera también el Santísimo Cristo de la Columna y María Santísima de la Soledad; es muy capaz y antiguamente sirvió de iglesia parroquial. Hay en ella fundada una capellanía para decir misa todos los días festivos.

Por la parte de mediodía baña este pueblo un arroyo de corta creciente, pero en años lluviosos se pasan trabajos en cruzarle por no tener puente alguno; nace este arroyo legua y media de la población, en el sitio del Charco del Oso, y uniéndosele otras fuentes pasa por Almodóvar del Campo y se incorpora con Guadiana es las inmediaciones de Tirteafuera.

Se ignora por quién ni cuándo se fundó esta villa, solo sí que es antiquísima; se ha arruinado muchas veces y vuelto ha reedificar por estar al pie de sierra Morena muralla de las Andalucías e inmediato al Puerto Llano [Puertollano] por donde pasaban los ejércitos católicos y mahometanos haciendo mansión en ella; llegó a tener seis mil vecinos según lo demuestran los vestigios principales; en un cuarto de legua alrededor se encuentran cimientos de casas, cuevas, jaraíces, pilas para mosto, sepulcros con huesos de racionales, pilares de argamasa y otros de forma que el arroyo referido pasaba en aquellos tiempos por medio del pueblo.

Entre las varias ermitas que hay en este término se encuentra la de Nuestra Señora del Socorro, un cuarto de legua de la población, camino de Almagro; es nave capaz con su casa de campo, una huerta y una viña toda cercada de fábrica antigua y primorosa. Esta ermita antiguamente se nombraba de San Sebastián, y por haberse parecido la imagen de Nuestra Señora en lo alto de un álamo contiguo a ella la tributaron el santuario y nombre de la Esperanza; es muy milagrosa y por lo propio la tienen estos naturales y demás pueblos circunvecinos singular devoción.

En la circunferencia de esta población hay diferentes huertas con sus pozos anorias para regarlas en las que se cría de todo género de legumbres y verduras, como son lechugas y pimientos, berenjenas, tomates y pepinos, melones, coles, nabos, rábanos que después de surtirse el vecindario llevan a vender mucho a los pueblos inmediatos de que se utilizan los pobres que son quienes por lo regular tienen las huertas en arrendamiento equitativo.

Dentro de la jurisdicción de esta villa hay descripción de cuatro castillos o atalayas; uno en la sierra de la Nava, otro en el Sitio de Turruchel, donde hay una mazmorra que llaman vulgarmente Sala de los Moros, y los otros dos en la sierra de la Zarza y cerro que nombran del Moro cuyas fortalezas parecen las hicieron los moros para defender la entrada y salida de sierra Morena.

Se han empleado muchos naturales de esta villa en servir a S. M. así por letras como por armas en clase de oficiales y otros que por buscar sus medros pasaron a la Nueva España en donde lograron tal fortuna que han regalado así a esta parroquial como a la imagen del Socorro que queda referida, muchas y costosas alhajas como fueron lámparas de plata, coronas, cadenas, de oro y otras.

Produce este término una regular cosecha de trigo, cebada y centeno; asimismo se crían ganados vacunos, yeguares, lanares y e cabrío y algunas colmenas que aunque no muy abundantes producen una miel de la mejor que se puede criar en España.

La situación de esta villa es bastante sana y por lo regular no se produce en ella epidemia particular; solo algunas tercianas y cuartanas en años lluviosos dimanadas sin duda de los vapores que arrojan algunas balsas que se hacen de las aguas del arroyo que pasa por el mediodía inmediato al pueblo.

PUERTOLLANO, ff. 318-320v

Esta villa es una de las del Campo y señorío de Calatrava y se compone de quinientos setenta y ocho vecinos. Tiene un parroquial con la advocación de Nuestra Señora de la Asunción y un convento de religiosos de San Pedro de Alcántara en el que existen de continuo de diez y ocho a veinte individuos.

Dista de la metrópoli de Toledo veinte y cuatro leguas, y seis de la ciudad de Ciudad Real su vicaría. Confina por mediodía a dos leguas con la villa de Mestanza; con Fuencaliente a poniente, con Almodóvar del Campo, a una por el norte, y a levante tres cuartos de legua con Argamasilla de Calatrava. Su término desde poniente a levante a parte se extiende a cinco leguas, y de mediodía al norte cerca de tres.

Esta villa se halla situada en un llano muy espacioso inmediata a dos encumbradas sierras que caen al mediodía entre las cuales en tiempo lluvioso se forman dos lagunas que a fuerza de mucha abundancia desaguan, la una en el riachuelo que pasa por Argamasilla, llamada Fucar, y la otra corre a mediodía y pasando contiguo a esta población se incorpora con el río Ojailén, distante medio cuarto de legua. Él solo corre en tiempo de invierno; tiene su nacimiento en término de Almodóvar del Campo, cruza todo éste hasta entrar en el de Villanueva de San Carlos donde se junta con el río Fresnedas y así unidos cruzan a sierra Morena hasta incorporarse con Guadalquivir donde pierden su nombre.

En el referido riachuelo de Ojailén se cría alguna pesca como anguilas, barbos y bogas, y en su ribera hay cuatro molinos harineros que con tiempo de invierno son suficientes para moler cuanto se ofrece en esta villa y alguna parte de otras inmediatas.

En lo alto de dichas sierras, mirando entre norte y mediodía, hay una ermita del señor San Sebastián, y a la mano siniestra de ella en el sitio más elevado de ellas hay otra de una santa imagen muy capaz con tres naves, y según tradición fue aparecida en el castillo que existe inmediato a la ermita y como a quince pasos de ella en un nicho de piedra viva que se halla con su puerta cerrada. En la llanura del referido puerto está igualmente situada otra ermita de María Santísima de Gracia de una nave, [bóveda de] media naranja y camarín muy decente; fundóse por los años de 1489 por el común de esta villa a causa de las gravísimas enfermedades contagiosas que padecían, y de las que falleció gran número de gente, en cuyo conflicto se encomendaron de veras a la Santísima Virgen de Gracia ofreciéndola construir una ermita, y luego al punto cesó la epidemia.

Las dos sierras que van nombradas son de las muchas que existen en sierra Morena, las cuales siguiendo a poniente cruzan el término de Almodóvar [del Campo], el [de] Almadén, y se unen con las de Guadalupe en tierra de Extremadura.

Al mediodía de esta villa hay un valle como de una legua de anchura cuyo terreno es el más útil para la labor, pues lo demás de él, excepto algunas quebradas, por lo común es monte y sierras pobladas de encinas, chaparros, alcornoques, azares, fresnos, enebros, agracejos, madroños, alisos, jaras, lentiscos, cornicabra, coscojas, iniestas, labiérnago y romeros, cuyos árboles y arbustos se hallan en toda la dicha extensión, aunque por las cercanías del pueblo para el cultivo y común descepo no los hay con tanta abundancia ni frondosidad.

Se ignora cuándo ni por quién se fundó esta villa; sólo hay vestigios de haber sido pueblo crecido y muy antiguo; han salido de ella hombres doctos que la ilustraron como el maestre de campo Antonio de Puebla al que honró la majestad de Felipe segundo con muchos y honoríficos cargos y entre ellos el de gobernador de las Islas Terceras; don Francisco Cerón maestre de campo y gobernador de Girona; el capitán Juan Limón que sirvió a S. M. en las guerras de Flandes; don Juan Trujillo, en su real armada; don Diego Trujillo, su hermano, colegial mayor que fue de Salamanca, alcalde mayor de Sevilla y últimamente juez de quiebras de Madrid; el maestro Espinosa, catedrático de lengua hebrea; el doctor Muñoz, fray Calixto de la Transfiguración, religioso de la Santísima Trinidad que murió en gran opinión de santo en su convento de la ciudad de Granada, y el doctor don Alfonso Limón Montero, catedrático de Vísperas de Alcalá quien dio a luz un libro titulado <u>Espejo cristalino de las aguas de España</u>, impreso en Alcalá, año de 1697.

Los frutos más singulares que produce este término son trigo, cebada, centeno, garbanzos y pitos; en el último quinquenio se cogieron 77.999 fanegas de trigo, 62.300 de cebada, 6006 de centeno, 945 de garbanzos y 4500 de pitos; se cogió igualmente una razonable cosecha de vino de singular calidad lo de primera hoja, pero en llegando los muy mayores se vuelve a causa de no haber cuevas proporcionadas para conservarlo; su cosecha asciende a 18 ó 20 mil arrobas en cada un año. También produce este término una mediana cosecha de aceite que después de surtir su vecindario queda bastante sobrante para abastecer a forasteros.

En el término e inmediaciones de esta villa hay cinco hornos corrientes en que se ocupan como veinte personas de continuo para hacer y cocer todo género de alfarería ordinaria con baño de alcohol de que se surte su vecindario y todos los pueblos comarcanos. Las mujeres por lo común se dedican hacer encajes finos que sacan los forasteros para conducir a Cádiz, Sevilla y otras partes también se ocupan algunos con hacer alfombras y tapetes pero por la escasez de medios por lo común es corta porción.

Hay en esta villa maestro de primeras letras, preceptor de Gramática, una cátedra de Moral y otra de Canto llano, dotadas las dos últimas por el doctor Muñoz de quien ya se ha hablado que actualmente se hallan sin ejercicio por falta de estudiantes.

Hay igualmente un hospital con razonable dotación donde se curan estos pobres naturales asistiéndoles con todo lo necesario y recogiéndose en ellos pasajeros peregrinos.

Las enfermedades que comúnmente se padecen en este pueblo son tercianas en años de muchas lluvias, tabardillos y dolores de costado, y con mayor frecuencia, carbuncos malignos causando un notable estrago hasta que se empezó a usar el emplasto o específico que publicó el doctor don Francisco Martínez Villaescusa, médico de la villa de Tarazona de la Mancha, pues desde entonces aplicándose al paciente se experimenta una perfecta curación de forma que rara persona suele morir de este contagio, lo cual antes en teniéndole se encontraban ya sin remedio humano. El número de muertos por un quinquenio se regula en noventa y uno de cada un año, y el de nacidos en ciento y quince, inclusos en uno y otro extremo los de las aldeas del Villar y de la Higuera, sujetos a esta campana.

En el término de esta villa hay muchas y abundantes aguas minerales y medicinales como lo han experimentado los muchos enfermos que han venido a usar de estos baños, así de la villa y corte de Madrid, como de otras partes, sobre cuyas virtudes habla con bastante latitud y propiedad el referido doctor don Alfonso Limón en dicho libro impreso en Alcalá, año de 1697.

CALZADA DE CALATRAVA, ff. 320v-322v

Esta villa es del señorío del gran maestre de Calatrava y una de las de su Campo; se compone de mil vecinos con corta diferencia. Tiene una iglesia parroquial con la advocación de Nuestra Señora del Valle y un convento de religiosos capuchinos fundado en el año pasado de mil setecientos sesenta y nueve, y cinco ermitas, dos dentro de la población y tres extramuros de ella.

Dista de la metrópoli Toledo veinte y una leguas, y tres de la ciudad de Ciudad Real su vicaría; su jurisdicción es muy dilatada pues por la parte del sur se extiende cinco leguas.

Circundan a esta villa dos arroyos, uno que baja de la encumbrada sierra que llaman la Atalaya desde la que se registra mucha parte de Andalucía y la sierra Nevada de Granada, distante cuarenta leguas, y el otro que llaman de la Fuente, que tiene su nacimiento de la que se surte este vecindario; corren por occidente y uniéndose a muy corta distancia de esta villa en un prado bastante espacioso se incorporan con el río Jabalón.

En las márgenes y riberas de dichos arroyos de la Fuente y la Atalaya hay bastantes huertas en las que se crían todo género de verduras y otras legumbres suficientes para el consumo de este vecindario.

Por dentro de la jurisdicción y término de esta villa pasan dos ríos; el uno de las Fresnedas, a legua y media de distancia de ella por el mediodía, y el otro el de Jabalón ya citado, a una legua por el norte, en cuyas riberas hay diversos molinos harineros y en sus corrientes se crían de todo género de pesca de buen gusto y con particularidad las de Fresnedas.

Dentro del término de esta villa hay cinco encomiendas muy ricas de la orden de Calatrava con otras dehesas, prados y montes comunes en los que se cría mucha caza volátil y terrestre, mayor y menor.

En lo más oculto de los empinados montes Mareanos [Marianos] entendidos vulgarmente de sierra Morena, tiene esta villa una aldea de cuarenta vecinos que viven con sus labores, ganados y huertas pobladas de olivos, árboles frutales, lino y legumbres que riegan con las dulces y delicadas aguas que bajan de dichos montes, las que igualmente dan movimiento a cuatro molinos harineros de los que se surten dichos aldeanos.

Dentro de la jurisdicción de esta villa hay diferentes fuentes de aguas dulces y delicadas y otras aguas; la de que se surte el vecindario dista de ella un moderado paseo; es muy abundante, tanto, que en sus inmediaciones revienta por diferentes partes borbotones que unidos forman un arroyo bastante grande, y es el de la Fuente que queda citado. Siguiendo su ribera, a distancia de medio cuarto de legua, se encuentran dos hervideros de agua agria que nacen en la encomienda de la sacristía mayor de Calatrava; su agua es muy agradable al paladar y medicinal como lo tiene acreditado la experiencia, porque bañándose en dichos hervideros se han curado muchos dolores, miembros y nervios entumecidos alcanzado su virtud hasta curar el mal de gota, terminando calenturas sólo con beberlas. El motivo de haberse descubierto la virtud de esos hervideros ha sido que 20 años hace pasando por junto a ellos un religioso carmelita descalzo en una caballería baldado del lado derecho se inclinó a bañarse, como lo hizo unas cuantas veces, y experimentando conocido alivio continuó sus baños, quedando por medio de ellos enteramente sano. Y el motivo de no poderse contar efectos más patentes de la virtud de esta agua es por no tener cubierto alguno, y las personas decentes y recatadas no quieren concurrir a bañarse por la indecencia de estar a campo raso valiéndose sólo del auxilio de conducir las aguas a la población, y sin embargo de no estar tan activas experimentan bastante alivio.

Esta villa se fundó en el siglo (sic) de mil trescientos por los maestres de Calatrava y por lo mismo se sabe las armas de esta sagrada orden mezcladas con las reales.

A media legua de esta villa, a poniente, se halla en la cumbre...[41]

---

[41] Fol. 322v hay una nota que dice: Sigue al pliego 31.

XII
FONTANAREJO

FONTANAREJO, Ms. 7308, ff. 282-284

Este lugar pertenece a la jurisdicción del ilustrísimo ayuntamiento de la ciudad de Toledo, y se compone de sesenta vecinos. Tiene una iglesia parroquial con la advocación de San Felipe y Santiago, que es aneja a la del lugar de Arroba [de los Montes].

Dista este pueblo de la ciudad de Toledo diez y siete leguas. Confina con Arroba a distancia de una legua, por el mediodía; por el poniente, con Navalpino, distante otra legua; comprende esta jurisdicción una legua por todas partes.

Por la parte de poniente hace manga este término, y sigue dos leguas y media hasta confinar con un río caudaloso llamado Guadiana, que nace por la parte del oriente, y dicen entra solo en la mar.

Tiene este término una sierra que principia desde Guadiana a la parte del poniente y da vuelta a los tres lugares, Arroba, Fontanarejo y Navalpino, y se pasa para ir al lugar de Alcoba. Todo este término está poblado de monte de jara, encina, chaparro, quejigo, romero y abulagas.

La cosecha de este pueblo asciende anualmente a dos mil fanegas de trigo, a quinientas de cebada y ochenta de centeno. Se crían algunos chivos y colmenas de cuyo fruto no puede formarse regulación cierta por la poca seguridad del producto de estas especies.

Las enfermedades comunes de este pueblo son tercianas y cuartanas. En los treinta y cuatro años últimos han nacido cuatrocientos y setenta, y los muertos han ascendido a cuatrocientos y ochenta.

XIII
HERENCIA

HERENCIA, Ms. 7293, ff. 335-337v

J. M. J. [Iesu, Mariae et Ioseph / Jesús, María y José?]

Muy señor mío:

Recibí su estima[da] carta y con ella la lista para que le informe o participe de lo que en ella me pregunta, a lo que respondo ahora por no haber podido antes causa de las muchas ocupaciones que con este convento se ofrecen; y digo que por estar yo de presidente por estar el prelado en capítulo, y no tener yo la llave del archivo donde pudiera comunicarle a vuestra merced la principal noticia del fundador de este convento, y cuántos años hace que se fundó, y otras noticias del convento y sus adornos y cosas especiales de la iglesia, y de otras que pueda saber, e inquirir de dentro y fuera, con que si no es tarde, la semana que viene que ya estará aquí el prelado y se responderá.

Estimaré a vuestra merced se digne avisarme o al prelado, ofreciendo la salud que el señor me concede para servirle y encomendarle a Dios me le de salud y gracia.

En este de Herencia, a 4 de mayo de 1788.

Besa la mano de vuestra merced su más afecto servidor y capellán, el padre presidente,

Fray Manuel de San Antonio [rúbrica]

* * *

J. M. J. [Iesu, Mariae et Ioseph / Jesús, María y José?]

Herencia y junio, 27 de [17]88

Muy señor mío: Celebro su salud cumplida y me alegraré se continúe con toda felicidad; yo, para servir a vuestra merced, bueno a Dios gracias.

Ahí le remito a vuestra merced ese papel en el que le comunico algunas noticias de los capítulos que me pone; no puedo más, por lo que me parece ser más acertado el que vuestra merced vea en la historia de Toledo lo demás que pertenece a este lugar y su término, que me parece allí lo encontrará con más claridad y certeza que yo no puedo decirle más que es un lugar grande y muy poblado de gentes de todos estados, hidalgos y plebeyos, y que los hay muy ricos y poderosos labradores, y muchos edificios grandes; calles muy grandes de largas y anchas, y muchas y muy lucidas como todo el lugar lo está, y empedrado. Con sus tres fuentes grandes y buenas, y de agua saludable, y más para los pechos pues muchos se han curado con ellas; es saludable por lo que no hay enfermedades gravosas sino es lo que por todas partes anda, que son tercianas, y para la gente que hay no muere mucha.

Tiene también una plaza hermosa de grande y lucida, con sus corredores y ayuntamiento, y en ella la iglesia parroquial grande y hermosa de una nave también con una torre y campanas primorosas; tiene también este lugar cinco o seis jabonerías grandes y bella fábrica que tienen, y molinos de aceite, muchos y grandes, porque es mucha la cosecha de aceite por las muchas olivas que hay en el término, y mucho vino por las muchas viñas que también hay, y de granos de toda especie; siendo los años favorables se logran cosechas primorosas, como también azafrán; barrilla y salicor, mucho; y tiene también muchas huertas de toda hortaliza. Y las entradas y salidas, hermosas, con algunas alamedas, y en especial una que tiene la serna que llaman del Infante.

Y no puedo decir más, amigo. Quisiera poder comunicarle más de lo que me pide, y es cuanto se me ofrece por los muchos años que ha que estoy aquí en este convento. Mande vuestra merced otra cosa interim que pido a Dios me le de salud y gracia para que salga bien de su empresa, y estimaré me responda si ha llegado a sus manos, ésta que, aunque ya no soy prelado, atenderé a vuestra merced.

Yo, el P. fr. Manuel de San Antonio [rúbrica]

Muy señor mío don (Tomás, tachado) López

* * *

Muy señor mío:

A lo que vuestra merced me pide en los capítulos que me pone en su lista que no en todos puedo decirle.

Respondo que este convento se fundó el año de 1656 con las licencias y facultades que concedió el serenísimo señor don Juan José de Austria, gran prior de San Juan de estos reinos de España, Castilla y León, el que se constituyó por patrono y protector de este convento por lo que se puso por su orden y mandato su retrato en un cuadro al lado de la epístola en el presbiterio del altar mayor, el cual permanece y permanecerá para perpetua memoria, y con las condiciones y mandatos que Su Alteza Real ordenó, que todo permanece en el archivo de este convento, por lo que se nombra convento real. Pero también es cierto que se ha aumentado mucho más con las limosnas que los superiores y prelados que han sido de él han adquirido; con especialidad uno que era hijo de este lugar, nuestro padre fray Jesús de la Natividad, general y provincial que fue de la religión.

Este convento está en medio del lugar y es cosa digna de alabarse porque goza de bella hermosura porque su interior se compone de un claustro hermoso y espacioso, y dormitorio y oficinas espaciosas y alegres; la iglesia, bastantemente capaz y bellamente adornada con un crucero y media naranja, claro y hermoso; el altar mayor y colaterales de talla hermosa y dorada, e imágenes hermosas y de mucha devoción, así de santos del orden y otros; tiene esta iglesia también a los lados dos capillas a lo largo, con sus postes que hacen tres arcos cada una que salen al cuerpo de la iglesia.

Una del Santo Cristo del Consuelo, imagen primorosa y de gran devoción por toda esta tierra y fuera de ella, porque es imagen muy parecida en todo al Cristo de Ribas, sólo que ésta es Ecce Homo; su altar de talla dorada y muy adornado; y en esta capilla están enterradas muchas personas de las más nobles y esclarecidas personas de este pueblo que han tenido hasta ahora sepulturas propias. Otra capilla del señor San José y muy adornada y acompañada de varias reliquias con sus auténticas y en relicarios muy adornados y dorados, y también otras pinturas exquisitas en cuadros dorados; tiene con el mayor que es el de santo, otros cuatro altares: uno de la Dolorosa, otro de la beata Mariana, otro de Jesús Nazareno, y otro de Santa María del Socors; pinturas por mejor decir imágenes muy primorosas, de talla y mucha devoción, y sus retablos de hermosa y gustosa talla dorada. Y es capilla ésta de tanta devoción que en ella se recogen muchas personas virtuosas a tener oración. Otra capilla de la Purísima Concepción con tres retablos dorados y de talla vistosa y delicada; el uno de esta Señora, el otro de la Virgen de Guadalupe, y el otro de la Soledad y el Señor en el sepulcro debajo; imágenes primorosas y acompañadas de imágenes de mucha devoción.

Este convento como está en medio del lugar por eso concurre toda la gente a confesar, no solo el tiempo del cumplimiento de Iglesia, sino todo el año, días festivos y aún los más días de trabajo, y lo mismo a misa, de modo que como es lugar tan poblado de gente, y tan grande, es confusión y trabajo grande que tenemos los religiosos de este convento, que aunque somos unos veinte, todavía son pocos para tanto como se ofrece, ya de confesar dentro y fuera, y aún a bien morir, porque en el lugar aunque hay bastantes sacerdotes, los más ni son confesores ni se quieres emplear en esto, por lo que es mayor el trabajo.

Estudios antiguamente hubo estudios mayores de la religión por lo que concurrieron algunos estudiantes así del lugar como de otros vecinos a éste; salieron algunos hombres ilustres, así para nuestra religión como para otras, y algunos para curas del arzobispado, pero hoy día no hay sino es estudio de Gramática y porque se ha dedicado a ello un sacerdote hijo del lugar y criado y enseñado en este convento. Entierros ha habido diferentes y religiosos de otras religiones que están enterrados en el claustro, y algunos de su posición, y principalmente de nuestra religión como, como un superior provincial y padres priores de grande opinión de doctos y religiosos con otros religiosos conventuales de este convento y beatas terceras nuestras, también de buena opinión, en las capillas ya referidas han sido enterradas muchas personas nobles y otras bien emparentadas en este lugar. Esto es por lo que hace al convento. También está enterrado en el claustro de este convento, con rótulo encima, don Antonio de Córdoba Ponce y León, colegial que era en el Mayor de Cuenca de la Universidad de Salamanca, hijo de señor vizconde de la Puebla de los Infantes; murió en el Puerto Lápice y se mandó enterrar en este convento, el que yace depositado desde el día ocho de noviembre del año de 1721, debajo de la estación de San Pedro Armengol.

XIV
HORCAJO DE LOS MONTES

HORCAJO DE LOS MONTES, Ms. 7308, ff. 278-280

Este lugar es propio de la ciudad de Toledo, y se compone de ciento y treinta vecinos. Tiene una parroquia con la advocación de San Antonio Abad, y dos ermitas de San Sebastián y de San Juan Bautista; aquella hacia el norte, a distancia de un tiro de bala, y ésta al mediodía, a un cuarto de legua.

Dista este lugar quince leguas de la ciudad de Toledo; confina por el norte con el lugar de la Retuerta, a distancia de cinco leguas; por mediodía, con Villarta [de San Juan], a cuatro leguas, y por levante con Navalpino, a dos leguas, y por el poniente, con el Bodonal, a igual distancia. Toda esta jurisdicción comprende como cinco leguas de traviesa.

Nace en un sitio de este término, llamado Albellanar [Avellanar], un arroyo que lo que se dice río Frío, y se sume en [el] Estena, dos leguas de su nacimiento, y toda esta jurisdicción está llena de cerros de diversas magnitudes, cuyos nombres es imposible explicar; solo desde el mismo pueblo a levante empieza una sierra llamada Castellón que sigue hacia otra parte sin perder el nombre ni aspereza, como unas quince leguas, y todos estos cerros y montes están muy poblados de todo género árboles y yerbas silvestres.

Los frutos de este terreno son trigo, cebada, centeno, colmenas, ganado vacuno y cabrío, lo que les mantiene a estos matorrales en un mediano pasar.

No se padecen en este pueblo más enfermedades que las comunes, y en el último quinquenio han nacido ciento y docc, y muerto noventa y siete de todas edades, y algunos forasteros, por ser este lugar de paso para Extremadura y Andalucía.

Se dice que hay minas de piedras y metales, lo que puede ser cierto, aunque no consta de su existencia ni por verdadera noticia, ni por experiencia.

XV
MEMBRILLA

MEMBRILLA, Ms. 7293, ff. 363-368 y 398-399

Muy señor mío: He recibido las de vuestra merced y no estoy olvidado del encargo; será vuestra merced servido en todo lo que pueda, pero no hay que extrañar la tardanza pues muchas cosas no las puedo evacuar por mi a causa de ser nuevo en este país, y por lo mismo tengo que valerme de otros sujetos para adquirir noticias. Es cuanto me ocurre decir a vuestra merced cuya vida guarde el cielo muy dilatados años.

Membrilla y junio 8 de [17]95
Besa la mano de usted su más afecto servidor y capellán
Ber. (Bernardino?) Juan García Rosón [rúbrica]
Señor don Tomás López

* * *

Muy señor mío: Remito a vuestra merced las noticias que he podido adquirir de esta villa Membrilla con las demás circunstancias que contiene el interrogatorio, y juntamente con ellas ese corto diseño en forma de mapa por el que podrá vuestra merced venir en algún conocimiento de este país, y, unido con los que le remitan a vuestra merced de las inmediaciones que contiene, le servirá también de alguna ilustración para la consecución de su intento que me alegraré que se efectúe.

Me he retrasado en responder a vuestra merced por ver si podía coger cierto librito que me han dicho contiene muchas noticias y buenas de este territorio, y aunque he hecho algunas diligencias no he podido conseguirlo. Con este motivo me ofrezco a su disposición deseando el que me mande con satisfacción en cualquier otra cosa que ocurra, y de interim ruego a Dios guarde su vida muy dilatados años.

Membrilla y julio 11 de [17]95
Besa la mano de vuestra merced su más afecto servidor y capellán,
Bernardino (?) Juan García Rosón [rúbrica]
Señor don Tomás López

* * *

Respondiendo al interrogatorio dirigido como oficio de don Tomás López, su fecha en Madrid, a doce [de] mayo de mil setecientos noventa y cinco acerca de que se le comunique noticias de esta villa, su antigüedad y demás que aquél refiere en los quince capítulos que contiene, se le da las que se han podido adquirir, y son las siguientes:

Primera: Villa de la Membrilla que pertenece a la vicaría eclesiástica de Villanueva de los Infantes; es realenga, corresponde a la orden del señor Santiago; hoy se compone su común de ochocientos sesenta vecinos

2º La expresada villa se halla con dos conventos; el uno de religiosos trinitarios calzados de la provincia de Andalucía, y otro de religiosas de la concepción francisca sujetas a la jurisdicción del ilustrísimo señor prior del sacro real convento de Uclés. A distancia de unos 200 pasos extramuros de la misma villa, y a la parte de poniente, se halla el muy antiguo, memorable castillo llamado del Tocón, arruinado; en su primitiva fundación se hallaba fundado y sostenido sobre 20 columnas, y debajo de éstas siete atahonas con la demás habitación correspondientes para 2000 hombres de guarnición, cercado de muralla y foso, y en dicho sitio se halla hoy colocada la milagrosa imagen de Ntra. Señora del Espino en su capilla suntuosa, que fue hallada en dicho castillo el año de 1212, bajo de un terrapleno al pie de un espino, y contiguo a la muralla; por haberlo declarado así un moro llamado Jarique, quien también expresó hacía ya cuatrocientos noventa y un años se hallaba en dicho sitio escondida la expresada Señora, que era el tiempo en que los moros habían tomado esta tierra, y los cristianos la habían dejado allí escondida.

Todo esto declaró el dicho Jarique en el citado año de 1252, cuando el expresado castillo fue nueva y últimamente tomado por los cristianos, a fin de que no le quitasen la vida y le dejasen recibir el agua del bautismo, como de hecho la recibió. A distancia de dos leguas y a la parte entre levante y sur se halla igualmente la celebradísima ermita del Santísimo Cristo del Valle de Santa Elena, anejo de esta villa, y hoy erigido en parroquia separada de su población llamada de San Carlos, y sujeta a la jurisdicción de Membrilla; en ésta no hay más de una iglesia parroquial cuyo patrono es el señor Santiago apóstol; su construcción, hermosa, de bastante capacidad, y la mejor que se halla en este partido. Dentro de los muros [hay] cinco ermitas a distancia proporcionada en que se hallan colocadas diferentes imágenes y dos oratorios en casas particulares.

3º… Dista de la metrópoli de la ciudad de Toledo 20 leguas; de la capital de la provincia de la Mancha, que es Ciudad Real, 8; de la cabeza de partido que es el de Montiel y aquella Villanueva de los Infantes en que existe la vicaría y gobernación, 6 [leguas]; y de Madrid, 28 [leguas]. Tiene a levante y a distancia de una legua, la villa de Solana; al poniente y a distancia de dos leguas, la de Bolaños [de Calatrava]; al norte y a distancia de un cuarto de legua, la de Manzanares; y al sur y cuatro leguas de distancia la de Valdepeñas. Su término con el concedido al lugar de San Carlos [del Valle] se compone de dos leguas de largo y poco más de una de ancho.

4º A la parte de poniente y a unos 300 pasos de dicha villa está el río llamado Azuer bajando agua abajo hasta introducirse en Guadiana, y su nacimiento es en las inmediaciones de Villahermosa, en el sitio llamado la Perangui, juntándose después a éste otros varios riachuelos; pasa inmediato a las villas de Carrizosa y [La] Solana; tiene dicho río en el término de Membrilla 9 molinos harineros; no es caudaloso y algunos años suele secarse en el agosto.

5º A distancia de las 2 leguas, donde remata el término para la parte del sur, tiene una sierra llamada del Peral, de corta magnitud y elevación; principia en el término de la villa de Alhambra y llega hasta cerca de la de Valdepeñas. De esta última villa principia otra sierra que llaman del Moral, también de igual clase, y llega hasta cerca de la villa de Bolaños [de Calatrava], y entre norte y poniente se hallan otras sierras de bastante magnitud llamadas de Villarrubia [de los Ojos], y concluyen en Villarta [de San Juan].

6º La tierra del término de dicha villa de Membrilla se compone de mata parda, como chaparro, romero y alguna jara, sin haber montes de encina ni otros.

7º Se ignora cuándo y por quién se fundó la dicha villa de Membrilla; solo si que es la tercera en antigüedad de todo el partido del Suelo y Campo de Montiel. Los manuscritos dan razón hasta el año de 720; por tradición se dice ser 34 años más antiguo que Roma, y aún se afirma por la misma, que en el nacimiento de Jesucristo enviaron desde esta villa a un embajador llamado Quiñones (sic), y aunque al presente del número de vecinos ya referido, en lo antiguo se dice llegaba hasta 9 ó 10.000 vecinos. Hay vestigios bastante manifiestos, como son calles y cimientos de casas que acreditan la mucha extensión de la población, sin poder dar más razón acerca de los hombres ilustres que ha tenido; sólo si, que las más de las familias esclarecidas de esta provincia han tenido su origen en esta villa, y así se acredita por fundaciones de mayorazgos, casas y documentos.

8º Los frutos más pingües de la referida villa es el de granos de todas clases: vino, aceite, azafrán, y todo género de legumbres; todas estas especies en cantidades de bastante consideración, pues los diezmos, primicias y minucias, según los precios que tienen hoy las cosas se podrán valuar en más de doscientos mil reales.

9º Hay 28 telares para lienzos ordinarios y tres para paños de igual clase.

10º No hay ferias ni mercados ni más comercio que la extracción de los frutos que produce su territorio. El peso, libra de 16 onzas; media, 32 cuartillos la arroba.

11º No hay estudios de clase alguna más que el de las primeras letras.

12º El gobierno político y económico es el de las leyes del reino que facilitan dos alcaldes ordinarios de ambos estados.

13º Las enfermedades que comúnmente ocurren son tabardillos, dolores de costado y tercianas, resultando regularmente unos cuarenta entierros [de] mayores, y 150 nacidos.

14º En el término jurisdiccional, a 2 leguas de distancia y donde se remata el territorio por la parte del sur hay una fuente llamada del Peral; su agua agria [es] muy medicinal según lo tiene acreditada la experiencia.

15º En éste nada tiene de lo que se pregunta.

Nota: Hay en esta villa fábrica de salitres sencillos con los que se contribuye a S. M. (que Dios guarde) en sus reales fábricas de la villa de Alcázar de San Juan.

Otras. También tiene esta villa el privilegio de arreglo de pesos y medidas para el reino de Toledo, provincia de la Mancha y abadía de Caravaca, y aunque no está parado por nuestro católico monarca reinante, está en uso, porque las villas comarcanas y aún distantes vienen y envían a arreglar sus medidas con el pote general que existe en el ayuntamiento con su sello que es una m contres puntos en sus tres palos.

Esta villa linda por la parte de poniente con una vega muy pingüe y hermosa; tiene todo el piso llano y unas calles muy anchas y espaciosas, todas empedradas nuevamente y con una corriente que despiden todas las aguas en tiempo de lluvias sin detenerse cosa alguna. Los frutos arriba dichos son de la mejor clase de todo este partido.

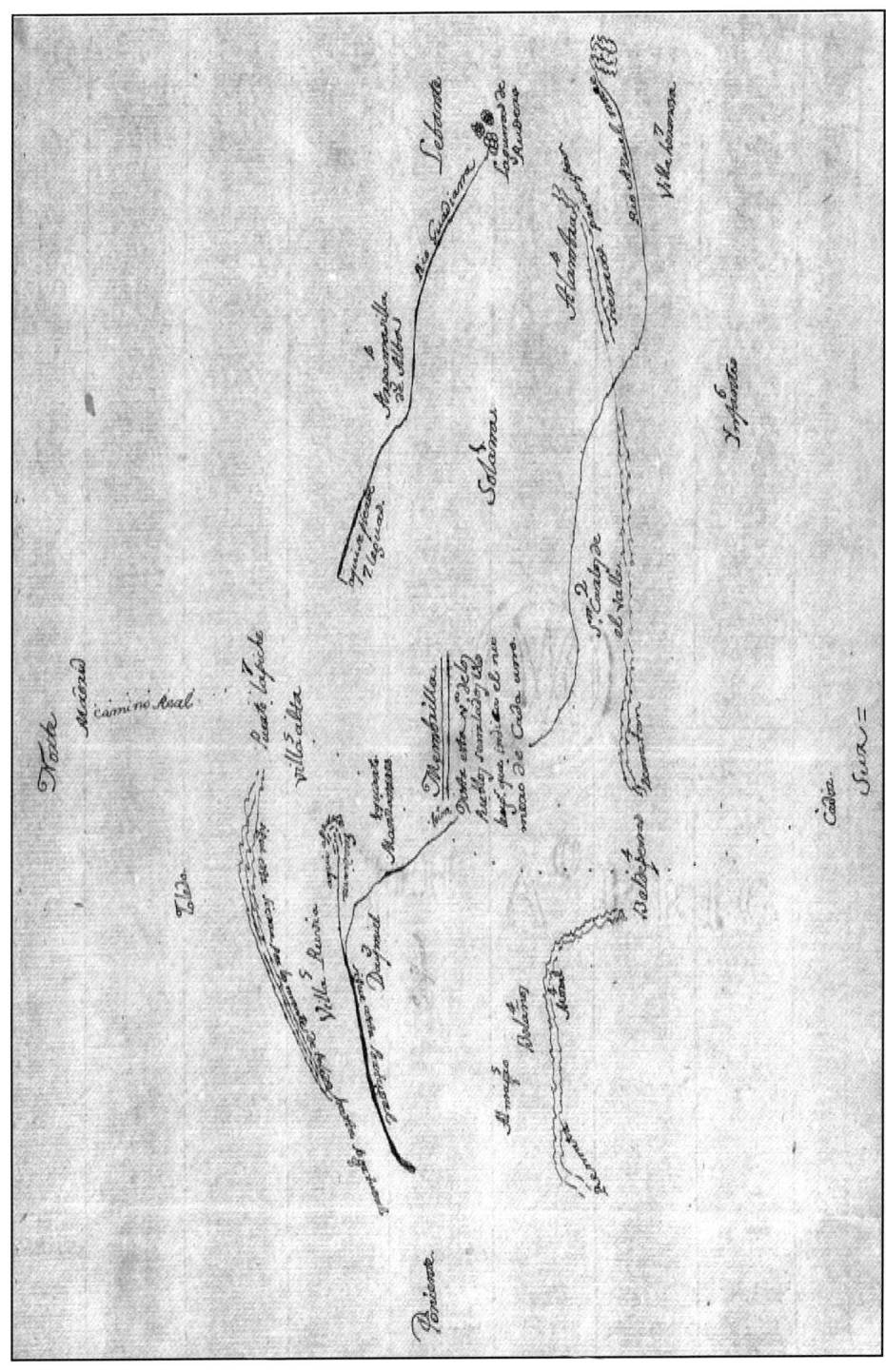

Juan García Rosón. Membrilla y sus alrededores.

XVI
MONTIEL

XVI
MONTIEL,

MONTIEL, Ms. 7293, ff. 361-362v

Montiel y agosto, 24 de [17]95

Señor don Tomás López

Muy señor mío:

Son muy pocas cosas las que se encuentran en este pueblo cuya noticia sea digna de comunicarse, más supuesto usted la necesita sepa que el número de vecinos se reduce a 180; sus edificios muy ligeros, excepto el castillo (cuyo título es de la Estrella), que aunque en el día está casi todo destruido aparenta vestigios de haber sido gran fortaleza en otro tiempo; más pues como digo, está ya por el suelo no puede de él formarse descripción alguna. La iglesia nada de particular tiene; su título es San Sebastián, consta que en otro tiempo fue ermita, y que la parroquia estuvo en la falda del castillo, cuyos cimientos en el día se observan. Hay una ermita a la derecha de él. Su título Nuestro Señor de la Expiración; es imagen hermosa; se encontró bajo de tierra, en el siglo decimocuarto. Afirman muchos es hechura de san Lucas; tiene a corta distancia otra ermita en el lado contrario de Nuestra Señora de los Mártires; tiene la parroquia aneja a si la iglesia de Torres.

Tiene término esta villa de oriente a occidente, doce leguas, y de mediodía a norte, de siete a ocho, advirtiendo que no en toda esta distancia tiene jurisdicción Montiel, pues los pueblos vecinos le quitan parte, más por esto no deja de ser campo suyo, antes, si de aquí se infiere prescindiendo de otros conductos por donde se sabe ser así, que todos ellos fueron en otro tiempo caserías y aldeas suyas. Tiene de monte alto dos dehesas que usted advertirá en el mapa adjunto, cuyos títulos son la Nueva, y la de la Capitana; tiene otros veinte y cuatro cuartos de monte, y que tres pueden también considerarse con esto. En todos hacen 36.170 cabezas de ganado. Son 23 las villas que hay en su Suelo [y Campo de Montiel] de las que solo en el adjunto mapa pongo las inmediatas.

El pueblo tiene poca agua, más por decontar [descontar] la del río puede beberse como también tres o cuatro fuentes, aunque no abundantes con algunos pozos, bien que de agua sola. Es nada surtido de frutas y semillas; la labor únicamente sostiene a sus vecinos, la que da al pueblo de ocho a diez mil fanegas de trigo, y la mitad de cebada; esto es en el día Montiel. Considerar su antigüedad, creo no viene al caso, para su obra, pero no obstante diré algo. Aseguran algunos autores que el castillo de la Estrella estaba ya construido en tiempos de los romanos, pues cuentan que viniendo por los montes inmediatos le descubrieron por los collaos [collados] de unos cerros (que no merecen nombrarse por muy pequeños), de los que por casi todas partes está circundas [circundada] y enviados algunos soldaos [soldados] a las cumbres de ellos, a saber si en su pie tenía alguna población no viendo alguna y vueltos, respondieron a su jefe que les preguntaba que había monte y él trayéndose al castillo, por lo que poblando después se llamó Monteiel, y con el tiempo Montiel; fue adelante ciudad que tuvo obispo sufragáneo al de Toledo.

Esto fue en tiempo del rey Recaredo en el que los godos, desamparado el arrianismo, abrazaron la católica religión. Se llamó entonces Mentesa, y algunos dicen es hoy Montizón, pero yo advirtiendo que Mentesa, o Mentisa, en lengua latina, es Montiel, no dudo afirmar [que] es el antiguo Mentesa. Después decayó en términos que su juez eclesiástico, de obispo quedó en vicario, y continuando decreciendo al mismo tiempo que [Villanueva de los] Infantes se poblaba fue forzoso trasladar a él el gobierno y jueces eclesiástico y político, de modo que en el día se rige por dos alcaldes que al principio de cada un año se sortean, y en su iglesia, por un párroco.

Fue este castillo en donde estuvo presa la reina doña Blanca y en donde riñendo dos reyes y hermanos don Pedro y don Enrique fue aquél muerto por éste, y sepultado en la ermita del Santo Cristo de donde fue su cuerpo después llevado a Toledo. Son más las noticias que de esta naturaleza pudiera darle, pero son de poco momento, y no quiero fastidiarle; en cuya inteligencia, y que soy su servidor me mandará con franqueza, pues con la mayor complacencia le servirá su afecto y apasionado de su honor, que besa su mano,

Don Alfonso del Valle [rúbrica]

Señor don Tomás López

XVII
MONTIEL, Partido, Suelo y Campo de

MONTIEL, Partido, Suelo y Campo de (I), Ms. 7293, ff. 375-422

Descripción de las veinte y tres villas de este Partido, Suelo y Campo de Montiel, efectuada en virtud de orden de Su Majestad y señores de su Real Consejo de las Militares, a diez y siete de noviembre del año pasado de mil setecientos setenta y dos, por don Fernando de Cañas, caballero del Orden de Santiago, teniente coronel de los reales ejércitos, actual gobernador militar y político, justicia mayor de dicha villa y partido [Villanueva de los Infantes] por Su Majestad, subdelegado de todas rentas reales de su tesorería arreglado a los informes que se me han remitido a mi solicitud por las justicias de ellas, y verídicas noticias que he tomado de personas ancianas de todo conocimiento, y en particular por lo que respecta y está de algunos documentos que he visto, en cuya expresión aunque por encima me dilataré en varios particulares y lo practico en esta forma.

VILLANUEVA DE LOS INFANTES, ff. 376-380

Esta villa en lo antiguo se llamó Moraleja, y después Jamila, y siendo Moraleja le confirmó el título de villa el señor Enrique cuarto (sic), siendo gran maestre de la orden de Santiago, como resulta de su privilegio, dado en Madrid, a diez y seis de febrero de mil cuatrocientos cincuenta y uno (sic), concediéndola, entre otras cosas, que con las armas de Castilla pusiese también las barras de Aragón[42]. Y después en el capítulo general que la misma orden celebró en la villa de Uclés y continuó en la de Ocaña, confirmó todos los privilegios concedidos a ésta de que tratamos, y mandó se le diese otro nombre el de Villanueva del Infante, diciendo que aunque se le había dado el título de Moraleja, siempre hubo población que tuvo nombre de Villanueva

---

[42] El privilegio lo otorgó don Enrique de Trastámara, Infante de Aragón y Sicilia, conde de Alburquerque y Ampurias, señor de Ledesma, etc., y Maestre de la Orden de Santiago, en la villa de Ocaña, el 10 de febrero de 1421, y lo confirmó en Madrid, el 26 de febrero de 1457. Confirmado nuevamente por el Maestre don Alonso de Cárdenas en Ocaña, a 30 de abril de 1480, añadiendo que se llamase Villanueva de los Infantes.

de los Infantes por haberla fundado don Enrique de Aragón, y hoy prosigue con Villanueva de los Infantes, y de ella proceden el gloriosísimo señor santo Tomás de Villanueva, arzobispo que fue de Valencia, y el beato fray Tomás de la Virgen, su sobrino, religioso que fue de la orden de [los] trinitarios descalzos, y otros insignes varones en virtudes, armas y letras (que de ellos y otros muchos particulares por no venir al asunto no me detengo), y si expreso que esta villa es del territorio de la orden de Santiago de la espada, capital y cabeza de este partido que en lo antiguo tuvo cuarenta villas que hoy están reducidas a las veinte y tres de este Suelo y Campo de Montiel, también llamado en lo antiguo Campo Arminio y de arenas donde predicó san Pablo.

Ésta se gobierna por un gobernador caballero del orden de Santiago, aunque también lo han sido del de la de Calatrava, y al presente militar y político por haberse agregado este gobierno a la capitanía general de Castilla la Nueva, un alcalde mayor de letras asesor de aquél, un cura vicario religioso de la misma orden, juez eclesiástico y visitador en propiedad de las mismas villas del campo de Montiel, a excepción de las de Beas [de Segura] y Chiclana [de Segura] de que en adelante trataré. El gobernador es juez de alzada, apelaciones, anualidades, quejas y agravios del partido, con cuya concesión se le concedió a las villas sus títulos de villazgos; hace las visitas y residencias trienales de ellas, y de en cinco en cinco años con provisión del dicho Real Consejo de las Órdenes, las insaculaciones de alcaldes y regidores de todas ellas, a excepción de la de la Solana que tiene alcalde mayor de letras de que de en su lugar se dirá. Es juez comendador de las Encomiendas de la misma orden y bahilío de Caravaca [de la Cruz]. Se compone su vecindario de mil quinientos veinte y ocho vecinos, inclusos eclesiásticos y treinta y tres caballeros hijosdalgo, de un cabildo eclesiástico, cinco comunidades y conventos: uno de religiosos de nuestro padre Santo Domingo, otro de San Francisco de la observancia, otro de trinitarios descalzos, otro de religiosas de la Encarnación dominicas y el otro de franciscanas de Santa Clara, advocación del Corpus Christi; una iglesia parroquial con el título de San Andrés, y una ayuda de parroquia con el de Nuestra Señora de los Remedios, tres curas tenientes para la subministración de sacramentos y celebración de los divinos oficios con nombramiento de este vicario.

En esta capital se recaudan todas las contribuciones reales, rentas generales y las de [la] Mesa Maestral por sus respectivos administradores, y por un religioso de Uclés, las de la décima de las Encomiendas. Está esta villa cuasi en medio del partido y alinda a saliente con la de Fuenllana, distante media legua; al mismo saliente con Montiel, su distancia dos leguas; con la Almedina por el sol de mediodía que está dos leguas; con la de Cózar a poniente, que está otras dos; con la de la Torre que está tres leguas, al mediodía; con la de Villamanrique que está otras tres, al mismo mediodía; con la Puebla del Príncipe, que está otras tres; con la de Terrinches que está a levante, otras tres; con la de Santa Cruz de los Cáñamos, legua y media al saliente; con la de Carrizosa que está otras dos leguas al norte, y al mismo con la de Alhambra que está otras tres, y con la de Alcubillas, que se halla al poniente, su distancia dos leguas. Tiene un río llamado Jabalón que nace de los Ojos de Montiel y va circundando a esta villa por saliente como a distancia de una legua, hasta que entra en el término de Alcubillas, y va siguiendo para incorporarse en Guadiana a distancia de veinte leguas de ésta, en cuyo río hay una puente para transitar a la villa de la Torre de Juan Abad y Villamanrique, otra para la de la Almedina y la Puebla del Príncipe, y otra que llaman la del Águila para el Castellar [de Santiago] y Torrenueva, cuyo río es de corto caudal y en su ribera inmediato a la primera puente que sale para la villa de Villamanrique está situada la ermita de la soberana imagen con título de la Antigua, patrona de la villa, a distancia de una legua de ella, cuya ermita es suntuosa, con sus casas y plaza. Y en la misma ribera y por dicho lado se manifiestan en este término cinco molinos de agua.

Al norte hay un arroyo que llaman del Tortillo que nace de la villa de Fuenllana y corre hasta entrar en el río de Cañamares, y Azuer; al norte y poniente hay plantío de viñas y olivas, y al mismo poniente hay un cerro llamado de San Cristóbal, cuasi extramuros de esta villa, y en su cumbre una ermita del señor San Cristóbal, y al pie del cerro, otra, con el título de Jesús sentado, y al mismo pie una plaza de mampostería donde se suelen correr toros, que, vestido el cerro con la gente, tiene una deleitable vista, e inmediato a ella, y al pie de dicho cerro, hay una fuente que llaman de la Mora, de corto caudal; en frente de la nominada plaza y a corta distancia hay otra fuente que llaman la Moraleja, donde estuvo situada esta villa cuando le daban este nombre; es de bastante caudal; hay algunos álamos, y encima de ella una huerta y otras varias de hortalizas con árboles frutales que siguen a la primera con sus casas situadas en el sitio que llaman del Peñasco.

Dentro de la población y en la plazuela del convento de nuestro padre San Francisco se halla fabricada nuevamente una fuente de donde ordinariamente se surte el común; hay anejo al mismo pueblo varias huertas de hortalizas, y extramuros a saliente, en un cerro se encuentra una ermita del señor San Miguel, y otra al norte con el título de Nuestra Señora de la Guía, e inmediato a ella, un molino de viento, y entre la población y la ermita, un bañadero para caballerías con agua del pie de que sale un arroyo que llaman de la Cañadilla y entra en el de Lavacapachos, y éste en el de Jabalón por la parte de Alcubillas. Inmediato a este arroyo hay otra fuente que llaman de la Muela, de corto caudal. El término de esta capital se reduce como a una legua de circuito, y por parte, media, todo de tierras de labor sin montes. Las ciudades más inmediatas a ella son las de Alcaraz, que está al saliente, y su distancia, nueve leguas; la de Ciudad Real, cabeza de esta provincia, catorce leguas. Hay dos varas de alcalde mayor, que lo son la de Daimiel y la de Manzanares, distante de esta la primera diez leguas, y la segunda siete, y ambas del Campo de Calatrava, y pasando a practicar igual diligencia por lo que respecta a las villas del partido, arreglándome a los documentos por ellos remitidos, lo que hago en esta forma.

FUENLLANA, ff. 380-381

Esta se compone de cincuenta y un vecinos; su situación cuasi bajo del norte distante de ésta como media legua y a corta distancia tiene una fuente por el camino que tiene a esta capital que se nomina la del Caño, y cerca de ella una ermita titulada del Salvador del Mundo, y desde dicho camino de [Villanueva de los] Infantes sale otro que va por bajo del mediodía a la dehesa Vieja, propia de aquel Concejo, en cuyo remate y término de ella y la de Montiel, tiene una casa de campo que llaman el Barranquillo, y entre saliente y mediodía nace el río Tortillo, y la Mina cercando dicho pueblo hasta el norte por donde sigue hasta entrar en el río Azuer en el sitio de los Palacios, y en dicho camino de [Villanueva de los] Infantes tiene puente su parroquia situada extramuros sin mediar el pueblo; mirando al norte y mediodía , y un poco más bajo, un convento de religiosos de San Agustín con una casa Tercia Real en la cerca del mismo convento por la cual sale [el] camino real para la villa de la Solana que se halla cinco leguas que baja por otra dehesa llamada la Serna, la que tiene en su mediación casa de campo que la una llaman de Madrid, y por cima de ella, y desde dicha villa sale otro camino para la de Carrizosa y a una corta legua de distancia entra el norte y levante, por cuyas dos partes tiene una fuente que llaman del Crespo. Desde la misma villa sale otro camino derecho y real para la de Villahermosa, a la que hay de distancia una legua. Y por entre levante y mediodía sale otro camino para la de Montiel con otra legua de distancia. Que es con los pueblos que circunda. Esta villa se gobierna por alcaldes y regidores añales.

VILLAHERMOSA, ff. 381-383

Este pueblo se titula Villahermosa, gobernado pro alcaldes en ambos estados, noble y general, y por tres regidores, unos y otros insaculados; se compone su vecindario de seiscientos treinta y cinco vecinos pagaderos, trece eclesiásticos y sesenta y tres pobres. Desde dicha villa a esta capital hay dos leguas a poniente, saliendo de ella, y a la mediación se encuentra la villa de Fuenllana; hay un río llamado Azuer, distante de dicha villa una legua al norte. Su nacimiento es en el ojo Lobero; su corriente a poniente con un molino que llaman de Nogueras, el de Carrasco, el de don Félix y otro medio llamado del Moro que lo divide el mojón del término de la villa de Montiel, una casa de don Joaquín Canuto, vecino de [Villanueva de los] Infantes. En la vega de dicho río y su corriente sale de aquella jurisdicción en dicho molino del Moro y entra en el de Montiel; también entra en el mismo término de Villahermosa el río llamado Cañamares en el sitio y mojón de la Paderilla que divide los dos términos; tiene su nacimiento en la Fuendomeda, término de la villa de Cañamares, cursa su corriente como a poniente, a legua y media de distancia hay el nacimiento de la fuente de Mateo Jila, un molino más bajo de don Fernando Antonio Abad, junto el de Zapata, tres casas de hortelanos, media legua más abajo una casería y molino de don Diego Ballesteros; a corta distancia se baja al vado del Tinte, mojón que divide el término de aquella villa y la de Carrizosa. Otro río llamado de las Salinas entra en dicha jurisdicción, en el mojón padrón de Peña Rubia, distante de dicha villa algo más de dos leguas y media, y entra en [la] Laguna Blanca, cursa al norte y a la lengua de dicha laguna hay cuatro casas y un molino que llaman de Losero, que es mojón que divide la jurisdicción de [la] citada villa y la de la Ossa [de Montiel], en donde entra esta corriente con distancia de referida villa una legua, en que toma el nombre de río Guadiana.

En el término de la nominada villa y en el sitio de Pozo Leña hay una casería con tierras de labor a distancia de la misma villa, legua y media, y a saliente otra y a media legua, y a saliente otra casa que llaman de Camilo, con otros varios caseríos. Confina dicho pueblo con las villas, al meridiano, con la de Montiel, y dista una legua; Villanueva de la Fuente, tres leguas, a la derecha de saliente; la villa de Cañamares, legua y media, a saliente; la ciudad de Alcaraz, seis leguas; la villa del Bonillo, que hay alcalde mayor y es realenga, seis leguas, y la villa de la Ossa de Montiel, el cuarto de legua, y la villa de Carrizosa, dos leguas y media, y la de Fuenllana, una legua. Los montes que hay sitúan en Majadas Viejas, Labores, Casa, Ballesteros, Barranco Hondo, Cerro Gómez, Laguna Blanca, Navalcaballo, Millomas, Pozo Leña, Cerrellos Altos, Cerrillos Bajos, Dehesas y cuantos propios de la enunciada villa que se guardan por hallarse de monte pardo y sabinas; su extensión laxa, de tres leguas, y de travesía una legua.

CAÑAMARES, ff. 383-383v

Este pueblo se nomina villa de Cañamares, con un alcalde y dos regidores añales, sin vecinos algunos pues los que allí asisten a labrar son vecinos de Villahermosa, que lo hacen en sus tierras, habiendo algunas casas y cuantos y cuantos pajares y quinterías, que hay trece de distintos dueños, y le titulan la villa despoblada; desde dicha villa a esta capital de Infantes hay cuatro leguas, y viniendo a ella se encuentra la de Villahermosa, y siguiendo adelante, la de Fuenllana. Su término es que por el saliente mediodía y poniente no llega a medio cuarto de legua, y por el norte, que es hasta la Paderilla, un cuarto de legua, lo circunda todo él alrededor el término de Villahermosa; hay en su término el mediodía un arroyo llamado Fuensomera de donde sale el río que se denomina Cañamares; van a la citada villa por saliente, y bajo, hasta que entra en el término de Villahermosa. Los lugares circunvecinos son la villa del Bonillo; a saliente; Villanueva de la Fuente, ambos realengos, la expresada de Villahermosa y la de la Ossa.

OSSA DE MONTIEL, LA, (Albacete), ff. 383v-388v[43]

Esta villa se titula la Ossa de Montiel; dista de esta capital de Infantes seis leguas, y a los doscientos pasos de cómo se sale, se cruza el río o arroyo nombrado Alarconcillo que nace a levante, en el término de la villa del Bonillo, en el sitio que llaman Pradillo, cuyo río o arroyo baña por el lado del mismo levante y sur, las cercanías de dicha villa de la Ossa, por distar de ella cincuenta pasos; a la legua, y siguiendo el referido camino, hay otro río que se pasa por bado como el antecedente, que está a la mojonera de los términos de la Ossa y Villahermosa, y se denomina Guadiana; tiene su nacimiento en Peña Rubia y Zampoñones, término denominada Villa, y como mirando al sur, y encima del vado de dicho río, a la izquierda de los cuatrocientos pasos, hay un huerto cercado; enfrente de la puerta de citado huerto, y entre los caminos del Bonillo, o distancia de seis pasos está el pozo de agua viva, dulce, de que se surte el común. A la parte de debajo de éste se hallan dos huertas para hortaliza con algunos árboles.

Y corre dicho río por la vega abajo, entrando en una dehesa que antiguamente era carnicera, y hoy boyal. Como a media legua del referido río y dehesa, hay un sitio de molino harinero llamado Rodaja, más bajo de él, y un cuarto de legua, y tres de la población, se registran las ruinas de un castillo, en la elevación de sus vertientes o cerros de la vega, de la dehesa, que por su tradición dicen llamarse el castillo de San Felices o Rocha fría; al cuarto de legua del expresado sitio, en el consabido río, hay otro molino arruinado llamado del Trompo, y como quinientos pasos de aquél sitio, una legua de la población, hay una ermita a la derecha del citado río llamada de San Pedro mártir, con una casilla inmediata para el santero, y enfrente, en el río, hay una presa de cal y piedra para recoger aguas del río, y conducirlas a un molino que está a la parte de abajo; como veinte pasos de dicha ermita hay otra casa de labor llamada de San Pedro, que con sus tierras pertenece al beneficio curado de la expresada villa. Enfrente de esta casa hay una huerta y por ella pasa el río, y a su final está un molino harinero de una piedra; más debajo de él y a la distancia de setenta pasos está un batán con su casa y huerta.

Desde éste corren las aguas del referido río, y entran en una laguna de un cuarto de legua de largo, y de ancho como doscientos pasos, llamada San Pedro, propia de el mismo beneficio curado de citada villa; y las aguas de

---

[43] Transcrita y publicada por F. Rodríguez de la Torre y J. Cano Valero, en *Relaciones Geográfico-Históricas de Albacete (1786-1789) de Tomás López*, Albacete 1987, pp. 305-309.

dicha laguna se juntan con las que vierte otra llamada Tenaja, de que abajo se tratará. Antes de entrar las aguas del río Alarconcillo en la mencionada laguna de San Pedro, a la derecha y al norte, hay un colmenar y una fuente titulada del Piojo, y enfrente del colmenar, al sur, en lo alto del cerro, hay otra fuente que la dicen de la Puerca. La expresada laguna se halla construida en una especie de vega o valle, y los cerros que sirven de murallas son muy elevados, y todos poblados de monte: encinas, sabina y enebro. El río Guadiana que se lleva mencionado, y que se introduce en dicho término por el molino de Losejo, entran sus aguas en la laguna llamada del Concejo, propia de dicha villa, y como veinte pasos del molino, hay un cuarto casa de campo que llaman también del Losejo, y corriendo la vertiente abajo y a la derecha de sus aguas de la citada laguna, y como una legua de la población, en el sitio nominado de la Tumilla, hay un colmenar con su casa, y inmediato a él y como cincuenta pasos, hay un cuarto pajar y una era empedrada.

Al salir las aguas de dicha laguna de Concejo hay dos derrames, uno a la izquierda que sus aguas van al molino llamado Ruiz Pérez, y las otras aguas de dicha laguna pasan a dos batanes llamados de las Beatas, y este tiene dos cuartos para recoger los Gaganyos (?); las aguas de los citados derrames corren y se introducen en la laguna llamada de la Tinaja, de longitud doscientos pasos, y latitud la misma, propia de la encomienda de la Ossa. Las aguas que esta laguna vierte, pasan a la llamada Redondilla, propia de la misma encomienda, y al entrar en la consabida laguna, se registra un sitio de un molino nombrado del Concejo, que está arruinado; con las aguas que ésta vierte muele el molino nombrado el Nuevo. Esta laguna es pequeña, y redonda; las explicadas aguas caen a otra laguna nombrada la Lengua, propia de la misma encomienda, de latitud un cuarto de legua, y cien pasos de ancho; las aguas que ésta vierte recaen en otra laguna llamada la Salvadora, y entre ésta y la antecedente hay dos sitios de batanes arruinados; esta laguna tendrá la cuarta parte de un cuarto de legua, y de ancho como ciento y cincuenta pasos. Las aguas de ésta tienen su descenso en otra llamada Ibáñez, que es también de la citada encomienda, y es pequeña. Las aguas de ella tienen su derrame en otra llamada la Burrocosa, de igual propiedad, y mayor que la antecedente, y entre ambas hay un sitio de molino arruinado llamado el Monario. Las aguas de esta laguna descansan y caen en la de la Colgada, también propia de dicha encomienda, y todas de suma profundidad, y seguidas unas a otras. Y en un valle elevados sin cerros, y éstos poblados de monte de encina, sabina y enebro; al desagüe de la izquierda de la laguna de la Burrocosa hay un sitio de molino a la derecha y como mirando al norte, y a la cabeza de la laguna de la Colgada, hay una casa propia de la expresada encomienda que llaman de los Pescadores, mirando a poniente, en un valle, y a media legua de la antedicha casa, hay otra llamada la Salcedilla, propia de una capellanía, y al pié de esta casería hay una huerta perdida poblada de membrillares, que dista de la Ossa legua y media, y de la de los Pescadores, una legua.

De laguna a laguna hay una división o puente de una piedra llamada toba, que la naturaleza la produjo sin adorno alguno. El camino que de la referida villa sale para la del Bonillo, que dista tres leguas ésta a levante, y como a media legua y derecha de él, y un cuarto de legua de la de la Ossa, hay una casería de campo llamada el Espinillo; sale otro camino para el Real Salero de Pinilla, que dista tres leguas de la citada villa y ciudad de Alcaraz, entre levante y sur, y como a los tres cuartos de legua, y uno a la izquierda del explicado camino de esta casa nominada del Espinillo, sale otro camino para Villanueva de la Fuente, entre levante y sur, y a los tres cuartos de legua y media del consabido camino. a la derecha hay una casería llamada el Sabinar, y encima de ésta, como media legua mirando al sur y fuente de Peña Rubia, hay otra casería llamada Masegosillo. Y desde la casa de Sabinar, y a la derecha del sur, hay otra casería distante un cuarto de legua llamada la del Casero. Y desde la citada del Sabinar al norte, hay otra casa llamada la de Domingo; sale un camino que ya va referido para la capital de [Villanueva de los] Infantes al sur, y a la derecha de éste, sale otro para el molino de Losejo; otro sale entre el sur y poniente para la ermita y molino de San Pedro, y como medio cuarto de legua antes de llegar a la citada ermita en lo alto y a la derecha de dicho camino, y veinte pasos de él está la celebrada cueva de Montesinos, que se cita en la historia de don Quijote de la Mancha. Sale otro camino entre el sur y poniente para la laguna de la Colgada, ya los tres cuartos de legua y media a la derecha del consabido camino, hay una casa llamada Paredazos de Hortiz.

Sale otro camino a poniente para la villa de Alhambra que dista de la Ossa cónico leguas, y para el Real Sitio de Ruidera, que está dos, y villa de la Solana que dista siete; y a los tres cuartos de legua y media, a la izquierda del referido camino, está la expresada casa de Paredazos de Hortiz. Entre poniente y norte sale otro camino para la villa del Tomelloso, que dista de la Ossa [de Montiel] cinco leguas, y a la media y un cuarto a la derecha de dicho camino hay una casería llamada de Hortigosa, sale otro camino al norte para Villarrobledo que dista seis leguas de la Ossa, y como a la media y un cuarto a la izquierda del referido camino está la consabida casa de Hortigosa. Sale entre el norte y levante otro camino para la villa de Munera que dista cinco leguas. Enfrente de la casa de la Salcedilla, ya aquí citada, como mirando al poniente, hay un horno para fabricar el aceite de enebro llamado miera, y se nomina el de Aguas. Entre la casería de Hortigosa y el camino de Villarrobledo, mirando al norte, hay otro horno de miera llamado el Marañal. Todo el término de dicha villa está poblado de monte de carrasca, sabina y enebro. Se compone su vecindario de ciento y cincuenta vecinos de todas clases.

CARRIZOSA, ff. 388v-389v

Este pueblo se titula villa de Carrizosa; ésta se gobierna por un alcalde y regidores añales que se insaculan de cinco en cinco años por el gobernador de ésta, de [Villanueva de los] Infantes; dista de ella dos leguas; tiene una fuente de agua viva formada en su propio nacimiento, está retirada como doscientos pasos del pueblo mirando a poniente. Asimismo como otros doscientos pasos mirado desde dicha villa al sur, pasa un río llamado Cañamares; su nacimiento en la villa de este nombre, mirando desde Carrizosa a levante y este se junta con el río llamado Azuer en la dehesa de Vega, propia de la Encomienda de la Solana. El término de la nominada villa de Carrizosa confina por la parte de poniente y norte con el de la villa de Alhambra, la que está distante de ella una legua a la parte de poniente, y por el sol a mediodía confina con el término de la villa de Montiel, y al levante con el de Villahermosa, y está ésta tres leguas con la de Carrizosa y otras tres con la de Montiel. Se halla situada mirando desde la citada villa en la inmediación que hay desde levante al mediodía, y desde dicha villa a la de [Villanueva de los] Infantes, su capital, hay dos leguas, y en el distrito de ellas no hay población, y en la de Carrizosa el río llamado Cañamares que pasa por su inmediación como va expresado cruza para la de Infantes, y a media legua está el río llamado Azuer que nace en el término de Villahermosa, en el sitio que llaman Fuente Blanca, el que se junta con el río Cañamares en el sitio de la dehesa de Vega; se encuentra en estas dos leguas otro río llamado el Tortillo que tiene su nacimiento en el término de Fuenllana, y se junta con los dos antecedentes en la nominada dehesa de Vega.

ALHAMBRA, ff. 389v-396

Esta población se titula la villa de Alhambra; se gobierna por dos alcaldes del estado general y regidores añales, aunque hay algunos en propiedad. Dista dicha villa de esta capital de Infantes como tres leguas, de las cuales dos son de su jurisdicción; en ellas hay tres ríos y dos puentes, y se nominan Vicente de Cantos, el Salido y Torillo, distante el primero una legua de [la] citada villa, y desde éste al segundo, un cuarto, y al otro, media legua, que es donde concluye el término, y linda con el de Montiel, mirando al sur, y nacen los dos primeros en el término de Villahermosa, y el otro en el de Fuenllana, y van al primero por la villa de Carrizosa, y se juntan todos tres en el sitio de los Palacios, nominándose desde allí, el río Azuer, distante a la derecha del camino que va a la expresada villa de [Villanueva de los] Infantes, media legua mirando a poniente hacia donde corre, y a la derecha del notado camino, como media legua de Alhambra, se hallan las quinterías y casas que llaman del Olmo, a distancia de dos tiros de bala, hasta Jaraba, contiguo al referido camino, y como doscientos pasos de la referida casa, mirando al sur, principia el monte de la dehesa de Palacios, hasta finalizar la jurisdicción de Alhambra, y en el comedio del monte hay dos casas de los Palacios y un oratorio. Y a la izquierda de dicho camino desde la citada villa se hallan las casas de Antonio que está un cuarto de legua [y] la de la Vieja, y mirando a levante como un tiro de bala de la anteriormente está la casa del oidor, y prosiguiendo mirando al sur en el primer río contiguo al camino se halla un molino harinero con una alameda; inmediato a él una casa quintería.

Otro molino un cuarto de legua del precedente situado en el segundo río, y desde el término a levante, como un cuarto de legua, se halla la casa de Chaparro, y a levante, la villa de la Ossa de Montiel, distante del de la Alhambra como cinco leguas, de las que a tres y media del consabido término, se encuentran las caserías, laguna y montes siguientes: a media legua de distancia de dicha villa principia el monte Alto y prosigue hasta dos y media, y al final de esta, la Vega y sitio de Ruidera, en la que hay cuatro molinos juntos, tres batanes y dos casas para la abstracción de los arrendadores, que la una llaman del Rey, y otra la venta inmediata a dichos molinos, una huerta de alameda y frutales, otro molino llamado la Cueva con su casa inmediata a esta Vega abajo mirando al norte, y como dos tiros de ballesta, siguiendo está la casa de Porra con su huerta con algunos frutales, y en la parte de debajo de ella, hay una laguna que nominan cueva morenilla de longitud medio cuarto de legua, y un tiro de bala de latitud, y prosiguiendo desde el citado sitio hay dos leguas de montes hasta San Isidro, en donde hay tres caserías contiguas y una ermita del señor San Isidro, que es donde confina el término con el de la villa de Socuéllamos, también territorio de Órdenes [Militares], y la Villarrobledo, y mirando desde la expresada villa de Alhambra al mismo aire a la derecha, se encuentra a distancia de media legua, la ermita del glorioso San Antonio Abad, y una huerta inmediata a ella plantada sus márgenes de álamos, y a media legua de éstas está la casa de Perdiguero, situada en la inmediación de la latitud de referido monte, que se compone su travesía de dos leguas.

Y desde la mencionada casa a la Vega contenida de Ruidera hay tres leguas de longitud, y en ellas se encuentra una ermita titulada de Nuestra Señora de la Blanca, e inmediato a ella, la Laguna nominada del Rey, de longitud un cuarto de legua, y de latitud, media, y unida a esta laguna, otra que dicen de la Colgada, de la misma extensión, y de esta sale el río Guadiana que corre al norte en la jurisdicción de dicha villa, que es donde se hallan situados los molinos y batanes expresados, y desde dicho sitio hasta confinar mirando a levante con el término de la citada villa de la Ossa [de Montiel], hay media legua de monte alto; al norte está la villa de Argamasilla de Alba, distante del de la Alhambra cuatro leguas, y en su inmediación se halla a la derecha las casas de la Calera, distantes de Alhambra una legua, en las que hay un oratorio del señor San Antonio Abad, que se reducen a diez casas inmediatas unas a otras, a excepción de la casa del Abubillo que dista un tiro de bala de las otras. Las del Casabalejo, inmediatas unas a otras, que distan de las antecedentes media legua, y son siete, a la derecha de las otras un cuarto de legua, y entre los explicados vientos de levante y norte, se hallan cinco casas contiguas llamadas el Allozo chico, distante de Alhambra una legua, y a la derecha de éstas, como medio cuarto de legua, otras llamadas el Allozo grande.

A la izquierda del norte, como a distancia de una legua, hay otras tres casas con una huerta para hortaliza, llamada el Pozo de las Habas, y como media legua, otra que se llama el Habajo Reñuñez, y un cuarto de legua de la antedichas está la casa llamada el Habajo; media legua de ella, otra llamada de los Aguilullos, otra inmediata a la dicha. Entre los aires norte y poniente linda esta jurisdicción con la villa de la Solana y se halla por lo correspondiente a las dos leguas y media de la jurisdicción de Alhambra y distante de ella las casas de Moraleja, que son cuatro, y otra en dicho sitio, un tiro de bala de la antecedente, llamada la de Lope. Otra en el Pozo de de Enebros, distante como dos tiros de bala, de la precedente; inmediato a la referida se encuentra un pago de viñas, como de legua y media, en el que hay once casas, un tiro de bala desviadas unas de otras; a poniente confina el término de dicha villa con el de la Membrilla, y en él se advierte la Vega abajo la casa de la Magdalena, la de los Alcabaleros un cuarto de legua de la antecedente. Otro llamado Nava Blanca a corta distancia de la referida, un molino llamado el Horcajo, en el río Azuer, media legua de la casa que precede.

Una casa con su huerta contigua al expresado molino con árboles frutales y álamos; otra casa nominada de la Campana, con su oratorio, un tiro de bala del citado molino; otro molino que nombran del Quemado, como quinientos pasos de la casa anterior; otra llamada del Cachorro, un tiro de bala a la derecha del consabido molino; otra del Río como doscientos pasos de la apuntada; un molino nominado el de los Moros a distancia de doscientos pasos de dicha casa, y a la misma hay otro que llaman el Chico; otro que dicen el de Santa Elena como dos tiros de bala del que precede. Una casa con su huerta arbolada de frutales contigua al citado molino; otra llamada de doña Marta como un tiro de bala de la anterior. Un molino llamado el del Blanquillo como trescientos pasos de la casa; otro confinante con el dicho molino; otra llamada la del Pardo con su huerta arbolada de frutales, e inmediata a ella otras dos en el mismo sitio contiguas a la antecedente; otra con su huerta y árboles frutales en la misma inmediación. Un molino con alameda nominado de los Álamos distante como dos tiros de bala, otro más bajo de antecedente llamado de las Monjas.

A la derecha del citado poniente, a distancia de una legua de la mencionada villa, está una casa llamada de los Almendros, y a media [legua] de la referida hay otra que llaman del Cruendo; otra como un tiro de bala a la izquierda, en el mismo sitio; otra llamada Empina distante como tres cuartos de legua de la antecedente; otra en el camino de Montiel. Un tiro de bala de la anterior, a la izquierda de poniente está la casa de los Mofares, distante del pueblo como un cuarto de legua; otra casa llamada de don Jorge, como una legua de la anterior, con su huerta inmediata a ella; otra casa llamada de Arraño, como un tiro de bala de la antecedente; otra llamada de la Rondana a la derecha, contiguas todas tres de la sierra. Un molino harinero que llaman del Cubo en la quebrada que hace la sierra inmediato al anterior; otro molino llamado las Beatas; con inmediación a la casa de Fuente Vieja, y como un tiro de bala del citado molino, hay otro que nominan el de Juan de Dios, y otro que llaman el de las peñas, con una alameda, una casa con su huerta y árboles frutales; inmediato al molino otra llamada Mariantona, otra llamada de don Tomás, una legua de la que antecede. Otra en el sitio del Hontonar con una huerta inmediata a la de arriba entre los vientos de poniente y sur, confina la expresada villa con el término de la de Valdepeñas, y hay desde una a otra cinco leguas y media, y la villa de Valdepeñas es de señorío y del Campo de Calatrava, y entre los citados aires y a distancia de una legua de Alhambra, hay una casa nominada la de Morales, y como un cuarto de legua otra que llaman de la Viña.

Siete casas unidas en el sitio de Vallehermoso distante cuatrocientos pasos de la antecedente. Otra, llamada de Regalado con árboles frutales y álamos. A la derecha de las antecedentes, como quinientos pasos, hay otra casa llamada la de Coleto, como doscientos pasos de la expresada huerta inmediata a la sierra. Cinco casas confinantes unas con otras nominadas del Degollado a distancia de las precedentes; como una legua hay otra que dicen la de Francia. Contigua a la sierra hay veinticinco casas contiguas unas con otras en el sitio del Pozo de la Serna, y una ermita colocada la imagen del glorioso San Andrés distante, y a la izquierda del Degollado, como media legua, hay en el citado sitio una huerta para hortalizas y otra casa propia de la Encomienda de dicha villa de Alhambra, inmediata al monte de ella; su recinto como media legua en cuadro; otra que llaman casa Blanca distante media legua del citado sitio del Pozo de la Serna; otras tres casas que nombran a su sitio Santa María de Flores, con su ermita y una huerta distante media legua del referido sitio; dos casas llamadas las Chozas, como un cuarto de legua de las antecedentes; otras dos casas en el sitio de la Priorrilla, que dista de las anteriores como media legua. El vecindario de la consabida villa es de ciento y cincuenta vecinos, gobernada por dos alcaldes y regidores que se insaculan.

SOLANA, LA, ff. 396-398

Esta población se titula la villa de la Solana; es de este partido como las demás y tiene alcalde mayor y es de las comprendidas en esta vicaría. Su vecindario es de mil y quinientos y veinte vecinos; su término está reducido a media legua entorno, y en él no hay río, puente, fuente, arroyo, monte, lugar, aldea, ni más que una casa quintería al sol poniente en el sitio que llaman el Toconar, y dista de esta capital cinco leguas; a la una y al sur, hay una casa quintería que llaman de Mariantona y una huerta arbolada, y junto a ella un molino harinero que dista del camino un tiro de bala; cruzando el citado camino el arroyo que llaman de Alhambra al frente de dicha casa quintería y a distancia de una legua y tres cuartos se encuentra a la derecha del consabido camino, distante quince pasos, otro molino harinero, y enseguida a un tiro de escopeta el río que llaman Azuer, que nace en un sitio de su nombre, más allá de Villahermosa, cuyo río se pasa por una puente de corta entrada, y al saliente de ella y a la izquierda, se encuentra una huerta arbolada, y a la derecha y distancia de otro tiro de escopeta, hay otra casa quintería junto a ella la fuente que llaman de Moraleja, cuyo nombre tiene dicha casa, y a la media legua, y a la izquierda hay otro molino que llaman del Cubo.

Y a corta distancia y a la izquierda se encuentra otra huerta arboleda que llaman del Regalado, y más adelante una casa quintería llamada la de Coleto a la derecha del expresado camino y a distancia de un tiro de bala, y enseguida a la citada derecha se encuentra el camino que de la Solana sale por Alcubillas después, y a la misma derecha y a corta distancia la casa quintería que llaman del Duende, y en prosecución a la izquierda la que nombran de Morales, y después a uno y otro lado del camino y hasta llegar a esta villa otras casas y chozas. Los pueblos más inmediatos a dicha villa de Solana son la de la Membrilla, que dista una legua a poniente; la de Manzanares, a la derecha de poniente, cinco cuartos de legua, y es del partido de Calatrava; hay juez de letras. La de Alhambra, a saliente, tres leguas; la de Argamasilla de Alba, al norte, que dista cuatro leguas, es del partido y priorato de San Juan. La de Valdepeñas del partido de Calatrava al sur, que dista cuatro leguas. La de Alcubillas, otras cuatro al sur; la de Fuenllana, a la derecha de saliente, que dista cinco leguas; la de Villarta, del Orden de San Juan, al norte, su distancia cinco leguas.

MEMBRILLA, ff. 398-399

Este pueblo se titula la villa de la Membrilla del Tocón, y dista de esta capital de Infantes seis leguas, y saliendo de esta villa para aquella, según su informe, se encuentra a las tres leguas un sitio que llaman de las Navas, con diferentes caserías de labor, y se hallan a la derecha e izquierda del camino, y es término de la villa de Alhambra, y siguiendo el camino a las cuatro leguas, se encuentra en el término de la citada villa de Alhambra, digo de la Membrilla, y a distancia de dos leguas de ella, la suntuosa ermita y santuario del Santísimo Cristo del Valle, de Santa Elena, en cuyo sitio se hallan viviendo veinte y tres vecinos sujetos a la jurisdicción de la referida villa de Membrilla, y la consabida ermita se halla a la derecha del camino que pasa por medio del sitio.

Y prosiguiendo a las cinco leguas de distancia de esta villa de [Villanueva de los] Infantes y una de la Membrilla, se encuentra un molino harinero llamado del Paso, a la derecha del camino, y está en el río titulado Azuer, y desde el referido molino a la mencionada villa, no se advierte otra casería; el dicho río Azuer nace de las inmediaciones de Villahermosa y baña a la de la Membrilla pasando de ella como dos mil pasos por la parte del poniente; tiene en su término nueve molinos harineros y sigue inmediato a la villa de Manzanares, distante de la Membrilla un cuarto de legua, la que baña por el poniente, de forma que el citado río pasa como cien pasos de la villa de Manzanares, que es del partido de Ciudad Real y Campo de Calatrava, y se incorpora el río con el de Guadiana a una legua [de] distancia de la villa de Daimiel más allá, quedándose dicha villa a la parte del sur, y dista de la Membrilla tres leguas, y es también del Campo de Calatrava la citada villa de Manzanares; se halla al norte, respecto de la villa de Membrilla. La ciudad más inmediata es la de Ciudad Real (cabeza de la provincia) distante ocho leguas entre poniente y norte; se compone dicha villa de seiscientos y sesenta vecinos, sin incluir los del sitio del valle; la jurisdicción la regentan dos alcaldes por ambos estados.

ALCUBILLAS, ff. 399v-400v

Esta villa se titula de Alcubillas; se compone de setenta y un vecinos de todas cases y se gobierna por alcaldes ordinarios y regidores, unos y otros, del estado general, añales, y se halla la de Infantes a levante, y dista dos leguas, y en el camino, vía recta, como a los seiscientos pasos de la de Alcubillas, se cruza la dehesa boyal que se halla poblada de carrascas, y a la legua, a la mano izquierda, se queda a distancia de doscientos pasos del camino, una casa cortijo, y contiguo al camino a la mano izquierda, se quedan unos olivares, sin encontrar hasta Infantes otra casería alguna. Desde la villa de Infantes, mirando al sur, hace frente la [villa] de Cózar, y está dos leguas de la de Alcubillas, y en el camino, a los doscientos pasos, se encuentra la ermita de Nuestra Señora de la Carrasca, y cruza por las murallas una huerta que se queda a la izquierda, y a los cuatrocientos pasos se encuentra una puente cuasi arruinada que está en el río Jabalón, y como ya va dicho en otros lugares, tiene su nacimiento en los ojos de Montiel, y se junta con Guadiana ya en el partido de Calatrava, y continuando el camino a la legua y media al Alcubillas, cruza el río Oregón por vado, el que tiene su origen en la villa de Santa Cruz de los Cáñamos, y se junta con Jabalón en el término de la de Alcubillas, y prosiguiendo el camino a la derecha, y a los cuatrocientos pasos, se quedan tres cortijos casas de campo.

La villa de Valdepeñas, que es el primer pueblo del partido de Calatrava que hay un gobernador y dos alcaldes ordinarios, y es del marqués de Santa Cruz, dista de Alcubillas cuatro leguas, y a la legua, a la mano izquierda, como a cincuenta pasos del camino, hay tres cortijos, y a las tres y media, se encuentra una alameda a la seguida del camino. Desde la villa de Valdepeñas hacia el norte se halla la villa de la Solana, y desde la de Alcubillas a aquélla hay cuatro leguas, y en el camino, vía recta, a las dos leguas se cruza el puerto que llaman Valdehermoso y una huerta poblada de árboles blancos y membrillos; a la derecha del camino contiguo a él, y a la misma derecha, a distancia de quinientos pasos se encuentran tres molinos harineros que mueles con las aguas del río Azuer que ya va dicho su nacimiento en otras villas, y cómo entra en Guadiana. A las dos leguas y media se cruza por otra huerta y un puente para dicho río Azuer, quedando a la izquierda una alameda, y a su final una casa cortijo. Otra alameda y un molino harinero que mueve con dicha agua de Azuer.

TORRENUEVA, ff. 400v-402

Esta villa se titula Torrenueva; se compone de cuatrocientos vecinos de todos estados: nobles, viudas y jornaleros; su término es redondo de una legua por los cuatro aires, y larga por la parte de levante y poniente; escasa por los de norte a sur. Hay alcaldes añales por ambos estados por insaculación; se halla situada mirando a levante seis leguas de esta capital de Infantes, sin encuentro de ciudad, villa ni lugar; por la parte del norte y a distancia de dos leguas está situada la villa de Valdepeñas, del señorío del marqués de Santa Cruz, confinando los términos. A la parte de poniente confina la de Santa Cruz de Mudela del mismo señorío, a una legua de distancia, y a la parte del sur y levante, la villa del Castellar de Santiago, distante dos leguas; entre estas dos y a la distancia de medio cuarto de legua empieza el monte de encinar, propio del concejo de Torrenueva, que tiene tres mil ciento y diez y seis varas. Por eso bajan dos ramblas que se unen sus corrientes y entran en el río Jabalón por la parte de debajo de dicha villa, a poco más de un tiro de bala.

En la vía directa de ella a esta capital, a la izquierda del camino, hay un cortijo de labor y un corto pedazo de carrascal de algunos particulares, y dentro del término de la de Torrenueva y de la Torre de Juan Abad, a la misma izquierda del camino derecho goza la Encomienda Mayor de Castilla la dehesa llamada de Hitos con monte mucha parte de ella, y su solación de jurisdicción de la Torre. Entre levante y norte entra por la de Torrenueva el río ya expresado varias veces llamado Jabalón, y pasa como a tiro y medio de bala por dicha villa por la parte del norte, sobre el cual y entrada de ramblas por el camino de Valdepeñas hay dos puentes de arco, y sobre él, desde que entra a la jurisdicción de Torrenueva hasta que sale, contiene cinco molinos harineros de particulares desde cuyos puentes, y hasta el norte, y como a tiro de bala, se halla la ermita de Nuestra Señora de la Cabeza, compatrona de dicha villa, y caminando adelante hay un cortijo de labor, y a la izquierda corre desde dicho camino a poniente, y aparte del antecedente, un encinar con cortijos, y al poniente, camino de Santa Cruz, a la derecha y a distancia de media legua, hay otro cortijo, quedando con las estaciones del término dicha villa, y al norte su plantíos de viñas, olivas, alamedas y huertas de regadío con pozos, anorias, y lo mismo mirando a levante.

CASTELLAR DE SANTIAGO, ff. 402-403

Esta villa se titula Castellar de Santiago; dista de esta capital cinco leguas sin que en su inmediación se halle villa alguna; vía recta, a la derecha del camino y a distancia de una legua, se halla situada una casa quintería que llaman de Botija, como a ciento y cincuenta pasos del camino citado, y a la izquierda y a distancia de mil pasos, se encuentra otro cortijo inmediato al pozo que llaman de Esteban, situado este en el expresado camino, a la distancia de cuatro leguas de la consabida villa, se encuentra el río Jabalón mencionado arriba su nacimiento.

El término de ella se halla confinante por todas partes con el de la Torre de Juan Abad, distante de ella tres leguas, mirando a levante, cuyo término comprende una legua de circuito, en el cual se halla un monte encinar propio de la misma villa; su latitud de cuarto y medio de legua, y de longitud lo mismo, mirando al mediodía, y mirando a poniente, a distancia de once leguas, se halla situada la ciudad de Ciudad Real, y mirando a levante, la de Alcaraz, y mirando al mismo levante y en el citado término, se encuentra un tallar que llaman de la Matilla cuya cabida se reduce a cuatro leguas de circunferencia, sin que en dicho término se halle puente alguno ni laguna. El vecindario de dicha villa se compone de trescientos sesenta vecinos contribuyentes.

CÓZAR, ff. 403-404

Esta población se titula la villa de Cózar, que dista de esta capital dos leguas, y en el intermedio no hay población alguna, y se llevan desde ésta [a] aquélla dos caminos. El uno, el principal, y a la derecha, el otro que llaman el del Águila; está situada la citada villa mirando a esta capital a la derecha del mediodía frente del aire ábrego; hay en el intermedio de ambas un riachuelo de poco caudal, que llaman Oregón, que nace en el sitio de las Lorigas, media legua de la villa de Santa Cruz de los Cáñamos; baña huertas y cañamares de la consabida villa y corre la dehesa de Mirabueno abajo por la huerta de la Contadora, y de allí baja por entre las Jarillas y las Cumbres a el sitio de la Pijorrilla, cruza los dos caminos que de aquélla se trae a ésta, pasa a Cañada de las Cumbres abajo, cerca de la casa de Aguado, y corre hasta más bajo del Becerril, donde se junta con otros arroyos en el sitio que llaman la Antigua, y todos entran en el río Jabalón, y dicho río no tiene puente alguno. En el expresado camino del Águila hay un molino con este nombre, y en el intermedio de los citados dos caminos hay dos caserías. Las ciudades más inmediatas a dicha villa son la de Alcaraz, realenga, que dista nueve leguas, y la de Ciudad Real, que está trece. La jurisdicción de la de Cózar se administra por alcaldes ordinarios de ambos estados, y regidores añales, y confina su término con el de la Torre de Juan Abad, Almedina y Montiel; su número de vecinos contribuyentes es el de ciento setenta y dos.

TORRE DE JUAN ABAD, ff. 404-406v

Esta villa se llama Torre de Juan Abad; tiene doscientos y nueve vecinos; tiene empeñada su jurisdicción en cuatro mil ducados, desde el tiempo que vino el célebre don Francisco de Quevedo y Villegas, y hoy ha recaído en don Tomás Antonio Bustamante Quevedo y Villegas, natural del lugar de la Alceda, valle de Toranzo, montañas de Burgos; dista de ésta de [Villanueva de los] Infantes la capital tres leguas; tiene de jurisdicción desde levante a poniente seis leguas legales, alinda a dicho levante con término de la villa de Almedina; a poniente con la de Torrenueva, que dista de ella cuatro leguas; tiene por partes tres, y por otras cinco. Prosigue hasta entrar en la jurisdicción de Santa Cruz y el Viso [del Marqués] que dista de aquélla la primera cinco leguas, y la segunda siete; y de norte a sur, por partes una legua, y por otra más de seis, de forma que su total jurisdicción regular serán treinta y cuatro leguas legales de a cinco mil varas de circunferencia, en cuyo circuito hay varias casas, y alinda al norte con la villa de Cózar y con la de Montiel, como también con los términos de las villas del Condado y del Viso, que son la primera del conde de San Esteban [Santisteban], y partido de Jaén, y Santa Cruz de Mudela que lo es de el de Calatrava, propios del señor marqués de Santa Cruz; volviendo al monte prosigue la jurisdicción a continuación el de Alhambra, que dista de la Torre seis leguas, y se quedan a la derecha las villas de Cózar y Alcubillas, y prosiguiendo a saliente se encuentra con el término de Valdepeñas, y dista de la de la Torre seis leguas, y es también propia del marqués de Santa Cruz, y cae a poniente y se va a juntar con la jurisdicción de Torrenueva.

Y en dicha circunferencia se encuentran varios molinos, quinterías y ermitas, y media legua del dicho pueblo que se nomina el de Polo en la vega de Santa María, cuyo arroyo en el agosto se suelen cortar las aguas, y tienen días señalados para regar los cañamones, y para moliendas, y poco más arriba, en la misma rivera, hay otro molino propio de don Rodrigo Vélez, vecino de Torrenueva; más arriba otro en la misma rivera, propio de don Juan Tomás de Frías; una ermita más arriba del consabido molino con título de María Santísima de la Vega, la cual fue en lo antiguo convento de templarios; otro molino propio de doña María del Amo, vecina de la villa del Castellar, y desde el primer molino hasta éste habrá de distancia media legua, y el todo de la vega. Corresponde a la expresada villa de latitud como una legua, pues luego se introduce en la jurisdicción de Villamanrique, y su nacimiento es en el sitio que se nomina la Fuensantilla, y prosiguiendo a la parte de poniente por el camino que va a la de Castellar de Santiago, la que queda rodeada del término de la Torre. En medio de dicho camino se encuentran unas casas de campo propias de son Bernardino Pareja, Diego Escalera y Ventura López, vecinos de esta de [Villanueva de los] Infantes.

Y prosiguiendo de poniente por la expresada villa del Castellar, al salir de ella, se encuentra el sitio que se nomina el Portachón; hay un cortijo que es propio de don Juan Antonio Ferrón, vecino del Castellar, otro cortijo en el Royo del Fresno, otro en el sitio de Nava la Puta. Otro propio de don Diego Onguero, que está cuatro leguas y media de la Torre, y de Torrenueva dos y media, y media del Castellar [de Santiago]. Otros cortijos juntos en el expresado sitio de Nava la Puta, de vecinos del Castellar; una casa quintería confinante con las navas que se nominan del Rey, propia del señor marqués de Santa Cruz, otra quintería en el sitio que se nomina la Loma de los Rubiales. Otro cortijo en la loma de la fuente del Espino; otro cortijo en el sitio de la Fuenvieja, otro en el sitio del Aquilón de la sierra del Águila, otro que dicen de los Clérigos, otro en la cañada de la Manzana, y otros muchos molinos y caserías, ermitas y cortijos que se encuentran en el circuito del término de dicha villa.

CHICLANA [DE SEGURA] (Jaén), ff. 406v-408

Esta villa se titula Chiclana; es del partido de la vicaría de Beas [de Segura], dista de esta capital ocho leguas, y viniendo desde aquella, a la mano izquierda mirando al norte, se halla media legua de distancia de la nueva población de colonos llamada la Venta de los Santos; a las dos leguas de distancia y a la mano derecha del camino real, se halla inmediato a éste la Venta Nueva, propia de la Encomienda de la villa de Segura, y continuando dicho camino, a distancia de cinco leguas de la referida villa de Chiclana y a la mano derecha mirando a la venta, se halla la villa de Villamanrique y se encuentra ésta de la Torre de Juan Abad; no tiene río ni puente, y solo en el término de la de Chiclana [de Segura...], el río de Guadalimar que le divide con el de la villa de Beas [de Segura] y adelantado de Cazorla por la parte del sur, con cuyo río se une el de Guadalmena a distancia de una legua, y éste tiene su nacimiento en Villanueva de la Fuente, y el primero en Villaverde, en cuyo río, unido al de Gudalmena, hay puente que sirve de paso para la villa de Beas [de Segura] por la parte del sur, distando una legua desde el citado puente a la nominada villa de Chiclana [de Segura].

El término de ella tendrá de longitud seis leguas, y de ancho como dos, a excepción de las labores que compone el expresado término de montes, poblados de encinas, lentiscos, jaras, lanternos, madroños, romeros y otro monte bajo, cuyos sitios son llamados Guadalmena, Engarbos, Venta Quemada, Almoez, Porrosa y Cerro Molino. Dehesa del Río, la Muela, Humbrías, Ballejos y Valle de San Bartolomé. Confina la referida villa con la de Segura [de la Sierra] que dista de ella siete leguas, parte de levante, y por la misma la de Beas [de Segura], y por el sur el término de la villa de Iznatoraf, distante tres leguas; por poniente con las de Sorihuela [de Guadalimar], que dista una legua, ambas villas del reino de Jaén, y adelantado de Cazorla, el lugar de Castellar de Santisteban del Puerto del mismo reino, distante de la mencionada villa dos leguas por la parte de poniente, y por la misma la de Santisteban [del Puerto], con cuyos términos confina, y asimismo confina el de dicha villa con el de la nueva población de la Venta de los Santos, a media legua de distancia.

Las ciudades más inmediatas son la de Úbeda y Baeza; ésta dista ocho leguas, y aquélla, siete, mirando ambas a poniente, las que gobiernan sus respectivos corregidores, y son del consabido reino de Jaén. La villa de Segura [de la Sierra] rige su jurisdicción un gobernador, y asimismo la de Santisteban del Puerto. La de Beas [de Segura], Iznatoraf, Sorihuela [de Guadalimar], Castellar y Nueva Población por alcaldes ordinarios, y lo mismo sucede con la de Villanueva del Arzobispo, que dista de la de Chiclana dos leguas, y la de Villacarrillo se rige por alcaldes mayores, y son de bastante vecindario, y dista de la de Chiclana tres leguas; se compone ésta de doscientos setenta y seis contribuyentes; está sujeta dicha villa a la capital de Infantes, y situada en un cerro muy eminente.

BEAS [DE SEGURA] (Jaén), ff. 408-409v

Esta villa se titula Beas de Segura; se compone se seiscientos vecinos de todas clases; se gobierna por dos alcaldes ordinarios, uno del estado de nobles, y otro del general, que se insaculan de cinco en cinco años por el gobernador de [Villanueva de los] Infantes, quien les toma su residencia trinal [trienal]; hay un vicario juez eclesiástico de la Orden de Santiago con jurisdicción sólo en aquella villa y en la antecedente de Chiclana; es nullius dioecesis; dista dicha villa de su capital diez leguas, y las villas y lugares que se encuentran y hay más inmediatas al camino real y vía recta, tomando la mano derecha, son: el lugar Puerta del partido de Segura [de la Sierra], que está tres leguas de distancia en el; en el mismo camino está la de la Torre de Juan Abad, que dista siete; la Puebla del Príncipe, la Almedina y Montiel se hallan a la derecha y al saliente y mediodía, distantes una legua de un pueblo a otro, y el último está de la de Beas nueve leguas.

Los pueblos que se hallan a la mano izquierda del camino, es el primero la villa de Chiclana, dos leguas, y a la una se hallan las nuevas poblaciones de alemanes en el sitio de la Venta de los Santos, y dos leguas y media se halla la Venta Nueva, todo en sierra Morena; y el Castellar de la Mata se halla seis leguas de distancia de la villa de Chiclana; al sol poniente no hay aldeas, caserías, ni despoblados. Y desde de Beas [de Segura] a la de [Villanueva de los] Infantes se pasa el río Guadalimar por un puente distante de Beas una legua, y dos más a la derecha hay otra puente en el mismo río que llaman de Génave, cuyo nacimiento tiene por cima de Villaverde, distante de Beas nueve leguas, y pasa media legua de la villa de Siles, igual distancia de las villas de Torres y Benatae; arrimado a las casas del lugar Puerta [de Segura], cuyos lugares son de la jurisdicción de Segura y del territorio de Órdenes [Militares], y dichos pueblos se hallan circundados de montes, así de pinos, carrascas, otros árboles, y monte bajo. Esta villa de Beas confina a la izquierda con Villanueva del Arzobispo, que es del reino de Jaén, distante de Beas dos leguas; al mismo tiempo confina con los términos de las villas de Segura y de otros que miran al mediodía, y dista aquélla cuatro leguas, y ésta tres, de la de Beas; la de Segura tiene gobernador y son de Órdenes [Militares].

VILLAMANRIQUE, ff. 409v-411v

Esta villa se titula Villamanrique; se halla situada a la falda de sierra Morena; se compone su población de doscientos diez y ocho vecinos, y por el norte le hace frente esta villa de Infantes, cu capital, y dista tres leguas, sin encontrar en el camino población alguna, y a la media legua se cruza por vado el río que llaman Guadalén, que tiene origen en las huertas que llaman de León, jurisdicción de la villa de Almedina, y se junta con Guadalquivir en el reino de Andalucía, y siguiendo para Infantes se queda a la mano derecha la Almedina, a distancia media legua del camino, y a la misma y a la izquierda, la de la Torre de Juan Abad, y a distancia de una legua del camino, la de Cózar, y continuando el camino a esta capital, a las dos leguas, se cruza por vado el río Oregón que toma principio en la de Santa Cruz de los Cáñamos, y se junta con Jabalón en el término de la villa de la Torre de Juan Abad, y a levante confina la jurisdicción de Villamanrique a distancia de dos leguas y media con la [de] Segura de la Sierra, y está ésta de aquélla, siete leguas, y a la primera se cruza la dehesa de Zahora, poblada de encinas, y a las dos leguas se cruza el río Guadalmena por bao [vado?], quedándose a la mano derecha a distancia de media legua del camino, el molino que llaman del Crespillo, y a la izquierda y contiguo al camino, el que llaman el Concejo, que ambos muelen con el agua del dicho río, que toma principio en la sierra de Alcaraz, y se junta con Guadalimar en el término de la villa de Chiclana [de Segura], que continúa el camino desde la de Villamanrique a la citada de Segura.

A las cinco leguas se cruza por vado el expresado río Guadalimar, el que baña por la mano derecha al lugar que llaman la Puerta [de Segura], y un puente con el expresado nombre del lugar, cuyo río tiene origen por la parte de arriba de Villaverde y se junta con Guadalquivir en el reino de Andalucía desde él sur a poniente hace frente a dicha villa de Villamanrique, aunque no linda con su término, la que llaman el Castellar de Santiago, que dista de Villamanrique cuatro leguas, y se pasa por la dehesa de Montizón, cruzándose una cañada o rivera que llaman de Santa María que nace en el término de la Torre y se junta a la legua de su nacimiento con el citado río Guadalén, y a la mano derecha del camino de la misma rivera hay tres molinos harineros, y tres cortijos, y un torreón con una fuente al pié que llaman de las sanguijuelas, distante media legua del camino, y a la mano izquierda del de la citada rivera, y a igual distancia, hay otros dos molinos harineros, un cortijo con algunos olmos negros y un fuerte que llaman el castillo de Montizón, al cual baña por la izquierda el dicho río Guadalén, y a junto con la expresada rivera, y siguiendo el camino a la referida villa del Castellar, a la legua y media se queda a la izquierda la casa que llaman el Toril, y a la derecha, y un cuarto de legua, dos cortijos, y a las dos leguas, otro cortijo que llaman de don Gaspar, que se queda a la derecha del camino inmediato a él, a distancia de una legua del expresado camino, se quedan otros cortijos que llaman de Catalina Basilia y el de Zebala y continuando por la dehesa que llaman de la Mata que está poblada de monte pardo y quejigo. Se quedan como a las dos leguas y media otros cuatro cortijos.

PUEBLA DEL PRÍNCIPE, ff. 411v-412v

Esta villa se titula de la Puebla del Príncipe; se compone su población de ochenta y seis vecinos, regida por dos alcaldes del estado general por ser Behetría, y está distante de la capital de Infantes, mirando al norte, tres leguas; a la primera se cruza por la falda del cerro donde se halla la villa de la Almedina, quedándose ésta a la derecha del camino; a la legua y media se cruza por vado el arroyo que llaman Oregón, que nace en el término de Santa Cruz de los Cáñamos, y se junta con Jabalón en el término en el término de la Torre de Juan Abad, y a las dos leguas se cruza el río Jabalón que tiene principio en los ojos de Montiel y se junta con Guadiana por a la derecha. A distancia de tres cuartos de legua se encuentra la huerta que llaman de Torres y cinco o seis casas en dicho sitio.

La villa de Terrinches dista de la de [Villanueva de los] Infantes tres leguas, y de la de Villamanrique, una, y a la media se cruza la vereda real de ganado trashumante, que es jurisdicción de Montiel. Desde levante al sur no hay otra población más que la villa de Génave, del partido de Segura de la Sierra; ésta dista de Terrinches cuatro leguas. Desde el sur hasta el poniente no hay otra población más que la de Villamanrique, y de ésta Génave hay cinco leguas, y desde la Puebla a la consabida de Villamanrique, una legua, y a la media se queda a la izquierda el camino, distancia de un cuarto de legua, la ermita de Nuestra Señora de Mairena.

ALMEDINA, ff. 412v-413v

Esta población se titula la villa de Almedina; se compone de ciento treinta y ocho vecinos, gobernada por dos alcaldes ordinarios de ambos estados; está fundada sobre un cerro que sólo tiene una entrada por llano al norte, y se halla distante de la capital de Infantes dos leguas, y de ella salen para dicha capital dos caminos. Uno al norte y otro a poniente; el primero llamado Sendero, y el otro con el nombre de Viejo, los que se juntan a los tres cuartos de legua, y a la media hay un río que lo cruzan los referidos caminos; se llama Oregón, tiene su nacimiento en la villa de Santa Cruz de los Cáñamos, una legua de la Almedina, el que es muy corto de aguas, y al medio cuarto de legua del río hay un sitio llamado la Hoya del Perro, en el que hay una huerta con árboles frutales y unas casas, y siguiendo el camino, a un tiro de bala a un lado del norte, se halla un cortijo reducido, y en el consabido camino Viejo se reconoce otro que era de los regulares expulsos de la Compañía [de Jesús].

Y desde la junta de los referidos caminos, al medio cuarto de legua, se encuentra el río Jabalón, que nace de la villa de Montiel, distante de la Almedina dos leguas, el que tiene una puente con tres ojos muy derrotadas, y al lado del norte se halla otro cortijo y un molino harinero nominado de Triviño, gozando la puente de este mismo nombre, y a medio cuarto de legua del río, hay un arroyo que solo tiene agua en los tiempos que llueve, llamado del Barco. Y el término que corresponde a la jurisdicción de dicha villa es de circunferencia de media legua, y mirando al sur, al cuarto y medio de legua, hay una casería aunque algo derrotad en medio de una dehesa de pasto, propia de don Baltasar del Castillo, residente en la villa de Gualdaviar, y en el expresado término no se encuentra más caserías, ríos, ni puentes que los referidos.

TERRINCHES, ff. 413v-415

Esta población se titula villa de Terrinches; se halla situada al norte sur de la capital de Infantes, distante de ella tres leguas y media; llevando su camino mirando al norte, y a un tiro de bala de ella, junto a la fuente de la Higuera, a la mano izquierda, se aparta el camino para la villa de la Almedina, y allí inmediato [pasa] el camino real que lleva por los calares del de Andalucía a Valencia, y un poco más alto, como un tiro de bala, se aparta el camino para la villa de Montiel, prosiguiendo éste por los calares y llevándolo éste vía recta de la mano derecha del camino con inmediación a él se encuentra la villa de Santa Cruz de los Cáñamos, y un poco más abajo, a la mano izquierda, el camino que de dicha villa se lleva a la expresada de la Almedina, y siguiendo el camino en la vega de dicha villa de Santa Cruz, se encuentra y cruza el río del Oregón, que nace en el término de la referida villa, y no tiene puente. Y siguiendo el citado camino como media legua de la de Santa Cruz, se halla la casa de Matillas, a la mano izquierda, como se halla al expresado camino, un tanto de él, como un tiro de bala, y prosiguiendo a la misma mano hay otra que se nomina la del Cura, y prosiguiendo se encuentra la aldea de Torres, jurisdicción de Montiel, y a un cuarto de legua de él, se encuentra el río Jabalón, y éste nace de los Ojos de Montiel; no tiene puente para transitarlos en el que se encuentra el camino para la de Fuenllana, y prosigue, y como medio cuarto de legua del citado río está la casa nominada de Camero, y un molino poco más abajo con [como] un tiro de bala, y no se encuentra otra cosa notable.

Y dicha villa se compone de ciento veinte y dos vecinos; y por medio de ella baja y pasa un arroyo que nace a tan corta distancia como la de un tiro de bala, de una fuente nombrada de la Higuera, y toma mayor caudal en otra que nace en dicha villa nombrada la de Sabuco, la que surte de agua al pueblo, cuyo arroyo va a juntarse con el río Guadalmena por el sitio de las Hoces del Sotillo. Y el término de dicha villa se reduce a una legua larga en cuadro, confinante por levante, norte, poniente y sur, con veredas y término de dicha villa de Montiel, la que dividen los términos de la de Terrinches, la expresada de Santa Cruz, la de Albaladejo y la de la Puebla, que está por poniente y dista de la de Terrinches una legua; la de Santa Cruz por el norte, media; la de Albaladejo, por saliente, otra media; y este expresado término comprende media legua en tierras de labor, y otra media de monte de carrasca, robles, chopos, jaras y otras fustas, comprendiendo bastantes cerros.

ALBALADEJO, ff. 415-416

Este pueblo se titula villa de Albaladejo de los Freiles; está situada según ésta capital de Infantes, entre mediodía y levante, más cargado a éste; que se halla distante de ésta de Infantes, su capital, cuatro leguas, en cuyo camino, y a una, se encuentra la de Santa Cruz de los Cáñamos, de corta población; otra legua más allá, y dos de la de Albaladejo, en el mismo camino, se encuentra el lugar o aldea de Torres, anejo a la de Montiel, y antes de llegar a éste, y entre él y dicha villa de Santa Cruz, está a mano izquierda la casa que dicen de Matillas, propia de la Encomienda de Segura de la Sierra, a distancia de un tiro de bala del camino; se encuentra entre ésta y dicho sitio de Torres, el río Jabalón, que nace de los Ojos de Montiel, y cerca de dicho término y río, y mirando desde el camino a poniente, hay otra casa de campo inmediata a ésta un molino harinero que unas y otro dicen el de Carnero, que aún no dista del camino un tiro de bala, y no hay en todo él ningunos montes pues todas son tierras de labor.

Se compone su vecindario de la referida villa de Albaladejo de doscientos vecinos, y en su término hay una dehesa poblada de carrascas destinadas para el ganado de labor, y otra que se dice del Horcajo, poblada también de monte bajo, destinada para el ganado de la carne; confina su término por levante con el de Villanueva de la Fuente; que la consabida villa es realenga, comprendida en el corregimiento de Alcaraz, y dista de la de Albaladejo dos leguas. Por parte de poniente confina con la de Terrinches, que dista de aquella media legua, y por entre los dos términos pasa una cañada de la villa de Montiel, y por el mediodía confina con el término de esta expresada de Montiel y parte del de la ciudad de Alcaraz, que dista de la de Albaladejo cinco leguas, sin que en su camino se encuentre más poblado que dicha Villanueva de la Fuente, y entre a un lado, mirando al norte, y a la distancia de media legua, el citado camino.

SANTA CRUZ [DE LOS CÁÑAMOS], ff. 416-416v

Esta población se titula la villa de Santa Cruz de los Cáñamos; dista de esta capital de Infantes tres leguas, caminando entre norte y poniente; es de cuarenta vecinos, poco más o menos; pertenecen sus diezmos a la Mesa Maestral de ésta de [Villanueva de los] Infantes; tiene una vega que riega con un arroyo que nace de una fuente que tiene su origen a distancia de un tiro de bala de la población, a la parte del norte, de donde toma su nombre el río Origen [Oregón], en cuya vega se siembra cañamón y otras legumbres. Comenzando desde dicha villa a ésta de Infantes, a distancia de dos tiros de bala, se encuentra ya el dicho río Oregón, que caminando éste a poniente, como a las tres leguas, entra en Jabalón, y pierde su nombre, y prosiguiendo el camino se encuentran dos casas que quedan en la siniestra, distante una de otra, como un cuarto de legua. A la primera llaman casa de Matillas, que está en término de Montiel, y a la otra, casa Quemada, a la legua y media. Se empieza a subir el calar que llaman de Torres y a su caída está el lugar Torres que tiene muy pocas casas.

MONTIEL, ff. 416v-420

Este pueblo se titula la villa de Montiel; es de las más antiguas de este Suelo y Campo, y de ella se tomó el nombre del territorio. Fue cabeza de este partido, y en el año de mil quinientos setenta y tres se pasó a esta de Infantes el vicario que residía en ella con su tribunal y judicatura, dejando el beneficio de Montiel para que se proveyese a otro religioso del hábito, con la circunstancia que el citado vicario y sus sucesores habían de gozar del molino que llaman de la Vicaría de Montiel que está en su jurisdicción, y de cuarenta y cinco fanegas de tierra de sembradura que la referida villa tenía en Cañamares, porque las ochenta y cinco que gozaba la expresada vicaría se quedasen para el beneficio curado con lo demás que él poseía. Dicha villa está al pie de un cerro eminente, y en él está el célebre castillo que se tituló de la Estrella, teniendo éste sus vestigios de haber sido de alguna fortaleza donde se retiró el rey don Pedro, llamado el Cruel, y huyendo de don Enrique su hermano, donde éste le dio muerte a aquél en la falda de dicho castillo; y hoy está gobernada por dos alcaldes ordinarios de ambos estados, muy derrotada, y se compone su vecindario de ciento y diez vecinos de todas clases.

Y desde ella a esta capital de [Villanueva de los] Infantes hay dos leguas, y a distancia de una, camino adelante, y aun cuarto de legua de él, y al lado de media, está la aldea llamada de Torres que se compone de ocho casas, una iglesia y una ermita cuasi arruinada y una huerta con diferentes árboles y una buena casa de campo; pasa un río como a doscientos pasos llamado Jabalón, que su nacimiento es en el expresado término de Montiel, y a distancia de la referida villa, como otra legua, y al lado del sol saliente, cruza dicho río, y se junta con Guadiana, y afuera del consabido término, y en su travesía y rivera hay once molinos harineros corrientes todos de una piedra, otros tres arruinados, y dos batanes corrientes, los que se hallan a la distancia de media legua de dicha villa mirando al sol saliente. Y baña el citado río el término de esta capital, el de Alcubillas, Torrenueva y Valdepeñas, y a distancia de Montiel una legua hay una casería llamada del Barranquillo que está al norte, camino adelante por la villa de Fuenllana; confina con el término de Villahermosa, y dista de la de Montiel media legua, y del camino a un cuarto de legua, hay una ermita llamada de San Pedro que la circunda un pedazo de monte, y está en el término de Villahermosa a la de Carrizosa hay de distancia dos leguas, en cuyo término tiene la de Montiel jurisdicción y un pedazo de tierra llamado el Salido que le baña el río Azuer, cuyo nacimiento es en la expresada villa de Villahermosa.

Y en el camino adelante a Carrizosa, a la distancia de dos leguas y media por el lado del norte, hay cuatro caserías, que la primera nominan de don Sancho, y a la distancia de ésta, como un cuarto de legua está la segunda que dicen de Jaraba, inmediata a ésta la tercera, que dicen de Melgarejo, y a los un mil pasos se encuentra la cuarta casa que dicen casilla de Villar, y a los doscientos de la expresada de Jaraba, hay una ermita con título de Nuestra Señora del Salido, que está al lado del saliente, y todo el término que comprende el referido lado hasta confinar con el citado Carrizosa. La mayor parte es de labor, y lo restante a un lado y otro del camino son cerros con algún monte bajo, y en el consabido río y circunferencia de la jurisdicción de

Montiel hay tres molinos y medio harineros de una piedra, y la otra mitad del otro. Está en mojonera de dicha villa de Villanueva de la Fuente; hay cinco leguas, y a un lado y a otro del camino sólo se encuentra monte bajo, y a distancia de dos leguas de Villanueva de la Fuente está la de Albaladejo, con cuyo término también confina la de Montiel, cuya población está al lado de mediodía; en el camino adelante a saliente, y a la distancia de media legua del predicho camino, hay una ermita de Nuestra Señora con título de los Mártires, y lo demás de dicho término, hasta confinar con el de Albaladejo, es tierra de monte pardo, y a distancia de media legua, hay un río de corto caudal que se nomina Segurilla, y va a juntarse con el ya citado de Jabalón.

Y a distancia de media legua de Albaladejo está la de Terrinches, y dista de la de Montiel dos leguas con quien confina el término, y es de monte pardo; a distancia de tres leguas de Montiel y al lado de poniente, hay una casería de labor. Las ciudades más inmediatas a Montiel es la de Alcaraz, cuyas veinte y tres villas componen este Partido, Suelo y Campo de Montiel; están todas en el término del señor Santiago, gobernado por sus alcaldes ordinarios por ambos estados, donde los hay, que se insaculan de cinco en cinco años, por el gobernador de la capital, a excepción de la villa de la Torre, que le nombra el dueño de la jurisdicción, y la de la Solana, que hay alcalde mayor, como en su partida se expresa. Todas son de esta vicaría, a excepción de la de Chiclana [de Segura] y Beas [de Segura], que en esta última hay vicario del orden de Santiago, que gobierna las dos.

Que es cuanto puedo decir e informar conforme a los que he tomado, y noticias que por escrito me han dado dichas villas, que todo resulta de un cuaderno formado en esta razón, y a que me remito. Y lo firmé en Villanueva de los Infantes, en doce de agosto de mil setecientos setenta y tres,

Fernando de Cañas [rúbrica]

XVIII
MONTIEL, Campo de (II)

MONTIEL, Campo de (II), Ms. 7293, ff. 484-487v

VILLAMANRIQUE, ff. 484-485v

Esta villa está comprendida en el Campo de Montiel, de la orden y caballería de Santiago; se compone de 200 vecinos; tiene una iglesia parroquial con la advocación de San Andrés apóstol, y a sus extramuros hay tres ermitas dedicadas a Nuestra Señora de Gracia, a la de los Dolores y a San Andrés.

Dista de la metrópoli de Toledo 30 leguas, y tres de Villanueva de los Infantes, su vicaría de la orden; confina por levante con la Puebla del Príncipe a una legua; por el norte con Almedina, a la misma distancia; entre norte y mediodía, con la Torre de Juan Abad, a otra legua; por poniente, con el Castellar de Santiago y Chiclana, a cuatro leguas. Y su jurisdicción se entiende tres leguas por poniente, dos por el sur, y media legua por norte y mediodía.

Está situada esta villa a la falda de una escabrosa sierra que llaman de San Cristóbal y a orilla de un arroyo llamado del Lobo que nace de la fuente de su nombre; sus aguas se incorporan con las del río Guadalén en el que hay un puente de piedra muy antiguo y de sólida construcción, para pasar de desde esta villa a la de la Torre de Juan Abad; se junta con el arroyo Cerrada, que baja de dicha villa, y todos se unen con el río Cañada contiguo al castillo llamado Montizón, siguen por las faldas de sierra Morena y se entran en el condado de San Esteban [Santisteban].

Dentro de la jurisdicción de esta villa, a poniente, hay un monte llamado la Estata de cuatro leguas de circunferencia, y al mismo aire más inmediato a la población, hay otro más chico llamado Montizón, perteneciente a la Encomienda de este título, con el de Chiclana, que gozó el Serenísimo Infante don Luis, y hoy se administra de cuenta de S. M.

Dentro del término de esta villa y jurisdicción hay varios vestigios de castillos y fortalezas que sin duda sirvieron en lo antiguo de fuertes para la defensa de la fe católica, y el más memorable de todos lo es el de Montizón, que queda citado perteneciente a la Encomienda.

Es antigua tradición en esta villa y demás de su circunferencia que predicaron en ellas los apóstoles Santiago el grande y san Pablo. Los montes que hay en sus cercanías que hoy se llaman sierra Morena, se titularon antiguamente Castolunenses, que son los que dividen la Mancha de la Andalucía.

Los frutos que produce el término de esta villa en cada un año, regulados por un quinquenio, son 5000 fanegas de trigo, 2500 de cebada y trescientas de centeno; también se coge lino, cáñamo y lana que se fabrica por estos naturales para el común uso de sus casas.

Las enfermedades que con más frecuencia se experimentan en esta villa son fiebres ardientes intermitentes; es pueblo bastante sano pues por lo común es mayor el número de nacidos en cada un año que el de muertos.

CAÑAMARES, ff. 485v-486

Esta villa está comprendida en el Campo de Montiel de la orden de Santiago; no tiene vecino alguno por serlo los que habitan en ella de la de Villahermosa; tiene una iglesia parroquial con la advocación de Santa María la Blanca.

Dista de la metrópoli de Toledo 28 leguas, y cuatro de la villa de Infantes, su vicaría; confina por el mediodía con Villanueva de la Fuente, a una legua, y dos con Villahermosa, que la rodea por norte, levante y poniente; su jurisdicción ocupa media legua.

Esta villa está situada al margen de un río de su nombre, a la izquierda, bajando agua abajo, el cual tiene su origen en la fuente somera, y se junta con el de Carrizosa perdiendo el primordial nombre de Cañamares.

El término de esta villa por la parte de levante, norte y poniente está poblado de carrasca y roble que ocupan las dos partes de él.

Los frutos que produce este término son cáñamo, lino, criadillas y todo género de legumbres de la mejor calidad; el cáñamo ascenderá cada año a 700 arrobas, y las criadillas, 3000; las demás especies son de menos entidad.

Las enfermedades que con más frecuencia se experimentan en esta villa son cuartanas.

CASTELLAR DE SANTIAGO, ff. 486-487v

Esta villa es otra de las comprendidas en el Campo de Montiel; se compone de 36 vecinos, y tiene una iglesia parroquial con la advocación de Santa Ana.

Dista de la metrópoli de Toledo 27 leguas, y cinco de Villanueva de los Infantes, su vicaría; confina por el norte con Torrenueva, a dos leguas; por oriente con Cózar, a tres; por mediodía, a cuatro leguas, con Villamanrique, y por poniente, con la nueva población de Almuradiel, a tres leguas. Su jurisdicción se extiende una legua por todos [los] aires.

A una legua de distancia de esta villa, a orto, nacen dos ramblas o arroyos que sólo corren por tiempo de invierno; pasa el uno contiguo al pueblo por la parte del norte y sus aguas se juntan con las de Jabalón en las inmediaciones de Torrenueva, y ambos, en Guadiana; el otro corre por el mediodía a dos tiros de bala del pueblo, se incorpora con el río Guadalén, y éste en Guadalquivir.

A otra legua de esta villa está villa, entre poniente y mediodía hay una sierra bastante elevada, llamada la sierra del Cabrón, que se enlaza con otros montes que rematan junto a la villa de Vílches, en Andalucía, y la mayor parte de este término; está lleno de montes, poblado de arbustos.

Los frutos que produce el término de esta villa son trigo, centeno, cebada, cáñamo, vino y aceite, cuya cantidad no se puede saber por el párroco, a causa de percibir los diezmos el rey Nuestro Señor como gran maestre de la orden y caballería de Santiago. Hay en esta villa una fábrica de ollas y pucheros para la lumbre.

Las enfermedades que con más frecuencia experimentan en esta villa son tercianas y cuartanas. El número de muertos en cada un año regulado por un quinquenio es de doce cuerpos mayores y otros tantos párvulos, y el de nacidos de treinta y seis.

Este pueblo carece de fuentes y se surte su vecindario de un pozo cuyas aguas no son de la mejor calidad, y si alguno las quiere usar buenas las tiene que conducir del término de Villamanrique, de un sitio que llaman Sabiote, las cuales son excelentes y con particularidad para obstrucciones. Hay asimismo en este término varias canteras de cal, y hierbas medicinales cuyos efectos y nombres se ignoran.

Montiel y sus alrededores.

XIX
NAVALPINO

NAVALPINO, Ms. 7308, ff. 280-282

Este lugar es realengo y se compone de noventa vecinos; es anejo de la parroquial del lugar de Arroba, y solo tiene una ermita de San Sebastián, a distancia de cincuenta pasos.

Dista de la ciudad de Toledo dieciocho leguas, y una del lugar de Fontanarejo; del Horcajo [de los Montes], ocho al norte; de Villarta [de San Juan], doce al poniente; del lugar de Arroba [de los Montes], ocho al mediodía; su jurisdicción ocupa dos leguas.

A distancia de media legua pasa un arroyo con nombre de río, llamado Valdehornos, cuyas aguas nacen de unas fuentes que llaman la Sanguijuela, junto a Bellanarejo [Villanarejo?]. Tiene una sierra que empieza a subir desde el mismo lugar, llamada sierra de Valdehornos; su cordillera llega hasta el puerto de Alcoba, y se pierde en el río de Valdehornos.

Toda la circunferencia de este lugar está poblada de todo género de monte como es jara, chaparro, quejigo, encina y madroño.

La cosecha de este terreno asciende a dos mil fanegas de trigo, a quinientas de cebada, a ciento y ochenta de centeno, y a cuatro mil reales el producto de colmenas; se cría algo de ganado cabrío, aunque poco.

Las enfermedades que comúnmente se padecen son dolores de costado, erisipelas, tercianas en el estío, y cuartanas en el otoño. Nacen en cada un año, por lo regular, de diez y seis a veinte, y mueren diez y seis, entre grandes y párvulos.

XX
NAVAS DE ESTENA

NAVAS DE ESTENA, Ms. 7293, ff. 427-428v[44]

1. Es lugar anejo de Retuerta de 26 años a esta parte y del mismo señorío y vicaría que la Retuerta, circundado de sierras por todas partes bastante inmediatas, excepto al mediodía, y bastante elevadas, excepto las del oeste que son de pequeña magnitud, como lo denota la figura. Y tiene 5 vecinos.

2. Tiene una sola parroquia cuyo patrono es Santa María de la Antigua, cuya festividad se hace en el mes de mayo de cada año, y a ella concurren de todos los pueblos circunvecinos.

3. Dista de la capital, que es Toledo, y de su vicaría, once leguas y media, y de los pueblos confinantes las siguientes: de Retuerta, al oriente, 2 leguas; de Hontanar, al norte, al otro lado de la sierras, 3 leguas; entre poniente y norte, Navalucillos, 4 [leguas]; al mediodía el Horcajo, 4 leguas; al poniente Los Salares [Alares], 3. Todos del otro lado de [las] sierras. Y ocupa su término como 3 leguas.

4. Tiene [a] orilla de si un arroyo que llaman el Guali que nace al norte en la sierra que llaman de las Hiruelas, que dista ésta como legua y media de Navas de Estena, y corre hacia el poniente y pasa inmediato al pueblo por el lado del norte, y como a distancia de un 4º de legua de Navas de Estena entra dicho arroyo en el río que llaman de Estena; este río llamado Estena nace de la sierra más elevada que llaman del Majano [de la Majana], entre poniente y norte, distante como 2 leguas de dicho Navas de Estena, corre al mediodía a la falda de la cordillera de todas aquellas sierras hasta como un 4º de legua de Navas de Estena que entra por un estrecho que hay entre las sierras como denota la figura; de allí sigue al mediodía por entre sierras al lugar al lugar del Hayjón [Ahijón] que dista de Navas de Estena como 6 leguas, y a la distancia de un 4º de legua del Hayjón [Ahijón] entra dicho Estena en el río Guadiana. Y no tiene puente, Estena, ni barca, sin embargo de ser muy caudaloso.

5. Las sierras todas ellas, excepto las del oeste son muy agrias y de mucha elevación, y hay que pasarlas para ir a los dichos lugares confinantes,

---

[44] Forma parte de la Relación de Navas de Estena -aunque está unida a ella-, de cuya parroquia era cura titular D. Ángel Lorenzo, y a la que pertenecía como caserío.

y se necesita para ello como 5 horas de camino. Y en cuanto a donde se ligan y pierden, se dice lo mismo que va anotado en respuesta de la Retuerta [del Bullaque].

6. En cuanto a esta pregunta se responde lo mismo que en la Retuerta [del Bullaque].

7. Se remite adonde se dice en la respuesta de la Retuerta [del Bullaque].

8. Los frutos son los mismos que [en] Retuerta [del Bullaque]; la cantidad de miel ascenderá como a 10 arrobas, y de cera, como a 2 arrobas, y los granos como 10 fanegas.

9. No hay manufacturas ni fábricas.

10. N.

11. N.

12. N.

13. Las enfermedades que se padecen en tiempo de verano son como [en] Retuerta [del Bullaque], y se curan del mismo modo. Número de muertos en los 6 años, 9; el de nacidos, 9.

14. N.

Nótase que la N de la figura denota Navas de Estena; la R, Retuerta, y la distancia de todo el Valle, del norte al mediodía, es la de 2 leguas largas. Desde Retuerta [del Bullaque] a las sierras de poniente hay como 2 leguas y media, y de Retuerta [del Bullaque] a oriente se extiende como 9 leguas.

Que es cuanto en respuesta del interrogatorio puedo decir e informar a vuestra merced, quedando para servirle en cosas de mayor satisfacción su más atento y seguro servidor y capellán.

Retuerta, 12 de marzo de 1787

Que su mano besa,

Ángel Lorenzo Fernández [rúbrica]

Señor don Tomás López

XXI
PEDRO MUÑOZ

PEDRO MUÑOZ, Ms. 7309, ff. 393-394v

La villa de Pedro Muñoz dista de su capital, que es la de Ocaña, once leguas, y hasta llegar a ella se encuentran los pueblos siguientes: Miguel Esteban, que dista de este pueblo dos leguas, atravesándose por medio para pasar a la villa de la Puebla de Almuradiel, distante de aquél una legua; desde dicha villa, que asimismo se traviesa [atraviesa], hay tres leguas de distancia hasta la de Lillo, siendo ésta de señorío y arzobispado de Toledo. Desde ésta, que también se traviesa [atraviesa], hay cuatro leguas a la de Dos Barrios [Dosbarrios], quedando ésta a la izquierda del camino por poniente, a distancia de un tiro de bala. Y desde dicha villa de Dos Barrios a la de Ocaña, hay una legua, caminándose por camino real y recto al norte, a cuyo viento está este pueblo y los demás anotados, sin encontrarse aldea alguna, casería ni despoblado, pero sí se encuentra un río con su puente llamado Jiguela [Cigüela], a distancia de dos tiros de bala de la Puebla de Almuradiel, que baña su término y lo divide del partido de San Juan, juntándose este río con otro que se nombra Záncara, media legua más allá de Herencia, pueblo del Priorato de San Juan, que de este de Pedro Muñoz, dista siete leguas, naciendo el referido río Jiguela a la parte de arriba de la venta de Cabrejas, confinante con el Pinar de Cuenca. Asimismo se encuentra otro río distante dos leguas de la Puebla de Almuradiel, y una de Lillo, que se llama Riansales [Riánsares], con cuya agua muele un molino harinero por donde se pasa, que se nombra el Tejado, y su origen a corta distancia de Villescaz [Vellisca], del partido de Huete. Y dicho río se junta con el de Jiguela por el poniente, como tres leguas de esta villa.

En ella y su término, a distancia de un cuarto de legua, se hallan dos montes; uno llamado de Pedro Gorillas [Pedro-gorillo] al poniente y ocupa todo él mil y trescientas fanegas de tierra, y el otro llamado de Heruela, también al poniente, que su extensión se regula setecientas fanegas de tierra. También se halla en este término por levante, a distancia de un cuarto de legua de esta población, una laguna de sal de agua que se administra por la Real Hacienda, en la villa de Quero, Priorato de San Juan, que su extensión es la de veinte fanegas con corta diferencia de medida real, nominada la del

Caozo. Finalmente, los pueblos con quienes confina esta villa son por el levante la villa de las Mesas, del partido de San Clemente, distante dos leguas por el poniente y mediodía, con la villa de Campo de Criptana, distante otras dos leguas; donde hay alcalde mayor por el Real Consejo de las Órdenes, y por el norte la villa del Toboso dista dos leguas.

Y en esta forma se ha fijado esta delineación con arreglo a los capítulos e Instrucción comunicada por el señor gobernador de la villa de Ocaña con el mejor método que ha podido conceptuarse, y como alcalde ordinario de esta villa de Pedro Muñoz, lo firmo en ella, y febrero, diez y nueve de mil setecientos setenta y dos.

XXII
RETUERTA DEL BULLAQUE

RETUERTA [DEL BULLAQUE], Ms. 7293, ff. 425-426v

Muy señor mío:

Luego que recibí la suya le respondí diciendo me hallaba en una cama, y por lo mismo no podía dirigir en el día razón de las noticias que me pedía y que procuraría hacerlo con la brevedad posible porque la obra no estuviese suspensa, y así he tomado en estos días nuevos informes por estar ya olvidados y borrados de la memoria los primeros. Y conforme a ellos, en la forma posible con arreglo al interrogatorio que por casualidad conservo aún en mi poder, le satisfago en la forma siguiente.

LA RETUERTA

1. Es lugar que pertenece a la vicaría general del arzobispado de la ciudad de Toledo, y es lugar propio del ilustrísimo ayuntamiento de dicha ciudad, y tiene 68 vecinos.

2. Tiene una sola parroquia, cuyo patrono es San Bartolomé, y no tiene cosa alguna de lo demás que contiene la 2ª pegunta del interrogatorio.

3. Dista de la capital que es Toledo y de la dicha vicaría, diez leguas. Y los lugares confinantes a la Retuerta son: Navas de Estena, al poniente, dos leguas; [El] Molinillo, al oriente, 3 leguas; San Pablo [de los Montes], hacia el norte, dos leguas al mediodía; Alcoba, al mediodía, 4 leguas; y entre mediodía y poniente, el Horcajo [de los Montes], 5 leguas. La villa de Mensalbas está al norte, dista 4 leguas. Y tiene dicho pueblo de la Retuerta como tres leguas de jurisdicción.

4. Tiene orilla de sí al mediodía el río que llaman Bullaque, que nace a distancia de una legua de Retuerta al mediodía, en un sitio que llaman las Fuentezuelas, y su corriente es hacia el norte hasta llegar como un cuarto de legua de este lugar donde da vuelta al oeste y corre en esta forma hasta la Torre de Abrán [de Esteban Hambrán], que está entre dos sierras, distante de Retuerta 3 leguas largas, y desde allí corre al mediodía y pasa por un lugar

que llaman Luciana, que dista de aquí 8 leguas, y como una legua de dicho Luciana entra en Guadiana como se puede ver por la figura adjunta. Y tiene inmediato a la población un puente de madera intransitable para ganado mayor.

5. Está circundado de sierras por todos lados excepto al oeste, de magnitud bastante como lo demuestra la dicha figura. La cordillera de sierras del norte principian [a] diez leguas de Retuerta y se pierden a las 23. La de mediodía principia como otras diez leguas de aquí, y se pierde como una legua de aquí. En la del norte hay un puerto que llaman el Real del Marches que se necesita para pasarle como tres leguas, es digo, dos horas y media. Y lo mismo necesitarán las demás sierras aunque son intransitables.

6. Está a todos aires poblado de monte que se reduce a encinas, quejigos, robles, jara, brezo, romero, alcornoques, madroña, fresnos y mostajos, y su extensión fuera del término es la que ocupa el territorio de Montes de Toledo, en el que está situado este dicho pueblo de Retuerta.

7. Se ignora cuánto contiene la 7ª pregunta del interrogatorio. Y en el archivo de dicha ciudad de Toledo se dice consta su contenido, en donde se podrá tomar la razón correspondiente.

8. Los frutos más singulares son miel y cera y granos de todas especies. Y la cantidad anual de miel ascenderá como 500 arrobas, y de cera, como ciento. Los granos se regula de 800 a mil fanegas de todo pan. Y carece de todo lo demás, pues aunque la cría de ganados de todas especies es bastante, éstos son de forasteros que pastan con sus ganados en estos montes por tener aprovechamiento común en ellos.

9. Se fabrica carbón de brezo por los vecinos, naturales y forasteros, y ascenderá como a 8000 fanegas.

10. El comercio que hay es el del carbón que por arrieros forasteros se conduce a la ciudad de Toledo, Madrid y sitios reales.

11. N.

12. N.

13. Las enfermedades que comúnmente se padecen aquí son tercianas y cuartanas por causa del mal terreno, y se curan con sangría y purga. Y el número de muertos en los años que hace [que] soy cura de él, son el de 90; el de nacidos, 72.

14. N.

[De otra mano en la página anterior al comienzo del texto de Retuerta, 423]: Monasterio de Santa María de Fuentes Claras, que hoy día se llama de Retuerta, fundado en la era de 1186 [año 1148].

Aquí están enterrados:

Doña María Valbona

Don Fernando de Castro

Doña Poliana, hija del conde don Fruela

Don Alvar Pérez, hijo de don Pero Fernández de Castro

Don Fernán Primo, su hijo

La condesa doña Mayor, hija del conde O. Peranzúrez

La condesa doña Yelo, hija del conde don Juan y de la condesa doña Mayor y no son el don Juan Peranzúrez que hicieron la magnífica capilla de Santa María, sino la condesa doña Yelo en este monasterio.

Fernán Ruiz de Porras

Pero Gómez de Porras

Gómez Pérez de Porras y sus hijos y otros caballeros

[Datos sacados del] Archivo del conde de Benavente, tomo 18, manuscrito del Licenciado Espinosa (rúbrica)

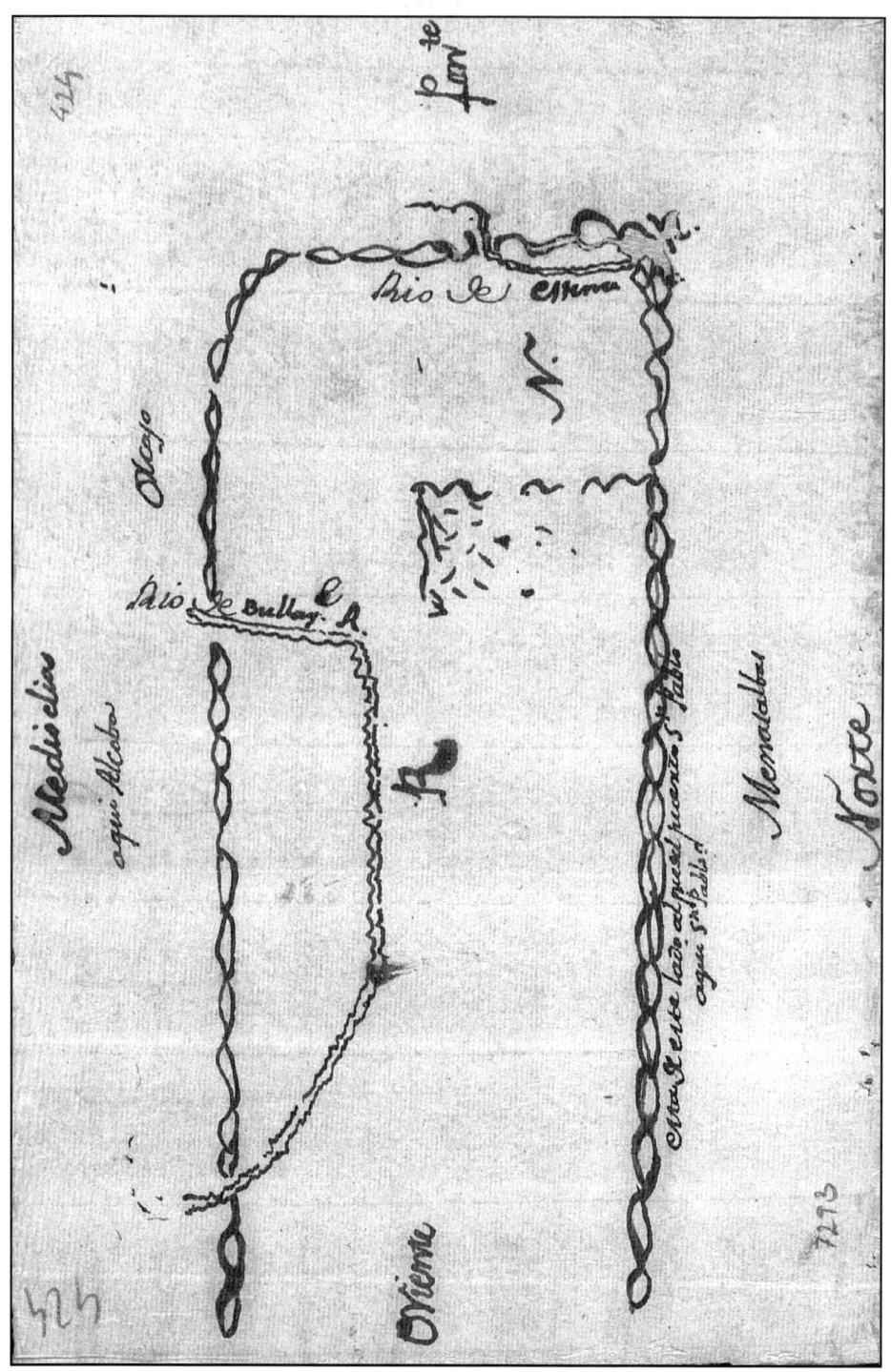

Ángel Lorenzo Fernández. Retuerta del Bullaque y sus alrededores.

XXIII
SOCUÉLLAMOS

XXIII
SOCULEAMOS

SOCUÉLLAMOS, Ms. 7293, ff. 202-210v

Socuéllamos y diciembre, 19 de [17]87

Señor don Tomás López y de mi estimación.

Recibí la de vuestra merced con el adjunto interrogatorio al cual no puedo dar satisfacción en el día a causa de estar convaleciente de unas tercianas maliciosas, por cuya causa suplico a vuestra merced me tenga por excusado por ahora en satisfacer a su interrogatorio. Pero si en lo sucesivo se recuperase enteramente mi salud, procuraré complacerle y contribuir en cuanto pueda a sus designios, sin la pena de que vuestra merced haga memoria de mi en parte ninguna de su obra. Espero me conteste a ésta.

Con este motivo tengo el honor de ofrecerme a su disposición y quedo rogando a Dios guarde su vida muchos años como desea su afecto servidor y capellán, que su mano besa,

Fray Melchor de la Concepción, ministro [rúbrica]

[Cubierta del envío:] A don Tomás López, guarde Dios muchos años, Geógrafo de Su Majestad, en vida. Madrid

[Estampillado:] CUENCA

* * *

SOCUÉLLAMOS

Pueblo de la orden de Santiago en su priorato de Vales, reino de Toledo y provincia de la Mancha alta. Tuvo principio por el año del Señor 1292 en un sitio distante una legua del que hoy tiene que llaman Villarejo de San Bartolomé. Casi al mismo tiempo, o en el dicho año, se fundó otro pueblo llamado el Villarejo de San Nicolás, en el término de Alcázar [de San Juan], pero a muy corta distancia, y ambos lugares se proveían del agua necesaria de un pozo que estaba en medio de dichas poblaciones. Estas aguas (como se explica el P. Caballería)[a] causaron en ambos pueblos la más fatal división porque queriendo los de uno y otro ser los primeros en sacar el agua, y dar de beber a sus ganados, aunque no hubiesen sido los primeros en llegar al sitio[45], hubo entre ellos sangrientas riñas. Por esta causa, habiéndose dado cuenta a los señores del Consejo de don Fernando IV, que entonces reinaba en Castilla, tomaron la resolución de que cada día uno de estos dos lugares se apartase del puesto y sitio donde estaba una legua cada uno.

En cumplimiento del real decreto, el Villarejo de San Nicolás de retiró una legua hacia el oriente, y tomó el nombre del Robledo por haberse fundado en el cerro de un dilatado y espeso monte o bosque de robles, y es hoy Villa Robledo [Villarrobledo]; y el Villarejo de San Bartolomé se retiró otra [legua] hacia el poniente, y tomó el nombre de Socuéllamos. Fue esta mudanza al fin del siglo XIII, año del Señor 1298. En el de 1468 llegaba a tener 90 vecinos. 90, en el espacio de 130. Años siguientes se aumentó dicho vecindario en 1110, pues en el año de 1598 tenía 1200. El tal numeroso vecindario en os dos siglos ulteriores se ha deteriorado mucho.

Tiene solo un convento que es de trinitarios descalzos, el primero que se fundó para dicha descalcez que tuvo su principio el tal convento año 1601, y se colocó el Cuerpo Sacramentado, día 30 de septiembre como se dice en el protocolo de dicho convento, aunque el Padre coronista fray Diego de la Madre de Dios dice que se fundó al principio del año siguiente 1602. Después se fabricó nueva iglesia y se hizo su colocación año de 1664.

En este convento que aun primitivo, no hay cosa particular que pueda ilustrar una historia. Solo hay el cuerpo del siervo de Dios fray Juan de San José que murió con fama y opinión de santidad, como consta en las informaciones que se hicieron después de su muerte, y está en esta casa.

En este pueblo nada tenemos digno en la historia; sólo una iglesia parroquial hermosa fábrica y de grandes alas [y] cimientos, de ropas y plata labrada para el culto divino. Su vecindario, como de 600 vecinos desmantelados y apedaros (?) [apenados?] por las inundaciones. Aguas, pocas, y de pozos. Sus enfermedades más comunes son tercianas y cuartanas, que por lo regular han degenerado estos días, digo, en estos años, en hidropesías y dolores pleuréticos. Sus productos o frutos, es la labor y cosecha de granos de toda especie, y no otra cosa. Gente pobre y poco aficionada e inclinada a la aplicación del trabajo, pues pudieran muy bien ganar el pan con la labor del esparto que en el término se cría mucho y bueno. Hay asimismo dehesas de pastos buenas; montes, aunque lo muy bastante arruinados por la leña que sacan en varios lugares. Estudios para la instrucción de la juventud en gramática ni en el pueblo ni en el convento los hay, porque sino que algún religioso de algunas lecciones de gramática a alguno, que es rara vez, no se ve un estudiante, aun aquellos que dirigen para el estado eclesiástico.

Esto es en suma lo que hay, y puedo decir a vuestra merced, a quien

---

[45] Historia de Villa-Robledo [Villarrobledo].

no he contestado antes por causa de haber estado fuera a convalecer de mis tercianas y otros accidentes. Pero en lo sucesivo, si ocurre dar a vuestra merced una noticia, podrá avisarme, y yo con gusto emplearé el tiempo en servirle en cuanto pueda, pues, aunque causa nota o escándalo con su proposición quiero darme a ser holgazán unos días y no abrir un libro con la continuación que hasta aquí.

Yo siempre soy de vuestra merced, a quien Dios guarde muchos años como desea y pide su afecto servidor y capellán, que su mano besa, P.D.

Fray Melchor de la Concepción, ministro [rúbrica]

P. D.: Advierto que en el archivo de la villa no hay que buscar antigüedades, pues se me asegura que los papeles no pasan de dos siglos por descuido de los archiveros, o tal vez por [desid]ia.

* * *

Socuéllamos y agosto, 20 del 1788

Señor don Tomás López, y de mi estimación

Por causalidad hallo, entre otras, una carta de vuestra merced, a la que no he contestado, pero mis ocupaciones son la causa de este descuido, el que de algún modo es culpable. Con todo, digo a vuestra merced, que esta comunidad se compone de trece religiosos: dos legos y los restantes son sacerdotes. No me extendí más en la descripción de este convento porque no hay mérito para ello, a lo menos no lo encuentro. Es patrona de él María Santísima con el título del Remedio, cuya imagen, aunque hay otra, es la primitiva. Del pueblo lo es San Agustín, y aunque he procurado extremarme de las causas, nadie me responde, y ni aún remotamente. Esto es lo que hay, y no otra cosa. Si en adelante ocurriese nuevo motivo, podrá vuestra merced avisarme con el seguro de que no seré tan olvidadizo ni perezoso en contestar, y en esto le empeño mi palabra, como lo acreditará la experiencia.

Queda de vuestra merced su afecto servidor [de] vuestra merced y capellán, que su mano besa,

Fray Melchor de la Concepción [rúbrica]

[Cubierta del envío]: A don Tomás López, guarde Dios muchos años, Geógrafo de Su Majestad, etc. Madrid

[En un recorte de papel]: Ya digo a vuestra merced a lo último que la jurisdicción eclesiástica corresponde al señor prior del Real Convento de Santiago de Uclés.

[Por detrás]: Al señor cura de Socuéllamos guarde (roto). Socuéll[amos]

* * *

Muy señor mío:

Constándome ha muchos años que vuestra merced con bastante anhelo ha caminado sobre que los curas le digan cuanto puedan sobre este pueblo para estamparlo en mapas y geografía, voy a responder a vuestra merced como ecónomo y natural de esta villa de Socuéllamos.

Esta es una villa antiquísima y cuando se fundó fueron los antiguos buscando las aguas por lo retiradas que estaban, y hondas, y en tanto grado, que para buscar una vasija que cogiese un par de arrobas, tenían que uncir un macho o mula, y ahora la alcanzamos con la mano en los más pozos del pueblo.

Llegó a tener más de tres mil vecinos, y no tengo duda por la extensión del pueblo, pues por algunas partes tiene de largo cuatro mil pasos, pero en el día tendrá 500 vecinos escasos, pues durante esta epidemia que dio principio el año de 1785, van muertas de grandes más de 900 personas, y de chicos más de 300.

Goza esta villa de un cielo bastante alegre; sus cosechas de cebada particularmente han sobrepujado en mucho a las de todas las inmediatas, aunque en estos años no es tanta por razón de haberse inundado los mejores cebadales, esto es, aquellas tierras que están destinadas para la dicha cebada; de trigo ha sido bastante abundante, pero los malos años y tan contrarios nos quitan las cosechas que cada año nos manifiesta abril y mayo, pues si entonces se segara según lo que manifiestan, saldrían sin tino los trigos, cebadas, centenos, escañas, avenas, y demás freoles que suelen sembrar los dichos labradores.

También goza este pueblo de muchas verduras, y tendría más si sus hortelanos fueran más aplicados; habrá hasta ahora unas 200 huertas que mantienen éste y los demás pueblos circunvecinos, de pimientos gustosos, y picantes, tomates muy sabrosos y de buen gusto, acelgas, coles, nabos, zanahorias, espinacas, cebollas, pepinos, cohombros, melones, garbanzos, almortas, lentejas, guisantes; buenos pollos, gallinas, huevos frescos y gordos. El vino, por razón de no haber cuevas, se mantiene hasta mayo tal cual de buen paladar, pero en entrando el calor se vuelve vinagre con mucha facilidad, y aunque se coge en abundancia, no por eso dejan de traer los taberneros cada un año más de dos mil arrobas de los lugares circunvecinos.

Hay juntamente algunas arboledas de álamos negros muy elevados y recios, y también los hay blancos; también goza de alguna fruta en sus huertas, aunque los más años suele desgraciarse.

Las enfermedades que más acometen en esta dicha villa son las tercianas, que aquí por lo regular se han burlado de ellas sus habitantes hasta estos últimos años que han sido, por razón de las inundaciones, de muy mala calidad, aunque me parece puedo decir, que más bien se han muerto de necesidad que de mal.

En esta villa tenemos una parroquia muy grande que la sostienen dos columnas sumamente gruesas; tiene adornos tan buenos como una catedral; tiene un convento de religiosos trinitarios descalzos. Clérigos hay entre ordenantes y sacerdotes, unos 10; frailes, 55.

Tiene una acequia que cruza el pueblo y llaman del Desagüe, y tiene otra que llaman de la Hoyuela, por salir de una laguna que está al norte de esta villa, y corre a poniente a desaguar a la dicha del Desagüe, y las dos juntas corren hasta entrarse en el río que llaman Záncara, que cruza [a] media legua de esta dicha villa; tiene otro río que llaman Córcoles que lo más del tiempo viene seco; también desahoga en el dicho Záncara. De unos y otros se coge bastante pesca de barbos y tencas; el dicho río está al norte de esta villa; el Córcoles corre algo travesado del sol de las 10 a norte, pero todos por último se entran en Guadiana; en estos dichos ríos hay algunos molinos de harina, y orilla del pueblo, dos de viento. También se siembran cáñamos, patatas y otras cosillas, pero todo de secano, pues aquí no se dedican las gentes al aumento de sociedad y economía; las olivas no tengo duda en que, si se ejercitasen los nacionales, en que prevalecerían, pues algunos que han empezado tienen avisdas (?) más de 100 pies.

La gente ha sido siempre muy poco ingeniosa ni tampoco muy alborotada; sujetas a la justicia y muy obedientes a sus mandatos por lo que no [ha] habido riñas ni alborotos. Goza esta villa de muy buenos pastos para todo género de ríos, por cuyo motivo no baja ningún año el abasto de la ciudad de Valencia de 4000 cabezas de carneros, las que se llevan pagándolos a muy buenos precios, dejándoles a los ganaderos muy bien su trabajo, junto con la lana y queso que se hace.

Tiene esta villa una gran pósito para sus vecinos, que en estos próximos años gozaba ya de 12.000 fanegas de trigo y centeno, pero en los años de la epidemia se ha retrasado su cobranza con bastante exceso; tenía y tiene más de 60.000 reales en dinero. La villa sin embargo de sus muchos gastos también está bastante rica.

Tiene esta villa al norte de ella dos montes. El uno dehesa de cotos y carnicería, y la otra llaman la Cañada; en una y otra ivernan [invernan] cuatro hatos de ganado lanar; al mediodía se encuentra a una legua de este pueblo otra dehesa que llaman la Nueva, donde ivernan [invernan] otros tantos de ovejas, y más adelante hay otra que llaman las Lomas, donde pastan otros dos o tres hatos.

Hay dos casas mesones para los transeúntes muy buenas; esta carrera es de Valencia a Cádiz, y de Cartagena y Murcia a Toledo, y antes era la única para Madrid.

En esta villa hay cuatro ermitas; una dentro del pueblo y las dos a poniente, y la otra al norte, extramuros; tiene la casa encomienda que antes poseía el señor Infante don Luis; tiene algunas casas muy desempeñadas y ricas; tiene una cárcel muy segura; las calles son bastante espaciosas y largas.

Y amigo, basta; que para hallarme indispuesto, me parece doy a vuestra merced bastante luz, y cuando no, perdonar, y mande otra cosa a su capellán y cura ecónomo, que su mano besa,

Juan Ángel Trillo [rúbrica]

Esto por lo eclesiástico desde Santiago de Uclés

XXIV
LA SOLANA

SOLANA, LA. Ms. 7293, ff. 436-439v

La Solana, villa en el partido de [Villanueva de los] Infantes, en La Mancha.

En el año de 1565 se obtuvo el privilegio de villazgo, y desde el año de 1680 se sirve la jurisdicción ordinaria por letrado 4/cᵉ. mayor que nombra al comienzo de las Órdenes.

Su término de terreno es tan limitado como el de media legua en circuito, sin monte alto ni bajo, río, arroyo, puente, molinos, arboledas, ni otra cosa de digna consideración, en cuyo término se comprende tierras de labor, olivas y viñas, pues el principal y grueso de los caudales raíz de estos vecinos están en el término de la villa de Alhambra, distante tres leguas de ésta, y en el de la Membrilla, distante una.

A una legua está el río llamado Azuer, en donde se muele el trigo para pan del abasto común; su vecindad se compone de unos 1500 vecinos.

Es pueblo muy escaso de aguas dulces y salobres, pero por lo común bastantes para el abasto.

La iglesia de una nave es la preciosa que hay en la provincia de la Mancha; su patrona, Santa Catalina mártir con cinco capillas, las cuatro de particulares, un coro y órgano muy decentes; la torre y campanario a correspondencia; una custodia, servicio de plata y demás ornamentos para el culto divino como si fuese de colegiata.

El cauda (roto) de fábrica de la Iglesia y sus derechos parroquiales, casa de excusado, besamano, sepulturas, limosna de granos en sus cosechas cada año y otros anejos, excede al anual gasto para dicho divino culto.

Están fundadas en esta iglesia cuarenta capellanías por vecinos particulares, y su cabildo eclesiástico actual que con el cura es su número 16.

Este curato se sirve por religiosos del militar orden de Santiago de la Espada, conforme a la bula de su confirmación.

Hay un convento de trinitarios descalzos, otro de religiosas dominicas, una ermita de San Sebastián, otra de santa Ana; otra de Nuestra Señora de la Concepción, y en ella las efigies de las procesiones de Semana Santa; otra de Santa Quiteria, y en ella una Nuestra Señora de la Soledad y Cristo en el sepulcro; otra de Nuestra Señora de la Encarnación; otra de San Antonio; otra de San Miguel; otra extramuros de San Antón.

Un hospital para curación de pobres enfermos, otro para recoger a los pobres viandantes; un pósito pío para el socorro de los labradores con al [el] crez de un celemín por fanega que se distribuye en pan a los pobres, y su limosna de misas …

[ff. 438-438v, hay una carta de otra mano mal colocada que ponemos más abajo]

… otro pósito real con el crez de medio celemín por fanega para el socorro del común.

Unos 12 patronatos laicos que sus rentas se aplican a limosna de misas, a dotes de doncellas pobres y limosna en pan cocido y en grano.

Una fundación pía que sus rentas se aplican a la enseñanza de leer y escribir de los niños pobres, y de gramática.

Su principal fuente es el de los granos de todas especies; el 2º el de los ganados de mular, lanar y cabrío; el 3º del aceite; el 4º del azafrán y otros accesorios. No hay fábricas de géneros y especies algunas, a excepción de las lanas y cáñamos, que cada vecino labra para paños y lienzos del gasto de su familia.

Las familias ilustres con goce actual de hijosdalgo de sangre, son Salazar, Antolinez, Castro, Tabares, Torre, y Valiente, y de privilegio, García; aquellos con goce de unos mayorazgos y bienes libres muy ricos, etc. Caballeros de las militares órdenes de Santiago y Calatrava y Maestrantes; otras familias del estado general de labradores muy antiguas y honradas. En el estado eclesiástico ha habido y hay muchos religiosos de las órdenes de San Francisco, Santo Domingo, Santo Tomás, Nuestra Señora de la Merced, trinitarios, clérigos menores, San Agustín y otras constituidas en dignidades, etc., y de ejemplar vida.

Es propio en el estado secular como lo fue el excelentísimo señor don Juan Antolínez de Castro (aquí sus dictados), don Pedro José Antolínez de Castro, etc., capitán general de Extremadura, caballero del hábito de Santiago, comendador de Castro Verde, alcalde de corte, colegial en el Mayor del arzobispo de Salamanca.

El ayuntamiento de la villa se compone con títulos perpetuo de los siguientes: Un alférez mayor, un regidor preeminente, dos fieles ejecutores, un alguacil mayor, diez regidores, un fiscal sin voto.

De la Encomienda de Calatrava y sus rentas la goza el serenísimo señor infante, duque de Parma.

* * *

[Carta interpuesta más arriba]

Solana, 7 de enero de 1788

Muy señor mío:

Vuestra merced supone haberme escrito anteriormente y a la verdad se empeña; yo hasta el día de ayer ninguna carta de vuestra merced he tenido, y para satisfacer a ella digo que esta población consta de 1500 vecinos; de ellos ciento medianamente acomodados, seis opulentos y los demás infelices. Logra esta villa por armas un sol y de él viene el origen de su título; tiene una sola parroquia, y su titular Santa Catalina, virgen y mártir; logra igualmente dos conventos, de religiosos, uno, y otro de religiosas; éstas dominicas, y aquellos trinitarios descalzos.

Su término [es] media legua en circunferencia, seco pero muy poblado de olivas y algunas viñas. Corresponde al arzobispado de Toledo, y por suelo de la Orden de Santiago toca el conocimiento eclesiástico al vicario de [Villanueva de los] Infantes, ordinario del Campo y Suelo de Montiel, que son las únicas noticias que puedo subministrar a vuestra merced, y para darlas mayores de privilegios, regalías, varones ilustres, etc., las procuraré adquirir, y diré (?) a vuestra meced con lo que se ofrece a su deposición, deseoso de complacerle su muy afecto y atento seguro servidor que su mano besa,

José Antonio de la Puente [rúbrica]

Señor don Tomás López

* * *

SOLANA, LA. Ms. 7293, ff. 451-458

Muy señor mío:

En verdad del encargo que me hace vuestra merced de que le suministre algunas noticias de este país que le puedan servir para el acieto [acierto] en la formación del mapa que está ejecutando de él, he procurado informarme de aquellos sujetos fidedignos que tienen noticias prácticas de este territorio y sus inmediaciones. Y su respuesta, por el orden de su interrogatorio, es el siguiente:

1. Esta villa de La Solana es una de las 23 que componen el Campo y Suelo de Montiel, perteneciente a la orden y caballería de Santiago; todas bajo de una vecindad local y fundadas en aquel territorio que donó a dicha orden el señor rey don Alfonso el VIII de León, y III de Castilla, el año 1175 que fue en el que la santidad de Alejandro III la confirmó, concediéndole toda jurisdicción eclesiástica y secular, especialmente en los lugares que conquistasen de los moros, y los poblasen. Está sujeta a Su Majestad (que Dios guarde) como Gran Maestre y administrador perpetuo de la dicha orden

y caballería de Santiago. Pertenece a la vicaría de Villanueva de los Infantes y hoy tiene como 1600 vecinos contribuyentes y no contribuyentes.

2. Hay en dicha villa una iglesia parroquial de la que es patrona la señora Santa Catalina, virgen y mártir, de una hermosa nave a lo mosaico, con cinco capillas. La una propia de la misma iglesia, en la que está el sagrario comulgatorio en [el] altar del Santísimo Cristo de las agonías; imagen muy devota y peregrina. Las otras cuatro [capillas] son de particulares. Tiene una torre muy bella que se reedificó por los años de 1725 a 1750. Un coro muy decente con sillería de nogal bien trabajada. La iglesia está decentemente surtida de ornamentos, vasos sagrados y utensilios de plata labrada, especialmente la custodia que es de primorosa hechura a martillo, adornado el viril con algunos diamantes; en las procesiones la llevan en hombros cuatro sacerdotes para lo que hay dotadas cuatro capellanías. El órgano es muy bueno y moderno. Las cuatro campanas de la torre son correspondientes a ella.

El párroco regularmente es del hábito de Santiago; provee este beneficio Su Majestad como Gran Maestre, a consulta de su Real Consejo de la Órdenes; el cabildo eclesiástico se compone de 24 plazas para sacerdotes, fundado en el año de 1628 de mandato y con aprobación de Su Majestad y dicho Real Consejo de Órdenes; hoy hay plazas vacantes por falta de pretendientes. También hay en dicha villa dos conventos, el uno de religiosas de N. P. Santo Domingo, y el otro de religiosos de la Santísima Trinidad. Ocho ermitas, las cuatro extramuros del pueblo; las primeras son: San Sebastián, en que hay dotada misa de once todos los días de precepto; Nuestra Señora de la Concepción, también tiene dotadas misas a las ocho ya las once en los dichos días; la de san Miguel, que igualmente tiene misa dotada sin hora determinada, y la de San Antonio de Padua. Las segundas [ermitas], son: Santa Ana, Santa Quiteria, Nuestra Señora de Peñarroya (vulgo el humilladero), y San Antonio Abad; ésta dista del pueblo un cuarto de legua al oeste norte oeste.

3, La situación de dicha villa es entre 15 grados y 25 minutos de longitud, y 38 grados y 52 minutos de latitud, según el meridiano de Tenerife. Dista de la imperial ciudad de Toledo veinte leguas mirando desde la Solana [al] norte veas a oeste. La circundan los lugares siguientes: Villanueva de los Infantes, capital de dicho Campo de Montiel y su partido, 5 leguas de distancia; Montiel, 7 leguas al mismo rumbo; nacimiento de [río] Jabalón (vulgo, Ojos de Montiel), 8 leguas ídem; despoblado de Torres, 6 leguas ídem; Santa Cruz de los Cáñamos, siete leguas un poco inclinados al sur ídem; Cózar, seis leguas ídem algo más inclinado al sur; Fuenllana, al sudeste, cinco leguas; Villahermosa, 6 leguas ídem, algo inclinado al este; Alhambra, 3 leguas al este; Carrizosa, 2 leguas al mismo rumbo; Puerto de Vallehermoso, dos leguas al sudeste; casas de la Calera, dos leguas y media casi al oriente; sitio de Ruidera, principio de Guadiana, 5 leguas al oriente; la villa de la Ossa de Montiel, 7 leguas al mismo rumbo; Castillo antiguo

y ermita de Peñarroya, 4 leguas al este noroeste; Argamasilla de Alba, al
nordeste, 4 leguas; El Tomelloso, 5 leguas al mismo rumbo; Hundimiento
de Guadiana, 7 leguas al norte nordeste; la Venta de Cuenca, tres leguas
y media, norte verso oeste; Villarta [de San Juan], cinco leguas y media
al mismo rumbo; Arenas [de San Juan], cinco leguas ídem algo inclinado
al oeste; Nuevo nacimiento de Guadiana, 5 leguas cuasi norte verso oeste;
Arenas [de San Juan] algo inclinado del norte, digo Villarrubia de los Ojos,
6 leguas ítem; la Fuente del Fresno, 8 leguas cuasi al norte verso oeste; La
Membrilla una legua al occidente, inclinado al oste norte; Manzanares, legua
y media, al mismo rumbo; La Torre de Moratalaz, despoblado, tres leguas
oeste norte oeste; Daimiel, 5 leguas al mismo rumbo; Malagón, nueve leguas,
al norte oeste; Ermita de Nuestra Señora de las Nieves, 4 leguas y media, al
occidente; Bolaños [de Calatrava], cinco leguas al mismo rumbo; Almagro, al
occidente, seis leguas; Valenzuela [de Calatrava], siete leguas, ídem; Ciudad
Real, residencia del intendente de La Mancha, 9 leguas oeste, norte, oeste;
Miguelturra, 8 leguas al mismo rumbo; Fernancaballero, 9 leguas al norte
oeste; Carrión [de Calatrava], 7 leguas al oeste, norte, oeste; Torralba [de
Calatrava], seis leguas y media al mismo rumbo; Granátula [de Calatrava],
7 leguas al oeste, sur, oeste; El Moral [de Calatrava], 5 leguas al mismo
rumbo; Nuestra Señora de Consolación (vulgo Aberturas), 3 leguas ídem; La
Meznera, sierra, 5 leguas ídem; Valdepeñas, 4 leguas, sur suroeste, Puente
Nueva en [río] Jabalón, 5 leguas dicho rumbo; Santa Cruz de Mudela, al
mismo, siete leguas; el Viso [del Marqués], 9 leguas ídem; La Calzada [de
Calatrava], 8 leguas más inclinada al oeste; Convento del Orden de Calatrava, 9 leguas al mismo rumbo; Nuestra Señora de Azuqueca, ruinas de la
antigua ciudad de Oreto, 7 leguas ídem; Torrenueva, 6 leguas, sur, suroeste;
Castellar de Santiago, 8 leguas al sur; Nuevo lugar de San Carlos, o Santo
Cristo del Valle, legua y media al sur; casas del Pozo de la Serna, 3 leguas
ídem; Alcubillas, 4 leguas sur, sureste.

4. No tiene la Solana río ni agua corriente alguna en su término, el
que es muy corto, media legua en circunferencia. El más inmediato a ella es
el Azuer, que dista una legua a la parte del sur, y corre desde más arriba de
Villahermosa, y Cañamares, de oriente a poniente, hasta más bajo de Daimiel
que se junta con Guadiana, donde pierde el nombre.

5. Tampoco tiene en su término sierras ni puerto que pasar; hay algunas
lomas de tierra pero de poca elevación.

6. No hay montes porque su término, especialmente lo que mira al
mediodía y poniente, es los sitios que llaman la dehesa Moheda, Tejeras,
Veguilla y Toconar, las más son tierras de pan llevar de secano, pero producen bien. Por esta parte en las tierras más endebles hay algunas olivas, y en
lo restante del término, mirando al norte, a excepción de la quiñonada que
llaman Higuerales, está plantado de olivas; entre ellas hay algunas hazas de

sembradura de ínfima calidad. Estos sitios de olivas se nombran el Relejo, la Peñuela, Cañada Santa María, la de la Trompa, de la Gachera y camino de Alhambra, producen medianamente, pero suelen helarse con facilidad.

7. La fundación de esta villa y las más de estas cercanías se colige que fue de la expulsión de los moros, en los campos oretanos y laminitanos, por un privilegio que concedió el señor rey don Enrique I a favor del conde don Álvaro [Núñez de Lara], en el que le hizo donación del castillo de Alhambra con todo su término, para que lo poblase, cuya escritura se halla en el bulario de la orden de Santiago, año de 1215. Y la demarcación del término en otra del mismo señor rey, fecha en Maqueda, a ocho de enero, era de 1255, que corresponde al año de 1217. Y dentro de su demarcación se hallan hoy fundadas esta dicha villa de la Solana, las de Infantes, Membrilla, y otras.

La tradición que viene de padres a hijos es que la [villa] de la Solana la principiaron pastores serranos de la ciudad de Soria que tenían sus ganados a pastar en esta tierra, e informados sus amos de la fertilidad de ella, especialmente lo que se llama Moheda y Veguilla, mudaron su domicilio con sus familias. Hoy permanece un pozo que llaman la fuente en la que se dice tenían el abrevadero para los ganados; está a la parte meridional del pueblo, y en frente hay una ermita dedicada a Santa Ana, labrada a lo antiguo con el techo de madera, en la que se dice que aquellos primeros pastores establecieron una cofradía para celebrar la fiesta de la santa en su día con toda solemnidad anualmente, la que aun permanece al cuidado del gremio de dichos pastores.

Al principio fue aldea de la villa de Alhambra hasta que en el año de 1565 obtuvo privilegio de villazgo, dado por el señor rey don Felipe II a vista de servicio pecuniario que sus vecinos hicieron a la corona, y le señaló por armas un sol, y de aquí, y de Ana, que es la santa que se venera en dicha ermita antigua, deducen que sale el nombre de Solana. En la iglesia parroquial se registran pintadas dichas armas del sol, a un lado y otro del altar mayor, y en las salas del ayuntamiento las armas reales, y a cada lado un sol, precisa suficiente de que fueron éstas las señaladas. Hay en el pueblo familias muy ilustres, sus apellidos son: Salazares, Antolínez, Castros, Torre, Tabares, Valiente, y otros, de los que han salido sujetos distinguidos en armas y letras, caballeros de las Órdenes Militares de Santiago, Calatrava y San Juan de Malta, y entre ellos el Excelentísimo señor don Juan Antolínez de Castro, teniente general de los ejércitos, capitán general que fue de la provincia de Extremadura, y hoy sus sucesores gozan el honor de título de Castilla con la denominación de conde del Mérito; también hay otro título de conde de Casa Valiente, casado con doña Catalina Antolínez de Castro, señora que posee un pingüe mayorazgo; hay otras Casas poderosas, bien que la mayor parte de sus fincas las tienen en el término de Alhambra, y [los] demás circunvecinos por ser tan ridículo el de esta villa como dejo dicho. Omito el nombrar estos muchos sujetos que han sobresalido en armas y letras por no alargar esta respuesta, que fuera muy dilatada.

Los frutos más principales de este país son el trigo, cuya cosecha, regulada con equidad, asciende a cincuenta mil fanegas; la cebada a igual cantidad a corta diferencia; algún centeno; aceite, de veinticinco a treinta mil arrobas; poco menos de vino; también hay alguna cosecha de azafrán, garbanzos y otras semillas tremesinas. Bastantes ganados mayores y menores que se mantienen en la parte de pastos que se les tiene señalados en los de este Campo de Montiel como es una de las 23 villas que la componen según dejo dicho, de forma que de estos frutos tan precisos y necesarios para la conservación de la vida humana, no sólo tiene los suficientes, sino es que le sobran muchos para surtir a otros pueblos.

Los granos los sacan para los reinos de Valencia y Murcia, el aceite para La Mancha Alta y La Alcarria; el vino para Madrid, alguno, y lo restante en este país; los carneros y otras carnes, para Madrid o Valencia; las lanas muchas se trabaja en el pueblo, otras se sacan para Ontiniente, Madridejos, y otras partes; las mulas y machos y algunos caballos, a las ferias de Almagro y Consuegra, y muchas se emplean en las labores de esta tierra. Carece de todo género de frutas y hortalizas, de cáñamo, lino, yeso y maderas, y con todo está surtido el pueblo por los que vienen buscando granos, aceite o el dinero.

9. No hay establecida casa alguna de fábrica formal de tejidos por compañía o sujeto acaudalado, pero generalmente las mujeres del pueblo son inclinadas y se dedican en sus casas hilar cáñamo, lino y lana, hechas sus telas para vestir sus familias, de forma que el común, todo el lienzo y paño ordinario que gasta, lo trabajan por sus manos, y además tejen dichas mujeres para vestirse ellas estambrados y albornoces azules, verdes, encarnados, y de diferentes colores. Los unos los urden con estambre y los traman con lana cardada, y los otros, todo estambre; es tela bastante decente y de mucha dura[ción] por la que la buscan de otras villas, y especialmente los albornoces negros, que sirven para los religiosos dominicos y trinitarios calzados, de quiénes son buscados y encargados desde Córdoba, Sevilla, y otras partes, por lo que este ramo es de mucha utilidad para estas mujeres aplicadas, y si como son durables dichos albornoces tuvieran tan buen negro como el que les dan en fábricas aprobadas, no tendríamos que envidiar otras telas extranjeras de esta clase.

Con los mismos materiales tejen también algunas estameñas, ya en limpio, ya en puerco, y todas de mucha duración. Para los paños hay pocos telares, y menos fabricantes, por lo que no alcanzan a poder tejer lo que se necesita para este consumo; se les paga según las varas [que] tejen, y para batanarlos se llevan al sitio de Ruidera, distante cinco leguas de esta villa. Para las demás telas en limpio, de cáñamo, lino y lana (toda ordinaria), hay más de doscientos y cincuenta telares, y todos los manejas las mujeres; unas en sus propias telas y otras en las de particulares, y se les paga por varas; tejen al día, cuatro, cinco o seis, en los ratos que les queda desocupados después de sus quehaceres domésticos, o menos, según ocurre, con la que ayudan en parte a mantener sus familias. La lástima es que como no tienen conocimiento de los tornos de nueva invención, tienen que hilar con los antiguos y el huso, en que gastan mucho tiempo con poca utilidad.

Otros particulares están dedicados a fabricar diferentes vasijas de tierra barro sin baño alguno, las que sirven para el fuego de las casas como para fregar, colar la ropa y tener el agua; cuecen también algunas tinajas para vino de cuarenta a setenta arrobas que son muy especiales y estimadas porque no las daña el salitre y cuanto más se mojan, más firmes se ponen, y por la mismo las buscan de los lugares circunvecinos, así éstas como las demás piezas pequeñas; también hay fábrica de teja y ladrillo cuanto se necesita en el pueblo.

10. No hay feria ni mercado alguno; los géneros que se comercian y extraen como los que se reciben, lo dejo apuntado en el número 8; tampoco hay compañías ni casas de cambios. Los pesos y medidas de que se usa son los del padrón de Ávila.

11. No hay estudios generales; solo hay una obra pía que fundó el señor don Francisco de la Peña y Cáceres, natural que fue de esta villa, y cura del lugar de Vicálvaro, para que se diese escuela y estudio de gramática a algunos niños pobres, según alcanzasen las rentas y para; hay para quince o diez y seis de los rimeros, y cuatro o cinco de los segundos.

12. El gobierno político del pueblo en sus principios fue de alcaldes ordinarios hasta el año de 1680 en que se puso alcalde mayor de letras que nombra Su Majestad como Gran Maestre del orden de Santiago, a consulta de su Real Consejo de la Órdenes. En el ayuntamiento hay oficios en propiedad del alférez mayor, alguacil mayor con voz y voto y facultad de nombrar teniente sin voto, doce regidores, dos fieles ejecutores, también con voz y voto; de todos estos oficios perpetuos solo está en uso el de alguacil mayor que se sirve por teniente, porque los dueños no quieren sacar los títulos para ejercerlos, y por lo mismo ha sido preciso recurrir a regidores anuales, dos por cada estado, los que consulta el ayuntamiento a dicho Real Consejo de Órdenes, y con su aprobación se le pone en posesión, por lo que hoy se compone dicho ayuntamiento con asistencia del alcalde mayor, de dichos cuatro regidores, dos diputados y personero del común, y el procurador síndico nombrado por el mismo ayuntamiento, un año del estado noble, y otro año del general de labradores, y dos alcaldes de la Hermandad, uno de cada estado, y el escribano, también nombrado anualmente; la escribanía pública es propia y privativa de la Mesa Maestral de Villanueva de los Infantes, quien nombra sujetos que la sirvan y le pagan su contingente.

13. El pueblo está fundado en una loma de piedra con poca tierra en cima que corre de oriente a poniente, cuya altura es suficiente para que sus habitantes respiren un aire puro, tanto más saludable, cuanto no hay pantano alguno que pueda inficionar su atmósfera; tiene bastante declive para verter las aguas llovedizas, especialmente a las partes del norte y sur, de forma que en pasando la nube, quedan las calles limpias, la mayor parte empedradas

(aunque necesitan reparos), por lo que hay muchos ejemplares de haber venido personas enfermas a tomar estos aires y haber logrado perfecto recobro. Sin embargo es muy propenso a producir afecciones hipocondríacas, y males histéricos, los que ordinariamente calman con los baños domésticos.

Las enfermedades que comúnmente reinan en invierno y primavera son calenturas catarrales, anginas, dolores de costado, y otras de esta especie. En el otoño aparecen frecuentemente calenturas biliosas, disenterías, cóleras morbo y tercianas de todas clases, cuyos males ordinariamente tienen fatales consecuencias por el inconsiderado abuso de tanta sangría a que son inclinados sus moradores, lo que se acredita palpablemente en tiempo de alguna epidemia. No tiene la menor duda que si a estos naturales no les dominara tanto la preocupación de sangrase por cualquier leve motivo, si fuese más adictos a la limpieza, y si observaran otros reglamentos útiles a la salud pública y particular de esta vecindad, no se vería la tercera parte de enfermedades que acontecen, ni dejarían de curarse las más de ellas, y entonces se demostraría que esta población es de las más saludables que tiene la provincia. Y prueba de esta verdad es que hecho el registro de los libros de la parroquia por un quinquenio, sin embargo de que en él se comprendió la epidemia general de calenturas pútridas que tanto estrago hizo en el reino, y otra plaga de viruelas, resultó que los nacidos en cada año fueron 239, y los muertos, 152, los 101 mayores y los 51 párvulos. De forma que en todo el quinquenio fueron los nacidos 1196, y los muertos 759, por lo que en cada año hubo 87 nacidos más que muertos, y aun sobren dos nacidos.

14. Hay en estas inmediaciones muchas y buenas canteras de yeso pardo y blanco muy especial de donde se surte el pueblo y también los de Valdepeñas, Santa Cruz [de Mudela], y otros. Asimismo las hay de piedra jaspe muy fino y de varios colores; de ellas se ha sacado y conducido en estos años lo bastante a la ciudad de Toledo para la fábrica de su santa iglesia que han empleado en adornos de retablos y mesas de altares, y en lo antiguo se llevó a Madrid para lo interior de la capilla de San Antonio de los portugueses donde se puede ver labrado, pues admite el pulimento con mucha facilidad. No hay aguas minerales ni medicinales; toda la del pueblo es salobre. En todo lo alto de la loma son pocos [pozos] los que hay, y éstos hondos de 25, 30 y más varas, y poco abundantes. A la caída por la parte del norte hay en las más casas; son mejores, más someros; de éstos se provee la mayor parte de la población para lavar, fregar, etc., y para que beban las caballerías.

El agua dulce para las personas se trae para los que habitan al lado de poniente de un pozo que llaman Santa Inés, medio cuarto de legua del pueblo, y para los de levante de los que ll[am]an de San Juan, poco más o menos distantes que el de Santa Inés; esta agua, aún dulces, son algo recias, pero saludables. Las personas de distinción y acomodadas las traen de las fuentes Vieja y del Cubo, en las sierras de Alhambra, legua y media de distancia; es agua muy delgada y muy saludable.

No hay minas algunas; solo se advierte una veta como de cobre en lo alto del sitio que llaman de las Olivillas, frente de las tejeras; pero no tengo noticia se hayan hecho experimentos de ella, por lo que no puedo decir si tendrá utilidad el beneficiarla; en lo que si se lograría muy grande sería si se estableciese alguna fábrica de tejidos en esta villa, así de lino, cáñamo o lana, especialmente de albornoces, en que las mujeres pueden trabajar, así por la natural inclinación que tienen a este género de manufactura, como por la proporción que hay de poder acopiar materiales de lana que se cría en el pueblo y en todo el Campo de Montiel; lo mismo el aceite. Cáñamo que se cría bastante en las villas circunvecinas, y estar los mantenimientos precisos para la conservación de la vida humana con bastante comodidad. Pero faltan maestros que las dirijan y les diesen norma de tornos y demás instrumentos con que a menos trabajo lograsen mayores utilidades.

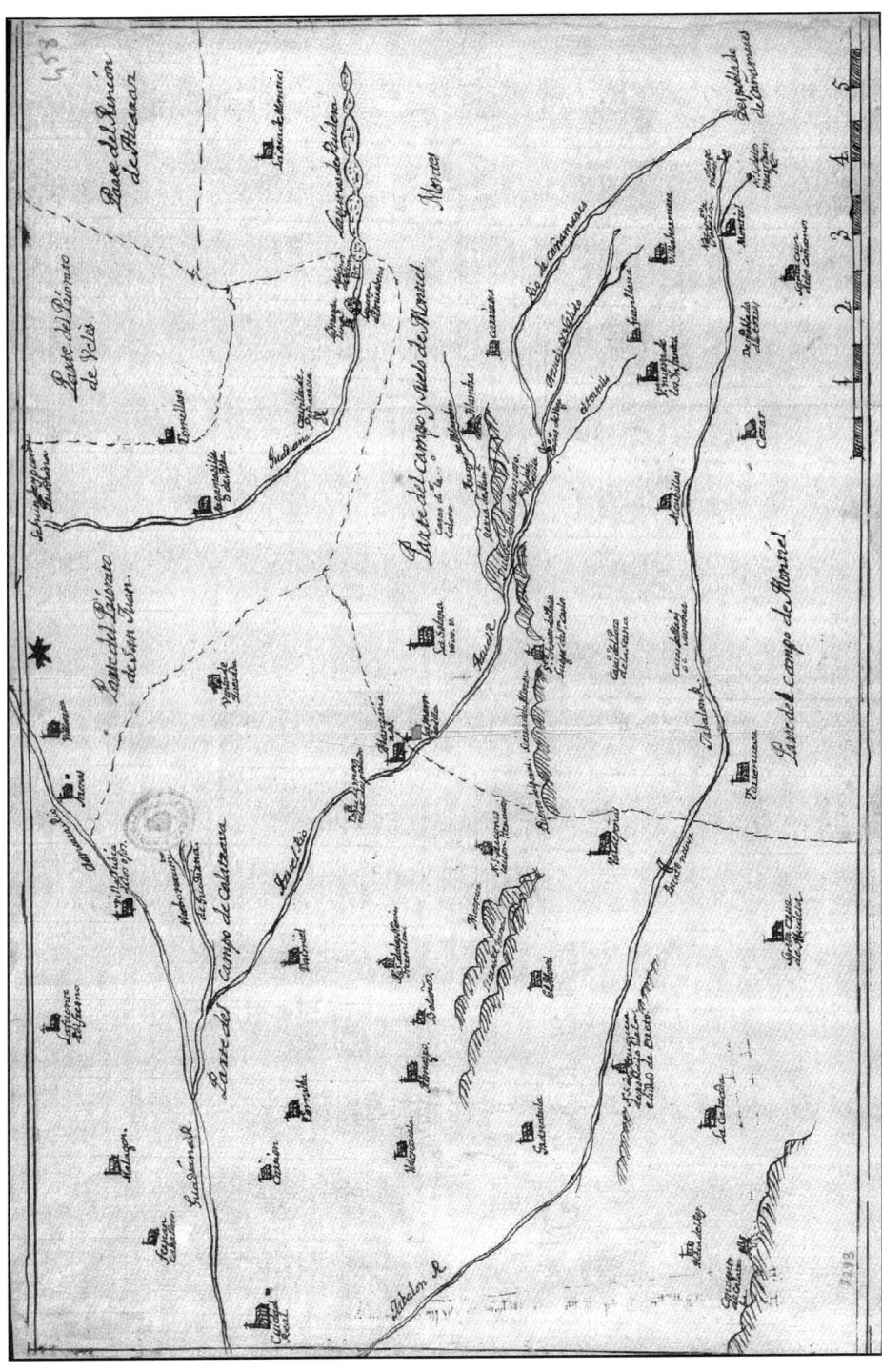

La Solana y sus alrededores.

XXV
TOMELLOSO

TOMELLOSO, Ms. 7293, ff. 459-469v

Muy señor mío:

En vista de la de vuestra merced de 27 del pasado he omitido el hacer un mapa con distinción de los caminos, y demás, que expresa en ella, porque si el mapa que vuestra merced está trabajando solo se extiende a ese arzobispado de Toledo (como parece expresa), esta villa del Tomelloso y muchos de los lugares que cita son del priorato de Uclés (nullius dioecesis); más no obstante, si a vuestra merced hiciese al caso le construiré como me ordena, y le advierto [que] si Santa María del Monte que vuestra merced dice, es el convento de los sanjuanistas que están en desierto al otro lado de Consuegra, pues dos Santa Marías que hay en estas condiciones, la una es Santa María de los Llanos, de este priorato, y otra Santa María del Campo, obispado de Cuenca, entre la Alberca y Honrubia, y también me advertir a vuestra merced si quiere me extienda por la parte meridional, que comprende el Campo de Montiel, siendo los primeros y más inmediatos lugares, la Ossa [de Montiel], Alhambra, la Solana y la Membrilla por tener su origen en dicho territorio y unas tres leguas de aquí el río Guadiana que nace de las célebres lagunas que llaman de Ruidera, sitio de mucha aguas, montuoso y ameno, habiendo laguna que tiene cerca de media legua de largo, y fondo hasta hoy insondable.

Con este motivo aunque no me faltan en esa corte personas afectas, por no molestar al que lleva ésta en que busque las personas y creer tendrá vuestra merced parte de mis encargos, estimaré a vuestra merced me remita con el dador la obrita del Pe. Este a Vanidad del mundo, y Amor de Dios; creo son cuatro tomitos en octavo. Y que así mismo esté a la vista de si sale de lance un Santo Cristo para el uso del púlpito de esta parroquia que esté devoto y bien tratado.

Y cuando no se proporcione (que creo no dejará de haber en almonedas, junto a Santo Tomás, Trinidad, Puerta de Sol, Soledad, u otros sitios públicos), comprarle nuevo. Y en este caso que sea en la agonía; advirtiéndole a vuestra merced que es la efigie para el uso del púlpito, ya conocerá vuestra merced su grandor, y que la cruz no sea tableada para que llene la mano y se azga (haga) bien, luego que vuestra merced lo tome sea de un modo, o de otro, mandará hacer una caja que le ajuste bien y con cortaduras para que no se mueva, me avisará de su importe para remitirlo en la ocasión primera y que lo traigan.

Así mismo estoy en traer los dos tomos de la Teología Dogmático-Moral de Natal Alejandro [entre líneas: 150 ó 100], y las Pastorales [entre líneas: 26] del san Benedicto XIV por lo que puede avisarme de su importe, que a no necesitan los pocos cuartos, (o como nuevo cura) tengo para la siega. Remitiré dinero para que se trajese estas por usted. Solo lleva el dador 20 reales para los libritos; si fuese más se remitirá con el dinero del Cristo, y si menos, ahí se quedará para entonces. Vuestra merced perdone el cansancio; y con su aviso trabajaré el mapa con distinción de grados, petipié [pitipié] y demás claridad para que mejor perciba las situaciones. Y mande seguro de mi afecto, con el que pido a Dios nuestro Señor le guarde muchos años.

Tomelloso y julio, 8 de 1765

Capellán de vuestra merced y seguro servidor.

Juan Cristóbal Manzanares [rúbrica]

[P D] También me enviará vuestra merced un librito en octavo que se intitula Remissio nunque est considerationes, sobre todos los evangelios. Y remite en todos a la dicha obra, del P. fray Diego [de] Estella. Y otro libro intitulado Colon que trae los tres juicios: ordinario, ejecutivo y criminal.

Lleva 15 reales más, por todos 35 [rúbrica]

Señor don Tomás López

* * *

[Dirección del envío:] A don Tomás López guarde Dios muchos años, pensionista de S. M., en la calle de las Carretas, frente de la Imprenta Real. Madrid

Muy señor mío y de mi mayor agrado:

Con la que me entregó el boticario de esta villa medio tomo del Pe Estela, y los maravedíes restantes. Remito a vuestra merced su encargo a el que no le he puesto petipie [pitipié] por despacharlo [en] este correo, y porque basta la explicación para su inteligencia. Sin él se ofreciere alguna duda puede vuestra merced avisar pues siempre me encontrará vuestra merced el más afecto en servirlo. Y continuando en disfrutar sus favores, puede vuestra merced comprar los dos tomos de la Teología Dogmático Moral de Natal Alejandro de la impresión veneciana, y el color, que en la primera ocasión remitiré los 120 reales que vuestra merced dice importar para que se les traigan el Santo Cristo luego que vuestra merced lo encuentre avise de su importe, y quedo obligado, su servidor deseando emplearme en lo más de su agrado, y rogando a Dios lo guarde muchos años.

Tomelloso y agosto, 10 de 1765

De vuestra merced su más capellán y seguro servidor

Juan Cristóbal Manzanares [rúbrica]

Señor don Tomás López

* * *

Muy señor mío:

A la de Vuestra merced no he podido satisfacer por haber estado fuera. Y habiéndome informado del dubio que vuestra merced pone sobre el hundimiento de Guadiana y Záncara, me dicen se pierden allí mismo donde se señala en la mapa, que el agua que hay vega abajo por Villarta [de San Juan] son remanaceros, lo cierto es que desde el hundimiento no hay más molino ni batán ni va el río encazado, y en este tiempo está la vega seca. Sobre los santuarios que vuestra merced dice solo puedo decirle que [a] legua y media de aquí debajo del sol a las once y a la ribera de Guadiana, hay un castillo que llaman de Peñarroya donde se venera en su ermita Nuestra Señora de la Encarnación, que vulgarmente se llama de Peñarroya; se celebra su feria el último domingo de abril con gran concurso de la Solana, de Argamasilla y de todos los pueblos circunvecinos. Se dice fue aparecida a un pastor, y juzgando ser oveja le tiró una piedra y la señal del golpe se conserva en una mejilla; es imagen muy milagrosa y se lleva a la Solana por todas las causas públicas que dista cuatro leguas.

El castillo es encomienda de San Juan a media legua del Campo de Quintana [sic, Criptana], camino de el Quintanar a la izquierda hay una ermita del Santísimo Cristo que llaman de Villajos, y no puede decir si hay otros santuarios en despoblados en la tierra que el mapa comprende. Vuestra merced perdone la tardanza y crea no haber sido culpable, y mande cosas de su agrado en tanto quedo rogando a Dios lo guarde muchos años.

Tomelloso y septiembre, 21 de 1765

De vuestra merced su más afecto capellán [y] seguro servidor

Juan Cristóbal Manzanares [rúbrica]

Señor don Tomás López [P D]

Recibí los libros

* * *

Muy señor mío:

Recibo la de vuestra merced a la que debo decirle cómo este beneficio curado se halla vacante por lo que yo poco tiempo hace estoy sirviendo interinamente y no se las noticias que vuestra merced tiene pedidas en el asunto que recuerda, por lo que tendrá vuestra merced el nuevo trabajo de informar las noticias que le son útiles para su mapa o descripción, y se las remitiré yo o el que sea cura, pues presto parece se proveerá.

Con este motivo me ofrezco a su disposición, y puede mandar cuanto guste a este su afecto y servidor capellán, que besa su mano

Francisco Tomás García [rúbrica]

Tomelloso y octubre, 31 de 1788

Señor don Tomás López

* * *

Muy señor mío:

Contestando a la de vuestra merced debo decirle que este pueblo tiene pocas cosas particulares, pero de lo que comprenda el interrogatorio diré a vuestra merced, y de lo que no diga está entendido no tener.

Lo primero este pueblo fue aldea de la villa de Socuéllamos hasta el año de [17]64 de este siglo, en que se hizo villa a instancias de estos vecinos, partiendo el término de aquella a proporción de los vecindarios, y aunque siempre conserva su nombre de Tomelloso, tomó la advocación de San Fernando.

Pertenece por la jurisdicción eclesiástica al prior de Santiago de Uclés de cuyo priorato es una villa, y dista trece leguas de Uclés a donde está el dicho convento de Santiago. Y por lo real pertenece a la Intendencia de Ciudad Real, en unas materias, y otras al gobernador de Ocaña, quien es el juez de alzadas que llaman, para esta villa, que no es de señorío sino realengo. Dista de la ciudad dicha otras trece leguas, y de Ocaña, diez y seis.

No hay río ni arroyo más que el nombrado río de Guadiana que pasa una legua de aquí por el poniente; este río nace de las lagunas que dicen de Ruidera distantes de este pueblo cinco leguas al mediodía, y en este sitio es donde han mudado y están los molinos de pólvora que surten de los materiales que produce la fábrica de salitre de Alcázar de San Juan.

A distancia de una legua corta por el mediodía empiezan los montes que son de chaparro, y se juntan con otros de las villas confinantes, y aún ya siguen, que ya en muchas leguas hacia el mediodía es puro monte, y sierras, y tierra quebrada, poblado de carrascas, pinos, y robles, según la diferencia de sitios.

Este pueblo cuando empezó a fundarse por el siglo quince tuvo el principio de que muchos vecinos de las villas inmediatas empezaron a hacer caserías y morar por la utilidad de la agricultura por producir mucho la tierra y ser proporcionada para ello, pues de lo tomillares que había se adquirió el nombre que hoy conserva, y así se fueron multiplicando sus vecinos, que hoy tendrá ochocientos, y su principal ejercicio es la agricultura sin más comercio, y los granos que aquí se crían son candela, cebada y centeno; el candela es de lo mejor que se cría en el reino, pues es muy blanco y muy fino, y [va] para Valencia en donde se estima mucho; tiene mucha saca. No obstante lo escaso de estos años estoy entendido que la cosecha de este año ha llegado a setenta mil fanegas de todos granos siendo la mayor parte de candial

También por las mujeres se trabajan muchas telas de lana como paño y estameñas y lienzos de cáñamo, pero esto es para su uso, pues la mayor parte de las gentes se visten de lo que en las casas se fabrica de estas telas.

Su gobierno es por un alcalde mayor que nombra el rey (Dios le guarde) a propuesta del Real Consejo de las Órdenes, dos regidores, procurador síndico y diputados, según lo establecido últimamente. Sus enfermedades, excepto estos años últimos que por regla general han sido tercianas, es lo regular tabardillos o calenturas ardientes, dolores de costado, carbunclos y otras enfermedades correspondientes a su clima que es árido y enjuto, pues no hay fuentes ni aguas estancadas, aunque el surtido de estas es abundante pues en cada casa hay un pozo de agua dulce que a la distancia de quince varas se encuentra ahora, y en estos años pasados que se experimentó la seca bajaron las aguas a treinta varas de hondo.

Este pueblo tiene su situación al grado cuarenta y uno de latitud y catorce de longitud; los pueblos de alrededor son por saliente Villarrobledo, que dista seis leguas, directamente; por el este Socuéllamos que dista cuatro, y está ya al este nordeste; la Ossa de Montiel, que está otras cinco al este sudeste. Por el mediodía Alhambra que dista cinco leguas al sur; la Solana al suroeste. Por el poniente está Argamasilla de Alba por donde cruza el río Guadiana que corre al norte, aunque después se retrocede y tiene su entrada en el mar, mismamente por donde se dividen la Andalucía y los Algarves, provincia de Portugal, y dista una legua. Por aquí, vía recta, se va a Manzanares y Membrilla. Luego al oeste noroeste está cuatro leguas Villarta que aun por aquí me parece pasa Guadiana incorporado ya con un río que dicen Záncara, que corre de saliente a poniente a tres leguas y media de este pueblo hacia el norte; es río que sólo corre en tiempos abundantes de lluvias. Luego al noroeste está la villa de Herencia a seis leguas de distancia de esta población. Al nornordeste está Alcázar de San Juan, que dista cinco leguas, y una legua de esta villa de Alcázar está el Campo de Criptana, que dista cuatro de esta por el mismo nornordeste cuarta al norte. Por el norte directamente está la villa de Pedro Muñoz que dista de aquí cuatro leguas. He sabido que Guadiana y Záncara no se juntan hasta pasar Villarta pues aquél se pierde y sumerge, y después vuelve a salir. Toda esta tierra es llana, excepto lo que a vuestra merced he dicho que son montes, y para darle a vuestra merced alguna, aunque basta [la] instrucción, como cuanto va hecha de aquí…,

[El siguiente texto es una parte de carta suelta sin comienzo. Está claro que guarda relación con el mapa que se incluye. Las primeras cartas están firmadas por J.C. Manzanares, en 1765; las segundas firmadas por F.T. García, en 1788. Aunque esta hoja esté suelta en la actual carpeta y paginada como 464, por los trazos y rasgos de algunas letras, y el color de la tinta, creemos que corresponde a la parte final de la carta, aunque le falta texto]

… en no tiene principios ni instrucción en la geografía. He formado ese mapa que remito, que con las noticias más ciertas e individuales de los otros pueblos, podrá servirle de idea. Lo que va rayado son los montes que ya corren por todo el mediodía, y comprenden esos lugares, pero como yo no tengo andado por esa tierra, no se fijo las reglas que guardan, y si se que por ahí van.

Me alegrará ser hombre que pudiera a vuestra merced informar puntualmente, más lo que puedo he dicho a vuestra merced; si vuestra merced dudase de algo por su desarreglo, me lo puede preguntar, y se lo diré, o preguntaré a quien lo pueda decir para que no proceda con equivocaciones, que por mi causa mañana se las imputen.

Dios guarde a vuestra merced muchos años y mande a su afecto servidor y capellán, que su mano besa,

Francisco Tomás García [rúbrica]

Tomelloso y noviembre, 14 de [17]88

Señor don Tomás López

* * *

[Explicación del mapa]

1. Desde el Tomelloso a Membrilla hay 5 leguas. Se pasa por Argamasilla, y al entrar y salir se cruza [el] Guadiana; hay puente en uno y otro lado, y hasta Argamasilla hay una legua.

2. Desde Tomelloso a Solana, 5 leguas. Hay dos al molino de Santa María que se figura +; se cruza [el] Guadiana por vado. Y desde dicho molino sale el camino para Alhambra que hay desde el Tomelloso; 5 leguas.

3. A la Ossa hay 5 leguas.

4. A Villarrobledo hay 6 leguas.

5. A Socuéllamos hay 5 leguas.

6. A Pedro Muñoz hay 4 leguas, y una antes de llegar se cruza [el río] Záncara. Hay puente.

7. Al Campo [de Criptana] hay 4 leguas; apenas antes se pasa [el río] Záncara. Hay puente. Del Campo [de Criptana] a Miguel Esteban [hay] 2 leguas; a la Puebla de Almuradiel, 3; a la [Puebla] de Don Fadrique, 3,5; a Quero, 2; a Villacañas, 4; al Romeral, 6. Por lo que para ir a los lugares de

este número [del listado que se hace, el 7] desde el Tomelloso, se han de contar las cuatro leguas que hay al Campo [de Criptana], y las que desde el Campo [de Criptana] hay a cada lugar como queda dicho en este número.

8. Para ir hasta Tembleque, hay del Tomelloso a Alcázar [de San Juan], 5 [leguas]; se pasa [el río] Záncara, hay puente merma 1ª de Alcázar a Villafranca [de los Caballeros], 2; de Villafranca a Tembleque, 5; se pasa [el río] Cigüela, hay puente entre Alcázar y Villafranca.

9. Desde Tomelloso a Turleque se va a Herencia hay 6 leguas; se pasa dos veces [el] Guadiana por vado. De Herencia a Camuñas hay 2; de Camuñas a Madridejos, una; de Madridejos a Consuegra, una, y de Consuegra a Turleque, dos. Y para ir a Urda hay de Consuegra a Urda, dos leguas, y desde Consuegra a Santa María del Monte, que es convento de sanjuanistas, hay 3 leguas.

10. Desde el Tomelloso a la Fuente del Espino se va a Villarta [de San Juan]; hay 6 leguas, y se pasa por [el] Guadiana, y en Villarta hay puente para pasar la vega. Desde Villarta [de San Juan] a Arenas [de San Juan], una legua. De Arenas a Villarrubia [de los Ojos], una legua, y de Villarrubia a Fuente del Espino, dos leguas. Las dos P. P. que hay [señaladas en el plano] entre el hundimiento de Guadiana y Záncara, significan unas puentes, porque aunque se pierden allí los ríos [dichos], siempre hay agua en la vega. Y se cruza en Villarta por puentes. Y sigue [la] vega hasta que vuelve a nacer en los Ojos de Villarrubia. Los territorios se señalan así:........ (sic); los caminos, así:-----. (sic); donde hay P. [es] puente.

TOMELLOSO, Ms. 7309, ff. 375v-376

En la villa de Tomelloso, en veinte de noviembre de mil setecientos setenta y uno.

Los señores Andrés Cepeda y José de Lara, alcaldes ordinarios por S. M. en ella, dijeron que poniendo en ejecución la descripción de este pueblo, en conformidad y con arreglo a la Instrucción dirigida en despacho vereda del señor gobernador de la villa y partido de Ocaña, del día veinte de septiembre pasado de este año, para cumplimentar la superior orden comunicada a este fin por S. M. y señores de su Real Consejo de las Órdenes, se reduce y es en la forma siguiente.

Esta villa confina a la parte del oriente y dista cuatro leguas de la villa de Socuéllamos; a la parte del norte y con la misma distancia de cuatro leguas con la villa del Campo de Criptana; a la parte del poniente y a distancia de una legua con la villa de Argamasilla de Alba, del territorio de la orden de San Juan, en el partido de Alcázar, y al mediodía y a la distancia de cinco leguas, con la villa de la Ossa de Montiel.

Igualmente dista esta villa por la parte más cerca, y cruzando jurisdicciones de otros pueblos, a la parte del oriente, el real camino nuevo que de la corte de Madrid se dirige a los reinos de Murcia y Valencia, seis leguas de la capital de Ocaña, quedando ésta a la parte del norte quince leguas.

Todos los cuales dichos particulares son únicamente los que sus mercedes pueden y deben informar por no haber de los demás que comprende dicha Instrucción cosa alguna que pertenezca a esta villa.

Y para que de ello conste, lo firmaron sus mercedes y mandaron que el original se remita a dicha capital de Ocaña, de todo lo cual doy fe.

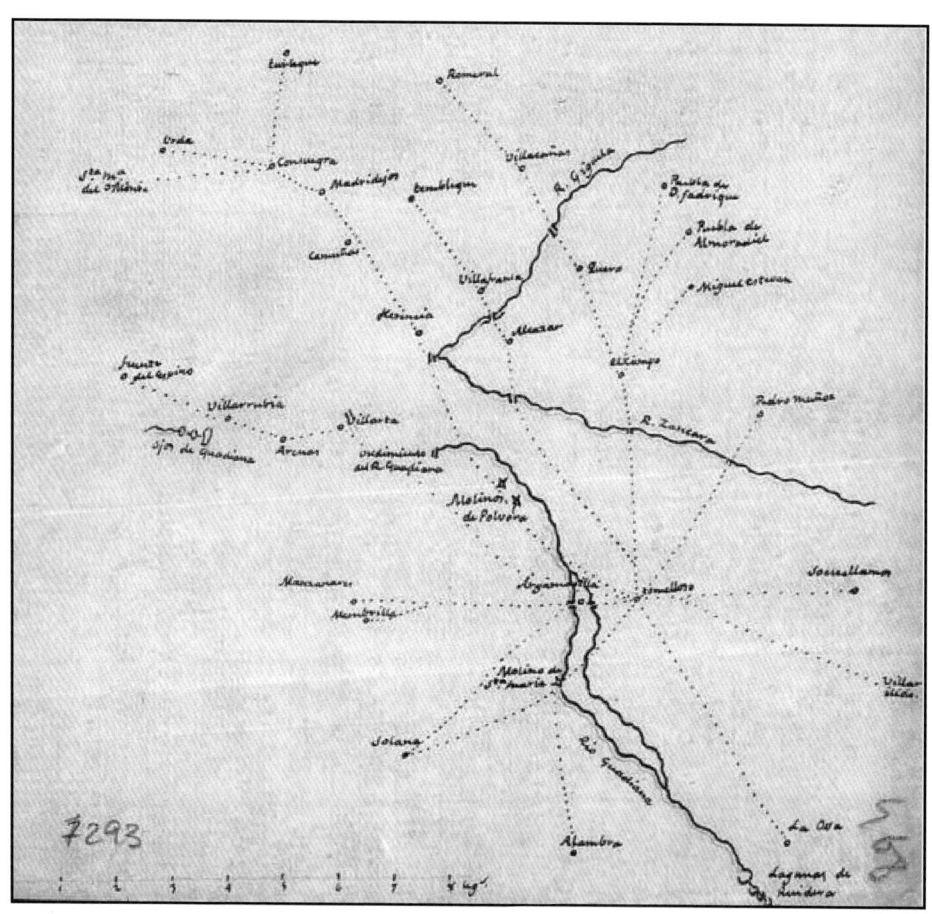

Francisco Tomás García. Tomelloso y sus alrededores (I).

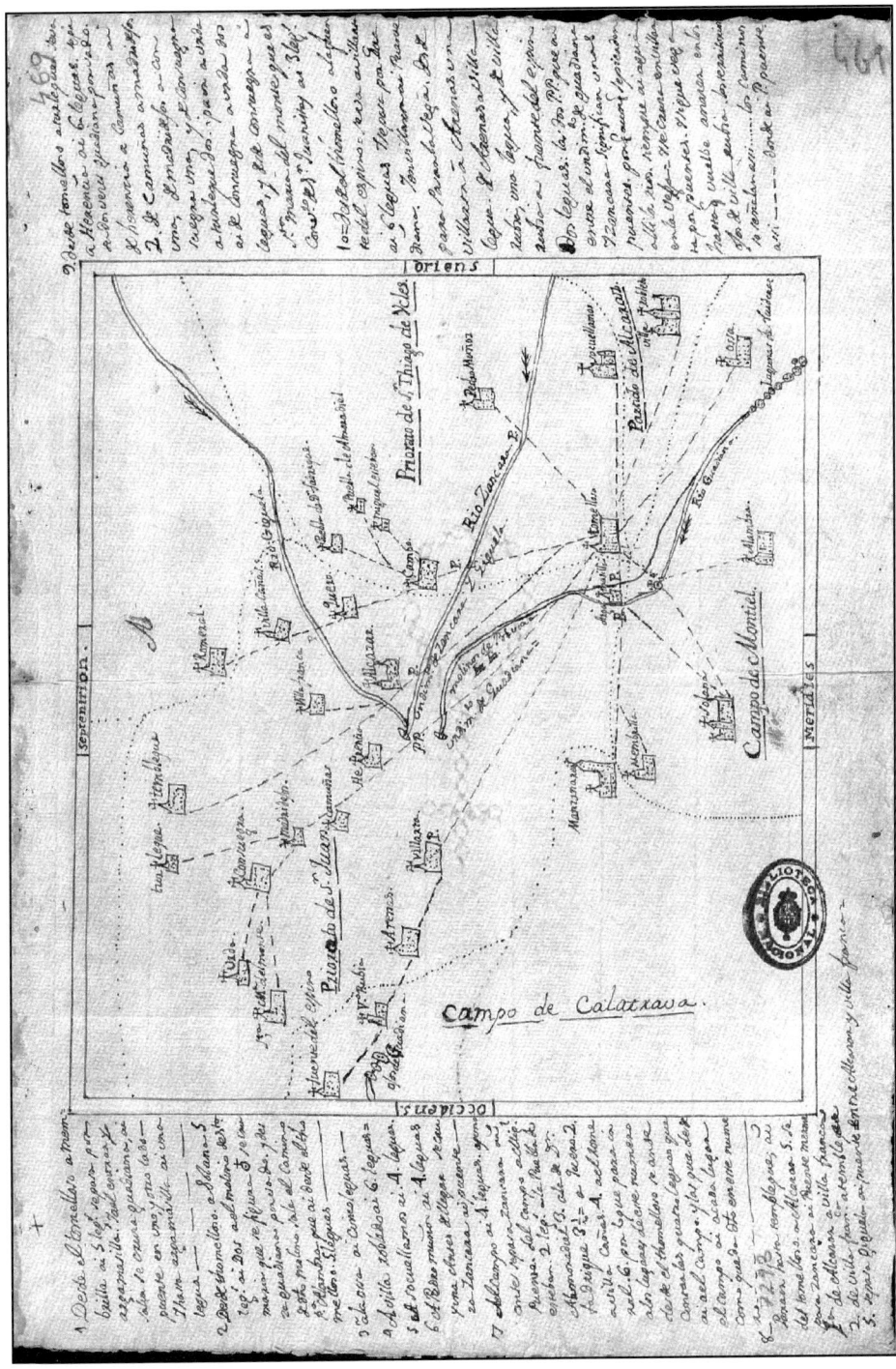

Campo de Calatrava.

Francisco Tomás García. Tomelloso y sus alrededores (II).

XXVI
TORRENUEVA

TORRENUEVA, Ms. 7293, ff. 470-477

Señor don Tomás López

Muy señor mío de toda mi estimación:

El día del Corpus de madrugada llegué a este pueblo del que había faltado mucho tiempo; encontré la estimada de usted de 15 del que expiró, a la que por otra causa no he contestado antes, ni me ha sido posible hacerlo después que vine, a causa de las muchas ocupaciones del tiempo y asistencia a la iglesia; más sin embargo, no omitiré tiempo alguno ni rato en que pueda cumplir con el encargo de vuestra merced, concurriendo por mi parte en cuanto me sea posible al bien del público.

Celebro tener esta ocasión en que manifestar a vuestra merced mis verdaderos deseos de servirle y que Nuestro Señor le guarde muchos años que le apetece su mayor servidor y capellán, que su mano besa,

Doctor José Serrano Román [rúbrica]

Somos 8 de junio de [17]95

* * *

Señor don Tomás López

Muy señor mío:

En cumplimiento del encargo de vuestra merced en la suya del 15 del que acabó, y de lo ofrecido en mi anterior, paso a responderle por los puntos del interrogatorio.

1°) Este pueblo es villa, cuyo nombre actual es el de Torrenueva, pertenece a la vicaría de Villanueva de los Infantes; es realengo, y una de las 23 villas del Campo de Montiel, la última a poniente de dicho partido, que es propio de las Órdenes Militares, y corresponde a la de Santiago, de cuyo hábito y casa de Uclés es el vicario de Infantes. En este pueblo está la Encomienda Mayor de Castilla que hoy disfruta el Serenísimo señor infante duque de Parma, quien tiene aquí un administrador que percibe todos los diezmos, cuyo valor ascenderá a unos 180.000 reales anuales. En lo real conoce el Consejo de las Órdenes y la Chancillería de Granada, a quien antes se acude, y en lo eclesiástico, el vicario de Infantes y el arzobispado de Toledo, y este último sólo en lo perteneciente a capellanías y órdenes, pues el vicario de Infantes no puede dar dimisorias, ni conocer en causas de capellanías; en lo demás conoce uno y otro. La colación del beneficio curato también pertenece al arzobispo, y su provisión al Consejo de Órdenes. El número de vecinos asciende a 460 según las matrículas eclesiásticas, pero no llega a tantos según los padrones para las contribuciones reales.

2º) Este pueblo no es cabecera de partido, que lo es el de Infante; corresponde a la Intendencia de Ciudad Real; tiene solo una parroquia de la que soy cura propio con la advocación de señor Santiago. No hay convento alguno, aunque han solicitado fundación los capuchinos de Villarrubia de los Ojos, y los observantes de Santisteban del puerto. Hay en el extremo del pueblo que mira al mediodía una ermita célebre del Santísimo Cristo del Consuelo, que un pobre zapatero de Baeza, que venía del Santísimo Cristo del Valle de Santa Elena pintó en una casilla donde se recogió con un carbón en la pared, queriendo imitar, como lo hizo, al Señor del Valle. Después se empezó a hacer célebre este Señor por lo que se le edificó en el mismo sitio una capilla magnífica, y hoy se está concluyendo un cuerpo de iglesia que se ha edificado unido a la capilla y crucero que había, y en todo van gastados hasta el día 130.000 reales, todo de limosnas de los fieles, pues no hay caudal alguno. Es un Señor muy milagroso, y aún hay la antigua tradición de que crece la pintura. Es de mucha devoción en todo el contorno, de donde diariamente concurren los fieles con sus votos. Igualmente a menos de un cuarto de legua del pueblo hay otro santuario de Nuestra Señora de la Cabeza, que es la patrona del pueblo, célebre también por sus milagros.

Hay una iglesia, capilla mayor, crucero y camarín de la Virgen, todo muy bueno y capaz, con una casa hospedería muy cómoda, donde vienen varias familias de las inmediaciones a acompañar a la Señora algunos días, y otras que van del pueblo. Tiene muy buenos caudales que gobierna y de que dispone una Hermandad de los principales sujetos del pueblo, quienes nombran un administrador que cuida de ellos, y de las limosnas que cada uno de los hermanos tiene obligación de dar en el día ocho de septiembre que se celebra su fiesta. El santuario está en un sitio ameno, cercado de viñas, olivares y masas de alamedas, a quien divide el pueblo el río el río Jabalón, que está al norte del pueblo, algo inclinado a poniente. El pueblo en su primera fundación estuvo dividido en varias cortijadas, una de ellas llamada Valdeminos, cabo donde hoy está el santuario; otra estuvo más bajo hacia poniente, que se llamó Torrón o Torrejón; y otra más arriba, a levante, que se llamó los Villares. Todo se demuestra por los muchos cimientos que se descubren. Después todas estas aldehuelas se reunieron en este sitio en donde solo había un torreón o atalaya, que hoy sirve de torre de campanas en la iglesia, habiéndola mejorado y aumentado, y se llamó el lugar de Torrenueva, acaso para distinguirse de la Torre de Juan Abad que ya entonces existía, y dista de ésta cuatro leguas a levante. Su jurisdicción o término es propio apropiado de lo que obtuvo privilegio, y se extiende a una legua legal, de suerte que desde el pueblo por sus cuatro costados hay una legua al fin del término, y desde las lindes de un lado hasta las del otro opuesto hay dos leguas, quedando el pueblo en medio.

3º) Este pueblo dista de Madrid 34 leguas, que cae al norte del pueblo; de [Villanueva de los] Infantes, 6 a levante; de Ciudad Real, 9 al poniente; de Manzanares, 6 al norte; de Valdepeñas, 2 al norte; de Santa Cruz de Mudela, 1 al poniente; de Castellar de Santiago, 2, al mediodía; del Viso de Calatrava [del Marqués], 3 entre mediodía y poniente; de la Torre de Juan Abad, 4 al levante; de los Almuradieles, nueva aldea de sierra Morena, 2, entre el Viso [del Marqués] y Santa Cruz [de Mudela], entre mediodía y poniente; de Aldea Quemada, nueva población de sierra Morena y último pueblo del reino de Jaén por este lado, 4 al mediodía; del Moral de Calatrava, 4 al poniente, y [de] Almagro, 6, dos más allá del Moral [de Calatrava], al poniente. Y no hay por este país otros pueblos más inmediatos.

4º) Este pueblo tiene el río Jabalón, que es de poco caudal, pues suele no llevar agua ninguna en el estío. Nace en los Ojos de Montiel, distantes de aquí, cuatro leguas legales a levante; corre al norte y poniente, bajando por más acá de [Villanueva de los] Infantes a Alcubillas, pequeña población que dista de aquí tres leguas al levante, en donde dividido en muchos pequeños brazos tiene varias pequeñas puentes de piedra; corre a poniente y baja por este pueblo, a un tiro de bala de él, y tiene un pequeño puente de piedra para pasar a Valdepeñas y a la Virgen de la Cabeza; más bajo, entre Valdepeñas y Santa Cruz [de Mudela], tiene un buen puente de piedra que llaman el puente de San Miguel; más bajo tiene otro puente pequeño de piedra en un estrecho hondo del río camino de Almagro en la casa del conde de Valpa-raíso, algo más de cuatro leguas de aquí, y poco más bajo, como unas dos leguas a poniente, entra Jabalón y se pierde en Guadiana, río más grande y caudaloso. En la ribera de Jabalón hay varios molinos harineros.

Otra rambla o pequeño río corre también más inmediato a este pueblo que Jabalón, pues solo dista un tiro de plomos, y nace en dos brazas de las corrientes; el uno de los cerros de la dehesa, y el otro de las corrientes de los cerros del Chiribi y Cabeza del Buey. Se juntan los dos brazos en frente de este pueblo, y corren juntos de levante a poniente, haciendo un medio círculo al pueblo, y se junta y pierde entrando en Jabalón, una media legua de este pueblo, a poniente, y no tiene más puente que uno pequeño de piedra para pasar a Valdepeñas y a la Virgen de la Cabeza, de suerte que dista del otro puente de Jabalón unos cien pasos al norte.

5°) La sierra más inmediata este pueblo es la sierra Morena, que dista de él unas dos leguas, bajando de levante a mediodía; entre ella y este pueblo hay una cordillera de cerros que se apartan y nacen en la misma sierra, desde más arriba de Villamanrique, distante de aquí cinco legua a levante, y se vuelven a juntar con la misma sierra una legua y media de aquí al mediodía. La cordillera dista del pueblo media legua; estos cerros tienen varios nombres, uno que es el más principal y el mayor de ellos, que tendrá unos tres cuartos de legua de largo, y un cuarto de legua de ancho, llaman Cabeza del Buey; éste está solo y separado de todos los demás entre levante y mediodía, y dista de aquí legua y media; junto a él, y más inmediato al pueblo en donde remata aquel, hay otro que se llama del Chiribí. Los de la cordillera que se apartan y juntan con la sierra, llaman a uno la loma de Navarro; la de las Umbrías, a otro; a otro, el cerro del Marañal, y a otros, otros nombres que no conceptúo necesario el expresarlos.

De norte a poniente hay otra cordillera de cerros más pequeña, algunos de ellos con nombre, y otros sin ellos, distante del pueblo una media legua. Estos también tienen origen en sierra Morena, perdiéndose en muchas partes, y dejando la tierra llana; después vuelven a levantarse y siguen así discontinuados hasta volver a juntarse con la misma sierra Morena, bajando de levante a norte y poniente, de suerte que el pueblo está en una llanada entre dos cordilleras distantes una de otra como una legua y menos. Puertos notables no hay ninguno; algunos hay de poca consideración. Para atravesar la sierra Morena para Andalucía hay cinco leguas, y menos por otras partes; para atravesar las cordilleras se necesita poco tiempo porque son pequeñas.

6°) En este término no hay más bosques que las cordilleras que se han dicho arriba pobladas de monte pardo. Hay además una dehesa o monte encinar del común de esta villa, en donde por el tiempo se engordan cada año una porción de cerdos de los vecinos, sin otra costa que la indispensable de guardas, vareadores, etc. Cae entre levante y mediodía; tiene como una legua de largo, y media de ancho. Hay otros dos montes encinares de dos caballeros particulares no de tanta extensión, uno a norte y otro a levante derecho. Por último la Encomienda tiene otra dehesa de mucha extensión poblada de encinas, una parte, y otra de monte pardo, al levante, de este pueblo, con una buena casería cuyos pastos que se arriendan a ganado serrano, valen a la Encomienda 20.000 reales anuales. Además de estas dehesas está el pueblo circundado por levante y norte de huertas que se riegan con norias, y proveen al pueblo de muy buenas hortalizas, cardos, escarolas, lechugas, etc.

Tienen algunas frutas como ciruelas de varios géneros y otras; distan del pueblo unos doscientos pasos por muy llano, con lo que hay unos paseos muy divertidos. Hay también a las márgenes del río muchas alamedas, o matas de álamos negros, en donde se crían y crecen sin ningún cultivo, de donde sus dueños sacan anualmente muchos palos para ejes de carruajes, cubos, lanzas, y aperos de labor, en lo que tienen gran utilidad y comercio.

Son sitios divertidísimos; no entra el sol en ellos, poblado el suelo de rosales, y yerbas aromáticas; hacen un sitio el más ameno. Distan un tiro de fusil del pueblo, poco mas, y hay un paseo a ellas de mucho recreo; en ellas de juntan las familias con meriendas para las tardes de primavera y estío.

7°) No se sabe por quién, ni en qué tiempo se fundó el lugar; solo se sabe, como ya se ha dicho, que de varios lugarillos de las inmediaciones se formó éste; lo cierto es que por los años de 1420 hasta [1]440, y poco después se concedieron varios privilegios de fundación por el Infante don Enrique de Aragón, que entonces era Gran maestre de Santiago, y por su Capítulo general de la Orden celebrado en Uclés confirmó otros privilegios que habían dado sus antepasados. Después por don Alonso de Cárdenas, cuadragésimo y último Gran Maestre del mismo Orden se confirmaron los mismos privilegios en el Capítulo General de la Orden que principió en Uclés y concluyó en Ocaña, su patria, por los años de [1]488; y últimamente los Reyes Católicos que sucedieron en el Maestrazgo a don Alonso de Cárdenas confirmaron también los privilegios de fundación, y en todos ellos se llamaba el lugar de Torre-nueva, y se les concedió a sus vecinos que pudiesen tener 10.000 cabezas de ganado. Luego parece que por los años de [mil] quinientos y tantos se hizo villa. Los libros del archivo eclesiástico alcanzan hasta los años de [1]550, y entonces ya era villa antigua. Las armas de la villa van separadas; aquí se ignora el motivo por qué se dieron y no hay noticia de esto.

Varones ilustres han sido pocos. El Dr. don Martín Clavero, murió cura de Santa Cruz de Madrid; no quiso ser obispo y renunció dos veces. Don Atanasio Vélez, del hábito de Calatrava, parece que leyó cátedra en Salamanca; fue rector de su Colegio 24 años, murió de sacristán mayor de Calatrava, que es el mejor empleo que tienen los calatravos. Su hermano don Francisco Javier Vélez murió de canónigo en Valladolid de Michoacán, en Indias; envió una lámpara muy buena para esta iglesia. El capitán Bela Carrasco, natural de este pueblo salió de él pobre y desvalido y se portó también en la milicia que murió de capitán habiendo subido de soldado raso. En Barcelona murió otro señor Cisneros Caballero de coronel, también hijo de este pueblo. Y hoy hay un cura en el Campo de Criptana, del hábito de Santiago, muy buen mozo, y un hermano suyo en el Colegio del Rey de Salamanca, también santiaguista, que da las mayores esperanzas por su habilidad, cuyos nombres son don Rafael María Vélez y don Fernando Vélez de la Cámara; y también lo es de este pueblo el vicario de Beas de Segura, igualmente santiaguista.

Edificios no hay ninguno notable, y castillos sólo el que hoy es torre para las campanas [que] sería en otro tiempo Atalaya como se ha dicho. La historia de este pueblo no presenta pasajes de importancia, sólo a principios de este siglo y fines del anterior hubo en este pueblo unos bandos muy grandes entre un don Luis de Peñalosa, y su familia, y la de los Manzanares; hubo muchas muertes alevosas; en medio del día se mataban donde se encontraban, y de noche no cesaban de tirar balazos. No pudo contenerlos toda la autoridad real, de suerte que estando pregonado el Peñalosa se huyó de este pueblo y se presentó disfrazado al señor Felipe V en una función de toros, y pidió licencia para matar uno; se la concedieron, y acercándose a un toro lo tomó por el cuerno, le tiró con la espada, y de un golpe le cortó la cabeza y la presentó al rey; se descubrió y le concedió el perdón; y el rey mismo llamó a los Manzanares y los reconcilió. Y habiéndose vuelto a este pueblo, estando una noche sentado a la lumbre le tiraron un trabucazo y murió a manos de un traidor. Fue un hombre de unas fuerzas preternaturales; montado a caballo y asido a una reja, apretando las rodillas levantaba el caballo, haciendo otras cosas de esta naturaleza. Fue tan diestro en el manejo de las armas, y tan famoso por sus obras que fue solicitado de varias naciones por sus príncipes y ministros, brindándole con los primeros empleos militares de ellas, cuyas cartas manifestó al señor Felipe V, y su repulsa en premio de su fidelidad y amor a su patria.

8º) Los frutos más comunes de este pueblo son mucho trigo y cebada, algunos garbanzos y centeno, y muy pocas semillas; mucho vino y aceite, uno y otro de la mejor calidad; el vino es como el de Valdepeñas, pues están cuasi juntas sus viñas, y de aceite hay en el pueblo siete molinos, y de ambos efectos se extrae mucho del pueblo, y se cogerán al año unas 10.000 arrobas de aceite, y 15.000 de vino, poco más o menos.

9º) No hay manufacturas, ni fábricas de ninguna especie; solo en las casas se echan albornoces, estameñas y pañetes, de lo que ordinariamente se sirven. También se echan lienzos ordinarios de cáñamo y lino.

10º) No hay ferias; solo hay comercio de ganado mulas, que se crían en el pueblo y su término de la mejor calidad. Éste se lleva a las ferias de Almagro y Consuegra regularmente, adonde vienen de Madrid, Castilla y Portugal, y de toda la Andalucía a proveerse de machos y mulas. Una de ellas el año pasado en la cría de don Francisco Ignacio Yepes fue tan buena que ofrecieron por ella doscientos doblones, y no la quiso vender. Hay también mucho ganado cabrío y lanar y algunos cerdos.

11º) No hay más estudios que de Gramática, de donde salen buenos muchachos.

12º) El gobierno del pueblo es de dos alcaldes ordinarios y mitad de oficios que se eligen por insaculación que hace el gobernador de Infantes, y regidores perpetuos; de éstos hay muchos oficios propios en el pueblo; en el día solo hay corrientes cuatro, y otros cinco o seis que están sin uso. No se que haya aquí privilegios particulares, ni se ha erigido colegio, casa de piedad, etc.

13º) Las enfermedades más comunes que se padecen son dolor de costado de la que se mueren las tres cuartas partes de los que fallecen, y tercianas, éstas solo en los años de muchas aguas, pues con la inmediación del río y de la rambla suelen en el estío quedar unos charcazos de agua detenida y corrompiéndose exhalan miasmas y efluvios pútridos que causan enfermedades y calenturas intermitentes en otoño. También se padecen algunas inflamaciones internas, e histéricos en las mujeres. Los medios de curar estas enfermedades son los comunes, y los baños del Bilano de los que se hablará después. El pueblo por lo común es sano, y se goza salud en él aunque las gentes no suelen vivir mucho tiempo. El número de muertos que hubo en el año pasado de [17]94 fue de 24 adultos y 31 párvulos, y de nacidos 86; en este año de [17]95 van hasta hoy nacidos 40, y muertos 10 adultos y 18 párvulos. Siendo en todos los años muchos mayor el número de nacidos que el de muertos, lo que prueba la salubridad del país.

14º) En este término y faldas del cerro del Chiribí hay una fuente mineral que llaman el Bilano, que consta su agua de partículas de mercurio, antimonio, s. caparrosas y otras; de ella se ha hecho un baño, pues es bastante abundante, y hasta ahora no hay enfermedad alguna que se haya resistido a su virtud, excepto la hidropesía, y afectos de pecho; las demás como tercianas y cuartanas inveteradas, reumatismos, gota, dolores por frialdad, males cutáneos, llagas envejecidas, especialmente de piernas, sarna, flema salada, postillas, tiña, tabardillo, tercianas, y finalmente todas las enfermedades se curan con un modo cuasi milagroso; y lo que es más que todo, que hasta para el gálico son singularísimos, aun siendo, como son, fríos. Cuantos han entrado en ellos con todas las especies de estos males, todos, todos, han salido limpios. Han hecho mil disparates: unos han entrado a medio tomar el mercurio, otros babeando, otros mal curados, otros cubiertos de llagas como si fueran leprosos, unos con la enfermedad tan radicada que no ha cedido al mercurio, y otros finalmente a los principios de ella. Todos, todos, se han limpiado; he visto de esto repetidísimos ejemplares. Si en Madrid y otras poblaciones de igual concurso supiesen estos esto se despoblarían por ahorrarse de las molestias del mercurio.

He visto algunos entrar con el frío de las tercianas, otros cubiertos de manchas de tabardillo pintado en la mayor fuerza de la calentura, y todos se han puesto buenos, contra la esperanza de todos los facultativos; éstos a todos los aconsejan, pero aun cuando no, todos van a ellos con las experiencias que ya tienen. Hacen mil disparates: comen cuanto se les antoja sin guardarse de nada, y con todo, todos se ponen buenos. Concurren de todas estas inmediaciones innumerables gentes desde principios de julio hasta septiembre, sin embargo de la poca proporción que hay, pues solo hay una habitación con dos pequeños cuartos y la alberca del baño, que es capaz y buena. Que se ha hecho todo a costa de los vecinos. Dista del pueblo una corta legua, entre norte y levante. Han traído a ellos varias personas entre dos costales de paja, baldados enteramente, y a los dos o tres baños han entrado y salido por su pie, poniéndose enteramente buenos. Son muy eficaces para dolores nefríticos, cólicos, males de orina y detención de ella, y para las mujeres que padecen de histérico, singulares; y, en fin, famosos para todo. Yo no dudo que si el ministerio supiese la virtud y eficacia de estos baños, mandaría con el mayor esmero el que se cuidase de ellos en beneficio del bien público; mayormente cuando para los gastos que se necesitan para esto no faltan arbitrios fáciles que propondría si fuese del caso, concurriendo esto a que el pueblo fuese feliz por esta agua.

Hay otras muchas fuentes minerales de poca consideración, pero muchas kinas de antimonio, régulo, alcohol, y algunas de plata; de todas han extraído pero excepcionalmente de los dos minerales primeros hay muchas y abundantes, y han sacado y conducido mucho a esa corte, de cuatro años a esta parte; en el día están paradas. No hay árboles ni yerbas extraordinarias conocidas, pero en la Cabeza del Buey dicen los herbolarios e inteligentes, que son tantas y tan singulares las yerbas de que abunda, que acaso en toda la península no hay otro sitio igual y más precioso por esta razón. Así lo decía un célebre alemán llamado don Pablo Dipart, famoso en medicina, cirugía y botánica, que vivió aquí algunos años, en los que hizo prodigios y asombros en sus curas con las yerbas de Cabeza del Buey, en donde pasaba las primaveras y otoños haciendo prevenciones y cogiendo yerbas.

15º) Finalmente, no hay en este pueblo inscripciones antiguas, ni sepulcrales, excepto algunas pocas ordinarias que hay en la parroquia, en las que consta el dueño de la sepultura.

He cumplido con el encargo de vuestra merced, tan superior a mis fuerzas, especialmente en la formación del mapa, y armas, en lo que tengo poca inteligencia; más sin embargo he procurado vaya con la mayor exactitud posible. No queda en este pueblo, ni en su término cosa especial que no se contenga en esta respuesta, en la que no dudo hay muchas cosas superfluas, pero la prudencia de vuestra merced disimulará las faltas, atendiendo solo a mi buen deseo, y cogerá lo que acomode, omitiendo lo demás, pues he querido que peque por difusa que no por diminuta, y no tengo reparo en que, si vuestra merced lo tiene a bien, ponga en la obra mi nombre.

Nuestro Señor guarde a vuestra merced muchos años

Torrenueva y junio, 16 de 1795

Besa la mano de vuestra merced su más atento y seguro servidor y capellán

Doctor José Serrano Román [rúbrica]

* * *

Señor don Tomás López. Muy señor mío:

En cumplimiento de lo ofrecido en mi anterior, remito la respuesta a las 15 preguntas del interrogatorio de vuestra merced que he procurado vayan con la mayor extensión, aun cuando como supongo haya que omitir la mayor parte de ellas, pero espero no lo haga vuestra merced de ningún modo en cuanto a los baños, los que para el Gálico son acaso los únicos de su eficacia que haya en la Península. Remito el plan o mapa del pueblo que vuestra merced podrá perfeccionar, pues como hecho por mí, rebaja mil imperfecciones, bien que he procurado con el mayor esmero y trabajo, vaya tan exacto cuanto es posible. No lleva escala pues para ella era preciso haber medido todas las distancias de cuanto se contiene en él, y esto hubiera retardado notablemente el complacer a vuestra merced; tampoco lleva grados de latitud, lo primero porque la poca extensión que ocupa el mapa, no da lugar a delinearlos, y lo segundo, porque supongo a vuestra merced sobradamente instruido en los que estamos. También remito el escudo de armas de esta villa que he copiado tan fielmente que aquí en [de] estas salas capitulares; vuestra merced perdonará las muchas faltas que todo contenga, y atenderá solo a mi buen deseo de servirle y poder ser de alguna utilidad al público. Si se ofreciese alguna a vuestra merced alguna duda podrá escribirme, y tendré la mayor satisfacción en saber que este trabajo mío ha sido de su aprobación, cuya noticia será mi mejor premio.

Con este motivo reitero a vuestra merced mi buen afecto con el que pido a Dios guarde su vida muchos años que le apetece su más seguro servidor y capellán, que su mano besa,

Doctor don José Serrano Román [rúbrica]

Somos 21 de junio de [17]95

* * *

[Explicación del mapa del pueblo, que es posterior a la carta]

Se hizo este mapa y plano de Torrenueva y de sus inmediaciones por el Doctor don José Serrano Román, cura propio de la misma villa, en 16 de junio de [1]795 años

* * *

[Explicación de escudo de España]

Colores de los campos y atributos de escudo

1. Castillos dorados en campo encarnado
2. Leones negros en campo dorado
3. Barras encarnadas en campo dorado
4. Barras encarnadas en campo dorado
5. León y águila negro en campo azul celeste
6. Cuentas negras en campo dorado
7. Azul en campo dorado
8. Lises doradas en campo azul fuerte
9. León y águila negro en campo [azul] celeste
10. Barras azules en campo dorado
11. León negro en campo azul celeste
12. Azul fuerte en campo dorado
13. Lises doradas en campo azul fuerte

14. León y águila negros en [campo] azul celeste
15. Barras azules en campo dorado
16. León negro en campo [azul] celeste
17. Barras encarnadas en campo dorado
18. Cruz encarnada en campo [azul] celeste
19. Barras encarnadas en campo dorado
20. Cuentas negras en campo dorado
21. Castillos dorados en campo encarnado
22. Leones negros en campo dorado
23. Granada dorada en campo encarnado

Collar del Toisón dorado. Y todo sobre águila [bicéfala] negra y corona dorada

Las dos columnas a los lados, al natural, con el Plus Ultra

Copió este escudo de armas de la villa de Torrenueva del que hay en sus Salas Capitulares el Doctor don José Serrano Román, cura propio de la misma villa, en 16 de junio de 1795.

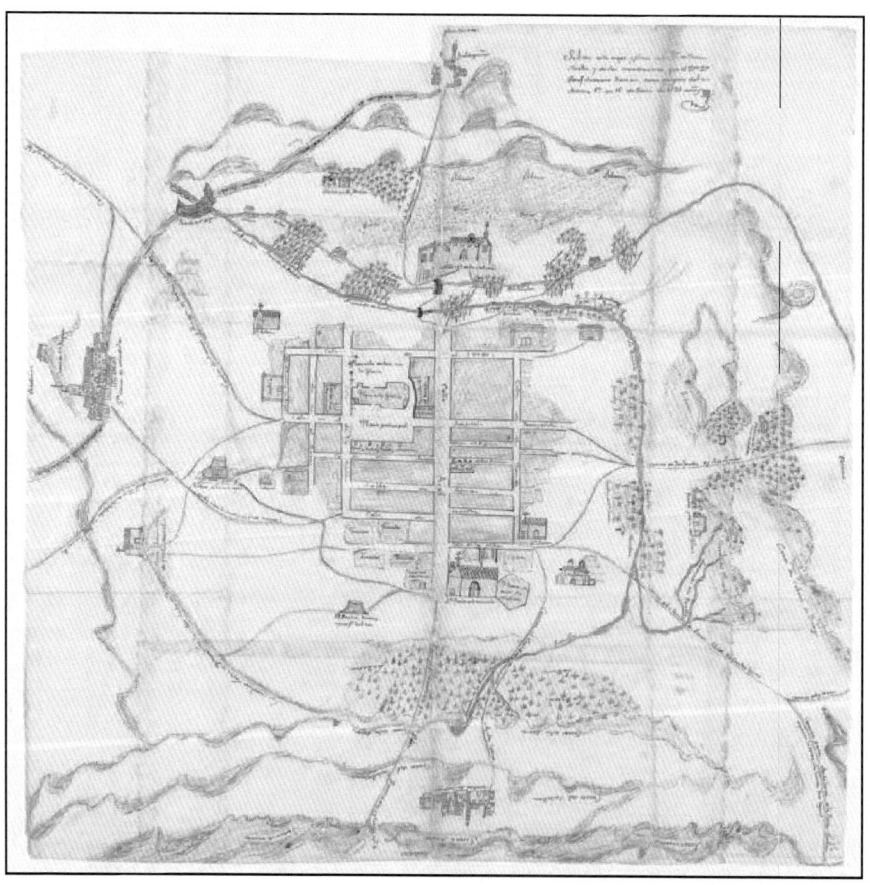

José Sánchez Rodríguez. Torrenueva (pueblo).

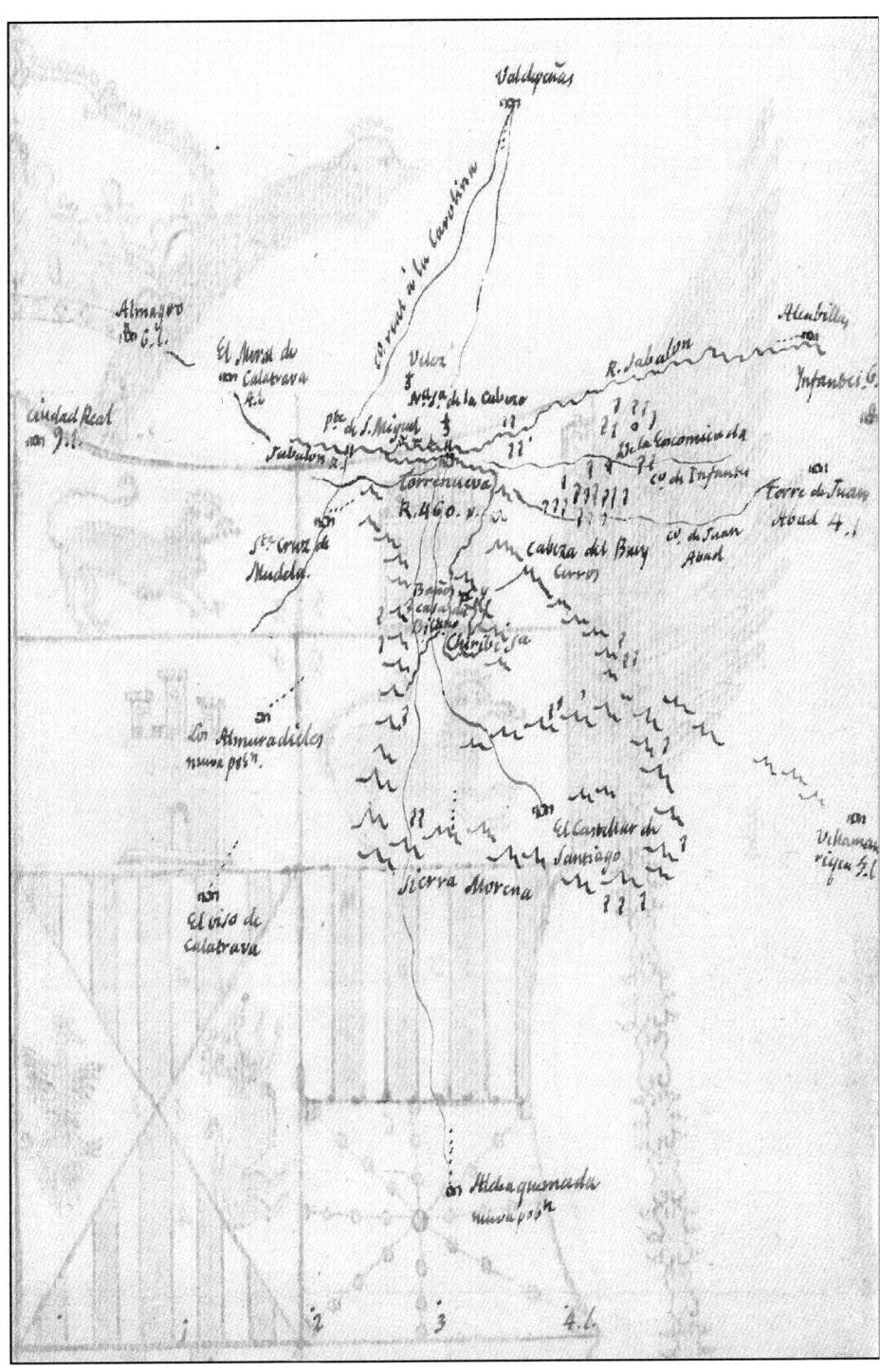

Tomás López. Torrenueva y sus alrededores.

7

Colores de los Campos, y atributos del escudo

1. Castillos Dorados en Campo encarnado =
2. Leones negros en campo Dorado =
3. Barras encarnadas en Campo dorado =
4. Barras encarnadas en Campo dorado =
5. Leon, y Aguila negro en campo Azul Celeste =
6. Cuentas Negras en campo dorado =
7. Azul / Negras en Campo dorado, dijo Azul en campo dorado =
8. Lises Dorados en Campo azul fuerte =
9. Leon, y Aguila negros en campo Celeste =
10. Barras Azules en Campo dorado =
11. Leon Negro en Campo azul Celeste =
12. Azul fuerte en campo dorado =
13. Lises doradads. en Campo Azul fuerte =
14. Leon, y aguila negros en Azul Celeste =
15. Barras Azules en Campo Dorado =
16. Leon negro en Campo Celeste =
17. Barras encarn. en campo Dorado =
18. Cruz encarnada en campo Celeste =
19. Barras encarnadas en Campo Dorado =
20. Cuentas negras en Campo Dorado =
21. Castillos dorados en campo encarnado =
22. Leones Negros en campo Dorado =
23. Granada Dorada en campo encarnado =
Collar del Toyson Dorado. y Todo, sobre Aguila negra, y Corona Dorada = Las dos colum. alos Lados al Natural
Con el Plus ultra =

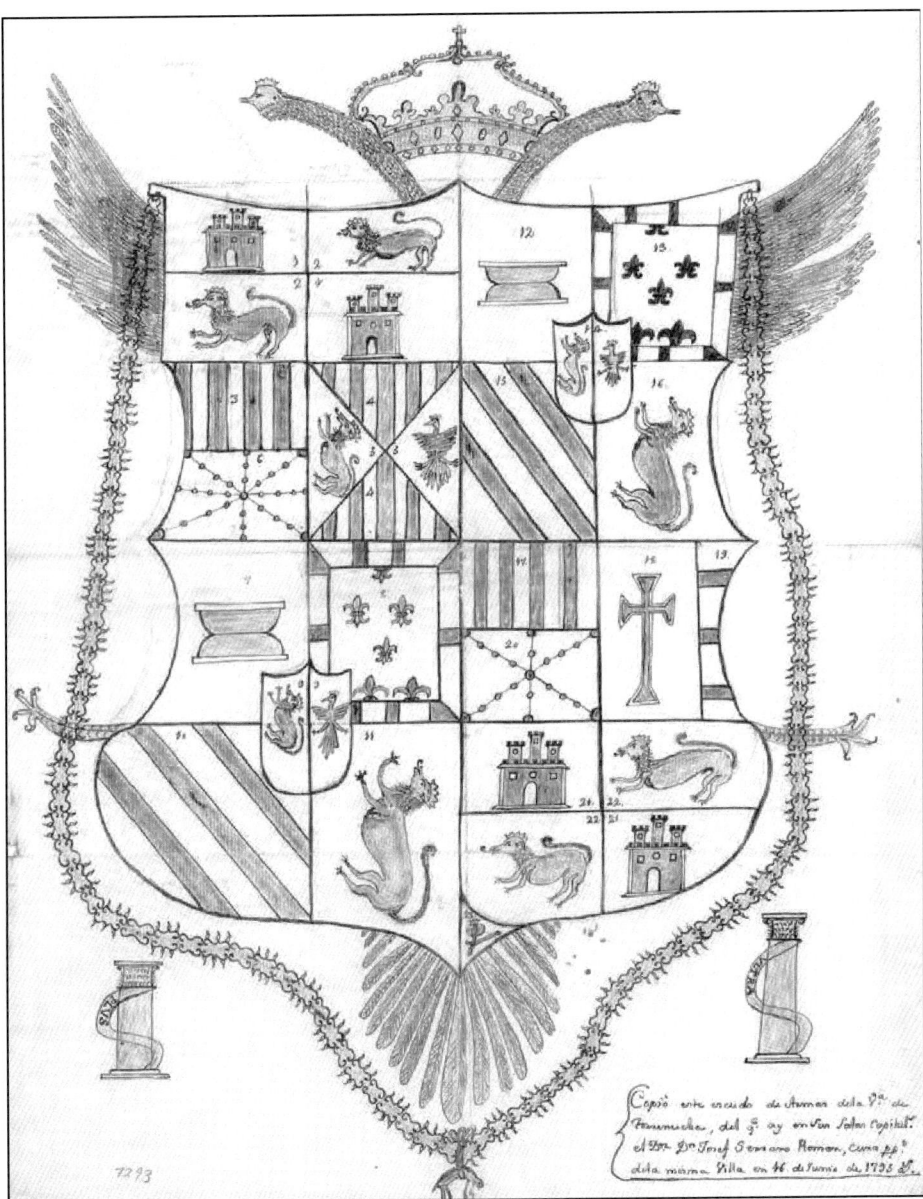

Tomás López. Torrenueva (escudo).

XXVII
VALDEPEÑAS

VALDEPEÑAS, Ms. 7293, ff. 478-479

Valdepeñas de La Mancha, 28 de agosto de 1789

Señor don Tomás López.

Muy señor mío:

Don Bernardo Espinalt y García dirigió carta a esta villa con fecha en Valencia, 20 de junio del [1]787 acompañando interrogatorio de las cosas que intentaba saber de esta población para colocarla en la Historia General de España que dice está trabajando; y habiéndose leído en el ayuntamiento en el que me hallaba como alcalde de mi estado noble, se dijo que ningún otro individuo de él podrá responder dicha carta mejor que yo, añadiendo un regidor, como en tono de desprecio: <u>esas preguntas ya las hicieron el año pasado y no se ha respondido.</u>

Yo que no tomé las obligaciones del oficio con la desidia que noto en los que sirven iguales empleos, vi que no podía evacuar este encargo con todas las noticias que yo quería se diesen de este pueblo en la Historia, y así hice el encargo a un amigo facilitándole la carta venta que de esta villa hizo el señor Felipe 2º a don Álvaro [de] Bazán, primer marqués de Santa Cruz, para que de ella sacase los apuntamientos conducentes; pero éstos los sacó muy sucintos, y no concluyó la respuesta de que yo no pude volver a cuidar por varios acaecimientos y ausencias de esta villa que no es del caso referir.

Ya desocupado por si llega a tiempo estoy disponiendo remitir las noticias que he podido juntar a dicho Espinalt, y habiéndolas pedido al P. Maestro del colegio de trinitarios descalzos de esta villa me ha manifestado en este día de la fecha la carta que usted le dirigió desde esa villa a la de Torre [de Juan Abad] por en que se hallaba con igual oficio en el año de [1]786, y presumiendo que tal vez sería [la] carta de usted de la que habló el regidor referido, y que será cierto no habérsele contestado, pongo a usted éste, para que, si acaso pueden serle aún útiles las noticias que voy recogiendo, remitirle una copia de las que dirija a Espinalt, o satisfacerle su interrogatorio si me lo dirige, para que arreglan el tener que entresacar las noticias para arreglar las notas de sus mapas.

Con este motivo me ofrezco a la disposición de usted para cuanto pueda servirle, sintiendo no hallarme con alguna instrucción de geografía, arquitectura y pintura, para dar con exactitud las noticias correspondientes a estos ramos; pero deseando que éstas no falten si hacen al caso tal cual como yo pueda explicarme, y demostrar toscamente si de algún pueblo de esta circunferencia no las hubiesen remitido, no omitiré tomar cualquier trabajo personal a fin de que [en] los mapas e Historia no salgan en estos tiempos los defectos que noto en lo poco que he visto y leído.

Nuestro Señor guarde a usted muchos años como desea su más afecto y segurísimo servidor, que su mano besa,

Antonio Mejía de la Puerta [rúbrica]

VALDEPEÑAS, Ms. 18.700 / 46

[Portadilla de época posterior: Carta de don Antonio Mexía de la Puerta al geógrafo don Tomás López en que le incluye una descripción topográfica e histórica de la villa de Valdepeñas (Ciudad Real) con un croquis de la misma.

Valdepeñas y enero 1790]

* * *

Muy señor mío:

Contestando a la de usted de 15 de septiembre próximo pasado, y cumpliendo lo que anteriormente le tengo ofrecido, le remito las noticias que he podido adquirir de esta villa. Y aunque usted envía cruzada la nota del interrogatorio que imprimió, terminante a que se acompañase un plano o mapa, no no (sic) he omitido, aunque muy mal formado como usted verá, y acaso vuestra merced lo ha de formar en mayor y lo quiere con más extensión, y solo ceñido al término del pueblo, que es lo que va cercado con puntos desde cerca de Manzanares hasta cerca de Santa Cruz [de Mudela].

No se me ofrece reparo en que de vuestra merced cuenta de mi nombre si estas noticias lo merecen, asegurando a vuestra merced me tomaré cualquier trabajo para contribuir a su obra como le tengo dicho, y que si tiene efecto mi viaje a esa corte, a primeros de febrero, veré a vuestra merced, cuya vida pido a Dios que su vida [guarde] muchos años.

Valdepeñas, 7 de enero de 1790

Beso la mano de vuestra merced, su más afecto servidor,

Antonio Messía [Mejía] de la Puerta [rúbrica]

Señor don Tomás López

Valdepeñas es villa de La Mancha Baja, que corresponde al corregimiento de Ciudad Real, de donde dista ocho leguas a su oriente; está situada a 32 grados de latitud y 14 de longitud (con muy corta diferencia), en una llanura con solo la inclinación necesaria a dar vertiente a las aguas por un arroyo que llaman la Veguilla, y le atraviesa de oriente a poniente; solo corre en tiempo de lluvias, y desagua a un cuarto de legua al sudoeste de la población en el río Jabalón. La recorrida de dicho arroyo principia dos leguas al oriente del pueblo en unos pequeños montecillos, y solo en inviernos de muchas lluvias corre un poco por un pequeño sudadero que nace un cuarto de legua por dicha parte, más arriba de una alameda que llaman el Molinillo, por un sitio que hay en ellas, y molía con dichas aguas. Inmediato a este sitio hay unas abundantes canteras de piedra berroqueña de donde sacan columnas, pilas, etc. de la magnitud que quieren.

Tiene 1800 vecinos. Su término se extiende por la parte de levante media legua hasta el Campo de Montiel, jurisdicción de las villas de Alhambra y la Torre de Juan Abad; por mediodía, legua y media hasta el de Santa Cruz de Mudela; por poniente, dos leguas, hasta el de la villa del Moral [de Calatrava], y por el norte, 3½ [leguas] hasta el de la villa de Manzanares. La calidad de su terreno son calares en la mayor parte, excepto la vega que llaman del Jabalón, y todo es bueno para todo género de frutos. El principal es la cosecha de vino de que se hará 200.000 arrobas, que la mayor parte se consumen en Madrid; esto es lo de 1ª calidad, y lo inferior en las nuevas poblaciones de sierra Morena, algunos pueblos de la sierra de Alcaraz y otros de los inmediatos, llevándose también alguno de lo primero a Cádiz, Sevilla y otros pueblos de Andalucía.

Ha este pueblo una considerable porción de olivas bastante fructíferas que se helaron cuasi todas en el año de 1771, y esto fue causa de que muchos sacasen para leña una 3ª parte; los que las han cuidado tienen hoy buenas olivas como eran antes deste acontecimiento, según les han dado más o menos labores, y no obstante se coge aceite para el consumo del pueblo y alguna se saca para otros. La mayor parte de las olivas están en los calares, como las viñas (por cuya causa son los vinos tan buenos), y muchas interpoladas con las vides, pero las más fructíferas son las que hay en otros sitios pedregosos y areniscos. La cosecha de trigo, cebada y centeno es suficiente al consumo del pueblo.

Y [tiene] carreteras, desde Madrid a Cádiz, y desde Murcia y Alicante para Almagro, Ciudad Real y Almadén. A la salida del pueblo para Cádiz hay compuesto un trozo de camino nuevo, y sería sitio deleitoso si se alindase de álamos con algunas calles destos en el sitio que media entre dicho camino y la ermita de Nuestra Señora de la Cabeza extramuros de la población, pero la desidia de la justicia en cuidar de los plantíos que se han hecho en cumplimiento de la instrucción del año de 1748, y propensión de los naturales a arrancarlos, es la causa de que algún celoso patricio no haga éste, y el abandono de los ganaderos en introducirse en los pantíos, y haberse comido algunos olivares que se han puesto de cuatros años a esta parte, de que no se continúen, y se halle reparada la parte que se sacó por los yelos.

No se pueden dar noticias de la fundación del pueblo, ni tiene algún privilegio particular, ni escudo de armas. En lo antiguo perteneció al maestre de Calatrava, pero se desmembró del orden por solicitud de Carlos V y bula de Clemente VII, dada en Roma, año de 1529, y concluyó Felipe II con bula de Pío V, dada en 14 de marzo de 1569, y para que el orden no quedase perjudicada le concedió el rey el derecho de la seda de la ciudad y reino de Granada, según consta de la escritura de venta (tachado: de 10 de mayo de 1769), otorgada por don Felipe II en la villa de Poblete, a 22 de abril de 1585, ante Pedro Escobedo, secretario de Su Majestad; entonces tenía el pueblo 1808 vecinos y medio, por contarse dos viudas por un vecino, por donde se ve que, en 220 años que ha se vendió, no ha tenido aumento ni disminución. La venta se otorgó a don Álvaro de Bazán, primer marqués de Santa Cruz, y hoy la posee don José de Silva, actual marqués de Santa Cruz.

El río Jabalón que nace nueve leguas de esta villa más arriba de la de Montiel, pasa como va dicho un cuarto de legua del pueblo, en cuya ribera hay siete molinos de pan que muelen en el invierno, y algunos pedazos de alamedas, y en sus riberas siembran melonares, y otras verduras.

El arroyo del Peral está a una legua de la villa, al pie de la sierra del mismo nombre, al nordeste del pueblo, aunque el caudal de agua es corto [a] algunas alamedas, y se riegan algunas huertas de árboles frutales y hortalizas; más si estuvieran limpias sus corrientes y con buena distribución podría ser una vega útil para cáñamos, linos y muchos árboles pues el agua no falta aún en años cortos de lluvias, y aún hubo en lo antiguo dos molinos de pan.

Aunque el agua es dulce, media la corriente de esta entre dos manantiales de agua agria o rehumbrosa muy provechosa para muchas enfermedades, así en baños que hay muy antiguos y se han renovado en el año de 1777, con cuyo motivo se hallaron en ellos algunas astas de venado; nace brotando hacia arriba como la de Puertollano, que tanto celebra don Antonio Capdevilla en sus Theoremas sobre las aguas Minerales que imprimió en Madrid, año de 1775, sin verle nada inferior ésta a aquélla, así en baños como bebida.

Al otro lado del río Jabalón hay un pequeño monte encima del concejo que padece la misma falta de cuidado en su conservación que los restantes del reino.

Se tejen en el pueblo varios retazos de paño estameña y jerga de que se viste la gente labradora del pueblo, y aunque ha más de veinte años que el excelentísimo marqués de Santa Cruz estableció una fábrica destos tejidos, y otra de jabón duro, y subsisten; es muy poco lo que se saca de fuera del pueblo.

Tiene una sola parroquia en el centro de la población; es de dos naves de estilo gótico; la principal tiene de largo 137 pies, y 40 de ancho. El altar mayor tiene un retablo de tres cuerpos de orden corintio caprichoso; cada uno consta de ocho columnas pareadas de seis pies de altura; en los intercolumnios, estatuas de los apóstoles, de más de tres pies, en nichos. En el centro del retablo, en el primer cuerpo, hay una Ntra. Sra. del Sagrario con vestiduras de tela; el segundo cuerpo (esto es el centro del) está cubierto con un arco de mala talla moderna y cristales que pusieron en el año de 1775 para más adorno de un tabernáculo nuevo que se colocó en el mismo año, quitando uno de yerro bien trabajado que tenía dentro [de] otro de madera, y está hoy en la sacristía; este sagrario nuevo es de figura de un templecito que compone un polígono de cinco lados. Para la parte de afuera tiene cuatro columnas de orden compuesto estriadas; en el arco de enfrente tiene en la clave al Padre eterno, y sobre la cúpula una estatua de la fe, de un pie de alta.

En la puerta que sube y baja con torno para reservar hay un crucifijo de medio relieve; bajada la puerta se descubren dentro como columnas iguales a las de afuera que con el aumento que causan cuatro cristales que llenan el intermedio destas, causan un aumento grande. En el tercer cuerpo está Ntra. Sra. de la Asunción, titular de la parroquia. Y remata todo él en un arco en cuyo centro hay un crucifijo de tabla con Ntra. Sra. y San Juan, menos que el natural, y las jambas del arco son cuatro pilastras pareadas sin capiteles, y en medio de ellas dos santos de la altura de los apóstoles. Hay en dicho retablo seis pinturas en otras tantas tablas de dos varas de alto, y las del lado del evangelio son la Asunción, Resurrección y Ascensión, y las de la epístola, Nacimiento de nuestro Redentor, Trasfiguración y venida del Espíritu Santo; éstas tenían algún mérito pero un tunante las retocó y limpió, como el dorado del retablo, en 1779, y las echó a perder. Por lo mal custodiado de los archivos de la parroquia y ayuntamiento no se puede saber quiénes fueron los artífices que trabajaron en este retablo, que serían sujetos de mérito como lo manifiesta todo él, y el prolijo y delicado trabajo que echaron en él mucho grutesco de que llenaron el zócalo, frisos de los cornijones y escapo de todas las columnas, y solo por unos óvalos de la misma talla, al lado de la epístola, de pintura dice en el de arriba: acabóse a XI de febrero, y en la de abajo, Ano de MDLIII.

Esta nave tiene al poniente la torre que es una obra de sillares de cuatro cuerpos: el primero cuadrado, y los restantes ochavados; todos eran de construcción gótica, pero habiéndose pegado fuego con un cohete en el capitel, año de 1749, con el fuego se derritieron las campanas y quebrantó el último cuerpo, que se construyó por el arcipreste don Juan Núñez, con decoración de 16 pilastras almohadilladas. Toda la obra compone la altura de 130 pies, y con el capitel de madera cubierto de plomo y pizarra hasta la cruz ñeque remata, la de 180 pies.

La 2[ª] nave, que aunque llaman la obra vieja, es más moderna que la mayor, tiene [de] largo, inclusa la capilla del Santo Cristo de la Piedad, 112 pies, y 34 de ancho; la llaman de San Lorenzo por ser deste santo el altar principal. Este es una obra de estuco con dos columnas corintias arrimadas y estriadas sobre pedestales de 18 pies de alto, y su cornisamiento con cartelas para sostener la cornija, que es ajacenada, frontispicio cortado, y sobre éste, en el macizo de las columnas, sentadas dos estatuas del tamaño del natural, que según sus signos, representan la religión y [la] fortaleza, y en las enjutas del arco, dos ángeles de medio relieve tocando instrumentos músicos, éstos dados de color, por el tuno que limpió el retablo mayor. El segundo cuerpo es de dos columnas compuestas, arrimadas, estriadas, y en el centro un relieve de san Gregorio diciendo misa del tamaño del natural, y encima del frontispicio dos figuras recostadas desnudas; dentro desta obra y del arco que forma el primer cuerpo, hay un retablo de madera dorada de tres cuerpos: el primero es de orden jónico con 6 columnas estriadas, las 4 de en medio pareadas; el 2° cuerpo consta de igual número de columnas, de orden corintio, estriadas; el tercero es de orden compuesto con 4 columnas pareadas.

En el centro hay un medio relieve del bautismo de san Juan, y encima cornisamento cortado y en el medio el Padre Eterno, y para llenar el vacío del arco, dos medallones con medios relieves de 2 santas mártires. En medio de los dos primeros cuerpos hay un Niño con estatuas de san Lorenzo de algún mérito, y debajo estuvo un sagrario que después estuvo en el altar mayor, dentro de la reja, y hoy está en la sacristía; es de tres cuartas de alto con 4 columnas jónicas estriadas sobre pedestales, puerta de arco con medio relieve de san Benito y san Bernardo; al lado del evangelio tres pinturas de medio palmo de alto de Isaías, Miqueas y san Pedro, y al lado de la epístola, Elías, Jeremías y San Pablo, y en los testeros, otras de san Cristóbal y san Miguel que llenan el intercolumnio. Le quitaron, no se sabe cuándo, y en su lugar pusieron una rejita tosca con un candado en donde guardan un relicario de san Pedro, en los intercolumnios, y zócalo; tiene relieves de san Sebastián, san Francisco, santo Domingo, los 4 Doctores y otros santos, y cuatro lienzos de más de pies de alto (como son las columnas), el santo [Lorenzo] repartiendo limosna presentado al tirano. Azotándolo y en las parrillas.

En esta nave, en un mal retablo de talla dorada, hay una bella imagen de Ntra. Sra. de las Angustias, pero sobre el manto de talla que le puso el artífice, le ponen otro manto de terciopelo, y con un retoque de pintura que se le dio [el] año de 1784 no se le hizo mucho favor.

Estos son los retablos y efigies que en la parroquia han hallado dignos de atención los inteligentes en materia de bellas artes que han pasado por esta villa, y señaladamente el excelentísimo señor don Ricardo Wall en las muchas veces que pasó por ella alabando más el retablo de san Lorenzo.

En las Casas de ayuntamiento hay un lienzo del nacimiento de san Juan, figuras mayores que el natural, de mucho mérito, pero muy mal tratado.

Hay un solo convento colegio de filosofía de religiosos trinitarios descalzos que primeramente fue de calzados recoletos, y se fundó en el año de 1594 en la ermita de San Nicasio, en donde tomó posesión y dijo la primera misa en 9 de noviembre su primer ministro fray Miguel de Reina; en el año de 1597 vino desde Andújar el venerable padre fray Juan Bautista de la Concepción, y habiendo estado poco bajo de súbdito fue electo 2º ministro. Éste pasó a Roma a solicitar la descalcez, y por bula de Clemente VIII, de 20 de agosto de 1599, que presentó en la corte de Madrid al ilustrísimo señor Camilo Caetano, nuncio de su santidad, en 6 de diciembre de 1599 nombró éste visitador al P. Elías de san Martín, general de los PP. Carmelitas descalzos, que habiendo admitido el nombramiento en 8 de dicho mes, le dio la obediencia en debido de descalzo nuestro venerable padre, que tomó posesión 2ª vez de su ministerio, ya como descalzo, a 19 de marzo de 1600. En el año 1603, por las enfermedades de tabardillo subieron los enfermos a la ermita de San Cristóbal; en este año o el siguiente se deshizo la ermita de san Nicasio para fabricar el convento en la ermita de San Sebastián, en el que estuvo el Santísimo desde el año de [160]6 ó [160]7. En la que hoy es ermita de San Nicasio que era habitación del antiguo convento de recoletos estuvo el Santísimo desde el año de [160]3 ó [160]4 hasta el dicho 6 ó 7. No se nota nada correspondiente a bellas artes; es una puia [puya] muy larga y estrecha, y en la techumbre se conocen las divisiones de las celdas, y en las paredes por? dentro y fuera las ventanas destas y varias puertas lodadas.

En 10 octubre de 1615 se puso la primera piedra para la fábrica e iglesia en una de las esquinas de la capilla mayor que cae a la parte del oriente por el Dr. don Bernardo Mexía, del hábito de Calatrava, cura párroco desta villa, y capellán del rey Felipe III, y se trasladó el Santísimo a ella en 30 de octubre de 1632. Púsose el retablo mayor en 1688, que solo tiene de bueno el lienzo de la Santísima Trinidad, figuras del tamaño del natural. La iglesia es de cruz latina con seis capillas en el cuerpo de ella, y en las del lado del evangelio solo hay en materia de buenas artes un cuadro de Ntra. Sra. de la Buena Leche que se colocó en el año de 1747, en el 2º cuerpo del retablo de la concepción, de media vara de alto, y tercia de ancho.

La 1ª capilla del lado de la epístola es la de Ntra. Sra. de Gracia, que con su retablo, costeó y dotó Pedro Alonso Tercero, año de 1629. Esta Señora es de muy buena escultura, de vara y media de alto, con el Niño en el brazo izquierdo, y cetro en la otra. El retablo es el mejor de la iglesia, de un cuerpo de orden corintio bellamente trabajado con cuatro columnas estriadas y pareadas; las dos exteriores sobre pedestales, y las interiores sobre ménsulas, remata en un altico [¿ático] en cuyo centro hay una imagen de san José. Pero todo esto está desfigurado con el manto, toca y demás ropas que han puesto a Hijo y Madre sobre las que les hizo el artífice.

A este lado, en medio del crucero, está la capilla de Jesús Nazareno con su crucero y cúpula pintada toda al fresco por Alberto Lizcano, pintor famoso. Planteó esta capilla el padre fray Francisco de San José por el año de 1698; en ella hay ocho lienzos de cerca de tres varas de alto del mismo pintor. Los dos que están a los lados del presbiterio son retratos de Felipe V y la Saboyana [Mª Gabriela], y los otros seis, otros tantos ángeles de cerca del tamaño del natural con insignias de la pasión, admirando a los inteligentes el que hay al lado de la epístola, en el crucero, mostrando al cielo la Sta. Faz, y manifestando según su postura, la planta del pie izquierdo.

En primeros de mayo de 1713 pasó desde Córdoba para Madrid don Antonio Palomino y Velasco, pintor de cámara del rey Felipe V, y por tasación que hizo con este retablo en Madrid, ante Nicolás Bos, que en 21 de octubre del mismo año dice está hecho todo con mucho acierto, y tasó la pintura de dicha capilla en 2500 ducados, y con el dorado de ella hasta 3000 en que no se incluye el dorado del retablo, que es pésimo, ni el camarín que se pintó después. El camarín desta capilla no le concluyó este pintor por haber muerto, año 1722, a 21 de enero; se enterró en la iglesia parroquial bajo del coro, y otorgó testamento ante Antonio Hernández Balaguer. Le acabó otro de poca habilidad. Entre varias pinturas de Lizcano que le cercan misterios de la pasión, hay un lienzo que representa a Cristo con la cruz a cuestas, que ocupa todo el frente sobre una puerta, mirando desde la entrada del camarín de cuatro varas y media de largo, y dos de alto, y hasta quince años, que subiendo a ver las pinturas un padre cartujo, y no pasando de la puerta, le dijo el padre sacristán que le acompañaba que si no entraba a ver las demás, y le respondió que si a la vuelta venía despacio y acababa de ver aquella, pasaría a ver las demás.

En la capilla estaban en las dos urnas del lado del altar, los cuerpos de san Mauro y santa Concordia, que, en 1640, dio a la descalcez la santidad de Urbano VIII, y trajo a este colegio don Gaspar de los Reyes, pero ha quedado muy poco de ellos.

En la sacristía hay en un escaparate una canilla de un brazo de san Pantaleón con auténtica, una reliquia de san Próspero con auténtica, otra de san Blas y una cruz de ébano con otras muchas engastadas en ella. Un cuadro de vara y media de alto del Señor con la cruz acuestas figuras de medio cuerpo del tamaño del natural; otro de la misma grandura de santa María Magdalena penitente con mucho desnudo; un descanso de Ntra. Sra. con el Niño Dios sobre la rodilla, en cobre. Todas, pinturas de mérito.

En la bóveda deste convento, en el nicho 2º del tercer tramo, está enterrado en depósito Francisco Muñoz Burdán, que murió año de 1636, con fama de santidad, y también hay cuerpos de varios religiosos virtuosos con la misma fama.

Es patria de don Bernardo de Balbuena, célebre poeta; fue doctor en Salamanca y obispo de Puerto Rico, en América; murió en 1627, y dejó obras excelentes.

La ermita de San Cristóbal de que va hecha mención está en la cumbre de un monte, a la parte de sur del pueblo, distante deste unos 4 tiros de fusil, cuasi arrimada. Las ermitas de Veracruz y Ntra. Sra. del Buen Suceso están en medio de la población, sin tener otra cosa digna de notarse que el que la última es capilla del hospital enfermería, con solo la renta de poco más de 4000 reales de vellón, y por lo mismo, pocas y malas camas.

La ermita de San Marcos está a la salida para Madrid, tocando con las casas, sin tener cosa que notarse. A la salida para Andalucía, un tiro de escopeta del pueblo, está la ermita de Ntra. Sra. de la Cabeza, con un camarín pintado al fresco y siete lienzos de asuntos de Ntra. Sra.; todo de Alberto Lizcano, y digno de que se conserve la memoria de este artífice, y lo acabó en 1715. Está destrozado por las goteras.

A la parte de poniente está la mayor ermita del pueblo con su crucero y crujía dedicada al Santísimo Cristo de la Misericordia; por ella se ha dado entrada al Camposanto general en que sin distinción de personas se entierran cuantos mueren en el pueblo hasta los presbíteros seculares, desde el día 24 de septiembre de 1787. Se puede llamar el primero que se ha construido en este corregimiento de Ciudad Real, pues aunque antes habían hecho en Manzanares y Almodóvar del Campo, ni tenían la capacidad y decencia deste, ni están tan arreglados a la Real Cédula de 3 de abril del mismo año (aunque estaba principiado desde 25 de enero anterior), ni se hacen los enterramientos con esta generalidad.

En el mismo año de 1787 se compraron dos casas contiguas al Camposanto y ermita dicha y se principiaron a hacer habitaciones para trasladar y sacar del centro de la población el hospital enfermería, pero habiendo entrado alcaldes opuestos en el pensar al que lo proyectó quedaron las cosas en el estado que las dejó uno de los de dicho año, y así camina a su ruina lo trabajado.

Es patrona deste pueblo Ntra. Sra. de Consolación de Aberturas, con su ermita en este despoblado, dos leguas al norte del pueblo, en la carretera de Madrid, contigua a la venta en que finge Cervantes se armó caballero don Quijote.

Es pueblo saludable, gobernado por un alcalde mayor que pone el señor, y dos ordinarios, que elige éste, de personas duplicadas que le propone el ayuntamiento.

El agua que se bebe es de un pozo a la falda del cerro de San Cristóbal, a la parte de oriente.

[Explicación del Mapa]

1º Casa bodega en la viña de PP. Trinitarios. Está donde finalizan las viñas desde las aguzaderas.

2º Venta en el despoblado de Aberturas: el pozo, la ermita y plaza de toros.

0 Sta. María es una ermita en le término de Alhambra con cuatro casas de labor y nacimiento de la Cañada del Peral.

. Marañón: otras casas de labor en este término.

. Siles: tres casas de la Encomienda de Manzanares con huerta arboleda y monte encinar.

5. Monte encinar desta villa.

6. Montes de solo pasto de ganado, Encomienda de Corral Rubio [Toledo]

3. Arboledas del Molinillo y nacimiento de agua en el Arroyo de la Veguilla.

4. Montes de pasto llamados sierra Prieta.

7. Pozo de agua dulce y olivares de tras el cerro y ermita de San Cristóbal.

P. Puerto de Valhermoso, nacimiento de aguas en la corriente del río Azuer.

0. Pozo de la Serna: caserías de labor y monte encinar a este lado de Valdepeñas.

0. Santo Cristo del Valle de Santa Elena; ermita suntuosa obra de don Juan Núñez, con plaza de toros, huertas de árboles y ya algunos vecinos labradores.

00. Son casas de campo y en la ribera de los ríos [del río], molinos.

La villa de Montiel y los tres manantiales nacimiento del río Jabalón, y molinos y batanes, muy juntos unos de otros

⬦ Montañas o Sierras

[+] Iglesias o Conventos

8. Convento de PP. Trinitarios.

9. [Ermita de] San Nicasio.

10. Camposanto.

11. Aguzaderas.

12. Iglesia parroquial.

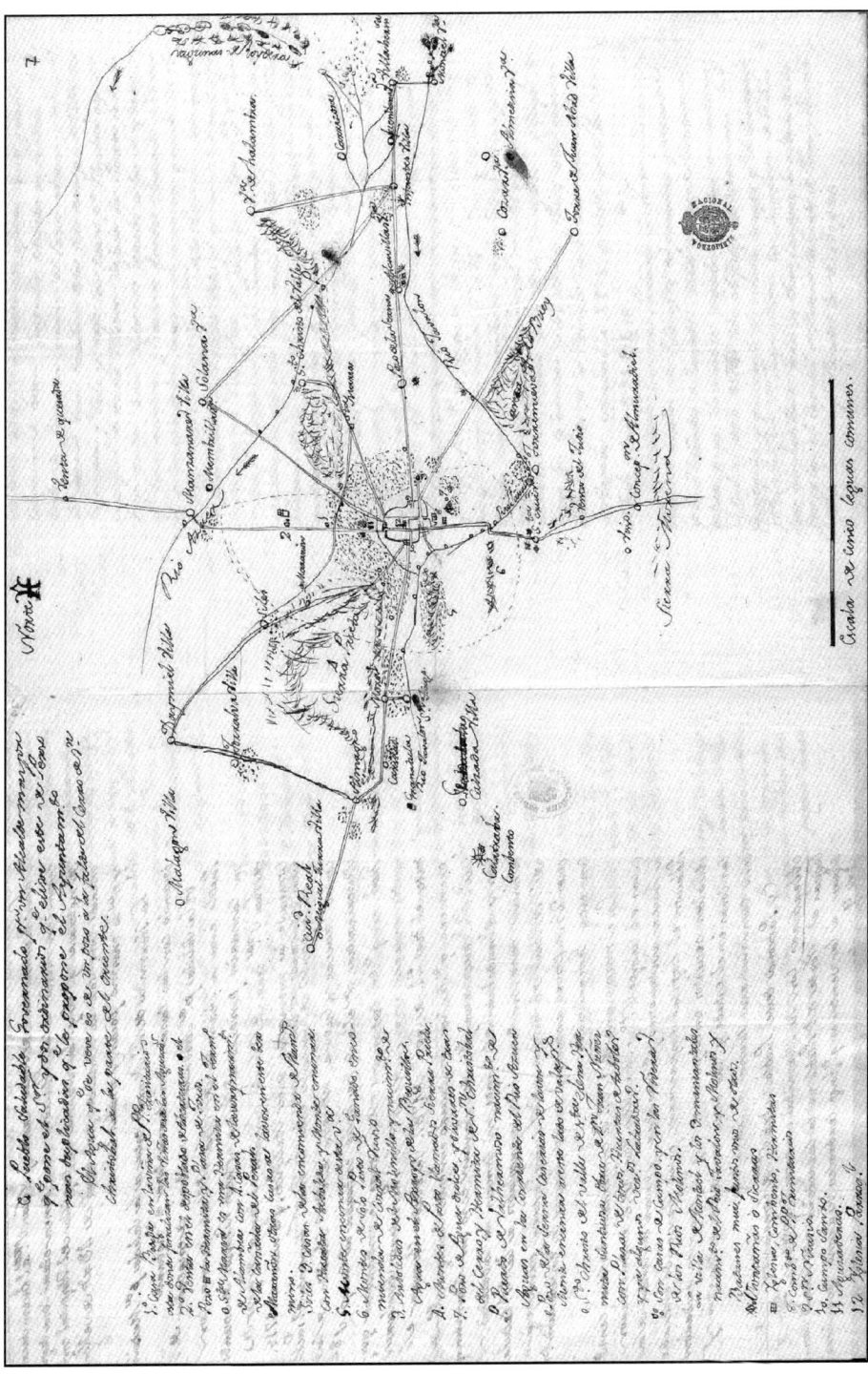

Antonio Messía de la Puerta. Valdepeñas y sus alrededores.

XXVIII
VILLANUEVA DE LOS INFANTES

[VILLANUEVA DE LOS INFANTES, Partido de], Ms. 7293, ff. 338-352

Muy señor mío:

En vista de su carta de vuestra merced, y papeleta que me incluye, debo decirle que por las ocupaciones con que en el día me hallo me he valido de persona de mi confianza en esta villa, inteligente y oriundo de ella, que evacue con toda distinción cuanto corresponde a las noticias que vuestra merced necesita, cuya obraré, expurgaré con todo cuidado para su mayor seguridad y certeza.

En el entretanto podrá vuestra merced ver el libro intitulado Apuntamiento legal sobre el dominio solar, que pertenece a las Orden de Santiago, y entre el folio 202 y 203 hay un mapa que demarca y figuran los pueblos de la Provincia de Castilla la Nueva, por sus distancias, cuya colocación conviene desde Colmenar, Fontidueña [Fuentidueña de Tajo] y Estremera, que están más allá de las márgenes del río Tajo hasta Lorca que [está] muy inmediato a Murcia; según los informes conque me hallo, cuyo mapa, si vuestra merced no pudiese verlo por carecer del libro, se lo remitiré, aunque lo segregaré de él, va ínterin, que lo devuelva vuestra merced a mis manos.

Y repitiéndome a su obediencia ruega a nuestro Señor guarde la vida de vuestra merced muchos años.

Infantes y septiembre, 5 de 1760

Besa la mano de vuestra merced su más afecto servidor, Juan Francisco de Herrera y Navarro [rubrica]

Señor don Tomás López

* * *

Muy señor mío:

El caballero gobernador de Infantes ha remitido a mi cuidado la inspección del apuntamiento que le envió para el mapa que pretende ejecutar. Y habiéndolo reconocido después de varias equivocaciones encuentro la principal de que en una parte dice que quiere hacer el mapa del partido de Infantes, y en el final de su carta pone la provincia; y se ha de suponer que ésta comprende tres partidos que son el de Almagro, Campo de Calatrava, este de Infantes, de Santiago, y el de Alcaraz, realengo. Previniendo que desde el año de 1761 se agregó y puso por Real Decreto de S. M., por cabeza de ella a la ciudad de Ciudad Real, donde se colocó la Intendencia y administración general de todas [las] rentas reales, y no debiéndose incluir como pertenecientes de a esta provincia el lugar nuevo (y por otro nombre Argamasilla) porque estaba Alcázar de San Juan, Herencia, Consuegra y otras, etc. son del priorato de San Juan, y por tanto pertenecen al Gran Prior. El lugar del Tomelloso, los de Socuéllamos (que no está despoblado como dice) uno y otro con el Campo de Criptana, Villanueva el Cardete [Villanueva de Alcardete], Hinojosos, la Mota [del Cuervo], etc., son partido de Uclés, pero por las rentas reales concurren sus pagos a Infantes, 13 villas, y ambos territorios pertenecen por lo demás a la provincia de Toledo, y respecto de que apectese [afectase] la formalidad me ha parecido el ponerle estas letras, pues aunque vivo retirado en este pueblo tan reducido me precio de formal (aunque para ello no tengo más principio de letras que la luz que me comunicó el autor de la naturaleza), y sin embargo de que en este territorio hay sujetos que pudieran hacer con mucho exceso más que mi cortedad. El caballero gobernador me ha encargado esta cosa en que me parece le quedo [a] servir, y a vuestra merced como lo deseo, a cuyo fin por mi hago estas reflexiones aunque lo que pueda (?) producir mi aplicación lo remitiré siempre a dicho gobernador, y por su mano llegará a su poder. Con esta ocasión me pongo con el mayor rendimiento a las órdenes de vuestra merced por quien pido a Dios le guarde muchos años.

Alhambra y septiembre, 8 de 1763

Beso la mano de vuestra merced su seguro servidor

José Javier Arriaza [rubrica]

Los tres partidos se llaman la provincia de La Mancha

Señor don Tomás López

* * *

Muy señor mío:

Sin embargo de que mis muchos quehaceres han retardado el asunto que le remito, la misma diligencia disculpará la voluntad con que lo efectúo. Y así estimaré que sea de su aprobación puesto que he procurado que todo sea verdad, y me ha parecido hacer el diseño adjunto, no porque está según reglas, sino es para hacer la demostración según la concibo.

Y en cuanto a la pregunta de que diga sin pasión si se debe poner a Ciudad Real por cabeza de la provincia o Almagro, digo que después del

Decreto del año de 1761, quede Almagro cabeza de su partido y Campo de Calatrava, porque por él se transfirió a la ciudad la Intendencia y Superintendencia General y los demás corregidores de Alcaraz, y gobernadores de Infantes y Almagro son subdelegados de rentas reales de aquel Superintendente, por lo que en las circunstancias de que fue gracia de S. M. y que hoy la ha mudado a Ciudad Real, debe entender ésta como cabeza de toda la provincia, pues a Almagro nunca le pudo tocar de Derecho, y por lo mismo, etc.

La otra pregunta de qué es lo que se llama Mancha Alta, es todo lo del priorato de Uclés y de San Juan, y esta común voz le viene a mi ver porque en todo el territorio referido incluyendo a simplemente con su partido, no se encuentra agua sino es muy honda, ni tiene río perenne sino es Guadiana que se pierde en los molinos de la pólvora de Alcázar, y corre 6 leguas bajo de tierra hasta Villarrubia [de] los Ojos de Guadiana porque el río Záncara y Cigüela y otros corren en años lluviosos, y cesan sus aguas en el calor de Alhambra o su término ya está el agua inmediata y hay fuentes hasta sierra Morena que empieza en Villamanrique, y esto se llama Mancha Baja, y desde Beas [de Segura] allá, Andalucía.

El caballero gobernador de Infantes sabe que ha de remitir a vuestra merced en derechura lo adjunto con que no falto en nada porque así lo hablé días pasados con dicho caballero. Vuestra merced mande y quédese con Dios, a quien pido le guarde muchos años.

Alhambra y octubre, 29 de 1763

Besa la mano de vuestra merced su seguro servidor

José Javier Arriaza [rubrica]

Señor don Tomás López

* * *

Muy señor mío

En la posta pasada remití a vuestra merced el ejemplar del Partido de Infantes en la forma que me ha parecido muy arreglado a la verdad, y ahora me ha remitido el gobernador la de vuestra merced. No crea vuestra merced que aquél haría más o bien lo que yo tenía ofrecido. Y como mis muchos quehaceres y otras cosas lo han impedido, no ha podido ser antes, me alegraré que esté a su gusto. Devuelvo a vuestra merced su apuntamiento que está lleno de errores en algunos pueblos de la Mancha Alta (a que gran bien he respondido el por qué se diferencia de la Baja). Estimaré haga memoria de remitirme un ejemplar de este partido (si pudiera venir como carta), luego que salga a la luz, y si no, no se fatigue en ello.

Dios guarde a vuestra merced muchos años

Alhambra y noviembre, 6 de 1763

Besa la mano de vuestra merced su servidor

José Javier Arriaza [rúbrica]

Señor don Tomás López

* * *

Muy señor mío:

Devuelvo a vuestra merced su mapa con los apuntamientos adjuntos para más ampliarlo y llenarlo por ser este terreno corto y por cumplir con su encargo; y solo ha quedado por decir que Infantes y Solana son los pueblos mayores, pues pasan de 1000 vecinos, Torrenueva y Villahermosa pasarán de 900, y Membrilla hoy será bueno que tenga 300; los demás estamos a 150-180 y 200; los otros, a 50, como son Carrizosa, Fuenllana, la Puebla [del Príncipe] y Alcubillas. Y también prevengo a vuestra merced que, como 150 pasos de Carrizosa, al levante, hay un molino en Azuer; al sur, en el Salido, como a media legua, hay una ermita de Nuestra Señora del Salido, y junto a ella, otro molino; como 300 pasos de Infantes, al levante, hay una ermita de San Miguel; al norte, otra de Nuestra Señora de las Eras como a 150 pasos y más allá en la misma línea de un molino de viento, como a 200 [pasos]. Al poniente, como un cuarto de legua, otra ermita de Jesús Sentado, y allá contiguo formada una plaza de unos laderos con una entrada donde hay muchas corridas de toros, y la llaman de San Cristóbal, y todos están defendidos por las laderas y se ponen los que vinieran (?) donde quieren sin pagar nada, y como están en forma esférica es cosa de gusto. Entre el sur y poniente hay varias huertas que llaman del Peñasco, de hortalizas.

Paréceme que no queda nada que advertir, y si discurro extrañar o dejase tantas casas y cortijos, y especialmente en el término de Alhambra, como notara que no sucede en los otros prevengo también que hay dos caminos carreteros, uno por donde pasa el surtido de plomo, que éste sale de la sierra por la Torre. Infantes, está y pasa por el lugar nuevo hasta la Corte: viene de levante por la casa del Perdiguero desde las salinas de Pinilla, término de Alcaraz, por esta villa a Almagro a llevar sal a Extremadura hasta Badajoz. Y por fin mi deseo ha sido y es el de servir a vuestra merced, ahora y en cualquiera tiempo que me mande.

El gobernador y yo no estamos tan acordes como antes, efecto de haber habido un disgusto a tiempo que cumplí por septiembre el ser segundo diputado en una junta que se ha establecido por decreto particular de S. M. en Infantes para la administración del producto de todos los arbitrios de este partido. Y por febrero le haré encargo a un amigo que está en la Corte se llegue a ver a vuestra merced para que ya que me franquea algún ejemplar de este mapa llegue a mis manos, y si yo fuere como puede suceder por cierto negocio, creerá que no me vendré sin conocerlo. Repito a vuestra merced mi afecto y voluntad y con la misma pido a Dios le guarde muchos años.

Alhambra y noviembre, 19 de 1763

Besa la mano de vuestra merced su seguro servidor

José Javier Arriaza [rubrica]

[PD] Las fiestas de toros de san Cristóbal las hacen los caballeros de Infantes de sus toradas. Se adiestran a rejonear y por eso no cuesta nada.

Quería haber puesto la razón que hube para poner el diseño de oriente a poniente, y el que vuestra merced como geógrafo tendrá para que sea del contrario, y por no abultar no lo ejecuto puesto. (Esto no es decir que vuestra merced no hace bien), sino es proponer raciocinando y sin regla, lo que puede ser aprobando lo que ha hecho.

Señor don Tomás López

* * *

Muy señor mío:

Recibo su carta de vuestra merced: la que he dirigido a don José Javier Arriaza, vecino de la villa de Alhambra, previniéndole siga la correspondencia con vuestra merced hasta evacuar, como así se lo tenía advertido antes de ahora. En cuya inteligencia no he escrito a vuestra merced quien podrá ponerse de acuerdo con dicho don José, y estar seguro de mi buena inclinación y deseos de que Nuestro Señor guarde su vida muchos años.

Infantes y noviembre, 6 de 1763

Besa la mano de vuestra merced su más afecto y seguro servidor

Juan Francisco de Herrera y Navarro [rúbrica]

Señor Tomás López

* * *

Muy señor mío:

Remito a vuestra merced el mapa numeral corregidas las distancias, y las que no le están es porque venían arregladas; solo tres o cuatro sitios de poca monta no se ha podido averiguar lo conveniente, como son Poblachuela, Poblete, etc. Me alegraré que todo esté al gusto de vuestra merced a proporción del gusto con que lo he ejecutado estimándole sus atentas expresiones.

Don Manuel de Hervás, oficial de la Contaduría Real de Rentas Provinciales discurro me hará el favor de ver a vuestra merced, y por ese medio se asegura el favor del regalo del librito y mapa de esa Provincia, y todo lo demás que ocurra, e ínterin pido a Dios le guarde muchos años.

Alhambra y diciembre, 13 de [1]763

Besa la mano de vuestra merced su seguro servidor

José Javier Arriaza [rúbrica]

Señor don Tomás López

Villanueva de los Infantes

Villa en un llano sin río; tiene al [tachado: poniente] levante (2)[46], a 8 leguas, Alcaraz; al poniente, a 11 leguas, Almagro.

Solana

Villa en un llano sin río. Entre norte y poniente, a 5 ½ leguas de Infantes. Tiene al levante, a 4 leguas, Alhambra, y entre norte y poniente, a 2 leguas, La Membrilla.

Villamayor

Villa en llano sin río. Al norte y a 18 leguas de Infantes; tiene al mediodía a 1 legua, a Villaverde, y al levante, a 2½ leguas, la Ossa [de Montiel].

Campo de Criptana

Villa en llano sin río. Al norte (12), a 13 leguas de Infantes; tiene al poniente a 1½ leguas Alcázar de San Juan, y al levante, a 2½ leguas, Pedro Muñoz.

Alcubillas

Villa en llano sin río. Al poniente (1), a 2 leguas de Infantes; tiene entre mediodía y poniente a 4 leguas, Torrenueva, y entre mediodía y levante, a 1½ leguas, Cózar.

La de Cabeza Mesada [Cabeza Mesada]

Se ignora su distancia y circunstancias.

Guadiana

Tomelloso (Aldea)

Villa en llano sin río. Al norte (8), a 7 leguas de Infantes; tiene al poniente (2), a 2½ leguas el río Rodeira, y ella, al mediodía, a 1 legua, Lugar Nuevo.

---

[46] Estos números que ponemos entre paréntesis son los que coloca sobre la línea un poco elevado haciendo referencia a la ubicación en el mapa numeral que llama.

Socuéllamos.

[Tachado: despoblado]. Villa en llano sin río. Está entre norte y levante (1.2), a 9 leguas de Infantes; tiene [tachado: al levante, a 1½ legua, Munera, y al mediodía, a 2 leguas, el Bonillo].

Fuenllana

Villa en llano sin río. Está entre norte y levante (1), a ¾ legua de Infantes; tiene al norte a 2 leguas Carrizosa, y al levante, a 1½ leguas, Villahermosa.

La Membrilla

Villa en llano sin río, entre norte y poniente, a 6½ / 7½ leguas de Infantes; tiene al poniente, a 0,5 leguas, Manzanares, y entre mediodía y levante, a 2 leguas, la Solana.

Villahermosa

En llano sin río, villa. Al levante, a 2 leguas de Infantes; tiene al mediodía, a 1 legua, Montiel, y casi al levante (1), a 2 leguas, Cañamares.

Cañamares

Despoblado, villa en llano sin río. Al levante (3), a 4 leguas de Infantes; tiene entre norte y levante, a 1 legua, a Villanueva de los Infantes, y al poniente, a 2½, Montiel.

Orcajo [Horcajo de Santiago?]. Se ignora

El Toboso

Villa en llano sin río. Al norte, a 15½ leguas de Infantes; tiene al levante, a 2 leguas, la Mota [del Cuervo], y entre mediodía y poniente, a 1 legua, a Miguel Esteban.

Santa María de los Llanos

Villa en un llano sin río. Al norte, a 14½ leguas de Infantes; tiene entre norte y poniente, a 1 legua, La Mota [del Cuervo], y entre mediodía y levante, a 1 legua, [El] Pedernoso.

Albaladejo

Villa entre montes sin río; está entre mediodía y levante, a 3 leguas de Infantes; tiene a mediodía, a 1½ leguas, a Terrinches, y casi al norte, a 1 legua, a Montiel.

Miguel Esteban

Villa en un llano sin río. Casi al norte (11), a 15 leguas de Infantes; tiene al mediodía, a 2 leguas el Campo de Criptana, y casi al levante, a 2 leguas, Quero.

Quintanar de la Orden

Villa en llano sin río. Al norte, a 16½ leguas de Infantes; tiene al poniente, a 1 legua, a La Puebla de Almuradiel, y al norte, a 1½ leguas, Villanueva del Cardete [Villanueva de Alcardete].

Villanueva del Cardete [Villanueva de Alcardete]

Villa en llano sin río. Al norte, a 17½ leguas de Infantes; tiene al levante, a 1½ leguas, a Villaverde [Villaverde y Pasaconsol], y entre norte y levante, a 1½ leguas, Villamayor [de Santiago]

Hinojoso [Los Hinojosos]

Villa en llano sin río. Al norte, a 16 leguas de Infantes; tiene al levante, a 2½ leguas, a Villaescusa [de Haro]; al norte, a 1½ leguas, Villaverde [Villaverde y Pasaconsol].

Villamanrique

Villa al pie de unos montes, sierra Morena. Al mediodía, a 3 leguas de Infantes; tiene al [tachado: poniente] levante, a 1½ leguas, Puebla del Príncipe, y al poniente, a 3½ leguas, el Castellar [de Santiago].

Castellar de Santiago

Villa en llano sin río. Está entre mediodía y poniente, a 5 leguas de Infantes; entre norte y poniente, a 1½ leguas, Torrenueva, y entre norte y levante, a 2½ leguas, Torre de Juan Abad.

Torrenueva

Villa en llano sin río. Entre norte y poniente, a 6 leguas de Infantes; tiene casi a poniente, a 1½ leguas, Santa Cruz de Mudela, y casi al norte, a 2 leguas, Valdepeñas.

Cózar

Villa en llano sin río. Entre mediodía y poniente, a 2 leguas de Infantes; tiene a mediodía, a 1 legua, la Torre de Juan Abad, y casi al norte, a 1½ legua, Alcubillas.

Almedina

Villa en llano sin río. Al mediodía, a 2 leguas de Infantes; tiene casi al norte, a 1½ leguas, Torres de Infantes, y al levante, a 2 leguas, Terrinches.

Alhambra

Villa al pie de unos montes sin río. Casi al norte, a 3 leguas de Infantes; tiene al norte (4), a 3 leguas, Lugar nuevo, y al poniente, a 4 leguas, la Solana.

Carrizosa

Villa al pie de unos montes, norte a sureste, sin río. Al norte, a 2½ leguas de Infantes; tiene entre norte y poniente, a 1 legua a Alambra, y al mediodía, a 2 leguas, Fuenllana.

Torre de Juan Abad

Villa en llano sin río. Entre mediodía y poniente, a 3 leguas de Infantes; al norte, a 1 legua, Cózar, y casi al levante, a 2 leguas, Almedina.

Beas [de Segura]

Lugar entre montes, a la orilla izquierda bajando el río Guadalimar. Está entre mediodía y levante, a 8½ leguas de Infantes; tiene al mediodía, a 7 leguas, Cazorla.

Chiclana [de Segura]

Lugar entre montes sin río. Al mediodía, a 7 leguas de Infantes. Tiene casi a levante, a 3 leguas, Beas [de Segura].

Alcázar de San Juan

Villa en llano sin río. Entre norte y poniente (12), a 13 leguas de Infantes; tiene al lado, a 1½ leguas, el Campo de Criptana.

Herencia

Lugar entre montes, sin río. Está entre norte y poniente (14), a 15 leguas de Infantes; tiene al levante, a 4.2 leguas, el Alcázar [de San Juan].

Villarta [Villarta de San Juan]

Villa en la orilla izquierda bajando con el río Siguela [Cigüela]. Está entre norte y poniente, a 11½ leguas de Infantes; tiene al norte, a 3½ leguas Herencia.

Consuegra

Villa en un llano sin río. Está entre norte y poniente a 17 leguas de Infantes; tiene al levante, a 2 leguas, Camuñas.

Madridejos

Villa en llano sin río. Está entre norte y poniente a 17 leguas de Infantes; tiene a mediodía y poniente, a 1½ leguas, a Consuegra.

Urda

Se ignora. Está en lo de Calatrava.

Turleque

Lugar en llano sin río. Está entre norte y poniente a 19 leguas de Infantes; tiene entre mediodía y levante, a 2 leguas, Consuegra.

Camuñas

Villa en llano sin río. Está entre norte y poniente (11), a 1½ (sic) leguas de Infantes; tiene a poniente, a 2 leguas comunes, Consuegra.

Villafranca [de los Caballeros]

Villa en la orilla derecha bajando con el río Ciguela; está entre norte y poniente, a 14½ leguas de Infantes; tiene al poniente, a 2 leguas, Camuñas.

Puebla de Don Fadrique

Villa en la orilla derecha bajando con el río Ciguela; está entre norte y poniente, a 18 leguas de Infantes; tiene al levante, a 2 leguas, el Quintanar [de la Orden].

Puebla de Almuradiel

Villa en llano sin río. Está entre norte y poniente a 17 leguas de Infantes: tiene al levante, a 1 legua el Quintanar [de la Orden], y a poniente, a 1 legua, la Puebla de Don Fadrique.

Como está ya remitido que lo perteneciente a [Villanueva de los] Infantes y su partido, era mecesario (?) para la Mancha Alta como son Alcázar [de San Juan], Campo de Criptana, la Mota [del Cuervo], etc. [para] más conocimiento.

Se pide examinen esta lista para que se corrija los pueblos de que se compone el partido de Villanueva de los Infantes, en cuanto a la expresión que hace, etc., de si es villa, o lugar, de lo que dista de Infantes, y de los pueblos más inmediatos, y si tiene o no, río, y a qué parte caen; y se pide también añadan a esta lista, después de haberla corregido, los pueblos que falten de este partido, ya sean villas, lugares, ventas, ermitas, cortijos, sitios nombrados, ríos, arroyos, bosques, montes, y todo lo que pueda ilustrar el mapa bueno que se desea hacer de esa Provincia.

[VILLANUEVA DE LOS INFANTES], ff. 352, 353-355v

Muy señor mío:

Mi avanzada edad, continuos achaques, y muchos asuntos que ocurren en mi Juzgado me impiden dedicarme al desempeño del encargo que vuestra merced me hace, por lo que devuelvo el Interrogatorio para que se valga de persona menos ocupada que pueda evacuarlo.

Dios guarde a vuestra merced muchos años

Infantes y junio, 5 de 1795

Besa la mano de usted su servidor

Fernando Antonio de Yepes [rúbrica]

Señor don Tomás López

1. Jabalón tiene su origen medio cuarto de legua de Montiel, al lado que se figura, pero dista de Infantes una legua, y no pasa por en medio de Alcubillas sino es desviado más de un tiro de fusil, y la línea que sigue del Pozo de la Serna ha de estar separado de él como legua y media a ir a buscar a Torrenueva a quien se acerca por el norte, y desde allí camina como una legua de Valdepeñas por el sur y se entra por más allá de la sierra del Moral y pasa como legua y media de Almagro por el sur y se cae después a entrar en Guadiana bajo de Malagón en una dehesa que dicen Calabazas.

2. Azuer nace de los prados del Pasadero y dicha fuente que llaman Mateo Sila en término de Villahermosa, 2 leguas de Carrizosa y una al norte de Villahermosa. La sierra de Alhambra tiene su origen a corta distancia de dicha villa al lado donde se figura el número 2, y por donde cruza la sierra el río Azuer le dicen Valle Hermoso, y hay algunas huertas en él arboladas y en todo el río abajo entre los molinos señalados y para una legua de Solana y un tiro de fusil de la Membrilla, y otra igual distancia de Manzanares. Y desde allí corre por la vega de Moratalaz, despoblado de más de 200 años, donde hay ruinas de un castillo e iglesia, y cae a la célebre dehesa de Zacatena y allí se hace pantano. Y ser poroso el terreno y estas humedades desaguan en Guadiana, bajo los Ojos de Villarrubia. Una legua de [Villanueva de los] Infantes está el santuario de Nuestra Señora de la Antigua, cerca de

[río] Jabalón, que cae al sur de dicho templo; hay plaza para correr toros y se puede poner donde está ese número.

3. Y por lo que hace a Torres de Infantes [sic, Montiel] este sitio se dice fue población, pero hoy es un heredamiento, una gran casa con una huerta de las mejores frutas, y está más cerca de Santa Cruz [de los Cáñamos] 4 que de Montiel, y una legua de [Villanueva de los] Infantes al sur y al poniente de Montiel, y al levante destacan y se puede colocar al número 4.

4. La Torre de Juan Abad tiene los montes y sierras cerca y a la entrada de ellos hay dos torres que dicen las Torres de Joray de quien Quevedo habla en sus versos; es fundación de moros.

5. Distan como una legua al sur de dicha villa y se pueden poner al número de la presa de los molinos de Ruidera. Sale agua que va regando una huerta arbolada del que hace este apuntamiento; tiene otra el rey y más allá otra para cáñamo. El primero tiene casa y se puede poner al norte y se llama la casa Venta. En el número 6.

6. [A] Tres leguas de Ruidera está el heredamiento que llaman de San Isidro hay ermita de San Isidro y labor, y está al norte de Ruidera, y mirado desde San Isidro al levante está la casa y heredamiento del Cabalgador como una legua de él.

Más bajo de los cuatro molinos de Ruidera, como 100 pasos hay cuatro batanes del rey y como 200 pasos hay un molino y huertas con su casa de que llaman la Cubeta. Después corre como dos tiros de fusil el río y entra en lagunas que llaman la primera Cueva Morenilla, y la otra Redondilla.

Y son y se pesca en ellas (y en las de arriba) de él y después se forma otra vez el río y corre cinco leguas hasta Argamasilla [de Alba] y lo ocupan con molinos del priorato de San Juan hasta los de la pólvora de Alcázar. Las que queden colocar en el número 7.

7. Se ha de suponer que antes de los molinos de Ruidera hay nueve lagunas y con las dos dichas, 11; de las nueve, las dos en término de Alhambra y las otras en el de la Ossa [de Montiel] y una de ellas es de una ermita de San Pedro mártir que se dice formada en las ruinas de un convento de templarios; dicha ermita [dista] una legua de la Ossa al sur, y se advierte que el dueño no está [en] la villa de la Ossa; la que está entre levante y norte [a] cinco leguas de Alhambra y se puede poner al número 8.

8. En el río Salido hay una heredad de huerta grande y casas muy ricas con dos molinos, uno arriba y otro abajo; es mayorazgo y está al sur de Carrizosa y al norte de Fuenllana, a la distancia de una legua igualmente de ambas. Y le corresponde estar en el número 9.

9. Y además, como una legua abajo, tiene otros dos molinos y entran ellos entre sí como una legua, y [el río] Azuer pasa por una dehesa del

señor infante don Felipe de la encomienda que goza de Alhambra y Solana; es dehesa de pasto bajo y encinas; hay labor en las vegas de los tres ríos Azuer, Salido [y] Tortillo, y tiene sobre Azuer casas que llaman los Palacios y se puede poner al número diez.

10. Antes del Puerto del Valle Hermoso que no va en medio en el diseño como si se pusiera donde va señalado el 2.

Alhambra está situada en la eminencia de un cerro y lo mismo Chiclana y esta es muy elevada su situación. Alhambra tiene al norte muchos cortijos unidos que dicen casas de la Calera a una legua y por ella pasa el Camino Real que viene desde Madrid de las postas a Infantes por Ocaña y Alcázar, y desde Infantes pasa por la Torre de Juan Abad a la Andalucía y en la cual queda Ventas de los Santos que está en sierra Morena, seis leguas de Infantes, y la carrera general desde Madrid a Cádiz, Sevilla, o Málaga, etc. Está a La Guardia, Tembleque, Ventas de Puerto Lápice, Membrilla y Manzanares, Valdepeñas y Santa Cruz de Mudela del Puerto del Rey, y desde allí a todas las Andalucías.

Se ha de advertir que Alhambra tiene de Jurisdicción 11 leguas y media de largo en un cuadro oblongo, y más bajo del Pozo de la Serna como una legua está el sitio de Santa María de Flores, ermita y cortijos, del partido de [Villanueva de los] Infantes, y dos leguas de Valdepeñas, advirtiendo que pasa más allá legua y media dicho término a media legua de Valdepeñas.

También se puede poner cerca del río Azuer una gran casa que llaman del Río; es cabeza de mayorazgo y está dos leguas de Alhambra a poniente y al sur de la Solana,

12. la que se puede colocar en el número 12. [No hay número 11]

Antes de llegar [el] Azuer a La Membrilla, como legua y media, hay más huertas y casas grandes que llaman del Pardo, y según la distancia que se le de a dicho río se puede poner una legua de la Casa del Río arriba expresada.

Dicha legua de Alhambra, a media de la Solana, hay otras casas grandes, aneja de mayorazgo, que llaman de los Almendros, y [al] norte de esta está otra gran casa que llaman Moralejas como media legua de ella, y al poniente de la de los Almendros hay otra, como [a] un cuarto de legua que llaman el Herondo. Sabido que la Solana está al poniente [y], Alhambra [a] tres leguas se puede proporcionar y no causará admiración que en este término haya tantas casas grandes de labores por que en él hay grandes mayorazgos de Solana e Infantes lo que no sucede en los demás términos.

Al sur de Alhambra hay dos grandes casas, la primera la pequeña llaman del Oidor, y la segunda del Olmo, y está una de otra dos tiros de fusil. Al poniente de la primera, y entre éstas hay otras dos, la primera casa de la Vieja y la otra de la Masegosa, y distan media legua de Alhambra, y entre sur y poniente, cuasi al pie donde empieza la sierra, hay una mina de piedra de amolar cuchillos a corta distancia de ésta con su casa que será [a] dos tiros de fusil.

Dos tiros de fusil de Nuestra Señora de la Carrasca entre levante y sur hay un molino o gran casa, y célebre alameda [que] llaman casa Blanca. También hay otra casa en el Puerto de Valle Hermoso (con una grande alameda) que llaman María Antona). El río Azuer arrulla como media legua; hay otra gran casa que llaman casas Morales. Cinco leguas de Alhambra, cerca del poniente, en el puerto de Perales y una legua al norte de Valdepeñas, hay muchas huertas arboladas que llaman del Peral, y en una de ellas hay una singular fuente de agua agria. En Albaladejo, una legua más cargado al levante que al sur, hay unos baños de aguas dulces al pié de la ombría de una sierra, y son buenos. Como un cuarto de legua de Alhambra mirando a Infantes y cerca del sur hay otra casa grande que llaman de don Antonio; tiene la Solana en el término de Alhambra 5 leguas de largo en círculo de viñas y olivas y de ancho por partes es estrecho, y Valdepeñas [tiene] más de dos millones de vides.

Un cuarto de legua de Infantes, cerca del norte, en Fuenllana, hay una gran casa en una dehesa que llaman la Serna, al sur de Infantes, a corta distancia de Jabalón y cerca de el de la otra parte, camino de la Torre de Juan Abad, hay otra gran casa que llaman casa de don Jerónimo.

Al norte de Alhambra hay diferentes cortijos (una legua) que llaman Allozo chico y [a] dos tiros de fusil Allozo grande del norte de otra, y mirando desde ellas al poniente hay otras que llaman casas del Ovillo, un cuarto de legua de las primeras.

Ya puse los cortijos de la Calera, y mirando desde ellos a poniente como media legua están las casas de Pozo de las Navas; también tres leguas de Alhambra (o del Degollado) porque es en ellas donde lo fue Agustín cuando aquel gran milagro que vivió 20 días cortados gaznates y nervios hasta la nuca y andaba; y se atribuyó este portento al Santísimo Cristo del Valle de que resultó la celebridad que hoy permanece porque era devoto de S. M. y está dicha para cerca del poniente por el lado del sur y una legua al norte del Pozo de la Serna.

La principal enmienda que se ha de ejecutar es separar el río [que] camina por entre sierras, Guadalimar de Guadalmena, porque padecí yo esta equivocación en atención porque no se unen hasta más bajo de Linares, junto [a] Jabalquinto y camina por entre sierras; Beas y Guadalmena, y se quedan los dos en el puente figurado advirtiendo que el río Beas pasa por la villa de su nombre por bajo del matadero y contra los mesones.

La razón por qué de la sala de matemáticas se ha sacado la lista con la nota de pueblos que se advierte es porque allí la tienen por el orden de las tesorerías y por esta razón concurren a Infantes y contando desde el lugar del

Tomelloso, Socuéllamos, Campo de Criptana, etc., y a este partido concurren con sus rentas provinciales Alcaraz, la Ossa de Montiel y los demás pueblos que expresa en su carta y no están sujetas al de aquel corregimiento y de este de Infantes si no es por subdelegados de rentas reales.

Un cuarto de legua de Alhambra hay dicha ermita de San Antonio Abad y dicha huerta y por línea recta a levante una legua un cortijo que dicen casa del Perdiguero.

La dejo dicho [que son] siempre caminos principales; los demás son de villa a villa a el mismo que van algunas rayas.

Al número 13, 14 y 15 se ha de poner tres ventas: la primera venta Quemada, la venta Nueva segunda, y la tercera la venta de los Santos, media legua una de otra en sierra Morena, y la primera 6 leguas de Infantes y la última 7.

Más arriba de Villamanrique nace un río que siempre lleva agua llamado Gualén [Guadalén], y pasa por el lado del norte de dicha villa y corre a levante y a una legua sobre él está un castillo que incluye un palacio y es de encomienda de uno de los señores infantes de España, no sé si don Luis o don Felipe, y dicho río pasa por sierra Morena sin tocar en otro pueblo. Se le junta Guarrizas y éstos en la Andalucía se unen con Guadalimar.

Albaladejo ha de estar más dentro, hacia Infantes porque no está cerca del Guadalén. Una legua al sur de Alhambra camino de [Villanueva de los] Infantes hay un molino y una alameda se llama Guelma. Bajo de la Fuenlabrada [a] 1 legua hay un molino además de los que ya se dejaron, y más bajo otra legua, otro [molino] en el río Salido, etc.

APUNTAMIENTO DEL PARTIDO DE [VILLANUEVA DE LOS] IN-FANTES, Ms. 7293, ff. 356-357v

Infantes, cabeza del partido de la Orden de Santiago, situada en llano; tiene a levante la villa de Fuenllana una legua, y dos leguas a Villahermosa; la villa de Cañamares está cuasi despoblada, entre levante y norte, una legua de Villahermosa, y esta dicha tres leguas de Villanueva de la Fuente, que ya es del partido de la ciudad de Alcaraz.

Infantes tiene a poniente a la villa de Alcubillas situada sobre el río Jabalón que la baña al sur de esta, una legua de Infantes, y desde Alcubillas están los cortijos del Pozo de la Serna, dos leguas, en los que hay como 20 casas incorporadas y por la misma línea está Valdepeñas otras dos leguas, que es de la Orden de Calatrava y pertenece al partido de Almagro, cabeza de él.

Infantes tiene al norte a la villa de Alhambra, tres leguas, y en el intermedio hay tres ríos de corta consideración, que son el Tortillo, el Salido y Azuer, y todos se juntan en uno llamándose como él mismo y están igualmente distantes de Infantes y de Alhambra, la que dista cuatro leguas de Argamasilla de Alba (o lugar nuevo), que es villa del priorato de San Juan y está al norte y pasa por una de sus calles el río Guadiana que nace dentro de once lagos o lagunas que algunos de ellos están [en] término de Alhambra, en el sitio de Ruidera distante tres leguas de ella, entre norte y levante, y hay una parada de molinos harineros que pertenecen al rey como gran señor de Santiago, y todo está entre montes de encinas, y hay tres casas y de algunos particulares y algunas veces las inmediatas a dichos molinos, al norte de ellos, y desde dicho sitio corre Guadiana cinco leguas hasta entrar por Argamasilla [de Alba] que es entre el norte y poniente.

Infantes dista de Carrizosa dos leguas, fundada sobre el río Azuer, y de esta villa hay un cuarto de legua a Nuestra Señora de la Carrasca que está fundada Carrizazosa al norte de la capital y a levante dicho santuario.

Infantes dista de la villa de la Solana cinco leguas, la que está entre poniente y norte y tiene una legua al sur el río Azuer, y en la distancia de dos leguas hay 12 molinos harineros. La Membrilla situada sobre el río Azuer, una legua de Solana y 6 de Infantes, entre poniente y norte (y está un cuarto de legua de Manzanares, Campo de Calatrava). Y al lado del sur, dos leguas, está el mismo soplo del Valle de Santa Elena el puerto que hace la sierra de Alhambra.

Infantes está una legua y media de Santa Cruz de los Cáñamos y por en medio pasa el río Jabalón y está situada al sur.

Montiel es villa y fue capital y por eso se llama este territorio suelo y Campo de Montiel; está situada sobre [el] Jabalón dos leguas, entre levante y sur de Infantes. La villa de la Puebla dista dos leguas al sur de Infantes. Albaladejo está al sur de Infantes, cuatro leguas. La villa de Terrinches está tres leguas de Infantes, entre el sur y poniente, y por la misma línea está la villa de Chiclana, nueve leguas al sur de Infantes; está la villa de Beas [de Segura], once leguas, y éstas dos últimas están dentro de sierra Morena, y por el medio de ellas (esto es) de la distancia que hay de un pueblo a otro, aunque más inmediato a Beas [de Segura], pasa el río Guadalmena, y ya se ha entrado en el Guadalimar.

La villa de Almedina está dos leguas de Infantes, entre sur y levante. La villa de Cózar está entre el sur y poniente de Infantes, dos leguas. La villa de la Torre de Juan Abad está por la misma línea, tres leguas de Infantes.

La villa de Castellar de Santiago está cuatro leguas de Infantes cargado más al poniente que al sur. La villa de Torrenueva está por la misma línea, seis leguas de Infantes. La villa de Villamanrique dista de Infantes cuatro leguas más inmediatas al sur que al levante.

(Apuntamiento)

Sale camino real desde Alhambra para Almagro y Ciudad Real y se separan a las 7 leguas donde dicen la venta Borondo; hay casas y huerta y deberá estar en el número 1; en el número 2 estará casa Blanca, un cuarto de legua a levante de dicha venta, y donde está el número 3 al sur, otro cuarto de legua, el Pardillo; es gran heredamiento de los padres de la Compañía. Donde hecha el número 4 se pondrá el santuario de Nuestra Señora de las Nieves, una legua de Almagro; en el número 5 desde Manzanares a Ciudad Real el santuario de Nuestra Señora de Ureña; en el número 6 una venta y el santuario de Nuestra Señora de Consolación, desde Manzanares a Valdepeñas y Santa Cruz [de Mudela]. En el número 7 la venta del Judío, desde Santa Cruz al Viso [del Marqués], y desde esta villa a la venta del Marqués, dos leguas, y al puerto del Rey una legua. En el número 8 seis leguas de Alhambra en el camino carretero [que] va a Almagro está una dehesa encomienda que llaman de Siles; hay casa grande y huerta con muchas encinas la dehesa. En el número 9 se pondrá una heredad de molinos de aceite y harineros que todos andan con agua que llaman Flor de Ribera; son de la Compañía de Jesús. En el número 10 hay un gran heredamiento y un santuario de Nuestra Señora de la Caridad, dos leguas al sur de Almagro. Al número 11, dos leguas de Almagro y más al poniente que al sur, hay un heredamiento de viñas [y] casas grandes que llaman Valparaíso de donde tómale título de este nombre el conde. En el número 12 se ha de poner la villa de Belvís al pié del monte en que está fundado Calatrava. Los caminos de villa a villa son como sendas de conejos; el camino que desde Alhambra va a Saceruela es el frecuentado para la romería de Guadalupe y el carretero para Extremadura. Junto [a] Malagón es Guadiana; hay un puente en el camino real que va a Ciudad Real, Almodóvar [del Campo] y Almadén, y desde Almodóvar salen caminos para Andalucía. Las distancias van corregidas al margen; en las que no se ha tocado es porque están conformes. En el número 13 está el santuario célebre de Nuestra Señora del Socorro, un cuarto de legua de Argamasilla [de Calatrava]. Desde Manzanares, en [el] Azuer, en una legua, hay tres molinos, y al fin de ellos está el despoblado de Moratalaz, un castillo y una iglesia arruinados; se ha de suponer que en pasando Ciudad Real todos terrenos son sierras, montes y jarales, desde El Corral [de Calatrava] hasta Saceruela. Villarrubia [de los Ojos] está en la sierra y un cuarto de legua al poniente una ermita de Santa Ana. En el número 14 está la Venta Quesada [que] es de Manzanares en el sitio que se figura.

[VILLANUEVA DE LOS INFANTES], Ms. 7293, ff. 359-360v

Infantes y mayo, 5 de [17]96

Muy señor mío:

Remito a vuestra merced las noticias que en su encargo he podido juntar, y son las siguientes:

1º) Esta es villa realenga; tiene mil trescientos cincuenta vecinos útiles, que con el clero y demás inútiles será como de mil y quinientos.

2º) Es cabeza de partido y vicaría; alcanzan sus jurisdicciones 22 villas que se nominan Campo de Montiel; tiene dentro de su población cinco conventos, tres de frailes y dos de monjas, a saber uno de observantes de San Francisco, fundado [el] año de 1491 para lo que dio la licencia don Alonso de Cárdenas, gran maestre de Santiago; otro de monjas de la misma orden con la nominación de Corpus Christi en el año de 1521; otro de Santo Domingo, fundado [el] año de 1596; otro de monjas del mismo orden con advocación de la Encarnación [el] año de 1598; otro de trinitarios descalzos fundado [el] año del 1603. A distancia de tres cuartos de legua entre mediodía y poniente está Nuestra Señora de la Antigua, en una famosa ermita con su plaza para toros de vasta magnitud pero de fábrica bien ordinaria; tiene una famosa parroquia con la advocación de San Andrés, y patrón del pueblo Santiago.

Esta villa en donde hoy existe es moderna tras su origen muy antiguo pues estuvo en la rivera de Jabalón, inmediata donde hoy está la ermita de la Antigua, a la derecha de este río; ciudad pequeña pero fuerte y hermosa, llamada Antiquario Augusto y estos [son] los campos laminios o avenates y siendo tomada por los sarracenos en la invasión de España la llamaron Jamila hasta que aniquilada la desampararon y se retiraron; las pocas gentes quedaron a la inmediación de una fuente llamada Moraleja que hoy existe con el nombre mismo nombre de la fuente, a muy corta distancia de donde hoy permanece; duró algunos años como aldea de Montiel, hasta que tomó bastante incremento por los muchos sujetos distinguidos que a lo apacible y llano de su terreno se venían habitar a ella, y habiendo fabricado ya muchas casas en el sitio [de] hoy y [a] ésta el infante don Enrique de Aragón la dio el título y privilegio de Villanueva del Infante, año 1421. Y en el del 1451 (sic) el señor Enrique tercero (sic), siendo gran maestre de Santiago lo confirmó el privilegio, añadiendo además de las armas de Castilla las barras de Aragón[47].

3º) Los pueblos de su circunferencia principiando por el oriente es la villa de Fuenllana a distancia de tres cuartos de legua; Montiel que era antiguamente la cabeza de este partido, entre oriente y medio[día], pero más inmediato a oriente, a distancia de dos leguas.

---

[47] El privilegio lo otorgó don Enrique de Trastámara, Infante de Aragón y Sicilia, conde de Alburquerque y Ampurias, señor de Ledesma, etc., y Maestre de la Orden de Santiago, en la villa de Ocaña, el 10 de febrero de 1421, y lo confirmó en Madrid, el 26 de febrero de 1457. Confirmado nuevamente por el Maestre don Alonso de Cárdenas en Ocaña, a 30 de abril de 1480, añadiendo que se llamase Villanueva de los Infantes.

La villa de Torres que ya solo han quedado una famosa huerta y casa de campo de hermosa y firme fábrica, y en el sitio de la villa unos pajizos cortijos de labradores, entre norte y mediodía, pero más inmediata al mediodía a oeste a 1½ [legua]; Almedina al mediodía y a distancia de dos leguas Villamanrique, entre mediodía y poniente pero dista poco de el mediodía es distancia tres leguas.

Cózar con poca diferencia de la mediación entre mediodía y poniente dista de aquí legua y media.

Alcubillas al poniente con poca diferencia y es hacia el norte distante dos leguas.

El coto que llaman de los Palacios, posesión del señor duque de Palma, que tendrá como una legua de largo, cuasi cuadrado, con sus casas para guardas y labradores y su iglesia para decir misa los días de fiesta, todo monte de encinas está cuasi al norte y dista de aquí una legua.

La villa de Alhambra dista tres leguas y está al norte; Carrizosa dista dos leguas y está entre norte y oriente.

4º) De este no hay qué decir pues no le comprende nada.

5º) En este no hay qué decir pues no principia sierra alguna en su término.

6º) En este término no hay bosque alguno; todo es de labor y en la parte desde poniente a norte tiene muchas viñas y algunos olivares.

7º) En este ya queda dicho arriba, y añado, que tiene unas famosas Casas consistoriales y plaza bien adornada. El lienzo del norte (sic, sur) [lo] ocupa la parroquia; el de poniente, las Casas consistoriales, y los dos de mediodía (sic, norte) y oriente, de varias habitaciones, todas de tres altos construida, a excepción de la parroquia, a expensas de un caballero natural de Dinamarca (sic) llamado Juan Pérez Canuto[48]; aunque hoy se posee por varios dueños, se construyó la obra [el] año de 1581. Se creó su gobierno y justicia mayor de este Campo de Montiel [el] año de 1566, y el de 1573 se trasladaron a ella los dos tribunales, eclesiástico y seglar como costa de su archivo. Hombres ilustres ha tenido santo Tomás de Villanueva, santo (sic, venerable), Tomás de la Virgen, don fray Antonio de Molina, cartujo, y don Agustín de Bustos, mexica célebre, maestre de campo; también está sepultado en esta parroquia el insigne don Francisco de Quevedo y Villegas.

---

[48] En Villanueva de los Infantes donde se asentó Juan Pérez Canuto, procedente de la cercana Fuenllana, compró la hidalguía y erigió un mayorazgo. Con el tiempo llegó a reunir una potente fortuna que quizás fue de las mayores del Campo de Montiel, valorada en unos 75.000 ducs., aprox. A mediados del siglo XVII un heredero suyo denunció en la Real Chancillería de Granada al Concejo de Infantes por haber rechazado su hidalguía y presentando en el tribunal una abundante documentación; en parte de ella trataba de entroncar a su familia con la Casa Real danesa y san Canuto IV de Dinamarca. No es extraño que perdurase ese recuerdo y cien años después todavía se mantuviese el argumento.

8º) Aquí no hay más frutos quetrigo, cebada y centeno, cuya cosecha de grano por un quinquenio se podrá regular por ciento cincuenta mil fanegas cada año de todos granos; también se coge vino para el gasto; algún aceite y legumbres; de lo demás se carece.

9º) En blanco.

10º) No hay más que una feria tan reducida, que más es descanso que hacen los mercaderes para la de Almagro, que feria. Principia día de Santiago y sigue hasta día dos de agosto.

11º) Sólo en el convento de San Francisco hay lector de filosofía y suelen acudir algunos seglares.

12º) Este en blanco pues aunque ha habido y hay caudales gruesos no se han dedicado a cosa que sea útil a los pobres.

13º) Las enfermedades endémicas más comunes son obstrucciones y afectos estericos en ambos sexos, nacidas de aguas que son gruesas y mal acondicionadas, y edemas como en todo el país, según las estaciones del año, aunque también se padecen cólicos de toda clase y muchas perlesías.

14º) No hay cosa de baños ni otro beneficio pues las aguas que hay aún para beber valen poco; las canteras son de piedra arenosa y blanda; no hay árboles ni yerbas dignas de decir.

15º) En este no hay cosa que decir.

Es cuanto he podido adquirir pues la tardanza ha consistido en mis muchas ocupaciones, y principalmente en una fluxión que estoy padeciendo a los ojos más de dos meses; espero perdonará usted la tardanza y defectos que tuviere la relación pus yo quisiera fuese en un todo completa como el que mande a su más afecto.

Besa la mano de usted su más atento servidor,

Marcelino de Gracia [rúbrica]

Señor don Tomás López

VILLANUEVA DE LOS INFANTES, Partido de, Ms. 7298, ff. 799-800

Confina este partido por el norte con la provincia de Toledo; al oriente, con el partido de Alcaraz y reino de Murcia, con este mismo reino, al mediodía, y con el partido de Ciudad Real, al occidente. Tiene de norte a sur, esto es, desde los términos de la villa de Alhambra hasta los de Beas de Segura, unas 16 leguas (de las ___ (?) entran 20 en un grado que son casi de una hora de camino, conteniendo cada una 6626 varas castellanas, de las cuales entendemos en toda la obra, siempre que se habla de leguas); y de oriente a occidente por su mayor longitud, que es desde la villa de la Ossa de Montiel hasta la de Membrilla del Tocón, unas 9 leguas y media.

Principia su latitud a los 38 grados, 18 minutos, y concluye en 39 grados y 6 minutos, y su longitud es desde 13 grados, 8 minutos, hasta 13 grados 40 minutos de longitud oriental, contada desde el pico de Teide o de Tenerife, a cuyo meridiano están arregladas todas las longitudes que referimos en esta obra. Está la villa capital de este partido, que es Villanueva de los Infantes, a los 38 grados, 52 minutos de latitud septentrional, y a los 13 grados, 30 minutos de longitud.

Tiene en este partido su nacimiento el célebre río Guadiana en las lagunas que están al noreste de Infantes, a unas 4 leguas; su curso hasta salir del partido es noroeste; también nacen a oriente de la capital el río Azuer, a 3 leguas, el río Tortillo, a una, y el río Salido a 4 leguas, juntándose al norte de Infantes, y corren juntos por el rumbo del noroeste hasta salir del partido, inmediato a la Membrilla.

Nace el río Jabalón en los Ojos de Montiel; el río Origón [Oregón] tiene su manantial a una legua del antecedente, y de éste último a más de dos leguas el arroyo Polo, y juntándose Polo con Origón, y Origón con Jabalón, corren juntos con éste último nombre por el rumbo suroeste hasta salir del partido inmediato a la villa de Torrenueva.

El río Guadalén nace y fertiliza parte del partido; Guadalmena también le riega uniéndose dentro de él con Guadalimar, que después corre un poco de tierra has[ta] que sale fuera de la jurisdicción de la Orden [de Santiago] con el último nombre.

Comprende este partido el gobierno de Villanueva de los Infantes, las varas de Infantes y la Solana, las villas tal y tal con algunas descripciones de ellas; por lo eclesiástico, la vicaría de [Villanueva de los] Infantes y la de Beas [de Segura], las encomiendas N y todo lo que se juzgue a propósito.

Ya está Mérida también

También Llerena

También Martos

Partido de Villanueva de los Infantes o Montiel

- Alcubillas
- Albaladejo
- Alhambra
- Almedina
- Cañamares
- Carrizosa
- Castellar [de Santiago]

- Cózar
- Fuenllana
- Génave
- Iriepar (sic; ¿Iriépal, Guadalajara?)
- Infantes [Villanueva de los Infantes]
- Membrilla. Infantes
- Montiel
- Ossa [de Montiel]
- Pedro Muñoz
- Puebla del Príncipe
- Santa Cruz de los Cáñamos
- Santuario del Cristo del Valle [= San Carlos del Valle]
- Solana, La
- Terrinches
- Torres de Velmontejo [Torres de Montiel?]
- Torrenueva
- Torres de Albánchez
- Torre de Juan Abad
- Villanueva de los Infantes
- Villahermosa
- Villamanrique [= Belmontejo de la Sierra, Belmontejo]

VILLANUEVA DE LOS INFANTES, Ms. 20.263 / 60, 4 ff.

Señor don Tomás López

Muy señor mío:

Recibí la de vuestra merced en la que me pide la noticia de las cosas memorables de esta villa para complemento de su obra, la que ya remití en los términos que consta a vuestra merced, advirtiéndole que don Marcelino de Gracia, vecino de ésta, podrá dar razón más individual.

Dios guarde a vuestra merced, su servidor y capellán, que su mano besa,

Infantes y marzo, 7 de 1796,

Fr. Manuel Alarcón, prior [rúbrica]

Señor don Tomás López

[Dirección del envío:] A don Tomás López en Madrid]

[Tampón:] Mancha VAXA

* * *

Señor don Tomás López

Muy señor mío:

En respuesta de la estimada de vuestra merced, debo decirle me hallo ya con poca vista y mal pulso para poder servirle en el encargo en que se vale de mi en suficiencia, pues en mi no ha habido de esas artes más que unas leves noticias de curioso, no de profesor, y éstas ya remotas; a esto acompaña el hallarme con algunas ocupaciones que me dan poco lugar, por lo que avivo a vuestra merced estas dificultades para que, si tiene otro medio más oportuno, se valga de él, y si no me conceda tiempo para recoger noticias y formar como pudiere un borrón, que así será. Yo quedaré con el gusto de haberle servido, y a usted queda la pena de su mala elección.

Y ofreciéndome a su disposición con fineza [figtez?] queda esperando sus órdenes,

Marcelino Gracia [rúbrica]

Infantes y abril, 4 de [17]96

[Dirección del envío]: A don Tomás López, geógrafo de los dominios de S.M., agregado a la Secretaría de Estado, en Madrid]

[Tampón]: Mancha VAXA

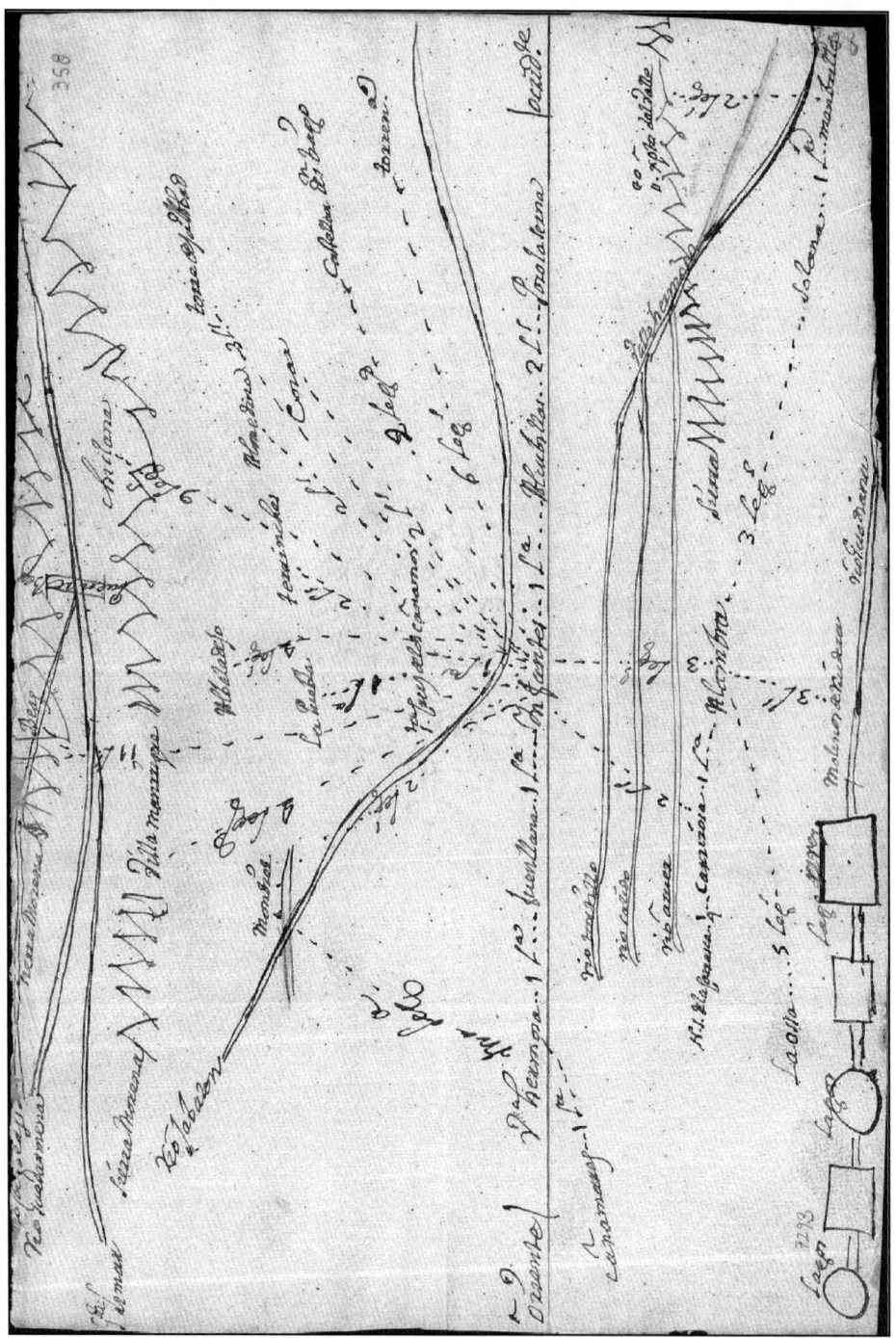

Francisco Herrera y Navarro [et al.]. Villanueva de los Infantes y sus alrededores (I).

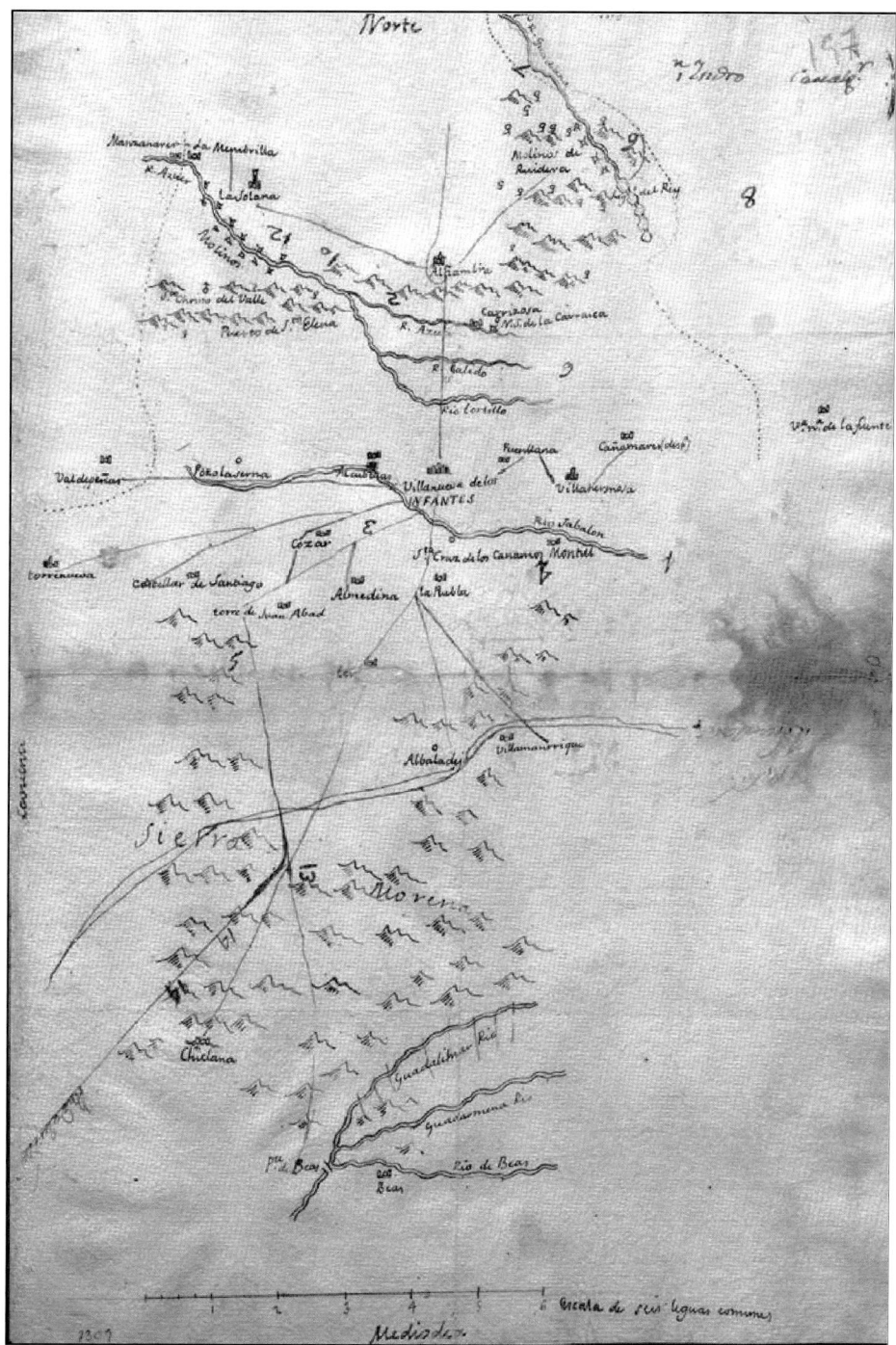

Francisco Herrera y Navarro [et al.]. Villanueva de los Infantes y sus alrededores (II).

XXIX
VILLARTA DE SAN JUAN

VILLARTA DE SAN JUAN, Ms. 7293, ff. 480-483

Muy señor mío:

En este correo inmediato recibo la de vuestra merced, y enterado de su contenido y la ocupación útil en la que se halla haciendo un mapa del arzobispado de Toledo, para cuya composición necesita saber a punto fijo los lugares que hay en la redonda de este preciso paso y puerto de Villarta para los reinos de la Andalucía, saliendo de ella para dichos pueblos de la redonda con las leguas puntuales de unos a otros, nombrando los ríos, puentes, montes, montañas, y los hundimientos.

Advierto a vuestra merced que los lugares que están son precisamente los comprendidos en este partido de San Juan, y que de ellos tiene vuestra merced en esa corte un mapa, [en] casa del señor don Francisco de Solera, apoderado general del señor Infante don Felipe (que esté en gloria), Gran Prior que fue de San Juan, que a vuestra merced le será fácil ver, y saber dónde vive. El que está en un cuadro grande; lo puede vuestra merced ver y si fuese suficiente a su obra, lo celebraré, y si faltase alguna circunstancia y yo la pudiese suministrar, lo haré con mucho gusto, siempre y cuando vuestra merced me lo preguntase, y siendo naturalmente inclinado a ver estas obras, si a vuestra merced le parece, estimaré me las envíe con el retrato de nuestro m[uy] s[anto] p[adre] y s[eñor] Clemente [XIII].

Ruego a Dios guarde a vuestra merced muchos años.

Villarta, agosto, 30 de 1565.

Besa la mano de vuestra merced su más afecto servidor,

Fray don Antonio Folgar y Torres [rúbrica]

Señor Tomás López

* * *

Muy señor mío:

Con Antonio Carabaña, vecino de esta villa y mi feligrés, tengo respondido a la de vuestra merced, que recibí con fecha de veinte y cinco del mes pasado, y deseando con prontitud complacer a vuestra merced, no obstante que he estado en los sitios que desea saber, para completar el mapa de este partido. He preguntado a pastores y caseros de las quinterías que están en ellos, y la razón más puntual es la que remito a vuestra merced, advirtiendo que desde el lugar nuevo a Alcaraz, hay cuatro leguas; desde Alcaraz [de San Juan] a Villarta [de San Juan], otras cuatro; desde Villarta [de San Juan] a Manzanares, otras cuatro, y desde Manzanares a Argamasilla [de Alba], otras cuatro

La venta de Quesada está en medio de Manzanares a Villarta [de San Juan]; desde el hundimiento de Guadiana a su segunda salida hay siete leguas, y todas de monte, excepto por encima de la venta de Quesada que son tierras de labor. La Villa de Arenas [de San Juan] está una legua de ésta de Villarta, y legua y media o dos del segundo nacimiento de Guadiana. Estas dos villas últimas están situadas al lado de Cigüela; en las que he tomado están pintadas sobre el río Guadiana, que corre por debajo de tierra en la forma que señalan las pintas, hasta su segundo nacimiento; lo acredita la experiencia, pues echando paja en el pozo de la venta de Quesada, y en otros de esta villa, han observado los curiosos, que dicha paja, in continenti, se desaparece, y va a salir a los ojos del segundo nacimiento, por lo que se ve claramente ser agua de paso, por lo que no sin fundamento me parece que Villarta y Arenas están fundadas sobre Guadiana y al lado de Cigüela.

El río Guadiana se hunde cuatro leguas de esta villa de Villarta [de San Juan] y está tres de su segundo nacimiento. La formación de los Ojos de Guadiana en su segundo nacimiento está en la forma que demuestran los ceros, advirtiendo son tantos que cuan no se pueden contar, y están al fin del número 9 y 2.

Me alegraré que esta razón esté a la satisfacción de vuestra merced, y si alguna duda o reparo sobre ella se le ofreciese, estimaré no se detenga en preguntarlo.

Ruego a Dios guarde a vuestra merced muchos años.

Villarta [de San Juan], octubre, 10, de 1765

Besa la mano de vuestra merced su más apasionado servidor,

Fray don Antonio Folgar y Torres [rúbrica]

Señor don Tomás López

[Referencias del Mapa, p. 483]

5. Guadiana por debajo de tierra.

4. Venta de Quesada.

3. Río Siguela (Cigüela, Gigüela Jigüela o Xigüela).

2. Castillo de Corbera.

? Castillo de Peña Roia (Peñarroya).

? Laguna de San Juan en Guadiana: La Alta, las últimas del primer nacimiento.

? Hundimiento de Guadiana La Alta.

Segunda salida de Guadiana en los Ojos de Villarrubia.

Molinos de harina en Guadiana La Alta desde las lagunas dichas.

Molinos de pólvora.

Puente V?

* * *

El Caz de Guadiana que viene por encima de Argamasilla, desde La Cassa de Aguas.

La madre del río Guadiana llamada Matacón

Ojos de Guadiana en su segundo nacimiento

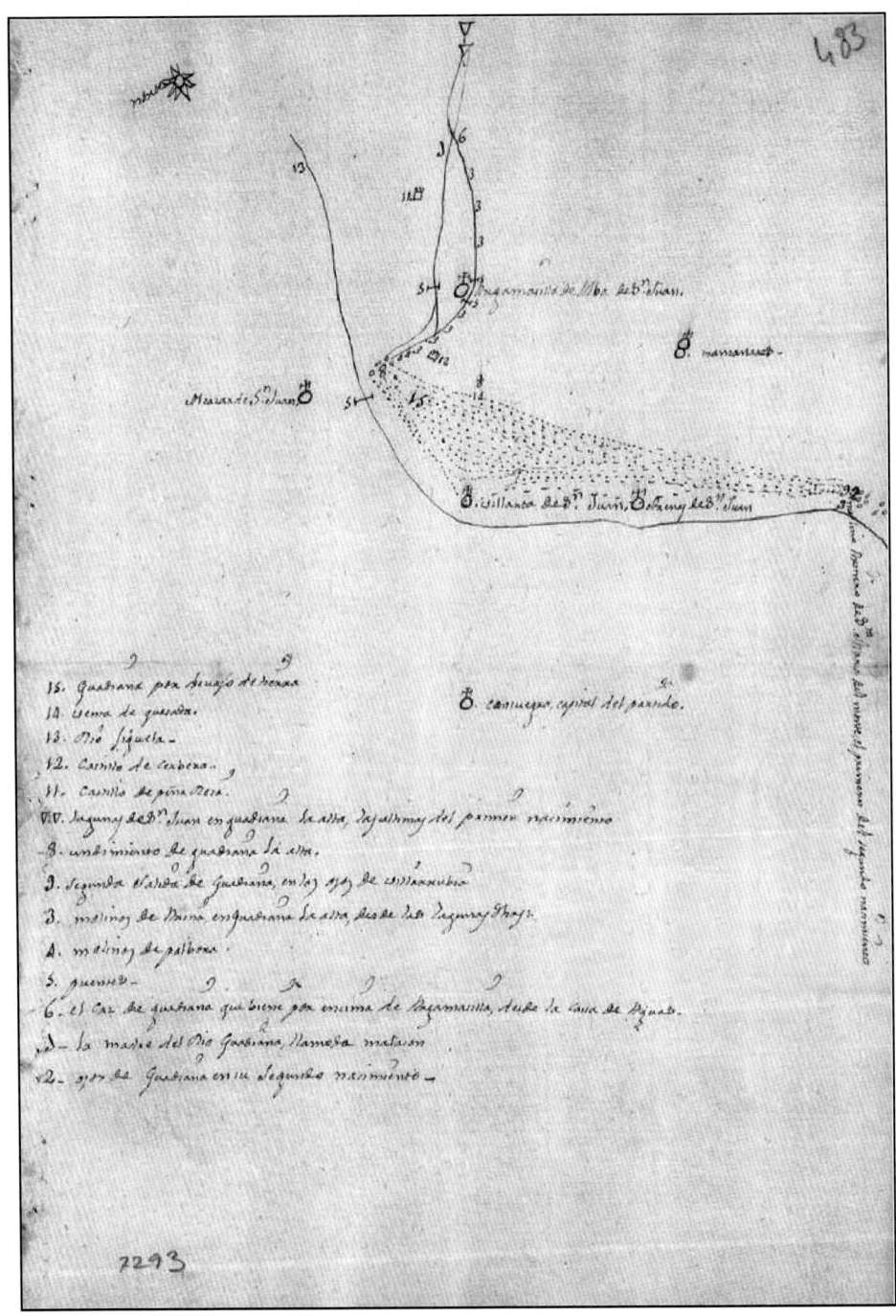

Antonio Folgar y Torres. Villarta de San Juan y sus alrededores.

PLANOS / MAPAS

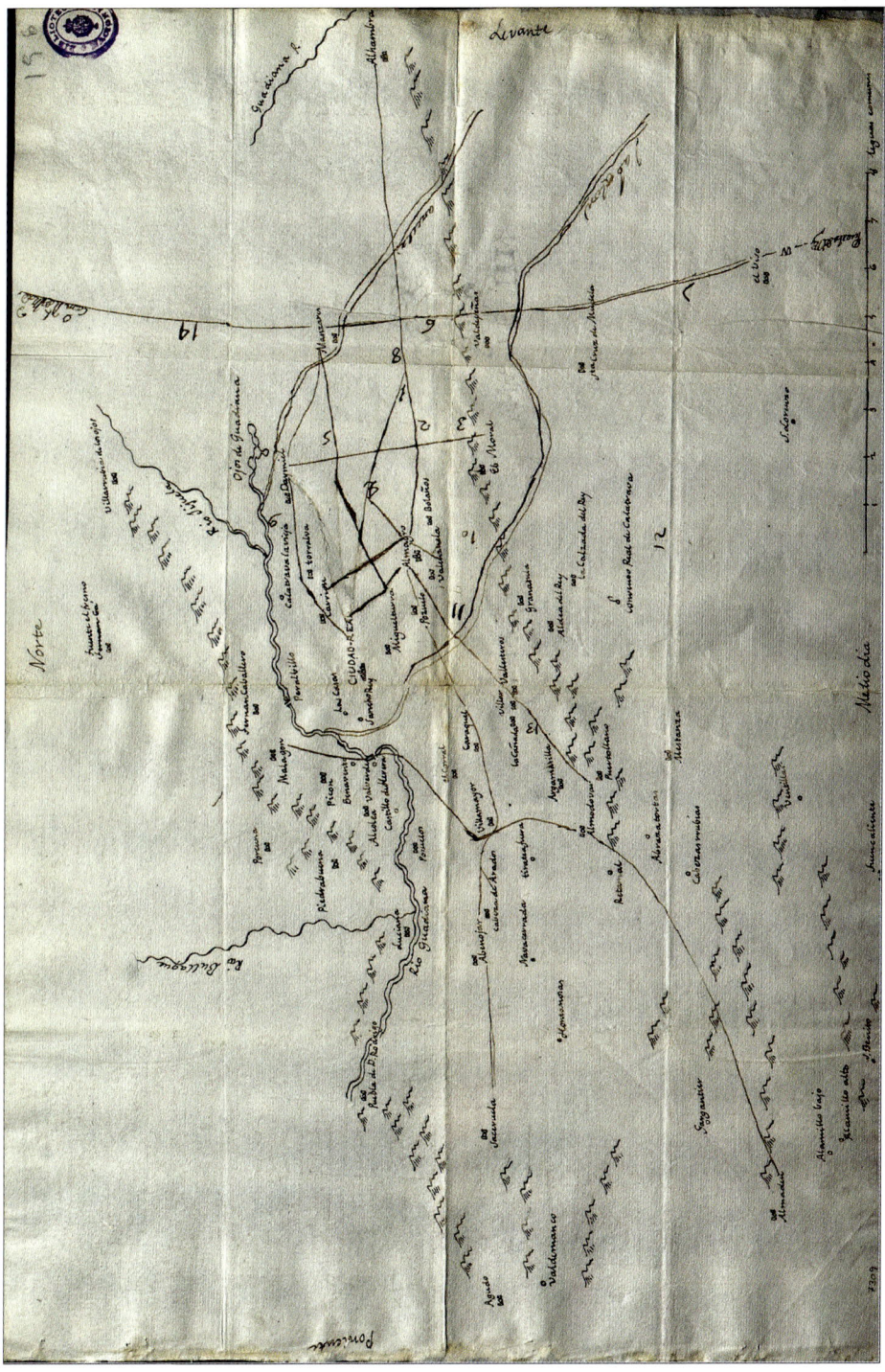

Tomás López. Provincia de Ciudad Real.

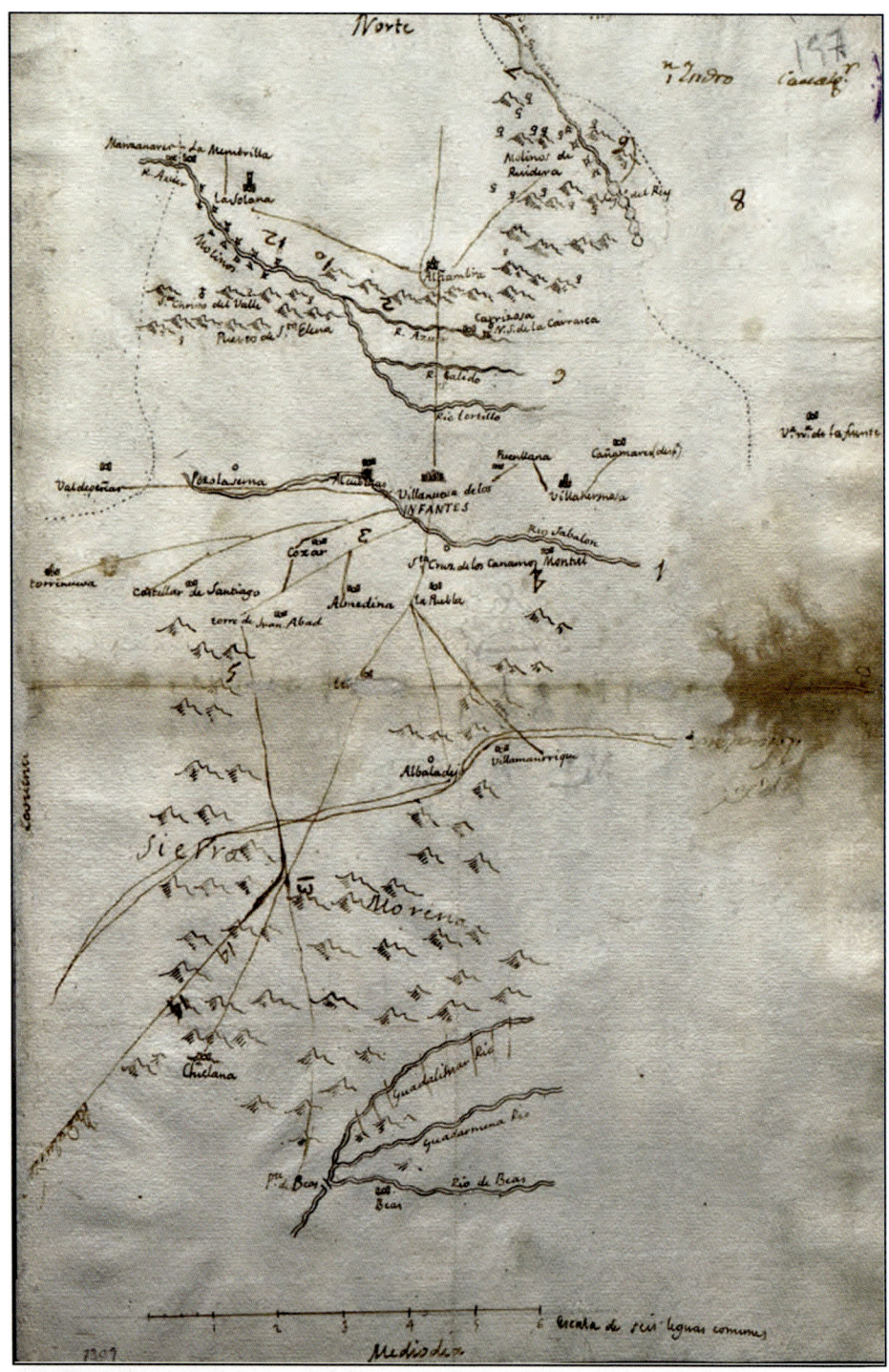

Tomás López. Provincia de Ciudad Real (Este).

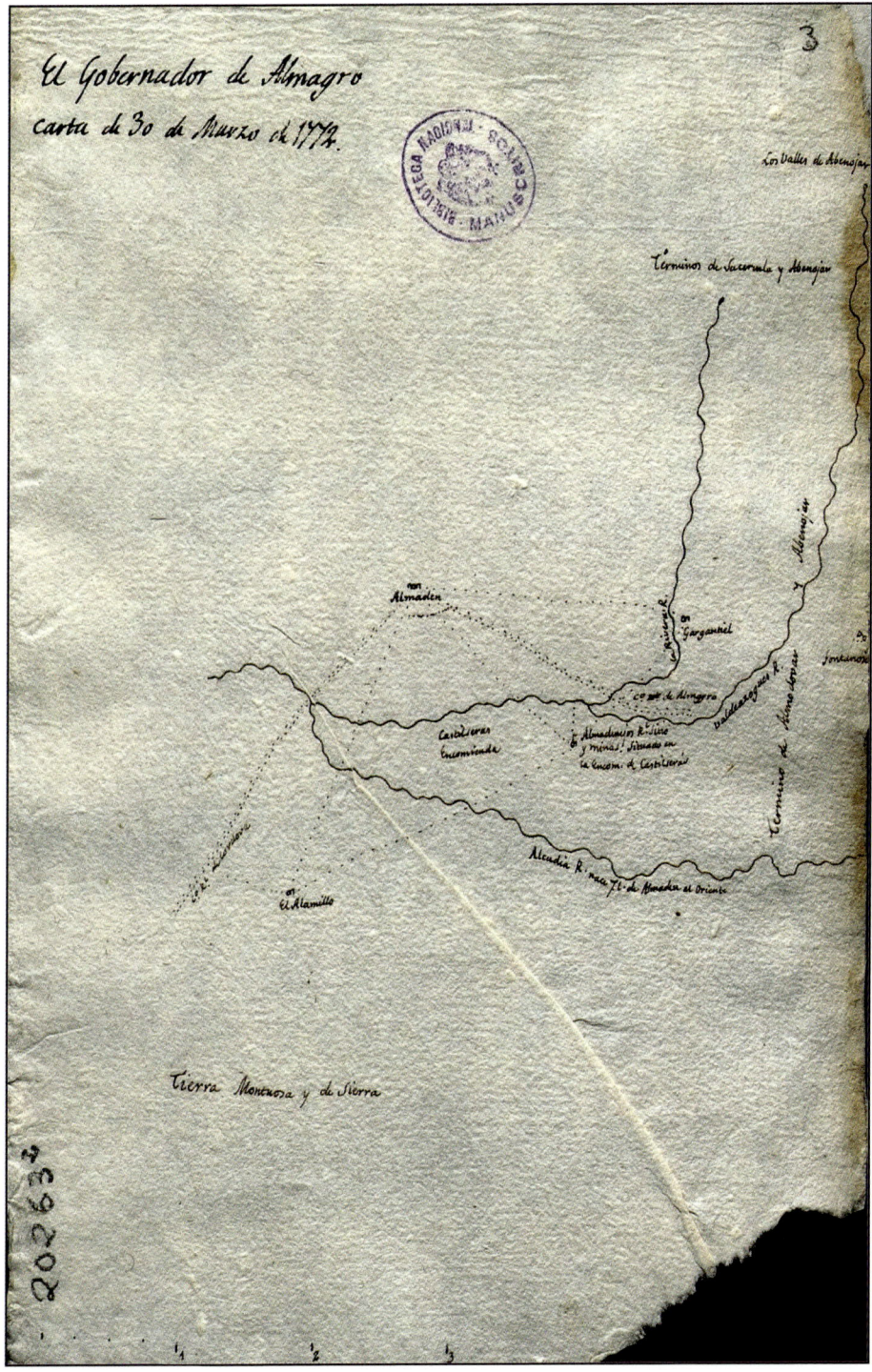

Tomás López. Almadén y sus alrededores.

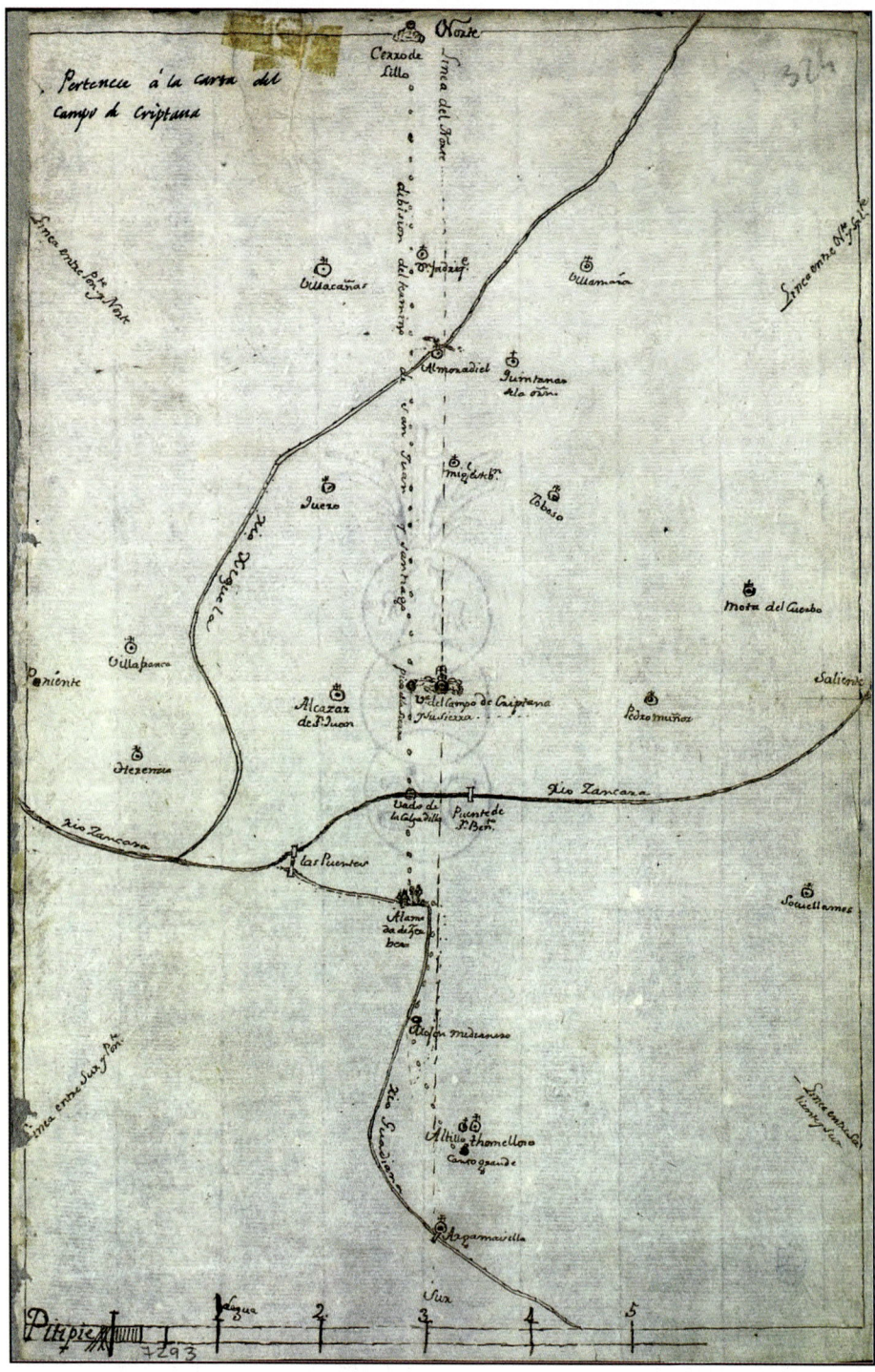

Campo de Criptana y sus alrededores.

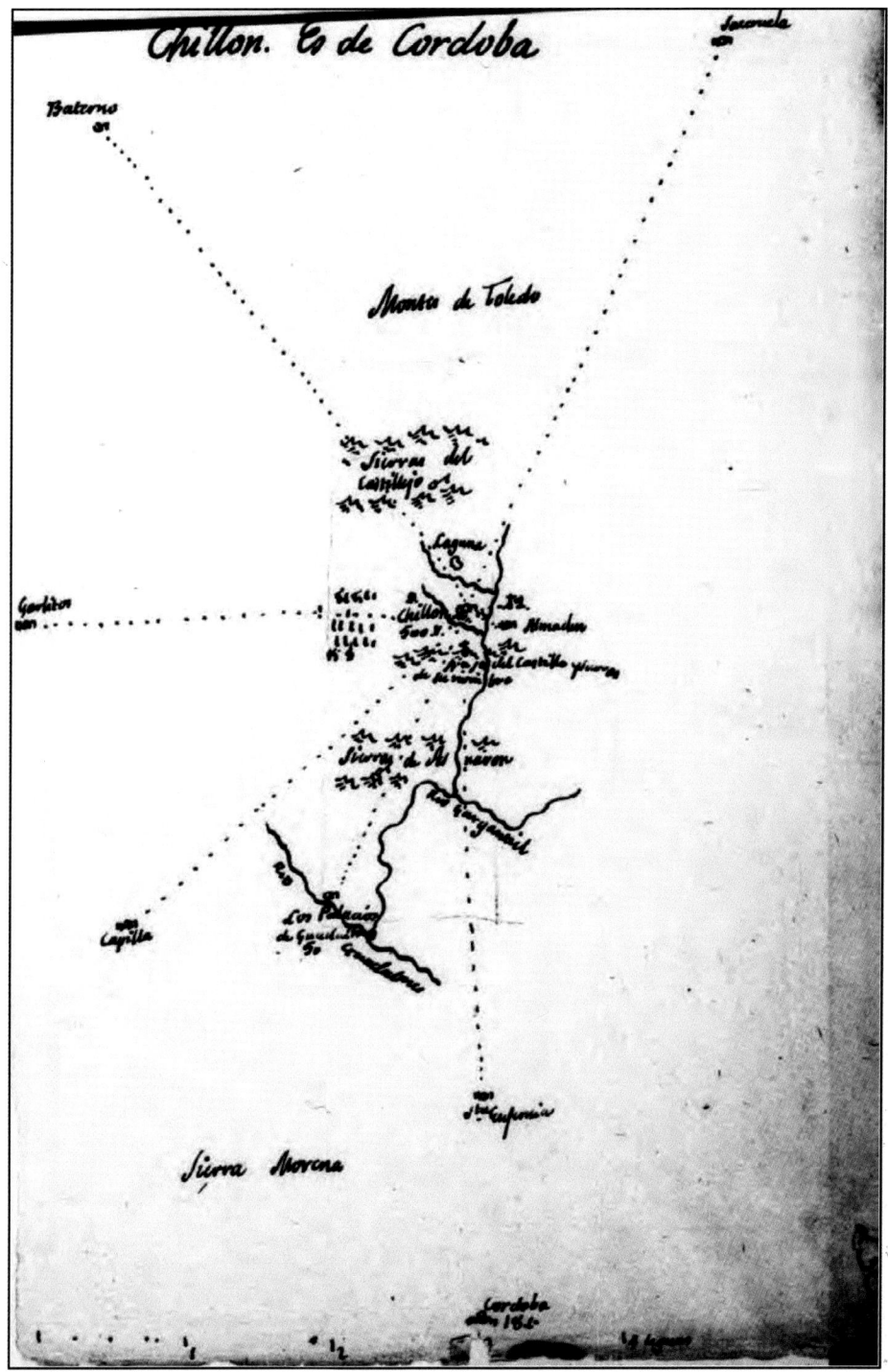

Chillón y sus alrededores (I).

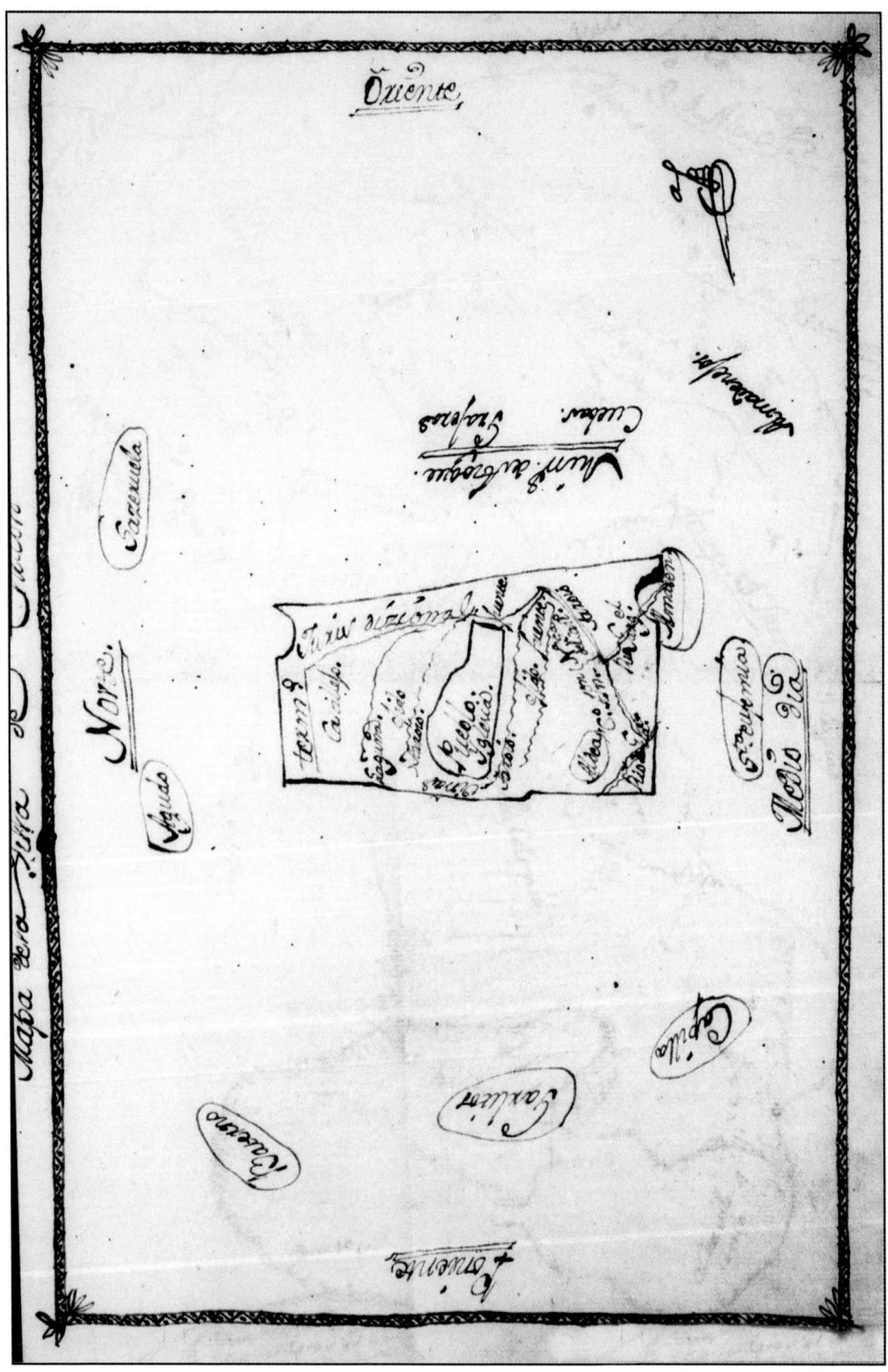

Chillón y sus alrededores (II).

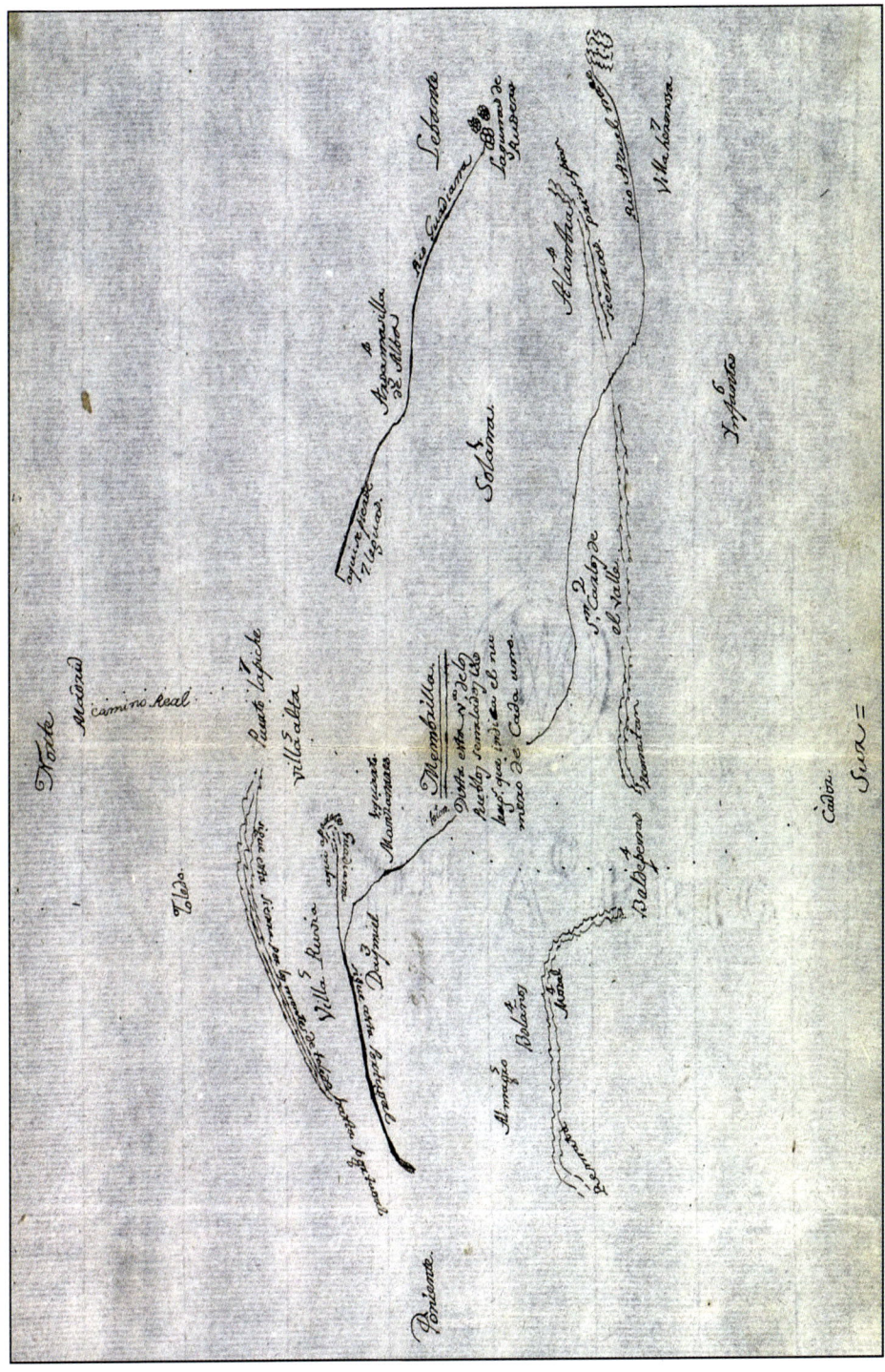

Juan García Rosón. Membrilla y sus alrededores.

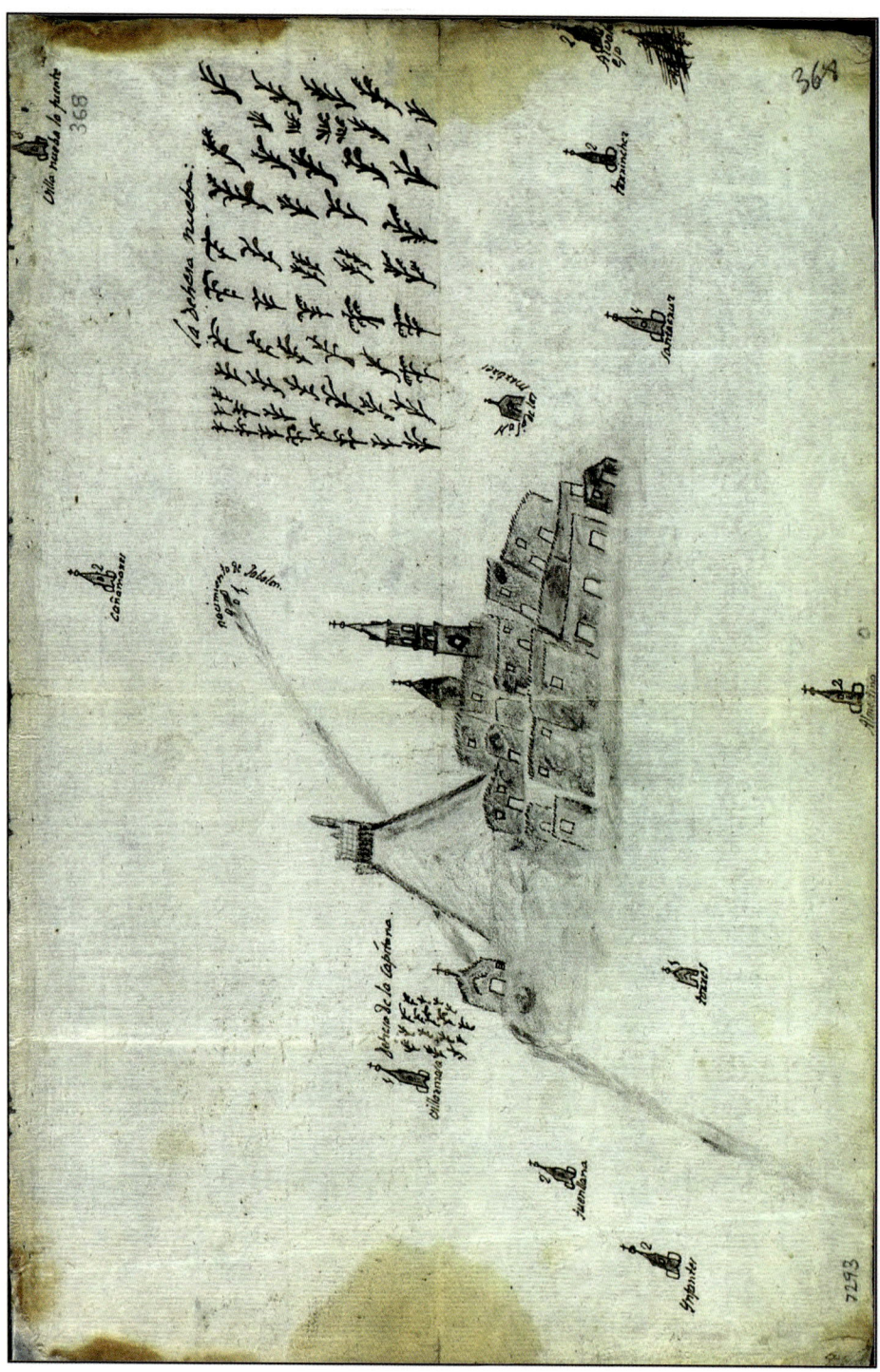

Montiel y sus alrededores.

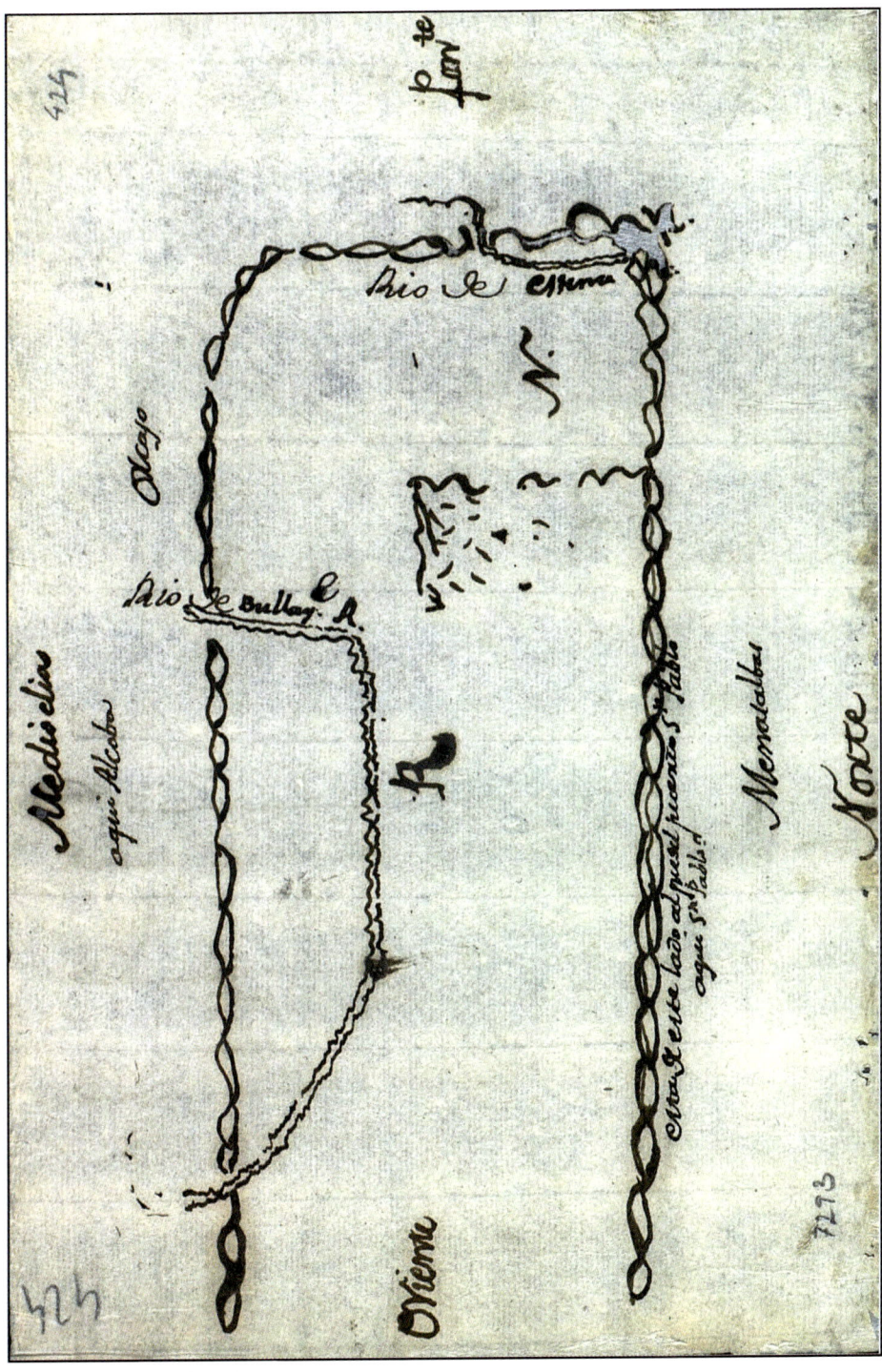

Ángel Lorenzo Fernández. Retuerta del Bullaque y sus alrededores.

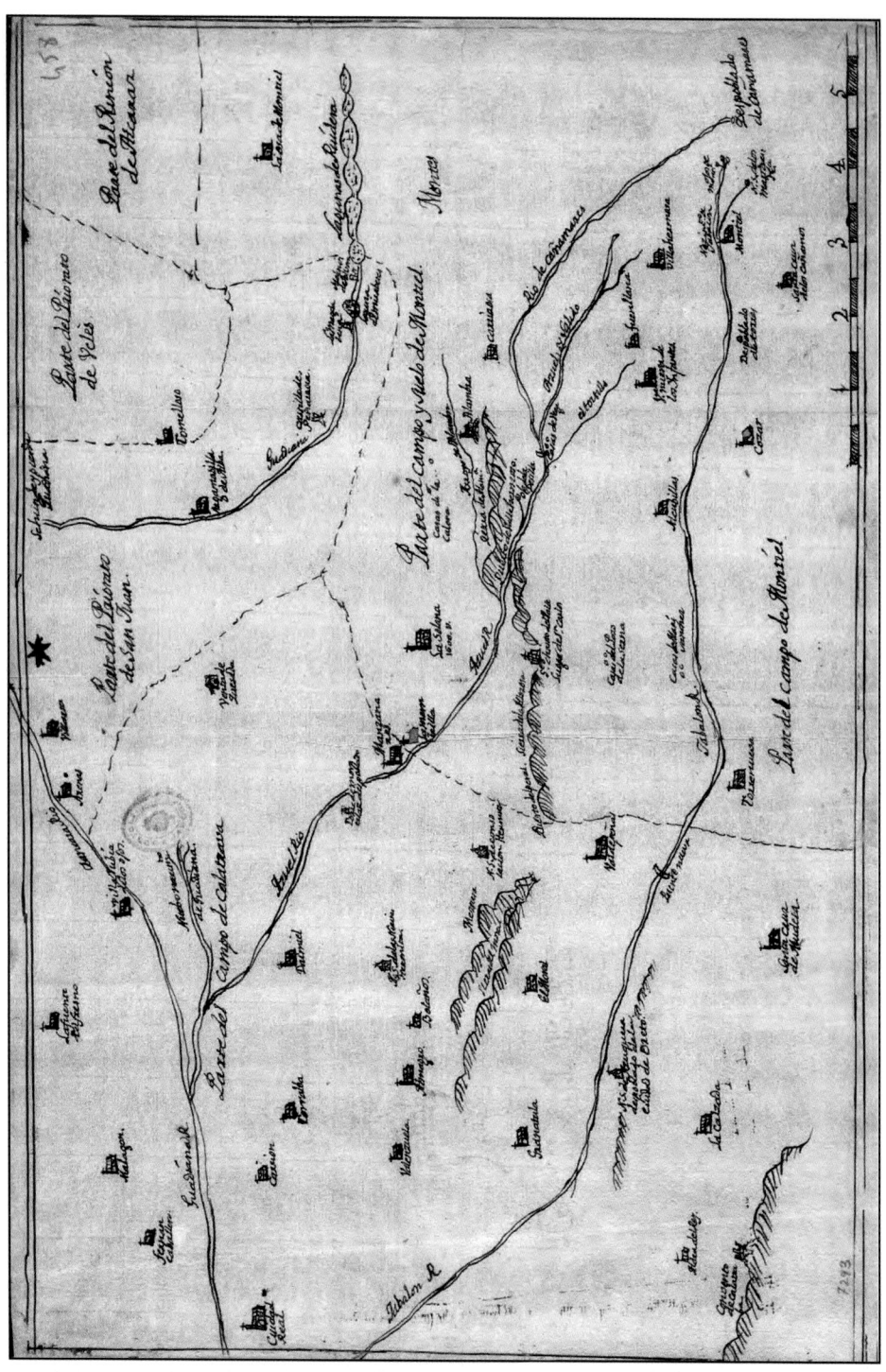

La Solana y sus alrededores.

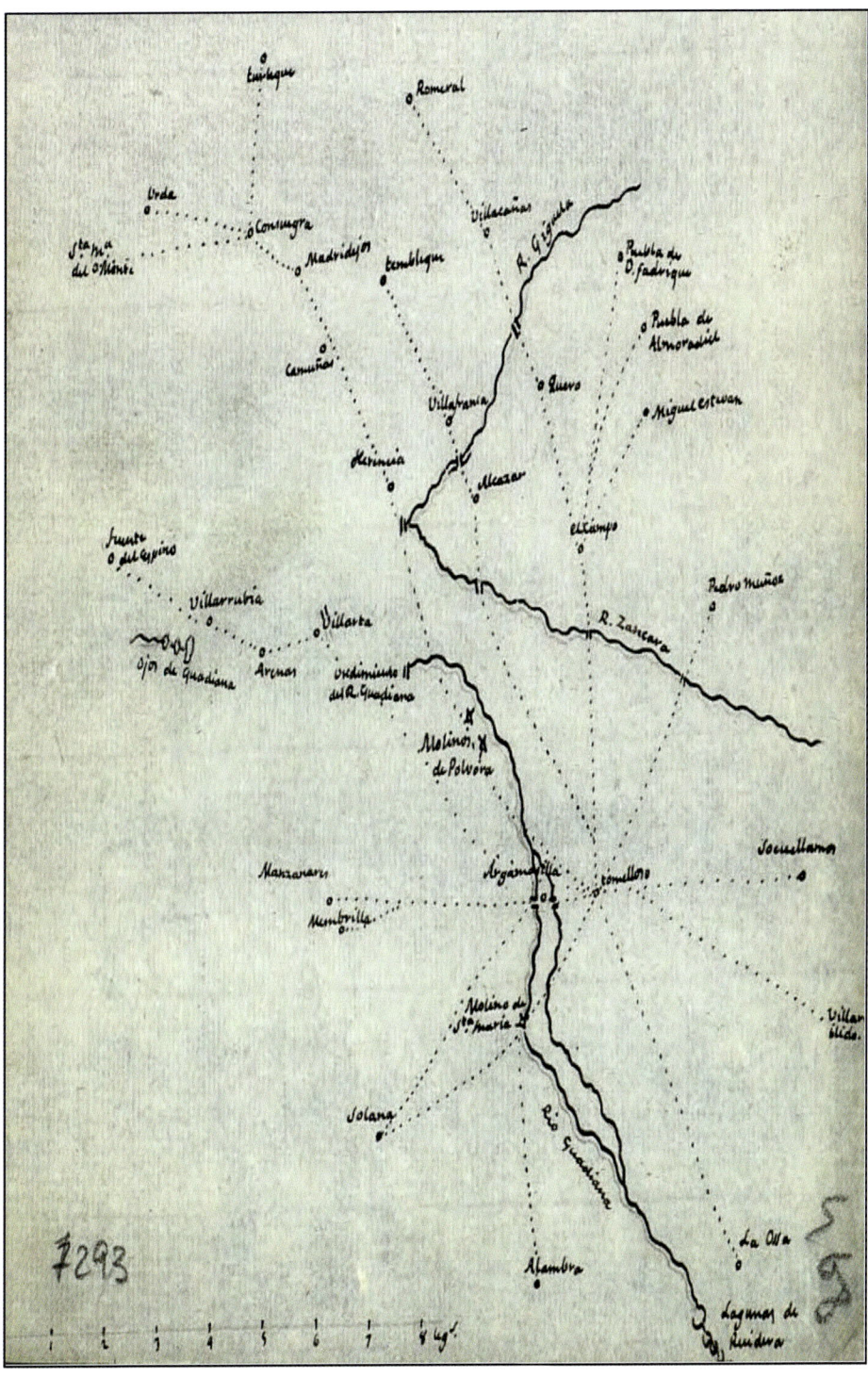

Francisco Tomás García, Tomelloso y sus alrededores (I).

Francisco Tomás García. Tomelloso y sus alrededores (II).

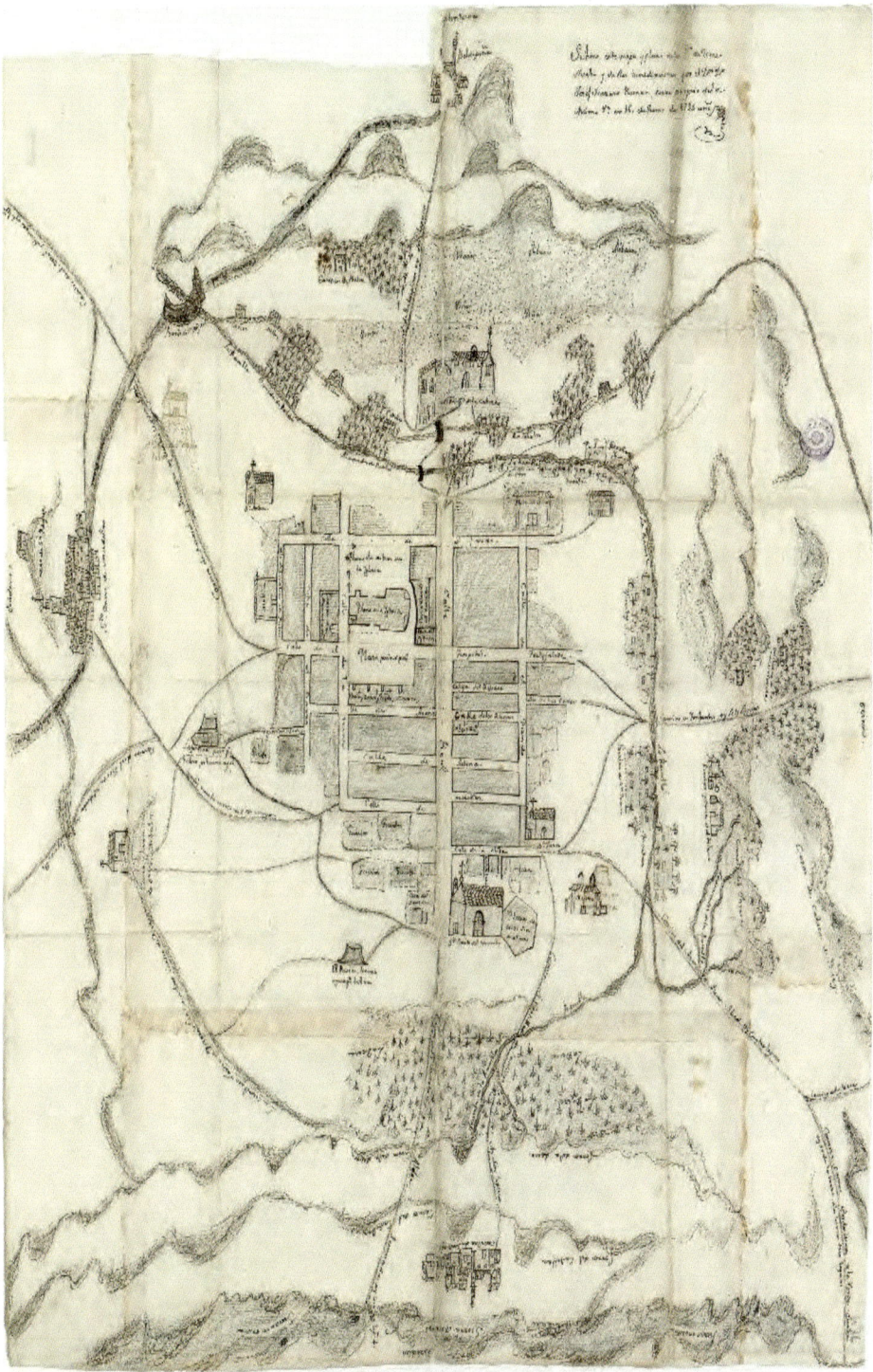

José Sánchez Rodríguez. Torrenueva (pueblo).

Colores de los Campos, y atributos del escudo

1. Castillos Dorados en Campo encarnado =
2. Leones negros en campo Dorado =
3. Barras encarnadas en Campo dorado =
4. Barras encarnadas en Campo dorado =
5. Leon, y Aguila negro en campo Azul Celeste =
6. Cuentas negras en campo dorado =
7. Azul en Campo dorado, digo Azul en campo dorado =
8. Lises Dorados en Campo azul fuerte =
9. Leon, y Aguila negros en campo Celeste =
10. Barras Azules en Campo dorado =
11. Leon Negro en Campo azul Celeste
12. Azul fuerte en campo dorado =
13. Lises doradas en Campo Azul fuerte =
14. Leon, y aguila Negros en Azul Celeste =
15. Barras Azules en Campo Dorado =
16. Leon Negro en Campo Celeste =
17. Barras encarn. en Campo Dorado =
18. Cruz encarnada en campo Celeste =
19. Barras encarnadas en Campo Dorado =
20. Cuentas negros en campo Dorado =
21. Castillos dorados en campo encarnado =
22. Leones Negros en campo Dorado =
23. Granada Dorada en campo encarnado =
Collar del Toyson Dorado. y todo sobre Aguila negra, y Corona Dorada = Las dos colum. alos Lados al Natural
Con el Plus ultra =

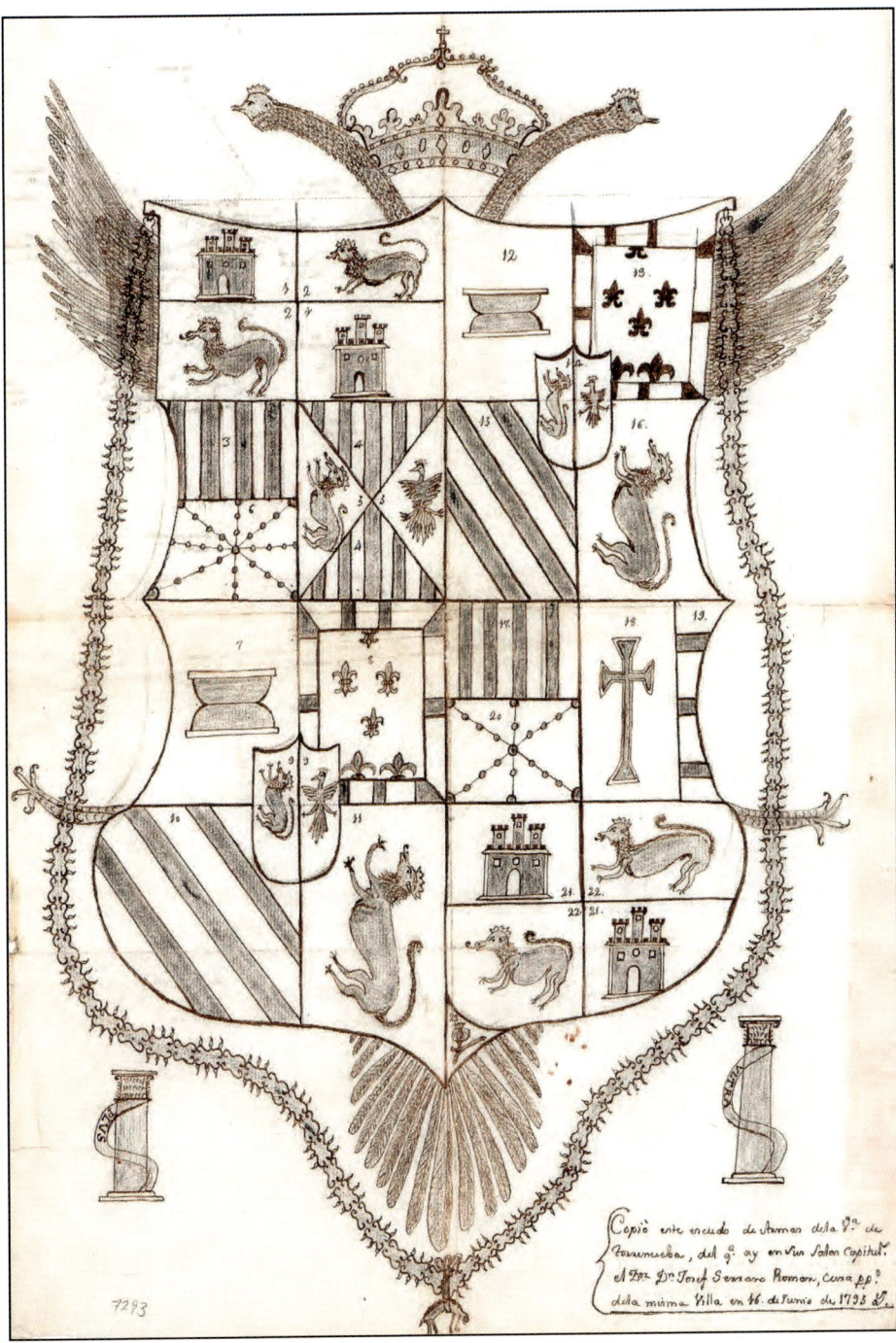

Tomás López. Torrenueva (escudo).

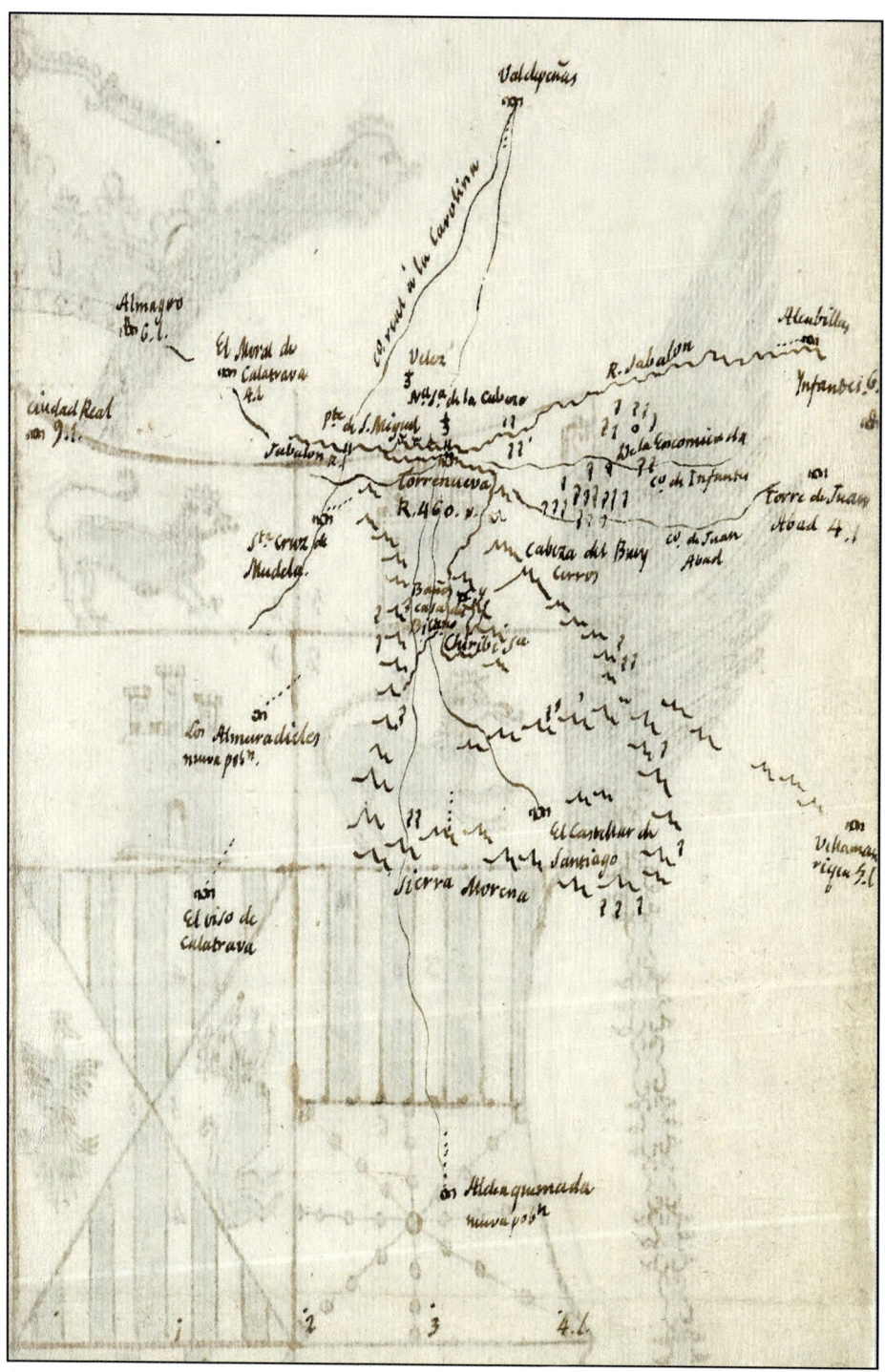

Tomás López. Torrenueva y sus alrededores.

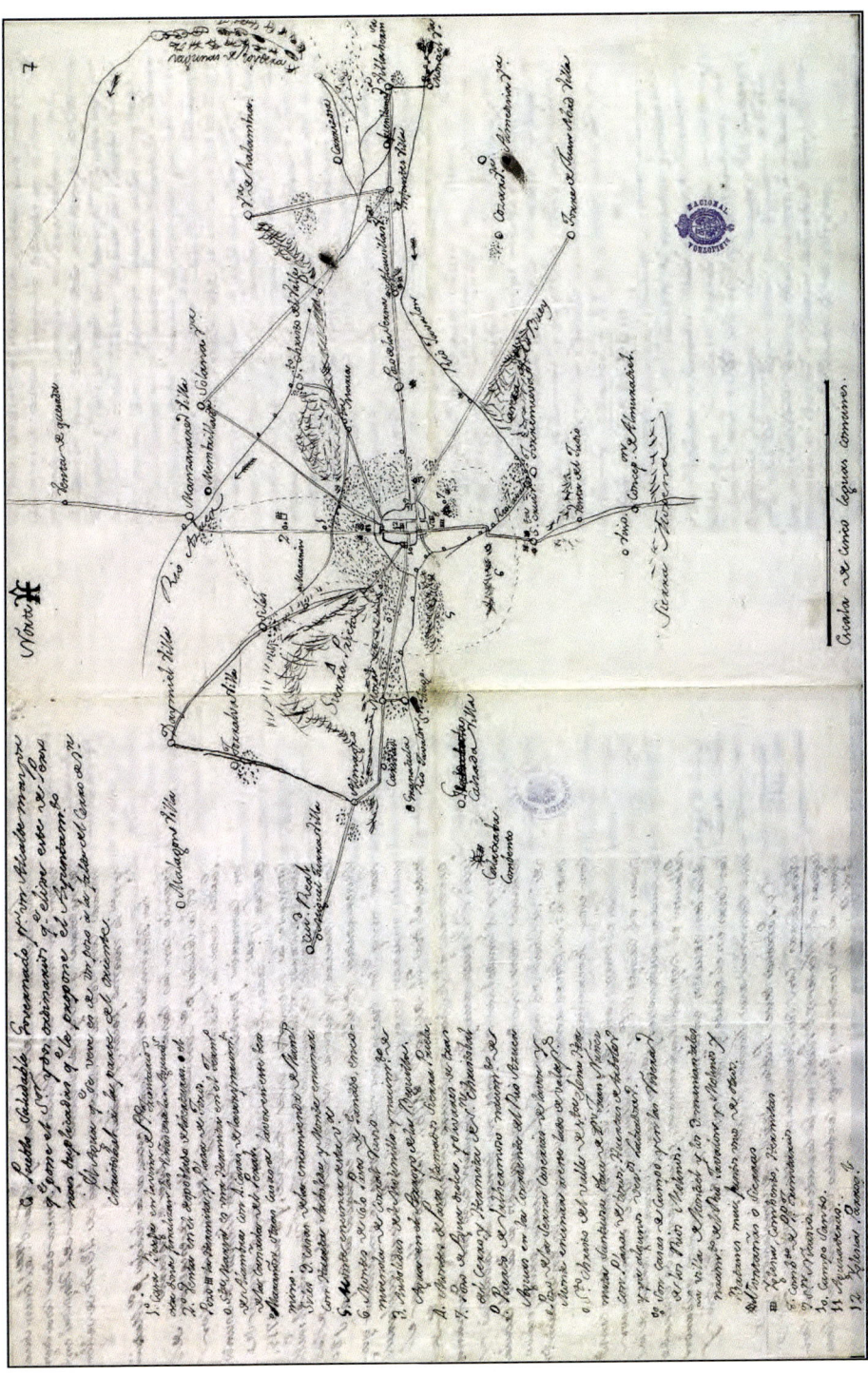

Antonio Messía de la Puerta. Valdepeñas y sus alrededores.

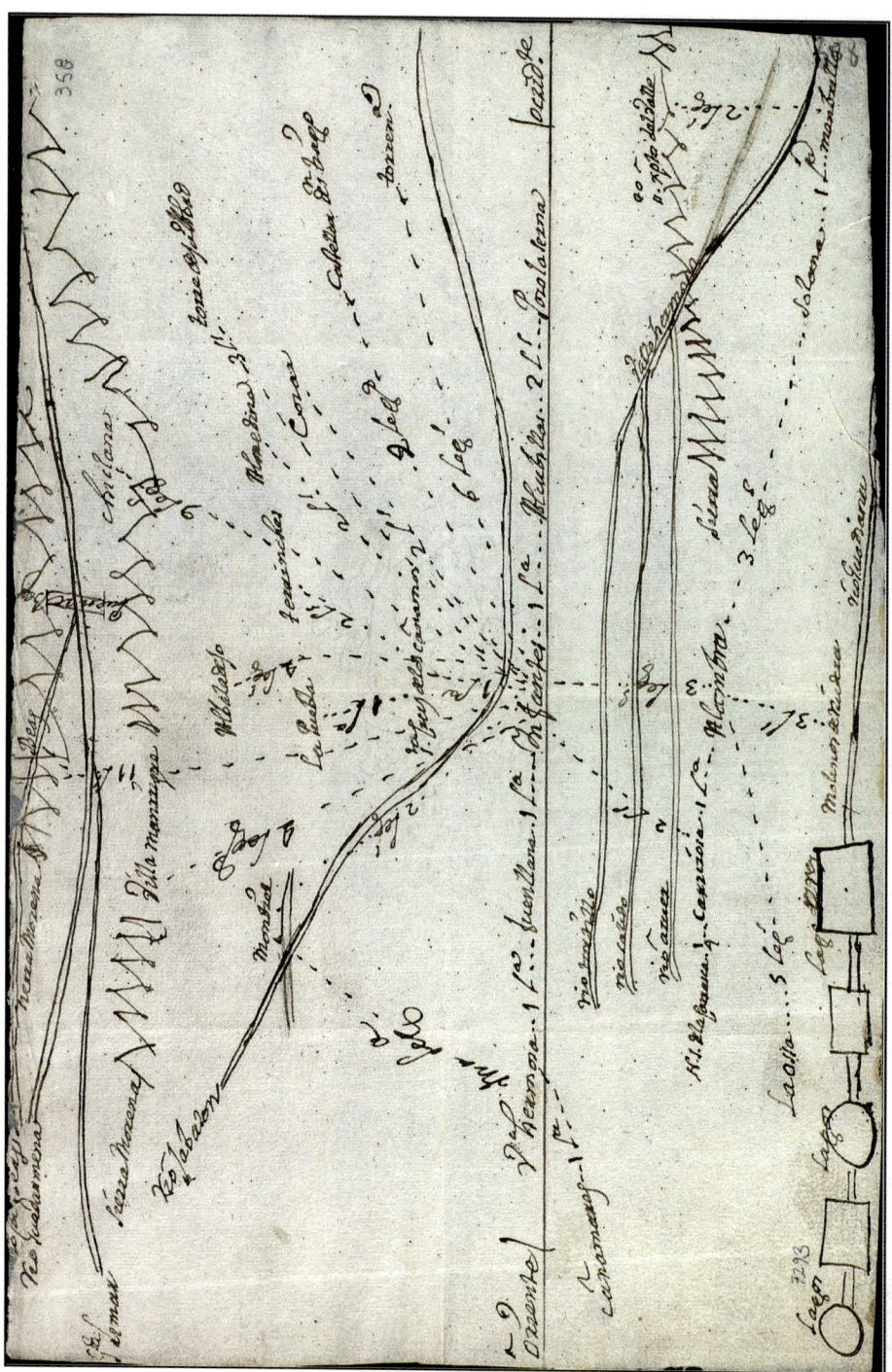

Francisco Herrera y Navarro [et al.]. Villanueva de los Infantes y sus alrededores (I).

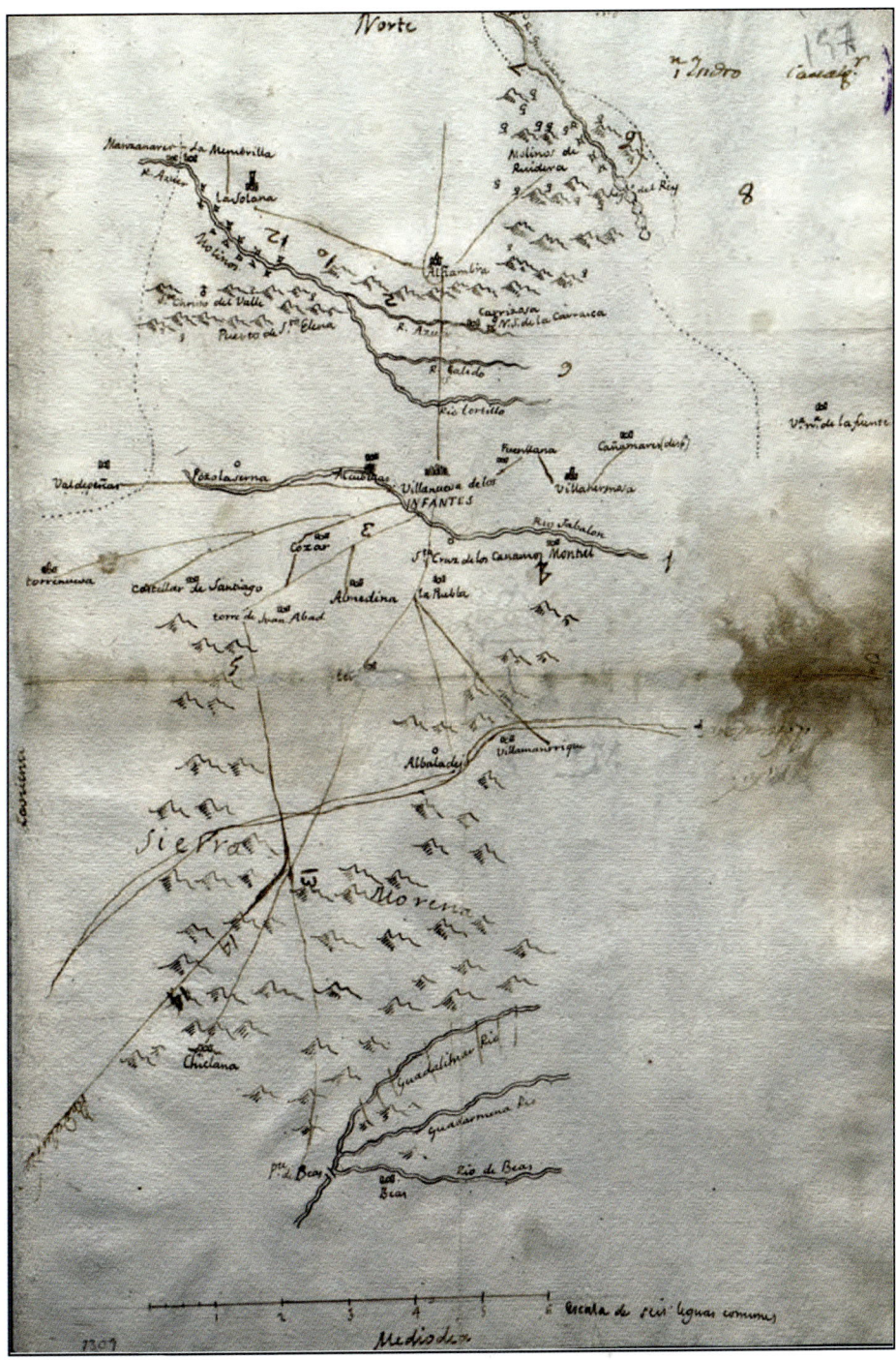

Francisco Herrera y Navarro [et al.]. Villanueva de los Infantes y sus alrededores (II).

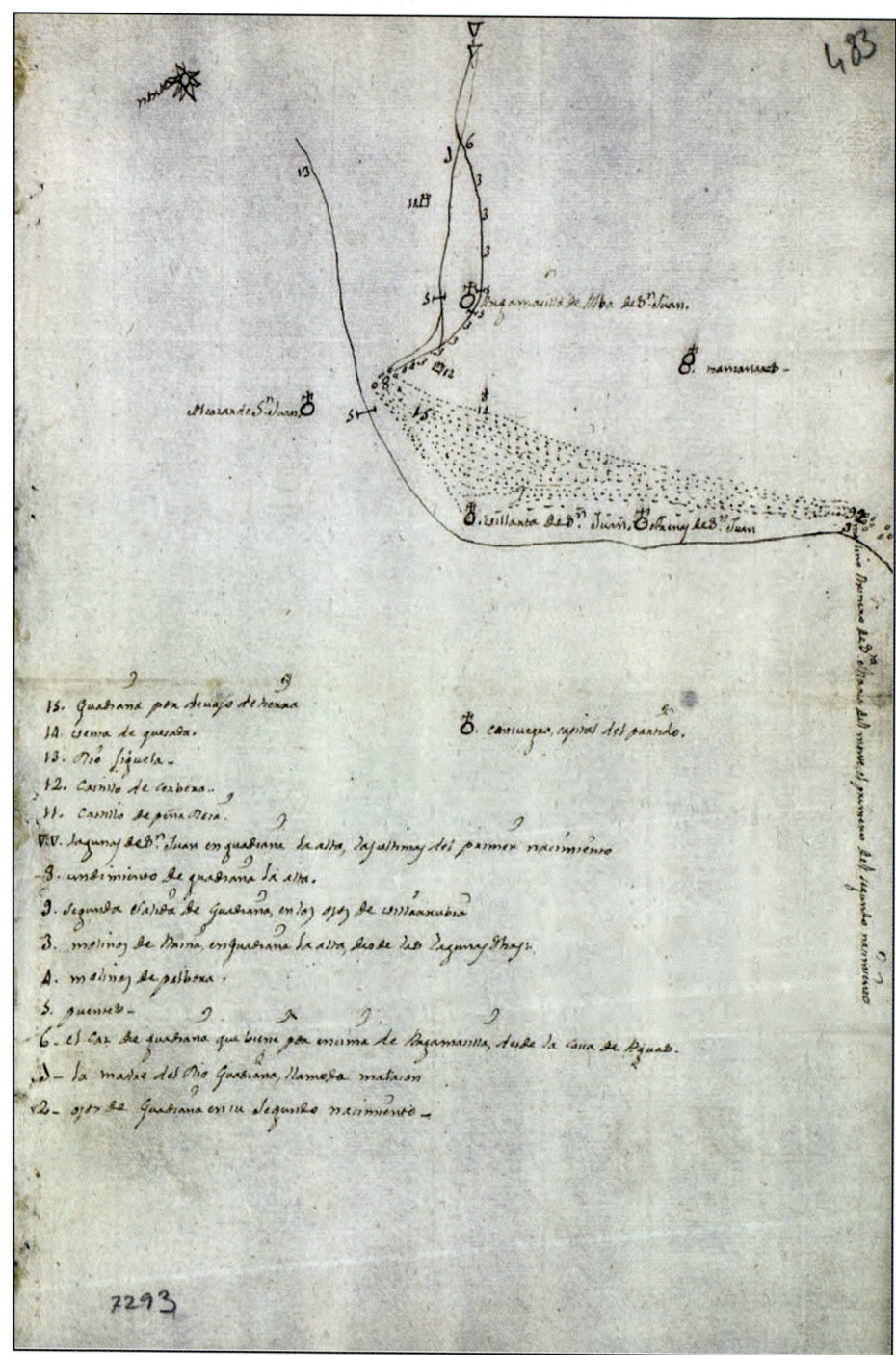

Antonio Folgar y Torres. Villarta de San Juan y sus alrededores.

ÍNDICE DE PUEBLOS